Inger-Maria Mahlke wuchs in Lübeck und auf Teneriffa auf, studierte Rechtswissenschaften an der FU Berlin und arbeitete dort am Lehrstuhl für Kriminologie. 2009 gewann sie den Berliner Open Mike. Ihr Debütroman «Silberfischchen» wurde ein Jahr später mit dem Klaus-Michael-Kühne-Preis ausgezeichnet. Für einen Auszug aus ihrem Roman «Rechnung offen» bekam sie beim Wettbewerb um den Ingeborg-Bachmann-Preis den Ernst-Willner-Preis. 2014 erhielt sie den Karl-Arnold-Preis der Nordrhein-Westfälischen Akademie der Wissenschaften und der Künste. Ihr Roman «Wie Ihr wollt» gelangte unter anderem auf die Shortlist des Deutschen Buchpreises, den sie 2018 für «Archipel» dann erhielt. Die Autorin lebt in Berlin.

*«‹Archipel› ist eine große Reise durch die Zeit und bis ans Ende Europas. Die Städte Teneriffas atmen ihren ewigen Sommer, aber zwischen all den Gerüchen und Geräuschen des Südens spürt man den Luftzug eines ganzen Jahrhunderts. Während in einem Altenheim die Menschen ihre letzten Wege gehen, versuchen es die Jungen mit neuer Hoffnung. Es ist der Zyklus des Privaten, den Inger-Maria Mahlke auf grandiose Weise mit dem Politischen verknüpft. Und so blättert man durch hundert Jahre wie durch ein Album voll schmerzhaft schöner und genauer Bilder. Sieht Abkömmlinge der spanischen Konquistadoren und majestätische Putzfrauen, Aufstieg und Abstieg, Liebe und Korruption.»*

*Kommentar der Jury des Deutschen Buchpreises 2018*

INGER-MARIA MAHLKE

# ARCHIPEL

Roman

Rowohlt Taschenbuch Verlag

*Para mi abuela*

*Ya voy llegando a mi casa, donde muero y vivo yo.*
*Las paredes me conocen, pero los bienes de mi vida no.*
(sagt meine Abuela)

*Asi es la vida, y no hay otra.*
(sagt sie auch)

## DIE HANDELNDEN PERSONEN

*Ana Baute Marrero*, geboren 1964, Politikerin,
     verheiratet mit Felipe, Mutter von Rosa.
*Felipe Bernadotte González*, geboren 1962, Clubmitglied,
     verheiratet mit Ana, Vater von Rosa.
*Rosa Bernadotte Baute*, geboren 1994, macht was mit Kunst.

*Bernarda Marrero*, geboren 1934, verheiratet mit Julio,
     Mutter von Ana.
*Julio Baute Ramos*, geboren 1919, verheiratet mit Bernarda,
     Vater von Ana.

*Francisca González Moore*, geboren 1936, verheiratet mit Eliseo,
     Mutter von Jose Antonio und Felipe.
*Eliseo Bernadotte Borges*, geboren 1921, Militär,
     verheiratet mit Francisca, Vater von Jose Antonio und Felipe.
*Jose Antonio Bernadotte González*, Offiziersanwärter,
     geboren 1959, Bruder von Felipe.

*Merche Ruiz Pérez*, geboren 1924, Haushaltshilfe,
     Mutter von Mercedes und Eulalia.
*Mercedes Morales Ruiz*, geboren 1951, Mutter zweier Töchter.
*Eulalia Morales Ruiz,* geboren 1957, Haushaltshilfe.

*Adela Moore*, genannt Ada, geboren 1913,
     verheiratet mit Lorenzo, Mutter von Francisca.
*Lorenzo González González*, geboren 1907, Zeitungsherausgeber,
     verheiratet mit Adela, Vater von Francisca.

*Augusto Baute Gil*, geboren 1889, Apotheker,
  verheiratet mit Olga, Vater von Jorge und Julio.
*Olga Ramos Díaz*, geboren 1894, verheiratet mit Augusto,
  Mutter von Jorge und Julio.
*Jorge Baute Ramos*, geboren 1913, angehender Arzt.

*Sidney Fellows*, geboren 1881, Geschäftsführer von Elder,
  Dempster & Company.

2015

# SAN BORONDÓN

# Im Kreis der schönen Künste

**Es ist der 9. Juli 2015**, vierzehn Uhr und zwei, drei kleinliche Minuten, in La Laguna, der alten Hauptstadt des Archipels, beträgt die Lufttemperatur 29,1 Grad, um siebzehn Uhr siebenundzwanzig wird sie mit 31,3 Grad ihr Tagesmaximum erreichen. Der Himmel ist klar, wolkenlos und so hellblau, dass er auch weiß sein könnte.

Der Besuch der Ausstellung ist Anas Idee. Felipe hat nur eingewilligt, weil er seine Ruhe haben will, Rosa hat nur eingewilligt, weil sie ihre Ruhe will. Zwei Wochen ist das her, Ana hat am Tresen gesessen, gefrühstückt, die Post vom Nichtsowichtig-Stapel geöffnet, die beiden anderen sind zufällig in der Küche. Rosa, weil sie nicht genug süße Kondensmilch in ihren Kaffee getan hat, und Felipe, weil er eine Schere sucht. Wofür, will er nicht sagen.

Ana nimmt einen Umschlag, liest laut: «80 Jahre surrealistische Konferenz von Santa Cruz.» Rosa beobachtet die Öffnung der Milchflasche, an der sich ein zäher, nur langsam dicker werdender weißlicher Tropfen sammelt, aber nicht fällt.

Felipe schließt die Besteckschublade so, dass alles aneinanderstößt und -klirrt und es danach sehr still ist und er zu Ana hinüberblickt, nachsehen, ob sie wütend wird. Ana spießt ein Stück Papaya auf, steckt es in den Mund, zieht die Karte aus dem Umschlag, liest erneut: «80 Jahre surrealistische Konferenz von Santa Cruz ... Lasst uns da hingehen», sagt sie.

Felipe zieht stumm die nächste Schublade auf, Rosa schüttelt die Flasche, damit die Kondensmilch endlich herausrinnt und sie in ihr Zimmer zur zehnten Staffel *Survivor*, fünfte oder sechste

Folge, zurückkann. Jeff Probst, der Moderator, hat gerade den Rettungshubschrauber gerufen, ein Teilnehmer hat sich beim Wettkampf – wer stößt den anderen zuerst von einem schmalen Steg ins Wasser – an der Schulter verletzt.

Ana liest weiter: «1935 besuchte der berühmte Surrealist André Breton», sieht zu Rosa hinüber, unsicher, ob sie den Namen richtig ausgesprochen hat. Für Kunst ist Felipe zuständig, ich habe Verwaltungswissenschaften studiert, leitet Ana ihre seltenen Äußerungen zu dem Thema ein, und falls die beiden glauben, sie würde nicht bemerken, welche Blicke sie einander zuwerfen, wenn Ana erwähnt, sie habe irgendetwas schön gefunden, dann irren sie sich.

Rosa rührt in der Tasse, betrachtet den weißen, schnell schmelzenden Hügel auf der Löffelspitze, rührt erneut, probiert den Kaffee, wünscht, ihre Mutter wäre endlich ruhig. Einfach rausgehen würde Diskussionen bedeuten, sie wartet, bis Ana wenigstens nicht mehr zu ihr guckt beim Lesen.

«... die Konferenz der Surrealisten im Kreis der schönen Künste in Santa Cruz de Tenerife. Zum Gedenken an dieses Ereignis ...»

Rosa stößt gegen Felipe, der vor der Spüle kniet, den Mülleimer neben sich auf den Küchenfliesen.

«Herrgott, da ist keine Schere», unterbricht Ana sich. Felipe hasst diesen Tonfall, stellt den Eimer zurück, sie haben eine Geflügelschere, da ist er sicher. Eulalia hat frei. Im Flur vor seinem Arbeitszimmer lösen sich die Kabel von der Wand, ein ganzes Bündel, das zum Sicherungskasten führt, die schmalen Nägel sind aus dem Mauerwerk gerutscht. In einer Werkzeugkiste hat Felipe ein Stück gummiummantelten Draht gefunden, er will ihn zurechtschneiden, die Kabel wenigstens zusammenbinden.

Es reicht mir, ich werde den Elektriker rufen, wird Ana sagen, wenn sie es entdeckt, und Felipe sich stundenlang mit ihr streiten müssen. Er richtet sich auf, lehnt sich mit dem Rücken gegen die Spüle, tut, als würde er zuhören.

11

«Studenten der Kunstakademie und Nachwuchskünstler haben die Klassiker des Surrealismus neu interpretiert.» Ana sieht wieder zu Rosa hinüber, die bereits an der Tür steht.

Rosa hält inne, nickt. Was soll sie sonst tun.

«Wollen wir da hin, alle gemeinsam? Rosa ist seit sechs Monaten hier, und wir haben noch nichts zusammen ...» Ana macht eine Pause, sucht das richtige Wort, «unternommen» wird es schließlich. Felipe und Rosa haben zugestimmt, eilig die Küche verlassen.

# Julio, el Portero

**Julio Baute schaltet** erst den Fernseher, dann den Ventilator ein, lehnt seinen Stock an das Regal, das die gesamte Rückwand der Pförtnerloge einnimmt, rückt den Stuhl so, dass er, ohne den Kopf zu wenden und im Luftzug des Ventilators einen steifen Nacken zu bekommen, Tour de France schauen kann. Er hängt seine Mütze an die Stuhllehne und setzt sich, ehe er auf dem Monitor nachsieht, ob sie draußen wieder mit verschränkten Armen und ungeduldigen Uhrblicken auf Einlass warten. Es ist Mittagsruhe, die Zeiten stehen auf dem Schild neben der Klingel.

Eine Flachetappe, knapp zweieinhalb Minuten haben die Ausreißer noch, zwei Franzosen, ein Niederländer, und der vierte ist auch kein Spanier. Das Peloton kommt näher, 47 Kilometer vor dem Ziel, sie werden sie kriegen, es wird eine Sprintankunft werden. Julio Baute schaltet den Ton stumm. Morgen beginnen endlich die Bergetappen, er bevorzugt sowieso die Vuelta.

Draußen stehen zwei Frauen, eine Küchenhilfe, die jetzt viel zu spät zur Nachmittagsschicht kommt, und eine der Angehörigen. Julio Baute betätigt den Summer, später, am Abend, erwarten sie einen neuen Bewohner. Bewohner, männlich, ist Julio Baute sich sicher, ein Irrtum, wie er am nächsten Morgen feststellen wird. Für Frauen gibt es eigentlich keine freien Plätze im Asilo. Sie leben länger und leisten weniger Widerstand.

Sor Mari Carmen hat am Morgen den Besuchsraum aufgeschlossen, eine der Freiwilligen die alten Strelitzien herausgetragen, sie sind in der Wärme und Dunkelheit auf dem schmalen Couchtisch verblüht. Das Wasser ist dumpf orange, die am Glas

13

klebenden Stiele sehen schleimig aus. Der Geruch hängt noch immer im Gang, als die Eingangstür aufschwingt, drückt der Luftzug ihn in die Pförtnerloge. Julio Baute hört die Eintretenden in seinem Rücken «danke» sagen, dreht sich nicht um. Noch zwei Minuten, sieben Sekunden haben die drei Ausreißer, 39 Kilometer bis zum Ziel.

Neben ihm auf dem Tisch steht die weiße Telefonanlage, rechteckig und fast vierzig Zentimeter lang. Links der Hörer, oben zwei Tasten, von denen er nur eine benutzt, braun gerieben von seinem Finger: der Anrufbeantworter. Er drückt sie hinab, keine neuen Nachrichten. Darunter fünf Reihen längliche Lichtdioden, neben jeder ein Pappschild unter durchsichtigem Plastik, die meisten sind nicht beschriftet, und bei denjenigen, die es sind, stimmt nicht einmal die Hälfte der Anschlüsse.

Julio, el Portero, ist die Zentrale. Der Knotenpunkt. Die Schleuse zur Welt. Ohne ihn kommt man weder ins Asilo rein noch raus, bei ihm landen die Anrufer, die keine Durchwahl haben oder niemanden erreichen.

Eine Minute vierzig, neununddreißig, einer der Ausreißer versucht wegzuspringen, der Niederländer, die anderen holen ihn sofort wieder ein.

Neben dem Telefon steht das Mikrophon für die Durchsagen. Julio, el Portero, wiederholt jede Ansage zwei Mal. «Sor Cipriana, bitte begeben Sie sich in den Speisesaal der Damen. Sor Cipriana, bitte begeben Sie sich in den Speisesaal der Damen.» Langsam und verständlich, die Besucher machen sich darüber lustig. «Wie am Flughafen», hört er sie im Vorbeigehen sagen. Er ist 95 Jahre alt, seine Ohren sind noch gut. Sein Knie nicht, aber das ist eine andere Geschichte.

Julio Baute betrachtet die kleiner werdenden Zahlen am rechten Bildrand, eine Minute zwanzig Sekunden, noch 32 Kilometer, hört die Servierwagen im Flur, die in die Fernsehsäle gerollt werden. Im Monitor niemand, im Sommer ist es ruhig.

Am meisten Arbeit hat er von Mitte Dezember über Weihnachten und Silvester bis zu den Heiligen Drei Königen im Januar. Jeden Abend klingeln Musikgruppen, packen auf den Stufen vor der Eingangstür ihre Instrumente aus, verstauen die Hüllen in der Loge, um wohltätig ein, zwei, drei Lieder für die Bewohner herunterzuschrubben. Nachmittags kommen Familien mit Kindern und wollen die Krippe anschauen, die in dem Raum neben der Physiotherapie aufgebaut ist. Lieferanten bringen Spenden der hiesigen Geschäfte, für die Hochsaison brauchen sie Platz im Lager. Julio Baute hat es früher ebenso gehalten, einige der Lockenstäbe in dem seit der Krise ungenutzten Frisiersalon im Damentrakt stammen noch von Marrero Electrodomésticos.

Bäckereien schicken Kekse, die landwirtschaftlichen Kooperativen säckeweise Kartoffeln, Zwiebeln, Gofio, Kisten mit Tomaten, Avocados, Papayas. Tüten voller unsortierter Sachspenden von wohltätigen Organisationen, die örtlichen Unternehmen senden Proben ihrer Produkte, hundert Flaschen Körperlotion, zweitausend Packungen Turrón, drei Kartons mit rosafarbenen Plüscheinhörnern. Und alles muss durch seine Tür, stapelt sich neben der Rampe, auf den Stufen, bis jemand aus der Küche oder eine der Nonnen mit einigen Freiwilligen alles hereinträgt. Zu den Heiligen Drei Königen mehr Angehörige als sonst, mit schlechtem Gewissen behangen, Kindheitserinnerungen in den Tüten und Beuteln. Neue Freiwillige gibt es dann reichlich, Silvester, neu beginnen, sich eine sinnvolle Aufgabe suchen.

Ana ist seit über einer Woche nicht da gewesen, fällt Julio Baute auf. Vorgestern hat ein Mädchen vor der Tür gestanden, das Rosa ähnelte, aber sicher ist er nicht. Er hat sie nur kurz im Monitor gesehen, und der verzerrt.

«Kaffee?», fragt eine der Pflegerinnen, Carmen, an der Tür. Julio, el Portero, nickt. Sie füllt einen hellroten Plastikbecher zur Hälfte mit hellbrauner Flüssigkeit, stellt ihn auf den Tisch und legt zwei Papierstäbchen mit Zucker daneben.

«Wer gewinnt?» Carmen deutet auf den Fernseher. Die Kameras zeigen die Ausreißer, 42 Sekunden haben sie noch.

«Keiner von denen», antwortet Julio. Sie lacht.

Als es klingelt, sieht er kurz auf den Monitor und drückt gleichzeitig den Öffner, eine der Freiwilligen. Eigentlich soll er jedem und allem öffnen, es gibt keine weiteren Anweisungen. Eigentlich sitzt er nur da, damit niemand herauskommt. Mit dem Kaffee werden alle auf einmal wach, richten sich in den Sesseln auf, unterhalten sich mit ihren Sitznachbarn. Der Stimmenteppich schiebt sich durch die Flure, bis hinein in seine Loge. Sobald sie ausgetrunken haben, die Plastikbecher sich wieder zu bunten Türmen gestapelt auf den Servierwagen sammeln, tauchen die ersten Bewohner an den Fenstern zum Patio auf, der der Eingangstür gegenüberliegt. Halten so viel Abstand zur Portiersloge wie möglich und lauern. Darauf, dass Julio, el Portero, nicht aufpasst und sie rausschlüpfen können. Er weiß, wer alleine spazieren gehen darf und wer nicht, auch das ist seine Aufgabe: die Übersicht behalten.

Die Frau im Monitor drückt die Tür auf, sie lacht. Zwei der Damen, Demetria mit ihrem Gehstock und Trini mit dem Papagei, lehnen bereits am Patiofenster. «Hola chicas», hört Julio Baute die Freiwillige sagen, und wie hübsch sie doch beide heute aussehen. Die Damen kichern, aber Julio ist sich sicher, sie haben nur den kleiner werdenden Spalt der zufallenden Tür im Auge. Augusto ist spät dran, er lauert am ausdauerndsten von allen. Demenz, seit dem Schlaganfall brummt er nur noch.

Das Peloton hat die Ausreißer noch immer nicht erreicht, ist wieder langsamer geworden. Julio Baute will den Ton lauter stellen, erwischt den falschen Knopf, das Bild verschwindet, *Menü* steht auf dem Schirm. Er drückt *Exit*. *Menü* ist einfach. Aber es gibt Tasten auf der neuen Fernbedienung, die ihn auf unendliche Reisen durch Anzeigen schicken, und wenn er es endlich zum Fernsehbild zurückgeschafft hat, ist die Sendung, die er sehen wollte, meist vorbei.

Den alten Fernseher hat Julio Baute noch von zu Hause mitgebracht, Blaupunkt, Röhre. Ihn sechsmal repariert, bis weiße Quer-
streifen am unteren Bildrand flimmerten, dort auf und ab wander-
ten. Der Bildabnahmekopf, er hat kein Ersatzteil mehr bekommen.

Der neue ist flach, schmaler als seine Hand breit. Die Loge ist
auf einmal doppelt so groß, hat Schwester Juana am Morgen der
Heiligen Drei Könige gescherzt, als der neue Fernseher auf einem
Tischchen unter dem Fenster stand. Gespendet von einer Elektro-
kette, deren Namen Julio Baute noch nie gehört hatte. Die Nonnen bildeten einen aufgeregten Halbkreis um ihn herum, jede Re-
gung in seinem Gesicht beobachtend. Natürlich hat er sich gefreut, so gut er konnte, nicht überschwänglich genug, dessen war
er sich die ganze Zeit bewusst, aber als er am Ende jeder einzelnen
beide Hände drückte und vor Rührung über ihre Freude Tränen
in die Augen bekam, waren alle zufrieden.

Julio Baute hat versucht, ihn zu öffnen, den neuen, trotz des
Aufklebers über dem Rand der Verschalung, auf dem steht, dass
die Garantie verfällt, wenn er beschädigt wird. Die Schrauben
sind sehr klein, 5 zu 60 Millimeter, Kreuz, sie sitzen fest. Ihm ist
der Schraubenzieher abgerutscht, mehrfach, hat anthrazitfarbe-
nen Kunststoff zu winzigen Spänen zusammengeschoben, Kratzer hinterlassen. Irgendwann hat Julio aufgegeben. Seitdem wartet hinter dem Fernsehbild eine Frage auf ihn: ob er noch in der
Lage wäre, ob er wissen würde, welches Bauteil welche Funktion
erfüllt, sie erkennen, verstehen würde. Ob sich Kabel und Spulen
in seinem Kopf nach wie vor von allein zu einem Schaltplan zu-
sammensetzen.

Den Laden hat er verkauft, ehe die Maschinen anfingen, seltsam zu werden, bevor sich die Computer in sie hineinfraßen. Eine
Zeitlang hat die Mutter Oberin davon gesprochen, die Telefonanlage auszutauschen. Seit der Krise ist keine Rede mehr davon. Zu
seiner Erleichterung, nachts vor dem Schlafen hatte er versucht,
sich vorzustellen, wie es wäre, mit den anderen Männern im Fern-

sehsaal zu sitzen, ab und an eine rauchen zu gehen, dreimal am Tag Essen, nachmittags Kaffee, mit einer der Pflegerinnen tanzen, wenn die Musikgruppen spielen. In einem unaufmerksamen Moment vielleicht die Hand auf ihren Hintern legen.

Augusto brummt, hebt seinen Gehstock, er kommt aus Richtung der Physiotherapie, sein Platz ist direkt vor der Tür, die Klinke, die er nicht zu öffnen vermag – das kann nur Julio, el Portero –, in der Hand. Morgens und nach der Mittagsruhe drückt und zerrt Augusto immer eine Weile an ihr, irgendwann beruhigt er sich, und wer immer dann von draußen reinwill, muss die Tür langsam aufdrücken, warten, bis Augusto Schrittchen für Schrittchen zurückweicht.

Es wird wirklich eine Sprintankunft werden, die Ausreißer sind eingefangen. Vereinzelt versuchen Fahrer noch wegzuspringen, machen nur wenige Meter gut, ehe das Peloton sie wieder schluckt. Dicht gedrängt, die Helfer der Sprintermannschaften bilden einen dünnen Flaschenhals vorne, der beschleunigt, Schlangenlinien fährt, wenn mehrere Angreifer gleichzeitig wegschießen, verzerrte Gesichter unter bunten Helmen, die jedes Loch wieder schließen. So wird es weitergehen, bis sie in die engen Gassen irgendeiner französischen Kleinstadt einbiegen, dann wird es kurz hektisch, wenn die Helfer ihre Sprinter vorne positionieren, und blitzschnell und kopflos ist alles vorbei.

Sprintankünfte erinnern ihn an die verfrühten Ejakulationen seiner Jugend. Aber morgen kommen erst die Pyrenäen, dann die Alpen. Julio, el Portero, blickt zur Uhr, langsam wird es spät für den neuen Bewohner, in einer halben Stunde beginnt der Rosario, die Zeiten stehen auf dem Schild neben der Klingel. Er wird nicht sitzen bleiben und warten, er kennt das bereits. Manchmal machen sie Theater, weigern sich, ihre Wohnung zu verlassen: Dann müsst ihr mich tragen, freiwillig gehe ich nicht!

Was soll ich machen?, weinen die Verwandten später am Telefon, ich kann ihn nicht zwingen, was soll ich machen.

Es gibt diejenigen, die zu schwinden beginnen, kaum dass sie eingezogen, ihre Koffer fertig ausgepackt sind, die Nonnen ihre Nummer mit Edding auf Etiketten, Waschanleitungen, Innenseiten der Knopfleisten oder unter die Krägen geschrieben haben. Sie werden schmaler mit jeder Mahlzeit, weiche Rundungen ebnen sich ein, neue treten hervor, nicht sanft gewölbt, sondern mit klaren Kanten. Ihre Schultern wollen zu den Knien, die sich nicht mehr strecken lassen, die einen Winkel bekommen, dessen Gradzahl kleiner wird. Erst wöchentlich, später täglich, bis in den Rollstuhl. Eine Weile stagniert es, aber die sitzenden Stunden zehren, die Muskelfasern immer kürzer, immer näher an 90° und darunter, und dann geht es bald nach oben, in den ersten Stock. Zu den Bettlägerigen, dem Sterbegebetgemurmel, Kathetern und Urinflaschen, mit hellem Stoff bezogenen Wandschirmen, hinter denen rote Lichter auf Nachttischen brennen, wenn die Beine sich wieder strecken.

Es gibt diejenigen, die sich einrichten. Die Damen tragen Schnurrbart, die Herren weißliche Stoppeln an Wangen und Kinn, zwischen denen sich faltige Hautinseln ausbreiten. Julio lebt seit achtzehn Jahren im Asilo, und es geht ihm ausgezeichnet. Seit sein Knie vor achtzehn Jahren endgültig steif wurde, Meniskusriss, seit er mit der Schuhspitze an der Stufe vor dem Supermarkt hängen geblieben ist. Jeden Morgen ist er in den Supermarkt gegangen, hat jeden Morgen seine Schuhspitze über die Schwelle gehoben, ein halber Zentimeter, mehr war es nicht. Seine Reflexe sind in Ordnung, die Hände schnellten vor den Körper, fingen den Sturz ab. Nur die Einbuchtung zwischen rechter Kniescheibe und Schienbein kam auf der Metallschiene auf, die in den Boden eingelassen ist. Schmerzte so sehr, dass er sich ein Taxi rufen ließ, die zwei Blocks nach Hause fuhr.

Der Fahrer musste ihm in den Fahrstuhl helfen, oben hat Julio sich auf den Boden gesetzt. Sich mit den Armen und dem gesunden Bein vorwärtsgeschoben, bis zur Wohnungstür, auf die

Fußmatte, die Türspione der anderen auf der Etage fest im Blick. Keiner verdunkelte sich, er ist erleichtert gewesen.

Warum hast du nicht um Hilfe gerufen?, hat Ana ihm später vorgeworfen. Am nächsten Morgen war das Knie geschwollen, er hatte es die Nacht über mit Eisbeuteln gekühlt, war erst als es dämmerte ein wenig eingedöst. Nachdem er es geschafft hatte, sich einen Kaffee zu kochen, hat er den Krankenwagen gerufen. Auf dem Sofa gewartet, gewusst, dass es der letzte Kaffee ist, den er zu Hause trinken wird.

Ana hat gewollt, dass er zu ihnen zieht. Eulalia kann sich um dich kümmern, hat sie gesagt. Wenn es ihr zu viel ist, stellen wir noch jemanden ein. Es war alleine seine, Julio Bautes, Entscheidung, ins Asilo zu ziehen. Er verachtet die Kirche, aber er mag die Nonnen.

Unverändert, sagt der Arzt bei jeder Vierteljahreskontrolle, die Werte sind unverändert.

Vor dem Einschlafen geht Julio noch immer seine Liste durch: Manchmal zwingt er sich, meist kommt er über fünftens nicht hinaus, dann ist schon wieder alles schlaff, ohne dass irgendwas passiert wäre. Fünftens ist Luisa, die Frau seines Angestellten Gil.

## Rosa beschließt,
## eine Tasche zu kaufen

**Im Camp wird es** dunkel. Die Teilnehmer essen den restlichen Reis, verteilen ihre Kleider auf den Bambusstangen, die den Boden des Unterstands bilden. Die Kameras schalten in den Nachtmodus, das Bild wird bläulich grau, einige legen sich schlafen, der Rest sitzt am Feuer, gibt letzte Statements ab. Nichts ist vorbei, ich fange erst an, sagt die Blonde, die wahrscheinlich als Nächste rausgewählt wird. Ihr Gesicht hat in der Dunkelheit die gleiche Farbe wie ihre Haare, die Augen, Pupille und Iris, unterschiedslos schwarz. Umschnitt auf den Nachthimmel, Zeitraffer, wimmelnde Wolkenschatten, wandernde Lichtpunkte, langsam verblassend. Umschnitt auf die Bucht, Flut frisst Felsen, Himmel rosa, Sonnenball hebt sich, voilà, Tag. Ganz mühelos.

Rosa spürt die Wärme des Tablets auf ihren Oberschenkeln, sie hat es gegen die aufgestellten Beine gelehnt. Die Unterkante drückt in die Haut zwischen den Hüftknochen, drückt auf ihre Blase, sie muss pinkeln. Nimmt kurz den Kopfhörer ab, lauscht. Noch immer schrubbt eine Bürste, Eulalia ist noch im Bad. Rosa schwitzt, feuchte Schlieren auf der Rückseite des Tablets, sie wischt es am Leintuch ab. Lange kann sie nicht mehr aushalten.

Die Teilnehmer erwachen, die Frauen gehen schwimmen, danach streiten sie, wer für das Erlöschen des Feuers verantwortlich ist. Umschnitt, Kamerafahrt über die Bucht, die Melodie, die einen Wettkampf ankündigt, ertönt. Verstummt gleich wieder, das Bild friert ein, die Geräusche aus dem Bad werden lauter, kaum gedämpft von Rosas Kopfhörern. Das Laderädchen dreht sich, der Stream hakt. Der Moderator steht still, mit weit ausgebreiteten Armen und aufgerissenen Augen, als wollte er sagen, er wisse auch nicht, was los ist.

Rosa lädt die Seite neu, aus dem Bad Klacken, als würde Gläsernes auf eine harte Oberfläche gestellt. Eulalia braucht jeden Tag länger mit dem Putzen. Rosa sucht die Stelle im Video, die sie zuletzt gesehen hat. Im Wasser sind Pfähle aufgebaut, auf denen die Kandidaten stehen, ihre Füße in zwei schmale Kerben gepresst, die am oberen Ende rechts und links ins Holz geschnitten sind. Wer als Letzter ins Wasser fällt, gewinnt für sein Team eine Fischerausrüstung, bestehend aus Leinen, Haken, Netz und einem Bambusspeer. Noch sind es zwei Teams, wenn nur noch zehn Teilnehmer übrig sind, kämpft jeder gegen jeden. Amanda ist die Vorletzte, die ins Meer springt.

*Das Wasser ist großartig,* schreibt Rosa, *schön frisch.* Behält das Telefon in der Hand, die Teilnehmer kehren ins Camp zurück, fangen aber keinen Fisch. 2 Favoriten, 3 Favoriten, 4, kein Retweet. Und niemand aus Madrid.

Die Blonde wird am Ende rausgewählt, Vorschau auf die nächste Folge.

Als Rosa im Februar, direkt nach der Landung, beim Warten am Gepäckband den Flugmodus deaktiviert hat: beruhigendes Vibrieren, minutenlang. Das Display hat noch geleuchtet, als das Laufband den ersten Koffer auf sie zutransportiert, geht gar nicht mehr in Stand-by. Sie behält es in der Hand, sieht zu, wie immer mehr weiße Querbalken mit Meldungen hinzukommen, die Zahlen größer werden. Sammelt. Überlegt, während sie den zweiten Koffer vom Band hebt, wen anrufen. Und ob überhaupt. Ana wird nicht rangehen, aus oder stummgeschaltet, Felipe dürfte im Club sein, 18 Uhr 39, unwahrscheinlich, dass er noch fahren kann. Gar nicht anrufen, ein Taxi nehmen, an der Pforte klingeln, die Koffer neben ihr auf dem Bürgersteig. Standardfilmszene: gescheitert, in der großen Stadt gescheitert, Rücksturz zur Erde, nach Hause, ins Kinderzimmer. Und wenn sich die Pforte öffnet: Eulalia. Und: Warum und wieso und was denkst du dir? Und wenn sie sich nicht öffnet: Warten auf dem Bürgersteig, immer noch Standardfilmszene, Rosa klein auf der Bordsteinkante, rechts und links ragen die Koffer auf. Und: Alle Nachbarn haben dich gesehen, das Erste, was Ana sagen würde.

Felipe geht ran, nach dem ersten Klingeln.

«Deine Vorfahren grüßen dich.» Pause. «Morituri te salutant», setzt er hinterher.

«Ich bin am Flughafen.»

«Weißt du, was morituri te…»

«Nein», unterbricht sie ihn. «Ja, weiß ich.»

Einen Moment ist es still.

«In Madrid am Flughafen?»

«Nein.» Das Transportband stoppt, die letzten Mitreisenden schieben Gepäckwagen in Richtung Zoll. Das Flugzeug war halbleer, Karneval ist gerade vorüber, Rosa hat eine Sitzreihe für sich alleine gehabt.

«Ist Ostern?»

«Nein.»

«Weiß deine Mutter …?»

«Nein. Los Rodeos, ich habe gerade die Koffer geholt.»

«Ich kann nicht fahren.»

«Rufst du Mama für mich an? Ohne Vorfahren und Morituri?»

Sechs weiße Balken auf dem Display, Text-Nachrichten, Fotos, Videos, die Rosa noch nicht anguckt, weder in der Ankunftshalle, während sie wartet, noch auf dem Autorücksitz, während alle schweigen und Rosa sicher ist, dass Felipe auch lieber auf sein Telefon sehen würde als aus dem Seitenfenster. Rosa schiebt lediglich mit dem Daumen den Displaydesktop nach unten, liest immer wieder die Push-Benachrichtigungen, beobachtet zufrieden die steigenden Zahlen, zehn, elf, zwölf Chatnachrichten, achtzehnmal Instagram, elfmal Twitter, zwei Mails von der Fluggesellschaft, *Bitte bewerten Sie Ihr Erlebnis bei uns an Bord.*

Die Nachrichten sind für nachher, wenn es ganz schlimm ist, alleine in ihrem Zimmer. Rosa spart sie auf, wie die Papas fritas beim Abendessen am Tellerrand. Hält das Telefon fest in der Hand beim anschließenden: Wir wollen doch nur mit dir reden. Und: Wenigstens eine Erklärung. Und: Was möchtest du jetzt tun? Traut sich nicht, mit dem Daumen das Display runterzuschieben, nach den Zahlen zu sehen, hält das Telefon nur fest in der Hand. Gleich, denkt sie, gleich. In ihrem Zimmer, wo ihr Hirn anfängt, die Fragen zu beantworten – nein und nein und nichts –, noch während sie die Lampe anschaltet und sich aufs Bett wirft.

Als Rosa fertig ist mit Lesen und aufblickt, wird ihr klar, dass sie die Ameisen vergessen hat. Fliegen kommen in Madrid nur, wenn der Abwasch zu lange steht, selten mal Mücken in der Nacht, die Kakerlaken winzig und ohne Flügel. Hier aber drängen die Insekten permanent vorwärts, stürmen an, dringen ein, hier ist alles nur abgetrotzt, alles der Natur nur abgetrotzt.

Die Deckenlampe brennt, Rosas Fenster steht einen Spalt offen, durch den sie ins Zimmer gelangen. Sie lassen sich vom Luftzug hineintragen, krabbeln über den abplatzenden Lack des Fensterrahmens, taumeln, Hormigas voladoras, fliegende Ameisen, kleine dunkle Striche. Die um die Lampe kreisen, an der Decke sitzen, winzige dunkle Striche, am dichtesten am Fenster, auf dem cremefarbenen Stoff des sich blähenden Vorhangs.

Am nächsten Morgen liegen sie federleicht und hellgrau geflügelt auf den Fliesen, wirbeln auf, sobald Rosa den Fuß neben sie auf den Boden setzt, bleiben an der Hornhaut ihrer Sohlen kleben.

Im Bad endlich Stille, Rosa steht auf, öffnet die Tür. Ihre Cremetiegel, Lippenstifte, Kajal kreuz und quer, ihre Nagellackfläschchen, die Seifenschale stehen nicht in einer ordentlichen Reihe auf der rötlich gemaserten Marmorplatte, wo sie hingehören, nach dem Putzen ordentlich wieder aufgereiht, sondern liegen im Waschbecken. Wasser tropft darauf.

Vierzehneinhalb Staffeln mit 23 Folgen, die jeweils knapp 45 Minuten dauern. Rosa rechnet es auf dem Handy aus, während sie auf der Toilette sitzt. Etwas mehr als 250 Stunden *Survivor* hat sie geguckt, seit sie wieder zu Hause ist. Unironisch. 23 Staffeln gibt es insgesamt. 146,625 Stunden hat sie noch vor sich, die Zahl ist irgendwie beruhigend.

Rosa spült, schaufelt mit beiden Händen die Kosmetika aus dem Waschbecken, hat keine Lust, die Tiegel, Fläschchen, Stifte wegzuräumen. Fährt mit dem Finger den Sprung in der Marmorplatte nach, er endet bei den Armaturen, wo der Stein rostbraun verfärbt ist. Lauscht. In der Küche stößt Geschirr aneinander.

An einem der ersten Morgen nach ihrer Rückkehr aus Madrid hat Eulalia, ehe sie das Bad geputzt hat, die Verbindungstür zu Rosas Zimmer weit geöffnet. Zum Lüften, behauptet sie. Rosa hat auf dem Bett gelegen, zugesehen, wie Eulalia weiße Wegwerfhandschuhe über ihre Finger zieht, die Toilettenbrille hochklappt, den Kopf schüttelt. Ist schließlich mit dem Tablet ins Wohnzimmer auf die Couch geflüchtet, später ins Arbeitszimmer, zwischen Stapel jahrealter Aufsätze. Seitdem versucht Rosa, daran zu denken, die Verbindungstür zu ihrem Zimmer hinter sich abzuschließen.

Sie zieht ihre Turnschuhe an. Als sie im Wohnzimmer die Gardinen beiseiteschiebt, die Terrassentür öffnet, schließt Helligkeit ihre Augen, trockene Wärme strömt an ihr vorbei. Hinter der Gartenmauer, wo die Straße verläuft, flimmert die Luft. Ein Gitternetz aus wadenhohen Halmen sprießt zwischen den Steinplatten, Rosa gibt acht, nicht auf sie zu treten. Sie nicht einmal zu streifen, sie kitzeln auf der Haut wie Insekten, die einen aus Versehen berühren. Ein Streifen gelb gewordener Rasen umschließt die Terrasse, und dahinter kommt das Unkraut. Hüfthoch, bereits überwiegend bräunlich, mit scharf getrockneten Kanten, wo die Stiele abgeknickt sind, die weiße Kratzer auf den Oberschenkeln hinterlassen. Rosa geht ein paar Schritte und bleibt stehen, stampft mehrmals auf, wartet, bis die Eidechsen aufhören zu rascheln. Kleine schwarze Samen hängen an ihrem T-Shirt, Amor seco, trockene Liebe, heißen sie, verheddern sich in ihrem Haar. An den größeren Pflanzen kleben Trauben gebleichter Schneckengehäuse, alle leer, in die meisten sind kleine Löcher gepickt.

Rosa muss aufpassen, wo sie hintritt, unter dem Gestrüpp liegen die Einfassungen der Beete verborgen, lauern Furchen, die der Regen in über zehn Jahren nicht weggewaschen hat. Neun war Rosa, als ihr Vater aufhörte, an der Uni zu arbeiten. Von nun an sei er nichts weiter als ein einfacher Bauer, hat er stattdessen ständig wiederholt.

Hat versucht, Kartoffeln zu ziehen. Die Erde in langen Bahnen aufgehäuft, tiefe Rillen zwischen die Reihen gegraben. Murmelgroß und schwarz waren die Kartoffeln, innen sehr gelb, süßlich und seltsam klebrig im Mund beim Kauen. Den Großteil hat Ana weggeworfen, heimlich. Das Gemüse sah gequält aus, deformiert, gefleckt, mit tief eingegrabenen Malen, die Schalen angeschrumpelt, zerkratzt von dem Werkzeug, mit dem Felipe es aus dem Boden geholt hatte. Einmal ist Rosa aus der Schule gekommen, hat sich einen Trinkjoghurt nehmen wollen, doch der Kühlschrank war voller Bubango, in jedem einzelnen Regal, den Fächern in der Tür. Eine Woche später ist es Salat.

Eine Phase, hat ihre Mutter es genannt. «Es geht vorbei» gesagt, das Gemüse Eulalia mitgegeben.

Im ersten Semester an der Hochschule in Madrid hat Rosa versucht, eine Arbeit daraus zu machen. Installation, Arbeitstitel: *Was von meinem Vater übrig blieb*. Sie war an der Umsetzung gescheitert. Foto, dokumentarisch, erschien ihr uninteressant, Video machten fast alle anderen. Hyperrealismus. Rosa hatte Beete in der Ausstellungshalle anlegen wollen, um sie dann verwildern zu lassen. Wollte Erde von der Insel nehmen, Samen, Schnecken einfliegen, die Insekten. Lampen mit ausreichend Lumen sollten an die Decke, um die Sonne zu ersetzen, und wenn Rosa ihn gebeten hätte, hätte Felipe es wahrscheinlich bezahlt. Hatte sie aber nicht.

Den Hühnerstall hat sich die Bougainvillea geholt, ihre Ranken verschlungen, an zentimeterlangen Dornen ineinander verhakt, mit winzigen Saugfüßen fest mit dem trockenen Mörtel verbunden. Die Tür hat ein Fenster, in dem grün lackierter Fliegendraht gespannt ist. Die Bougainvilleazweige haben die feinen Maschen auseinandergestemmt, sich Öffnungen geschaffen, durch die sie ins Innere der Hütte gewachsen sind.

Vor dem Hahn hat Rosa sich geekelt, die Hühner nicht anfassen dürfen, wegen Krankheiten und Ungeziefer. Ihre Mutter hat darauf bestanden, dass Felipe sie einhegt. Rosa hat zugesehen, wie ihr Vater den Zaun baute, aus Latten, die er krumm und schief zwischen zwei Streben nagelte, mit lila geschlagenen Daumennägeln und sonnenverbranntem Nacken, von dem Rosa abends die tote Haut ziehen durfte.

Am Ende hat sich Manchita die Hühner geholt. Eines hat versucht, über den Zaun zu entkommen, Manchita, die Terrierhündin der Nachbarin, hat im Flug ihre Zähne hineingeschlagen, den Bauch aufgerissen. Gelblich feucht verklumptes Hühnerfutter ist herausgefallen, vor Rosa auf den Boden. Daraufhin hat Felipe sich ein Luftgewehr geliehen, zum Üben Löcher in die fleischigen Blätter der Agaven geschossen. Mehrere Tage hat er auf der Lauer gelegen, schließlich die Hühner freigelassen, um Manchita anzulocken. Doch sie kam nachts, als alle schliefen. Rosa kann sich an Anas Erleichterung erinnern, als Felipe aufhörte, nichts als ein einfacher Bauer zu sein, und anfing, nachmittags in den Club zu gehen.

Rosa hört den Staubsauger schon, ehe sie die Terrassentür aufschiebt. Eulalia ist im Wohnzimmer. Saugt Kalkplacken ein, die von der feuchten Stelle oben an der Wand auf das Polster des Sessels gerieselt sind, den letzten schwarzledernen Versuch ihrer Mutter, das Haus einzurichten.

«Achtung», sagt Eulalia und deutet auf die rötlichen Erdklümpchen, die, von den Sohlen zu Rauten gepresst, hinter Rosa auf den Terrassenfliesen liegen. Rosa zieht die Turnschuhe aus, trägt sie in ihr Zimmer. In Madrid war es unmöglich gewesen, zuzugeben, dass sie Eulalia nicht mochte. Wer schon nicht aus prekären Verhältnissen kommt, muss wenigstens seine Dienstboten lieben, so hat sie es Marisa gegenüber formuliert.

Rosa hat keine Lust zu duschen, nicht einmal Lust auf Survivor. *Zu heiß für alles, fahre nach Hause*, schreibt sie.

*An welchem Strand bist du? Bin in Radazul, aber hier sind Algen.* Marisas Antwort kommt sofort, Rosa wirft das Telefon aufs Bett. Es wäre ja nur ein Tippen, eine winzige Bewegung der Hand, nein, eines Fingers, der kurz innehält, kurz das Display berührt, *senden*, mehr ist es nicht. Und wäre Rosa nicht im Umdrehen gegen die Kommode gestoßen und wäre die Tasche nicht heruntergefallen, auf Rosas nackte Füße, wahrscheinlich hätte sie Marisa geantwortet und sich mit ihr getroffen.

Die Tasche ist quadratisch, aus Kunststoff, weiß, mit einem Reißverschluss oben. Am unteren Rand ist schwarz die Skyline von New York aufgedruckt, mit den Türmen des World Trade Center. Sie muss aus den 80ern oder 90ern stammen, das Plastik blättert an mehreren Stellen ab, schmutzig grauer Stoff kommt darunter zum Vorschein.

Vorgestern ist Rosa noch sicher gewesen, sie wird keine neue Tasche kaufen. Sie war ein wenig rumgelaufen, hatte Musik gehört, als der Bürgersteig vor ihr plötzlich blockiert war von einer weißhaarigen Frau. Sie stand vorgebeugt, mit den Unterarmen auf einen Rollwagen gestützt, Rosa musste auf die Straße ausweichen.

«Chica», hat die Frau gerufen, Mädchen, laut genug, dass Rosa sie trotz der Kopfhörer versteht. Und als Rosa sich nach ihr umdreht: «Hilf mir!» Nicht bittend, nein, sehr bestimmt, ein Befehl. Rosa ist stehen geblieben. Die Frau trägt eine dunkle Sonnenbrille, ihr dickes weißes Haar im Seitenscheitel, zu einem Bob geschnitten.

«Hilf mir», wiederholt sie.

«Wie denn?» Rosa ist einen Schritt auf sie zu.

Die Frau hat auf die am Gestänge der Gehhilfe befestigte Tüte gedeutet. «Nimm die.»

Rosa ist neben ihr hergegangen, auf der Straße, schweigend. Eine der Rollen quietschte leise.

«Halt», sagt die Frau unvermittelt, «hier wohne ich.» Sie deutet ins Dunkel zwischen den geöffneten Doppelflügeln einer großen Holztür.

Rosa weiß genau, wo sie sind, *Asyl der barmherzigen Schwestern für in Not gefallene Alte* steht in schwarzen Buchstaben auf der weißen Steinplatte über dem Eingang.

«Ich verabschiede mich.» Rosa will nicht vor dem kleinen Kameraauge stehen und warten, und wenn sie drin ist, hebt er allenfalls die Hand und dreht sein Gesicht in Richtung Fernseher, wenn sie die weißlichen Stoppeln seiner Wange küsst.

«Chica», sagt die Frau, «alleine komme ich da nicht hoch.» Sie deutet auf die Rampe aus weinrotem Stein. In regelmäßigen Abständen sind raue Streifen hineingeschliffen, damit niemand rutscht, rechts und links ein Geländer, damit niemand fällt.

Neben der Rampe führen drei Treppenstufen zu einem Absatz, dort ist die Klingel, ein kleiner Messingknopf, direkt unter der Kamera in die Wand eingelassen. In einer Nische hängt Christus, zu seinen Füßen sitzt die Puppe, blond noch immer, ihr Pony sieht unter der schwarz-weißen Haube hervor. Sie trägt ein Nonnenhabit, nicht einmal das Kreuz, an einer langen Kette am Gürtel befestigt, fehlt. Als Kind, Rosa kann sich noch daran erinnern, ist sie hier immer müde gewesen, hat nach Hause gewollt, Schrei-krämpfe bekommen, weil sie die Puppe anfassen wollte. Oft waren sie nicht hier. Mit Rosa gesprochen, richtig mit ihr gesprochen, hat er nur einmal. «Kunst?», hat er gefragt. «Wozu das?» Sie hatte sich von ihm verabschieden müssen, ehe sie nach Madrid zog, Ana hatte darauf bestanden. «Meiner Stimme Gehör verschaffen» oder ähnlichen Unsinn hat Rosa geantwortet. «Was hast du denn zu sagen?», entgegnete er. «Warum hasst Opa uns?», hat Rosa irgendwann gefragt. «Opa hasst uns nicht.» Anas Stimme streng.

«Los!» Die Frau steht bereits am Fuß der Rampe, eine Hand am Geländer, die Gehhilfe hat sie ein Stückchen hinaufgeschoben, die Griffe lehnen rechts und links an ihrem Bauch, damit sie nicht zurückrollt. «Du gehst vor», sagt die Frau und beugt sich ein Stück zur Seite, damit Rosa an ihr vorbeikommt.

«Hier, fass an.» Rosa versteht nicht. «Den Tacataca», sagt die Frau und deutet mit dem Kinn auf die Gehhilfe, «ich halte mich daran fest, und du ziehst.» Und so geht Rosa rückwärts die Rampe hinauf, die Hände fest um das Gestänge geschlossen, das Kameraauge im Blick.

Rosa drückt die Klingel, legt eine Hand an den Knauf, um die Tür zu öffnen, sobald der Summer ertönt. Blickt zur Seite, jetzt sieht er sie, da ist sie sich sicher. Doch es bleibt still.

«Wie viel Uhr ist es?», fragt die Frau hinter ihr.

Rosa zieht ihr Handy hervor. «Kurz vor fünf», sagt sie, klingelt erneut.

«Lass das, bis fünf ist Rosario, da macht er Pause, der faule Sack. Geht nicht mal in die Kirche mit den anderen, liegt faul in dem Sessel beim Kaffeeautomaten. Und niemand kommt rein oder raus.»

«Tut mir leid», sagt Rosa, «ich muss jetzt weiter.»

«Warte.» Die Frau hat den Reißverschluss ihrer Handtasche geöffnet, braun, Louis Vuitton und auf so nicht schäbige Weise abgetragen, dass sie echt sein muss.

«Nicht nötig.» Rosa will kein Geld.

«Warte!», sagt die Frau erneut, und Rosa bleibt und weiß nicht, warum.

«Hier.» Die Frau hält die Tasche in der Hand, schmutzig weiß, schwarze Skyline, World Trade Center.

«Ich brauche so eine Tasche», sagt sie, «genau die Größe. Mit Reißverschluss, der hier ist kaputt, siehst du.» Sie ratscht ihn auf und zu, auf und zu, an mehreren Stellen greifen die Zähnchen nicht mehr ineinander. «Die taugt nichts mehr, du sagst mir, wie viel du ausgegeben hast, und ich gebe dir das Geld zurück.»

«Gut», sagt Rosa. «Mache ich», sagt sie und glaubt es nicht. «Bis bald!»

«Moment», sagt die Frau, als Rosa sich zum Gehen wendet. «Nimm die mit, als Muster, ich will genau so eine, die Größe mit Reißverschluss.» Hält ihr die Tasche hin, und Rosa hat sie genommen, während die Glocken läuteten. Der Rosario war zu Ende.

Rosa ist sicher gewesen, sie wird keine Tasche kaufen, wird die alte behalten, die ist großartig, allein schon die Türme. Doch dann stößt sie gegen die Kommode, und die Tasche landet auf ihren nackten Füßen, kalt und glatt, und Rosa hebt sie auf. Eine Weile steht sie im Zimmer, hält einfach nur die Tasche in der Hand und denkt, du stehst in deinem Zimmer und hältst einfach nur eine Tasche in der Hand. Beweg dich, gottverdammt. Schließlich legt sie die Tasche aufs Bett, guter Kontrast auf dem roten Laken, nimmt ihr Telefon, macht ein Foto.

*Plan für heute: Karma-Punkte sammeln*, schreibt sie.

Zieht ihre Sandalen an, sprüht Deo unter die Achseln, und als sie wieder nachsieht, fragt Aki, ja, wirklich, Aki aus Madrid: *In der Tasche?*

Zweiunddreißig Minuten später wartet Rosa am Ende der Avenida de la Trinidad in der Schlange vor der Kasse des XXL-Ladens. Hält in der einen Hand eine Plastiktasche, rosa und cremefarben geblümt, mit den gleichen Maßen wie die mit den Türmen, 3,99 €, in der anderen ihre Kreditkarte.

Draußen vor dem Schaufenster Gedränge, am Ende der Avenida de la Trinidad ist alles eng. Vierspurig trifft die Straße aus Santa Cruz hier auf die Altstadt von La Laguna, eine Schlagader, die abrupt in filigranem Aderngeäst und Kapillarengewimmel mündet. In der Mitte die Kapelle, rechts und links von ihr die Calle Herradores und die Calle Carrera, beides Fußgängerzonen. In den Eckhäusern Haushaltswarenläden, die schon immer da waren, und das Marks&Spencer-Outlet dort, wo mal der Elektroladen von ihrem Großvater gewesen ist. Davor die Endstation der Straßenbahn, im Fünf-Minuten-Takt pumpen die kleinen bunten Wagen Fahrgäste auf den Bürgersteig unter den Arkaden, zwischen die rauchenden Once-Verkäufer, die auf Klappstühlen zusammensitzen, unablässig ihre Nummern rufen, neben Schmuckhippies, sonnenblonden, braun gebrannten Deutschen, Schweden, Holländern, in orangenen, braunen, grünen Sackklamotten, Silberringe mit irgendwie in Lederbänder eingeflochtenen Muscheln auf den samtbezogenen Auslagen vor ihren Bäuchen.

Die Klimaanlage im XXL-Laden funktioniert nicht richtig, Schweißschlieren auf dem cremefarbenen Plastik in Rosas Hand. Zwei Kunden sind noch immer vor ihr, Rosa betrachtet das *Hello Kitty*-Regal neben der Kasse, Federmappen, Stifte, die sie gerne einzeln in die Hand nehmen würde, vielleicht die Packung *At the beach*-Radiergummis kaufen. Kitty in rotem Badeanzug, Sonnenschirm in Regenbogenfarben, ein rosafarbener Eimer und drei hellblaue Muscheln. Unpostbar.

Mit *Hello Kitty* hat es angefangen. Im Kindergarten hat sie verstanden, dass es den anderen Mühe bereitet. Du musst doch nur malen, was du siehst, sagt Rosa, bis Marisa sie jedes Mal kneift. In der Schule benötigt sie für eine *Hello Kitty* keine drei Minuten. Mit Luftballons, roten oder rosa Schleifen, Eis in der Hand, Cupcake mit Kerze. In der Pause sitzt sie am Tisch in der Cafetería, die

Mädchen aus ihrem Kurs stellen sich an und sagen, eine nach der anderen, was sie gemalt haben möchten. Bitte, bitte. Häufig streiten sie über die Reihenfolge, weil die Letzten bis nach der nächsten Schulstunde warten müssen, ehe sie ihr Bild kriegen. Marisa ist immer die Erste.

«Kunst», antwortet Rosa bestimmt, fünfzehn-, sechzehn-, siebzehnjährig, wenn sie nach dem Späterstudierenwollen gefragt wird. Entschieden, ohne Verlegenheit oder Zweifel, häufig begleitet sie das Wort mit einem Nicken. Selbst die skeptischsten Freunde – und die Freunde ihrer Mutter waren skeptisch – erklärten anschließend, sie seien von Rosas Berufung zur Künstlerin überzeugt.

Zu den Heiligen Drei Königen schenken Ana und Felipe ihr jahrelang Bildbände, die falschen, wie Rosa in Madrid feststellt. Picasso, Miró, Matisse, Moderne, Pop-Art, Warhol, Keith Haring, Lichtenstein: Posterbilder für Sechzigjährige.

Verzweifelt, würde Rosa sagen, wenn man sie fragen würde, wie es in Madrid war, alle seien verzweifelt gewesen. Alles schon da gewesen, und auch das bereits bearbeitet, nichts mehr besonders und die Kategorie besonders sowieso nicht tragfähig. Verzweifelt und nur damit beschäftigt, sich selbst abzusuchen. Ein Selbst, das bei allen übergroß geworden ist, als hätten sie nur darauf gewartet, sich endlich durch eine Lupe, nein, eher durch das Okular eines Mikroskops betrachten zu dürfen. Übergroß und im Zentrum fixiert, mit zwei Bügeln rechts und links, sodass nichts verrutschen kann, nichts anderes in den Blick drängt. Ich sehe, ich denke, ich finde, in mir, durch mich hindurch, das Wort *banal* hört auf zu existieren. Zu ähnlich, nicht anders, nicht genug, ist alles, was die meisten finden, und Angst, viel Angst. Was ist noch möglich, wenn alles möglich ist?

Rosas Handy vibriert. Felipe, eine SMS.

*Du musst mich abholen, ich kann nicht fahren* steht da.

*Wohin?*, antwortet sie.

*Deine Mutter will, dass wir zu den Surrealisten gehen.*

*Keine Lust,* hat Rosa bereits getippt, als ihr einfällt, dass sie darüber schreiben könnte. Nena, ihre Mitbewohnerin in Madrid, hat sich vor Lachen in die Hose gepinkelt, als sie von den Ausstellungen – Rosa macht Anführungszeichen mit den Fingern, jedes Mal, wenn sie das Wort benutzt – erzählt, die sie in ihrer Kindheit in Santa Cruz mit ihren Eltern angesehen hat.

*Wenn du nicht gehst, gehe ich auch nicht,* schreibt Felipe. Sucht eine Ausrede. Rosa löscht die Buchstaben wieder. *Ich hole dich um halb acht ab,* tippt sie stattdessen.

# Der letzte Konquistador

**Felipe Bernadotte sitzt** nicht, er liegt in seinem Sessel. Trägt eine beige Hose, ein lachsfarbenes Polohemd, das Kragenband innen an einigen Stellen aufgescheuert, aber das weiß nur seine Haushälterin. Die Beine ausgestreckt und übereinandergeschlagen, seine bloßen Arme ruhen auf den Lehnen. Schweiß sammelt sich zwischen Haut und Leder, ab und zu hebt er die Handgelenke und lässt die Klimaanlage die Lache unter ihnen auskühlen.

Felipe Bernadotte ist dreiundfünfzig Jahre alt und hat nichts zu tun. Seine einzige Aufgabe, nüchtern zu bleiben, ist heute bereits unerfüllbar. Felipe blickt auf die Uhr über der hüfthohen Holzvertäfelung, es ist kurz nach zwei, er ist alleine in der Bibliothek. Die anderen Gäste sitzen im Rauchzimmer, in dem nicht geraucht werden darf, aber geredet, bei normaler Lautstärke, keine Schreie, kein überschießendes Gelächter, lauten die Clubregeln.

Ein Tropfen läuft über seine Hand, Kondenswasser des Whiskyglases, Felipe stellt es auf dem Tischchen neben sich ab. Tippt mit nassen Fingerspitzen rechts und links gegen seine Schläfen, schließt die Augen und konzentriert sich auf die beiden kühlen Punkte, spürt, wie sie allmählich verdunsten. Die Klimaanlage summt wie der Motor eines Kleinwagens, enervierend gleichmäßig und nicht leise genug, dass der Ton sich nicht ab und an ins Bewusstsein fressen, die Schwelle der Gewöhnung überwinden würde.

Die Augen öffnet Felipe erst wieder, als er ein Geräusch in seiner Nähe hört. Porzellan stößt gegen Porzellan. Rechts von ihm unter den Fenstern steht ein zierlicher Doppelsitzer, eingerahmt von zwei mit weiß-blau gestreifter Seide bezogenen Stühlen. Dort sammelt ein Kellner auf dem Couchtisch stehen gebliebene Espressotassen ein.

Kurz spürt Felipe den Impuls, sich aufrecht hinzusetzen, zu überprüfen, ob seine Kleidung in Ordnung ist, sein Gesicht abzuwischen. Der Kellner blickt nicht zu ihm herüber, mit Absicht nicht zu ihm herüber, beschließt Felipe. Der Kellner hat graue Schläfen und rückt sehr geschäftig im Weggehen die Sitzgruppe zurecht. Felipe hebt das Glas, schüttelt es kurz, sodass die verbliebenen Eiswürfel aneinanderstoßen. Der Kellner sieht ihn an, nickt aber nicht, gibt auch sonst kein Zeichen, dass er verstanden hat.

«Noch einen», sagt Felipe.

«Sicher?»

Felipe kann sich nicht erinnern, ihn schon einmal gesehen zu haben. Er antwortet nicht, hebt nur erneut das Glas und schüttelt es, der Kellner geht wortlos hinaus.

Die meisten Clubmitglieder kennt Felipe seit seiner Kindheit, gelegentlich setzt sich der eine oder andere zu ihm. Den Besuchern wird er verstohlen und mit gedämpfter Stimme als Institution vorgestellt, dort sitzt Felipe Bernadotte, der letzte Konquistador, mit seinem Whiskyglas. Verfügt man über ausreichend Mittel, geht jeder davon aus, man tue schon irgendwas dafür, im Zweifel so ausgezeichnet, so mühe- und geräuschlos, dass ein Außenstehender davon nichts mitbekommt. Felipe öffnet nicht einmal die Briefe zu Hause, Anas Büro kümmert sich darum. Im Moment zumindest, letzte Woche hat sie angedeutet, in Zukunft müssten sie das vielleicht anders regeln. Felipe nippt wider besseres Wissen erneut an seinem Glas, nur noch geschmolzenes Eis, dreht das Gesicht zur Tür. Im Flur ist niemand zu sehen, der Idiot lässt sich Zeit.

Er könnte klingeln. Aber dafür müsste er aufstehen, die Klingel ist an der Wand zwischen Kamin und Tür in die Holztäfelung eingelassen. Vielleicht, wenn er noch ein wenig tiefer rutscht, und dann noch ein wenig tiefer, sodass er beinahe liegt, sich nur noch Nacken und Kopf in der Senkrechten befinden, und wenn er jetzt das Bein ausstreckt und das Gleichgewicht nicht verliert, kann er, wenn er sich noch etwas reckt, mit der Schuhspitze die Klingel erreichen. Felipe sieht hoch, zu Fernando Bernadotte, vierter Graf von Buenavista, der über dem nie benutzten Kamin seine Stirn in Falten legt, erboste Linien zwischen dunklen Augenbrauen und dem makellosen Silberweiß seiner Allongeperücke. Felipe hält sich mit der rechten Hand an der Armlehne fest, schiebt die Hüfte noch weiter nach vorne, ist gerade dabei, das Knie durchzudrücken, nur eine Handbreit fehlt bis zu dem kleinen Messingknopf, als der Kellner eintritt. Es ist ein anderer, jünger, mit einem silbernen Tablett. Felipe zieht das Bein zurück, rutscht mit dem Hintern wieder auf die Sitzfläche. Der Kellner stellt den Whisky auf das Tischchen neben ihm.

«Danke.» Felipe wartet, bis der Kellner die Bibliothek wieder verlassen hat, ehe er seine Hand nach dem Glas ausstreckt. Über dem Kamin verdreht der vierte Graf von Buenavista die Augen und blickt um Einvernehmen heischend zu Rafael Bernadotte, dem sechsten Grafen von Buenavista an der gegenüberliegenden Wand. Felipe weiß, die beiden sind sich einig, dass er, Felipe Bernadotte – der Grafentitel ist bereits zu Beginn des 20. Jahrhunderts mit einem anderen Familienzweig erloschen –, lang ausgestreckt und betrunken in seinem Sessel, eine Schande ist.

Felipe hebt sein Glas: «Auf gerechte Ausbeutung», sagt er.

Am Anfang hat er mit ihnen abrechnen wollen. Zehn Seiten Thesis waren gefordert gewesen zur spanischen Kolonialherrschaft. Er hatte Wochen damit verbracht, den verwerflichsten Abschnitt in der Inselgeschichte zu identifizieren, an dem seine Familie maßgeblich beteiligt gewesen war. Es gab so viele, er hatte sich nicht entscheiden können. Nachts, betrunken auf der Azotea, hatte er schließlich beschlossen, über alles zu schreiben, über die schändliche Rolle der Bernadottes in sämtlichen Phasen, von der Conquista bis zum Faschismus. Nach 48 Seiten, die Abgabefrist war lange verstrichen, hatte er aufgegeben.

«Ich habe fertig studiert», sagt Felipe, laut, wie er irritiert feststellt. Keiner der Grafen von Buenavista wirkt beeindruckt.

Er ist ein leidlich guter Historiker gewesen, seine Studenten waren nicht desinteressierter als die anderer Dozenten, seine Aufsätze werden nach wie vor ab und an zitiert, manchmal sieht Felipe nach, wie oft sie in der Zwischenzeit runtergeladen wurden. Elf Jahre ist es her, dass er die Uni verlassen hat, Rosa war neun gewesen.

Niemand hatte ihm irgendetwas zugesichert oder versprochen, nichts war vereinbart gewesen, er hatte keinen Anspruch, er war nur selbstverständlich davon ausgegangen. Die Zweite Republik, der Bürgerkrieg gehörten ihm. Er hielt die Seminare, hatte mit Abstand am meisten Publikationen, vorgewerkschaftliche Arbeiterbewegungen, Verflechtung von Landeigentümern, faschistischer Bewegung und Kirche, alles seine Themen. Und natürlich hatte Leticia Ferrera schon vorher einen alltagsgeschichtlichen Ansatz vertreten und deswegen den methodischen Teil des Projektantrags geschrieben. Und natürlich war sie eine Frau. Und natürlich hatte er die beiden letzten größeren Projekte geleitet und wäre Teil des Projekts geblieben, hätte so viel beitragen können, wie er wollte, und das nächste Projekt wäre wieder seines gewesen. Das Schlimmste ist, dass keiner es ausspricht, hatte er immer wieder zu Ana gesagt. «Hör auf, das ist eine fixe Idee geworden von dir», hatte sie immer wieder geantwortet.

*Bürgerkrieg und Repression auf den Kanarischen Inseln. Geschichte in privaten Fotos, Briefen und oralen Überlieferungen*, das Thema war perfekt für ihn. Und es ging nicht um die Frauenquote oder um: andere müssen auch mal dürfen. Nein. Das Problem war sein Name, Bernadotte. Mit dem er immer kritisch umgegangen war.

Er hatte schonungslos verurteilt, hatte seine familiäre Belastung immer transparent gemacht, sie stand in jedem Vorwort, das er verfasst hatte. Inhaltlich konnten sie ihm nichts vorwerfen, darum sprachen sie es nicht aus. Wollten sich nicht angreifbar machen. Aber darum ging es, darum hatte Leticia Ferrera die Projektleitung bekommen, ist Felipe überzeugt. Die Kündigung komme überraschend, hatte der Dekan gesagt, und ob er nicht nachdenken wolle.

Nein, wollte er nicht.

Felipe hebt erneut das Glas. «Auf die Bernadottes», sagt er. Der Whisky schmeckt schon wieder wässrig, die Grafen blicken an ihm vorbei zu Boden.

Am Anfang hatte Felipe vorgehabt, eine Stiftung zu gründen. Seine Aufgabe war es, aufzuarbeiten, ans Licht zu bringen, und wenn ihn die Universität nicht dabei unterstützte, würde er es alleine tun. *Gesellschaft zur Aufklärung der frankistischen Repression* hatte er sie nennen wollen. Er hatte sich mit einem Web-Designer getroffen, überlegt, wer von seinen ehemaligen Studenten als wissenschaftlicher Mitarbeiter in Frage käme. Eine Sekretärin bräuchten sie, Räume hatte er besichtigt, Thesen formuliert, Projekte konzipiert und wieder verworfen. «Niemand wird dich ernst nehmen», hatte Ana gesagt.

Darüber hatte er lange nachgedacht, und ob es Sinn hätte, sich scheiden zu lassen. Schließlich hat er beschlossen, kein Bernadotte mehr zu sein und sich stattdessen um den Garten zu kümmern. Eine Dummheit ist das gewesen, und an dem Tag, als ihm das klarwurde, war er mit erdverschmierter Kleidung in den Club. Er hatte versucht, Süßkartoffeln zu ernten, hatte sich seitlich an sie herangegraben, hatte gegraben und gegraben, und als er endlich eine fand, hatte sie ausgesehen wie eine junge Karotte, nicht dicker als sein Zeigefinger. Er hatte die Kartoffel einfach liegenlassen, das Werkzeug ebenso, und war in den Club gegangen, direkt in die Bibliothek. Hatte sich unter den strengen Blicken seiner Verwandten auf den Boden gelegt, flach auf den Rücken, Arme und Beine ausgestreckt, braune Erde auf die Perserteppiche schmierend. Doch nicht einmal seine vollständige Kapitulation hatte die Grafen interessiert.

An der Tür hatten die Kellner beratschlagt, wie mit ihm zu verfahren sei. Sie hatten versucht, Ana anzurufen, sie glücklicherweise nicht erreicht. Schließlich hatte Felipe, noch im Liegen, einen Whisky bestellt, sich erst auf den Boden, dann in den Sessel gesetzt und beschlossen, dass nichts anderes mehr Sinn ergab. Seitdem überlegt er. Meist in diesem Sessel, manchmal nimmt er auch den anderen, rechts vom Kamin.

«Auf euren Sieg.» Felipe hebt schon wieder das Glas. Er ist zufrieden, der letzte Konquistador zu sein. In den guten Momenten fühlt er sich wie eine Figur aus einem Somerset-Maugham-Roman, ein melancholische Trinker, der in die Gegenwart hineinragt aus einer anderen Zeit. Fehlt nur eine unglückliche Liebe. Aber dafür taugt Ana nicht. Felipe könnte nicht einmal sagen, an welche Maugham-Geschichte er dabei denkt, zu lange her, dass er sie gelesen hat. Aber seine Niederlage ist absolut, dessen ist er sich bewusst, Kolonialismus, Kolonialismus, Felipe Bernadotte ist der sitzende Beweis, dass niemand aus seiner Haut kann.

Im Rauchzimmer sprechen sie über San Borondón, der Name schafft es mehrfach klar verständlich zu ihm herüber. Eine künstliche Insel, die keine zwanzig Seemeilen entfernt an einer flacheren Stelle des Atlantiks entstehen soll, auf einem aufgefalteten Fitzelchen Erdkruste, dessen Spitzen an fünf Stellen aus dem Meer ragen. Leicesters Legacy nennt sich das amerikanische Unternehmenskonsortium, das die Idee entwickelt hat, unter Berufung auf *New Atlantis*, den Floßstaat, den Hemingways Bruder Leicester in den 60ern vor Jamaika gegründet hat. «Stell dir vor», beginnt der Werbespot, der das ganze letzte Jahr über im Fernsehen gelaufen ist. Danach entfalten sich verschiedenste blaue Blüten im Zeitraffer zu Geigenmusik. Vor einem Monat hat das Parlament in Madrid das Projekt bewilligt, auch wenn der genaue Zweck der Insel nirgendwo genannt wird. Ana gehörte zu den entschiedenen Gegnern, ihre Koalition hat dennoch mit Ja gestimmt. Die Tourismusverbände sprechen von unabsehbaren Einbußen. Sie sägen den Ast ab, auf dem wir sitzen. Eine neue Art Hotel fürchten sie, Unterbringung, Themenpark und Insel in einem.

Nebenan geht es um die Frage, ob es sich überhaupt um eine Insel oder nicht doch um ein Schiff handelt. Die meisten geplanten Flächen werden schwimmen, riesige Pontons, sagt jemand.

Felipe ist es gleichgültig. Er hat aufgehört, sich für Politik zu interessieren, als Ana ihm eröffnet hat, dass sie kandidieren werde. Für die Konservativen. Beim Abendessen, zwischen Vorspeise und Hauptspeise, beiläufig, so ganz nebenher. Rosa saß zwischen ihnen, sie waren mit dem Krabbencocktail fertig, abgepackter, aus dem Supermarkt, mit zu viel Mayonnaise, das wird Felipe nicht vergessen. Eulalia hat gerade die Gläser auf dem Tablett zusammengestellt, Ana wartet nicht einmal, bis sie den Raum verlässt, um das Fleisch aus der Küche zu holen. Rosa ist irgendwann in ihr Zimmer gegangen. Felipe hat es gar nicht mitbekommen, plötzlich war sie weg.

Er stemmt sich aus seinem Sessel, geht ins Bad, trifft zum Glück niemanden auf dem Flur. Nimmt eines der Handtücher von der Ablage über den Waschbecken. Wieder im Sessel, faltet er es in der Mitte, rutscht nach vorn, bis sein Nacken auf der Rückenlehne aufliegt, und bedeckt die Augen.

Der Kellner weckt ihn, indem er Felipe erst seine Hand auf die Schulter legt und schließlich den Stoff von seinem Gesicht zieht. «Sie werden erwartet.»

Felipe nickt, fängt im Aufstehen das Handtuch auf, geht doch, denkt er, tränkt es im Bad mit warmem Wasser. Wischt sich das Gesicht ab, steht still, mit geschlossenen Augen, bis die Nässe auf der Haut kühl wird, ehe er sich abtrocknet.

Rosa sitzt im Auto, startet wortlos den Motor, als Felipe die Beifahrertür öffnet und einsteigt. Lächelt ihn kurz an und bleibt nicht mit den Augen an den dunklen Wasserspritzern auf Kragen und Brust hängen, ganz so, als hätte sie nichts bemerkt. Rosa fährt auf die alte Carretera General. «Die Autobahn ist dicht», sagt sie, als sie Felipes Blick bemerkt, «haben sie im Radio gesagt.»

Er hätte etwas essen sollen, mit einem Mal fühlt Felipe seinen Magen, klein und zusammengekrampft, als hätte er die Form einer Rosine. Felipe muss aufstoßen, Speichel läuft in seinem Mund zusammen. Er drückt auf den Fensterheber, lehnt sich im Sitz zurück, drückt weiter, als Rosa beginnt, ihr Seitenfenster hochzufahren, drückt, bis seine Scheibe beinahe in der Tür verschwunden ist. Mit dem Luftzug geht es, zurückgelehnt im Polster. Rosa biegt rechts ab, schaltet das Radio ein, Salsa, macht es gleich wieder aus.

Für einen Moment ist zwischen den Häusern das Meer zu sehen. Die Sonne ist bereits untergegangen, in ein paar Jahren werden dort bei Dunkelheit Lichter leuchten, ob Insel oder nicht, dieses dümmliche San-Borondón-Gewäsch. Draußen am Horizont werden sie im unterschiedslosen Schwarz von Himmel und Wasser die Kim markieren. Eine gelbe Punktekette, so stellt Felipe es sich vor. Ein künstlicher Strand soll am Fuß der Felsnase der größeren Insel angelegt werden. Auf Betonplattformen, haben sie einander aufgeregt beim letzten Jahresempfang des Gastronomieverbandes erzählt, zu dem er Ana hatte begleiten müssen.

San Borondón, San Borondón, nach der Messe vor der Catedral, im Restaurant, an der Supermarktkasse, als Felipe gestern an der Bushaltestelle an der Plaza del Adelantado vorbeigegangen ist. Verschwörung, Verschwörung im Onlineforum des *Diario de Avisos*, bei den Linken wie den Rechten, immer neue Gerüchte: Testgelände, Waffen, Drohnen. Warum müssen sie extra eine Insel bauen, so weit draußen, wenn es nichts Schlimmes ist? Serverfarmen, künstliche Intelligenz, Ufo-Landeplatz.

Neu, durch und durch neu, das macht ihnen Angst. Nicht von der Zeit deformiert, zurechtgedrückt, geschliffen. Nicht mit Geschichte behangen, das macht ihnen Angst. Keine Verwerfungen, aufgestautes Geröll, verkrustete Strukturen unter einer nur mit Mühe glattgezogenen Oberfläche. Am Seitenfenster ziehen mit weißen Würfelhäuserstapeln besetzte Berghänge vorbei, die unregelmäßigen orangefarbenen Lichterketten der Straßenlaternen kreuz und quer dazwischen. Niemals wird dies hier neu werden, denkt Felipe. Niemals schlank und mit präzise gedachten Linien, und alles hat eine Funktion, und nichts ist nur da, weil es schon immer da war oder weil niemand sich die Mühe gemacht hat, es zu beseitigen.

Die Menschen, die sie erschaffen, San Borondón, sind geschichtsbehangen, wendet sein innerer Student ein. Sie wirken aber nicht so, antwortet der Dozent, betont geduldig. Sie wirken, als wenn sie alles vergessen könnten, jederzeit hinter sich lassen, was keine Funktion mehr erfüllt. Davor haben sie Angst. Und wir? In all den Gesprächen, ob Insel oder nicht, und wenn ja, wie schlimm, tun sie eigentlich nichts anderes, als «Und wir?» zu fragen.

Rosa bremst, die Ampel ist rot, sie muss die Straßenbahn durchlassen, deren Gleise die Straße kreuzen. Felipe betrachtet die riesengroße Schüssel vor dem Museo de la Ciencia, es ist die Antenne des Radioteleskops, braun gefleckt, verblichene Tarnfarbe, so scheint es, aber es sind die Koordinaten und der Umriss des nach der Insel benannten Berges auf dem Mond.

Die Hänge sind voll von Zurückgebliebenem. Zwischen den sie immer dichter bedeckenden hellen Würfeln, sind sie noch immer sanft gewellt von den Terrassen, auf denen fast hundert Jahre lang Wein wuchs. Auf jeder unbebauten Parzelle, jeder ebenen Fläche zwischen Straße und Berg wachsen Chumberas, bedeckt mit pudrigen Schildlausgelegen, trotz der Dämmerung sehr weiß und gut zu erkennen. Zuckerrohr, auf dem Kreisel, den Rosa zweimal umfährt, weil sie die Ausfahrt verpasst, steht Zuckerrohr und klappert im Wind. Auch fast ein Jahrhundert angebaut, bis Kuba in die Produktion einstieg. Jede Monokultur, jeder zusammenbrechende Markt, jede Hungersnot, jeder gewaltsam niedergeschlagene Aufstand hat sich abgelagert. Es ist alles noch da.

Felipe deutet aus dem Seitenfenster, sieht zu Rosa.

«1498», sagt sie rasch, fast automatisch, gewöhnlich gibt er dann Ruhe. Manchmal folgt dennoch der Generation-ohne-Geschichte-Generation-ohne-stabile-Identität-Vortrag. «Wurde die Kapelle errichtet, Santa María de Gracia, nach der ersten erfolgreichen Militärexpedition der Konquistadoren ins Landesinnere, zum Dank für göttlichen Beistand bei der Unterwerfung der Guanchen», setzt sie hinterher, schaltet das Radio ein, immer noch Salsa. Dabei ist die Kirche von der Straße aus gar nicht zu sehen, von zwei großen Werbetafeln verdeckt, 7up und Kas, und von mehreren verfallenden Gebäuden umgeben.

Vor dem Círculo de Bellas Artes, dem Kreis der schönen Künste, steht ein Sessel aus zusammengeleimten Büchern, die sich mit der surrealistischen Konferenz 1935 befassen. Dem Clubsessel nicht unähnlich, in den sich Felipe zurücksehnt, unter die tadelnden Blicke seiner Verwandtschaft.

«Oh Gott», sagt Rosa neben ihm. «Man möchte weinen.» Und so sieht sie auch den ganzen restlichen Abend aus: als wären ihre Gesichtszüge nur eine dünne Schicht, die auf einem See aus Tränen schwimmt, der sie jederzeit, aus dem nichtigsten Anlass, verschlingen kann. Felipe legt ihr die Hand in den Rücken, schiebt sie sanft durch die auseinanderfahrenden Türflügel.

«Du riechst», sagt Rosa leise.

Felipe nickt, sie hat gewiss recht. Er würde sich gerne einen Whisky kommen lassen, nimmt stattdessen zwei Sektgläser von einem Tablett.

«Danke.» Rosa schüttelt den Kopf.

Das Tablett ist verschwunden. Felipe leert das erste Glas, Kohlensäure steigt ihm in die Nase, er muss husten.

«Unglaublich.» Rosa wendet sich ab, bewegt sich auf eines der Exponate zu. Nur um davon gleich wieder abgestoßen zu werden – abgedroschen –, nähert sich dem nächsten. Kaum hat sie es richtig im Blick, ändert sie die Richtung wieder. Wendet sich den Zeitungsartikeln zu, die gerahmt an der Wand hängen, und weicht sofort einen Schritt zurück.

Felipe trinkt nicht weiter, behält das volle Glas in der Hand, während er seine Tochter beobachtet, die wie eine Flipperkugel durch den Ausstellungsraum irrt. Zweimal hebt sie ihr Handy und tippt irgendwas. Er sieht nach. Auf Instagram ein Foto von dem Revolver, darunter: *Sie nennen es Kunst.*

Felipe stellt sich neben dem Eingang ans Buffet, kanarische Spezialitäten. Eine Papas-Arrugadas-Eule, die eine Urkundenrolle aus Tortilla in Thunfisch-Kroketten-Klauen hält.

## Vermeidbare Fehler

**Andere Handtasche**, denkt Ana und nimmt ihre vom Tisch, für nächsten Mittwoch muss sie eine andere aussuchen. Die Handtasche wäre einer der vermeidbaren Fehler, über die sie am Morgen geredet haben. Ana dreht sich um, will den Schulterriemen über die Stuhllehne hängen, aber da ist keine Ecke, da ist nur ein gebogenes, glänzendes, glattes Metallrohr. Scheißkonferenzraum, denkt sie, Scheißhotel. Warum so wütend, denkt sie, Scheißfreischwinger, Scheißfrüchtearrangement, Scheißvierteljahrestreffen mit den Hotelverbänden. Ana behält die Tasche auf dem Schoß, Lamm, lilafarben, mit diagonalen Steppnähten, in der Mitte das lederbezogene Doppel-C-Logo, so hatte es die Verkäuferin genannt, dreitausendfünfhundert Euro. Chanel, 2014er-Kollektion, eindeutig nach Beginn der Krise gekauft.

Würde irgendein Blogger schreiben, und jemand würde es aufgreifen: oben auf der Seite, groß ein arrogant guckendes Model, das die Tasche hält, weiter unten ein kleineres Bild von Ana, unscharf, mit der gleichen Tasche, und jeder wird den arroganten Blick des Models in Anas Gesicht übertragen.

Ana sieht zu den anderen hinüber, die bereits am Tisch Platz genommen haben. Kennt niemanden mit Namen, bloß Stellvertreter von irgendwem. Sie blicken auf ihre Telefone, sortieren Papiere, zwei Frauen unterhalten sich über das Schulessen der Kinder. Und für alle ist der nächste Mittwoch allenfalls der Tag, an dem der Klempner kommt, sie abends eingeladen sind, mittags zu irgendeinem sinnlos zeitraubenden Treffen mit irgendeinem Verband müssen. Mehr nicht. Kein schwarzer Trichter, der sie einsaugt, in den Bauch einer Maschine, die sie zerstören wird. Nur Mittwoch, der elfte.

Maschinen haben keine Bäuche, denkt Anna. Und was heißt schon zerstören. Eine der Frauen zählt Beilagen auf, Kartoffeln, Reis. «Ruhe bitte.» Ihre Stimme klingt gereizt, stellt Ana fest. Sie sieht zu den beiden hinüber, die verstummen. Entschuldigen sich nicht, blicken Ana nicht direkt an, einander aber auch nicht, eine rückt mit dem Stuhl näher an den Tisch. Die Herren lassen sich Zeit, stehen vor dem Panoramafenster und lachen. Ana überlegt, ob sie aufstehen, sich dazustellen soll. Hinter der Palmenkübelreihe am Ende der Terrasse nichts als weißer Nebel, die Wolken haben sich die Hänge hochgeschoben, füllen das Orotavatal, die Bergpässe ragen wie das Ufer eines Sees aus dem Weiß.

In Santa Cruz, in der Calle del Castillo hat die Sonne geschienen, dort haben sie sich am Morgen getroffen. Nicht im Cabildo, nicht in der Parteizentrale, nicht in einem der Besprechungsräume der Fraktion im Parlament. In der Kanzlei eines Anwalts, den Ana nicht kannte. Elizardo Rubio, Generalsekretär der Konservativen, hat ihr die Adresse mündlich ausrichten lassen. Und dass sie nichts in ihren offiziellen Terminkalender notieren solle. In der Calle del Castillo blühten die Akazien, die ersten Kreuzfahrtschiffe haben sich ihrer Passagiere entledigt, in dicken Trauben kommen sie die Fußgängerzone hinauf. Vor dem Laden mit den Stickereien, *Typisch kanarisch* steht auf einem Schild, sitzt ein Mädchen und raucht eine letzte Zigarette. Sie trägt Tracht, einen schwarzen Rock mit grünen, gelben, roten Längsstreifen, Schürze, eine weiße Bluse. Ihr Hut liegt neben ihr auf der Stufe. Ana wäre gerne in der Sonne geblieben, hätte zum ersten Mal gerne wieder geraucht.

Sie greift nach ihrem Telefon, will *nächsten Mittwoch andere Tasche* notieren, lässt es wieder sinken. Über Telefone hat Elizardo Rubio nichts gesagt. Keine Panik, hat er gesagt, nichts blind in den Reißwolf schieben, vorher nachdenken, überlegt und sensibel und so wenig wie möglich. Alles andere ist kontraproduktiv. Die Lücken sind das Problem, die sehen schuldig aus, Löcher in der Korrespondenz, du lässt doch immer alles wegheften?

Ana hatte genickt.

Elizardo Rubio klang, als erzähle er noch immer von seiner Enkeltochter, mit der er jeden Sonntag zum Wasserbecken an der Plaza de España geht, damit sie Kiesel in das Becken werfen kann. Bis wir einen Berg haben, Opa, sage sie immer. Seine Stimmlage unverändert, weich und warm und leise. Vielleicht wollte er Ana beruhigen, keine Panik, hat er gesagt, einfach weitermachen wie bisher. Vielleicht die Mauer rund ums Haus erhöhen. Rollläden bestellen. Aber keine Panik, alles wie bisher. Keine hektischen Bewegungen. Sich anpassen, keine großen Auftritte. Es geht schon vorbei.

Ana lächelt, als der Vorsitzende des Hotelverbands sie begrüßt, sich bedankt, dass sie Zeit gefunden hat. Die Quartalszahlen sind bereits vorige Woche per Mail verschickt worden, erfreuliche Zahlen, die Terroranschläge an der nordafrikanischen Küste und in der Türkei wirken sich aus. Alle am Tisch haben die Statistik bereits gesehen, alle nicken, niemand hört zu.

Die Pressemitteilung der Staatsanwaltschaft werde am nächsten Morgen rausgehen, hat Elizardo Rubio vermutet. «Bettenauslastung», sagt der Vorsitzende, «durchschnittliche Verweildauer unserer Gäste, deren Durchschnittsalter bedauerlicherweise weiterhin bei 42,1 Jahren liegt.» Es steigt wenigstens nicht mehr, es stagniert.

Du stehst nicht im Feuer, hat Elizardo Rubio gesagt. Andrés Rivera, Sprecher für Infrastruktur und Entwicklung, wird zurücktreten. Aus familiären Gründen, mehr Zeit mit den Kindern. Am Montag, zwei Tage vor der Anhörung. «Um schon etwas Luft aus dem Ballon zu lassen.» Elizardo Rubio hat gelächelt. Ana versuchte, sich an die Namen von Riveras Kindern zu erinnern, das Gesicht seiner Frau, Isabel heißt sie. Eine Zeitlang waren Felipe und sie häufiger bei ihnen zum Essen. Die Kinder lagen immer bereits im Bett, zwei Jungen, Zwillinge. Aber grundverschieden, sagt Rivera, wenn er von ihnen spricht. Seine Frau ist Yogalehrerin. Das wird ihnen nicht helfen.

Weiß er Bescheid, will Ana fragen, nickt stattdessen. Wenn sie ihn informiert haben, wird er sich vorbereiten. Rollläden an den Erdgeschossfenstern anbringen lassen, die Mauern um den Garten erhöhen, sie mit frischen, scharfkantigen Glasscherben bestücken. Bewegungsmelder für die Alarmanlage, falls irgendein Kamerateam eindringt. Oder Urlaub buchen. Oder seine Frau und die Kinder wegschicken. Vielleicht sammelt er auch nur Telefone, Tablets, Laptops ein, schaltet das WLAN ab, zieht den Stecker des Festnetzes. Oder sie haben auch ihm gesagt, er stehe nicht im Feuer.

Rosa wäre es egal, aber Felipe würde frohlocken. Julio ebenso. Lustigerweise nehmen die beiden es ihr gleich übel, dass sie für die PP angetreten ist.

«Ich hoffe, du fickst niemanden, außer deinem Mann», hat Elizardo Rubio gefragt. Ana hat genickt. «Wir bleiben in Kontakt, ich melde mich bei dir.» Elizardo Rubio hat *ich* und *dir* betont. Er schien zu erwarten, dass sie aufstehen, sich bedanken, sich verabschieden würde. Als seien sie bereits fertig.

«Und das Leck?»

Elizardo Rubio hat nicht geantwortet. Die Blätter mit seinen Notizen umgedreht, seine Hände über ihren weißen Rücken gefaltet, sich ein wenig nach vorne gelehnt, über den Tisch, die Schultern hochgezogen.

«Wisst ihr, wer es war?» Verärgert hat Ana festgestellt, dass sie die Arme vor der Brust verschränkt hält. Lässt langsam die Hände in den Schoß sinken, da liegen sie dann, die Handflächen nach oben, Finger leicht gekrümmt. Sehr unnatürlich, nicht runtersehen, sie muss Elizardo Rubio ins Gesicht blicken, das weiß sie. Wenn sie eine Antwort will, muss sie ihm ins Gesicht blicken.

«Wer war was?» Er fragt ganz ruhig, ohne sich zu rühren. «Wenn ich davon ausgehe, dass es etwas zum Weiterreichen gab, Tonbänder zum Beispiel, von denen behauptet wird, auf ihnen wären die Vize-Sprecherin für Tourismus und der Sprecher für Infrastruktur zu hören, im Gespräch über, sagen wir, das wünschenswerte Ergebnis eines Gutachtens. Dann müsste ich auch davon ausgehen, dass die Personen auf dem Band, dessen Qualität glücklicherweise abscheulich ist, tatsächlich die beiden Beschuldigten sind.»

Und dann ist es lange still.

Bis Ana «Leicesters Legacy» sagt und es nicht nach einem Fragezeichen am Ende klingt, sondern wie eine Feststellung. Die Elizardo Rubio einfach im Raum stehen lässt, mit hochgezogenen Augenbrauen und belustigtem Lächeln.

«Niemand hat sich so deutlich dagegen ausgesprochen wie ich.» Das klingt defensiv und hastig und ein wenig seltsam.

Elizardo Rubio hat sich stumm erhoben, mit einer Hand sein Jackett zugeknöpft, die andere reicht er ihr zum Abschied.

«Sehe ich dich heute Abend im Kreis der schönen Künste?»

Ana hat genickt.

«Kommt deine Familie?»

Ana hat erneut genickt, auch wenn es nicht stimmte.

Er sei zuversichtlich, sagt der Vorsitzende des Hotelverbands, nachdem er den letzten Datensatz vorgetragen hat. Alle lächeln, beginnen, ihre Unterlagen zusammenzuschieben, auf den Handys nachzusehen, wie spät es geworden ist. Der Vorsitzende sieht zu Ana herüber, sie weiß, jetzt kommen die Boote. Ob es nicht möglich sei, mehr Druck zu machen in Madrid. Und richtig, er spricht von problematischem Potenzial. Sie erwidert, wie immer, die Lösung liege in Brüssel, gesamteuropäische Maßnahmen, und küsst ihn links und rechts zum Abschied.

Es ist bereits nach vier, als Ana wieder im Auto sitzt. Die Klimaanlage, antwortet sie, als sie später gefragt wird, weswegen sie an dem Abend noch ins Büro gefahren ist und nicht nach La Laguna, erst zu ihrem Vater und dann nach Hause, um sich umzuziehen. Im Büro gibt es eine Klimaanlage.

Die Autopista del Norte, in einigen hundert Metern Höhe an der Flanke des Anagagebirges entlanggebaut, ist leer und wolkenverhangen, Ana fährt mit eingeschaltetem Scheinwerfer. Auf der einen Seite, tief unter ihr, das Meer, dazwischen reichlich pastellfarbene Häuserwürfel, auf der anderen ragt schroff der Hang auf, noch mit Resten von Grün bewachsen, trotz der Julisonne. Die Wolken sammeln sich hellgrau über dem Meer, schieben sich dicht an den Felsen hinauf in Richtung Gipfel, regnen dort ab, zerstreuen sich. Über den weiß gekalkten Mauern von La Laguna wird nichts mehr von ihnen übrig sein.

An Im-Schattenstreifen-die-Hauswände-Entlanggehen denkt Ana, während sie unter der tiefhängenden, angenehm gleichmäßigen Wolkendecke fährt. Mit an den Fersen aus den Ballerinas gleitenden verschwitzten Füßen, im schmalen Schattenstreifen bis zum Asilo. In der Portiersloge werden die Fenster geschlossen sein, Rollläden heruntergelassen, um die Hitze der Pflastersteine auszusperren. Ana wird nicht atmen können im hin und her schwenkenden dumpfwarmen Luftstrom des Ventilators und ihr Vater «Ich will das sehen» sagen und auf irgendeine Sportsendung deuten.

Und danach, zu Hause: Schon beim Gedanken an die gelblich zerbröselnden Grasflecken rings um die Steinplatten, die von der Garage zur Tür führen, will Ana rechts ranfahren. Sie wird im Club anrufen müssen, denn Felipe wird gewiss nicht an sein Handy gehen. Sie wird darauf bestehen müssen, dass sie ihn ans Telefon holen, darauf bestehen müssen, dass er nach Hause kommt, dass er dort duschen geht, ein frisches Hemd anzieht. Wird darauf bestehen, dass er sie wirklich begleitet in den Círculo de Bellas Artes.

Wir werden da sein, hat sie zu Elizardo Rubio gesagt, keine

51

großen Auftritte, alles so wie immer. An die Ruhe in ihrem Büro denkt Ana, das verlassene Vorzimmer, die stille Küche, in der sie sich in aller Ruhe einen Kaffee kochen könnte. An zehn Minuten mit geschlossenen Augen, hochgelegten Füßen in ihrem Bürostuhl. Die Rückenlehne lässt sich verstellen, im Schrank hängen mehrere Notfallkleider, das hellbeige mit den dunklen Schuhen sollte gehen, keine großen Auftritte.

Der Abend wäre vielleicht einfacher ohne den angetrunkenen Felipe, der sich mit der ungeduschten Rosa über die Exponate lustig macht. Meine Familie ist verhindert. Klingt defensiv.

Die Autopista del Norte steigt über den Berggrat. Hinter Guamasa reißt die Wolkendecke auf. Als Ana am Flughafen vorbeifährt, zittert bereits die Luft über dem Asphalt. Auf Höhe des Golfplatzes – eine Zeitlang haben sie dort gespielt, Felipe hat noch an der Uni gearbeitet – beschließt Ana, nicht abzufahren, sondern weiter in Richtung des gleichmäßigen Summens der Klimaanlage in ihrem Büro.

Und morgen, morgen muss sie unbedingt, wirklich unbedingt, Ana nimmt, eine Hand am Lenkrad, ihr Telefon vom Beifahrersitz, tippt mit dem Daumen, Alert einrichten – nächster Tag – 17 Uhr – *Papa*. Nicht, dass er sie vermissen würde. Selbst wenn er bei ihrer Ankunft mit einer der Nonnen lacht, mit einem am Türrahmen lehnenden Bewohner redet, sich bei einer der Pflegerinnen erkundigt, wie ihre Schicht war – sobald Ana die Loge betritt, wird er schweigsam, lässt sich kaum auf die Wange küssen. «Ich bin beschäftigt», sagt Julio und deutet auf das Telefon. Den Monitor. Den Fernseher, wenn ein Radrennen läuft. Weigert sich, einen Kaffee trinken zu gehen. «Meine Pflichten», sagt er. «Ich erfülle meine Pflicht.» Ansonsten nickt er oder grunzt.

Papa, wie geht es dir? Grunzen. Wie ist das Essen? Nicken. Wenn Ana ihn alleine antrifft, stellt er den Fernseher lauter. Und wenn er mal mit ihr redet, schimpft er meistens über das Haus. Am Anfang, weil sie in den Camino Largo gezogen sind. Warum das Kind in einer winzigen Wohnung bekommen, wenn das Haus leer steht, hatte Ana so lange wiederholt, bis Felipe eingelenkt hat. In die Straße der Mörder und Verräter, wie ihr Vater sagt. Seit er vor einigen Jahren daran vorbeigefahren ist – eine Umleitung, betont er, auf dem Weg nach Tegueste, und erklärt kompliziert, welche Straßen gesperrt waren, sodass er keine Wahl gehabt hatte –, regt er sich in erster Linie über den Zustand des Hauses auf. «Acht Dachschindeln», wird Julio sagen und acht Finger hochhalten, «acht Dachschindeln fehlen.» Ohne lässt er sie selten gehen.

Ana parkt in der Tiefgarage. Fährt mit dem Fahrstuhl nach oben, sie hat Hunger, im Kühlschrank befinden sich meist die Reste irgendeines Empfangs in durchweichte rot-gelbe Servietten und Alufolie gewickelt. Auf dem Flur Stille, die Zimmer verlassen. Ana geht in ihr Büro, die Sonnensegel sind unten, Dämmerlicht, sie steht schon vor ihrem Schreibtisch, will die gottverdammte Handtasche, ihre Jacke dort ablegen, als sie ihn bemerkt. Andrés Rivera, Sprecher für Infrastruktur, du stehst nicht im Feuer, sitzt auf einem ihrer Besucherstühle und erschrickt mindestens ebenso wie sie.

Auf dem Weg in die Büroküche, um für sich und Andrés Kaffee zu kochen, ist Ana überzeugt, dass Felipe und Rosa nicht kommen werden in den Círculo de Bellas Artes. Die Maschine ist bereits abgeschaltet, als Ana die Starttaste drückt, leuchten die Dioden grün im Halbdunkel. *Bitte warten! Anwärmphase* steht eckig im Display, daneben eine kleine, sich langsam ausdehnende und jäh wieder zusammenfallende Wolke.

Ana schaltet das Licht nicht ein. Ana lehnt an der Arbeitsplatte. Ana nimmt eine Kaffeekapsel aus der Schachtel, wiegt sie in der Hand, legt sie neben die Maschine. Ana holt zwei Tassen aus dem Schrank und stellt sie auf das Gitter. Ana betrachtet die Wolke. Sie will nicht in ihr Büro zurück, denn der Hügel, den Andrés Rivera, Ellbogen auf die Lehnen gestützt, Gesicht in den

Handflächen, im Dämmerlicht des Spätnachmittags auf ihrem Besucherstuhl bildet, bedeutet ganz eindeutig: Andrés Rivera weiß Bescheid. Er weiß, dass er am Montag zurücktreten wird. Elizardo Rubio könnte ihnen das Gleiche gesagt haben, hatte Ana befürchtet. Du stehst nicht im Feuer, schon mal ein wenig Luft aus dem Ballon lassen.

*Bereit* steht im Display, die Wolke ist verschwunden. Ana schiebt die Kaffeekapsel in den Schacht, und für einen Moment ist sie glücklich. Es sei noch nicht entschieden, hat sie befürchtet. Sie drückt den Hebel hinab, presst die Kapsel tiefer hinein. Beobachtet den durchsichtigen Wassertank, wartet, dass Blasen in ihm aufsteigen und sie aufhört zu lächeln.

Elizardo Rubio glaubt an sie. Oder kann es sich nicht leisten, ein Kabinettsmitglied und eine Staatssekretärin gleichzeitig zu verlieren. Ana zuckt zusammen, als es zischt, das Wasser durch die Kapsel gedrückt wird.

«Hier», sie hält Andrés Rivera seine Tasse hin, und tatsächlich: Der Hügel bewegt sich, kriegt wieder einen Kopf und streckt die Hand aus.

«Wir sind gefickt», sagt er und stellt die Tasse auf das Tischchen zwischen den Besucherstühlen.

«Abwarten.» Ana nippt an ihrem Kaffee. Die Aufnahmequalität ist furchtbar, will sie sagen, wir sind nicht zu verstehen. Schließt den Mund wieder und blickt stattdessen die Schreibtischlampe an. Die sieht aus wie immer, ein Zylinder mundgeblasenes weißes Glas auf einem Dreibein aus geöltem skandinavischen Eschenholz.

Im Film wäre dort die Wanze, denkt Ana. Überlegt, ob sie *Achtung! Wanzen!* auf einen Zettel schreiben soll. Wahrscheinlich sind es Kameras, denkt sie. Unsinn, denkt sie, geht um den Tisch herum, setzt sich auf ihren Stuhl, gibt acht, dass der Kaffee nicht überschwappt.

«Fahr nach Hause», sagt Ana. «Mach dir einen schönen Abend mit deiner Frau.»

Ihre Füße kleben am Leder der Ballerinas, sie muss die Hand zu Hilfe nehmen, um sie von den Hacken zu schieben. Ist zu müde, sich erneut zu bücken, lässt die Schuhe unterm Tisch liegen, reibt mit einem Fuß über die Druckstellen des anderen. Andrés Rivera ist wieder ein Hügel.

«Ich überlege die ganze Zeit, wann. Dabei ist das eigentlich egal.»

Harmlos, entscheidet Ana.

«Drei Gelegenheiten fallen mir ein», sagt er.

Weniger harmlos. Andrés Rivera blickt unter den Schreibtisch, konzentriert. Auf ihre Schuhe, stellt Ana fest, streckt den Fuß aus, zieht sie näher zu sich heran, neben den Papierkorb.

«Es muss draußen gewesen sein.» Andrés Rivera hebt den Daumen, erstens: «La Traviata.» Er deutet mit dem Kinn in Richtung Fenster. Zeigefinger, zweitens: «Als wir unten in der Marina essen waren, haben wir über das Projekt geredet.» Und gleich hinterher, sein Mittelfinger: «Beim Empfang des Orfeón de la Paz, draußen auf der Terrasse. Mehr fällt mir nicht ein.»

Er sieht Ana an. Ihr fallen zahlreiche Treffen in den Räumen der Fraktion ein, in seinem und in ihrem Büro, aber das sagt Ana nicht, zieht nur die Schultern hoch. Um ganz sicherzugehen, müsste sie jetzt laut «Worüber?» fragen, «worüber geredet?» Aber dafür ist sie zu müde, sie pustet in den lauwarmen Kaffee und nickt.

«Kennst du ihn?»

«Wen?»

«Den Journalisten? Mir haben sie gesagt, die Staatsanwaltschaft habe das Band von einem Journalisten.» Das ist eine Frage: Haben sie dir das Gleiche gesagt?

Ana schüttelt den Kopf. «Vielleicht ist er nur der Bote.» Dumm, dumm, dumm, denkt sie. Halt den Mund, denkt sie, sei still.

«Wessen Bote?» Andrés Rivera scheint nicht einmal in Erwägung zu ziehen, dass es etwas Größeres ist. Mehr als ein Journalist mit einem zufällig aufgenommenen Gespräch von schlechter Qualität.

Oder es ist ein Test. Herausfinden, was sie denkt, aussagen wird. Vielleicht stellt Andrés Rivera sich nur ahnungslos, vielleicht haben sie ihn geschickt.

Ana zieht die Schultern hoch.

«Ich glaube nicht, dass ich solche Feinde habe», sagt Andrés Rivera.

Vielleicht ist es gar nicht schlecht für ihn, denkt Ana. Gut hat er ausgesehen, vor drei, vier Jahren, als er vereidigt wurde. Seitdem löste sich alles Feste an ihm auf, seine braunen Haare sind nicht mehr nur an den Schläfen weiß gestrichelt, die Kinnlinie weich gepolstert.

Es könnte Probleme geben, mit der Auffahrt. Vor zehn Tagen hat er sie angerufen.

«Welche Auffahrt?», musste Ana fragen.

Vor ungefähr einer Woche ist das Gerücht auch in die Fraktion gelangt. Niemand hat es ernst genommen, das Verfahren gilt als tot. Was geht mich das an, hat Ana gedacht. Ich hatte nicht einmal was davon, es war Andrés' Sache.

Dass es Pläne gibt, hat ihr Büro bestätigt, mehr nicht. Und für welchen Fleck auf der Insel gibt es keine Pläne, Entwicklungsgesellschaften, Prospekte, Meetings, Aufrisse, Visualisierungen, Animationen? Nichts Besonderes, was eben alle machen, gemacht haben, machen werden: Irgendjemand erbt ein Stück Land an der Autobahn. Einem Freund gehört eine Baufirma, beide sind mit dem Sprecher für Infrastruktur bekannt. Der beantragt Fördergelder bei der Europäischen Union für den Bau einer mehrspurigen Autobahn-Auf- und -Ausfahrt, mit Brücken und Zubringern auf dem Gelände. Für den Antrag bestätigt das Büro der Sprecherin für Tourismus, dass es Pläne gibt, eine Freizeit-Anlage mit integrierten Naturschutzzonen, nachhaltiger Ressourcennutzung, Bildungsangeboten und viertausend Betten am Ende der Auffahrt zu errichten. Ein Entwicklungsfonds schüttet Gelder aus, zwei Jahre später noch einmal, die üblichen Probleme beim Straßenbau. Schließlich ist die Auffahrt fertig, ein spanischer Abgeordneter des Europäischen Parlaments kommt aus Brüssel zur Einweihung. Im nächsten Sommer wirft der Asphalt Blasen, die aufbrechen, aber das macht nichts, denn der Bau der Freizeit-Anlage mit integrierten Naturschutzzonen, nachhaltiger Ressourcennutzung, Bildungsangeboten und viertausend Betten ist auf unbestimmte Zeit verschoben. Ermittlungen werden eröffnet, ein bisschen Schriftverkehr.

Ich gehöre nicht einmal zu den Beschuldigten, denkt Ana. Andrés Rivera einen Gefallen tun, mehr ist es nicht gewesen. Ich bin nicht einmal bezahlt worden.

Ana streckt die Hand nach ihrem Telefon aus, es liegt, Display nach oben, vor ihr auf dem Tisch, dreht es um. So ein Unsinn, denkt sie, nimmt es erneut in die Hand, drückt auf den Knopf an der Seite, bis es in ihrer Handfläche vibriert und schließlich herunterfährt.

Im Zweifel wissen sie, was du denkst, oder können es zumindest ziemlich gut vorausberechnen. Wahrscheinlich unterhalten sie sich gerade über deine Herzfrequenz. Wanzen, wie altmodisch.

Viel Weiß, viel Schwarz, viel Blau-Weiß-Gestreift sieht Ana und Rot! Das beige Notfallkleid ist die falsche Entscheidung gewesen. Die Nackte, denkt Ana, als sie am Spiegel im Eingangsbereich vorbeigeht.

«Du bist da.» Ana umfasst Felipes Arm von hinten, beugt sich vor, presst ihre Lippen kurz auf seine Wange, reibt mit den Fingerspitzen über die Haut neben seinem Mund, um den Lippenstift abzuwischen. Ihr Blick sortiert den Raum, wer ist gekommen, wen zuerst begrüßen.

Elizardo Rubio ist nicht zu sehen. Felipe riecht, wie befürchtet, Ana nimmt sein Glas, trinkt, ehe er etwas sagen kann. Sauer, warm und überraschend schal, er muss den Prosecco eine Weile in der Hand gehalten haben.

«Rosa?» Sie gibt ihm das leere Glas zurück, Felipe deutet mit dem Kinn ans andere Ende des Raums, schwankt dabei mit Absicht, um sie zu ärgern. Ana ist sicher, so betrunken kann er nicht sein.

Rosa steht vor einem Exponat, und einen Moment glaubt Ana, sie würde die kleine Skulptur tatsächlich aufmerksam betrachten. Ihre Haare sind zu einem Knoten gebunden. Die Träger ihrer Latzhose beginnen hinten am Bund, knapp über dem Steißbein, zweizentimeterbreite Jeansstreifen, die sich ihren bloßen Rücken hochziehen, irgendwann den schwarzen BH kreuzen und über den Schultern verschwinden. Viel Haut sieht Ana, viel blassbraune Haut. Die keine Anstalten macht, sich auf die Nachprüfung im September vorzubereiten. Sich weigert, zu erzählen, warum sie im Frühjahr dringend nach Hause zurückmusste. Sich weigert, über einen anderen Studiengang nachzudenken. Sich weigert, ihr Zimmer zu verlassen, an den Strand zu fahren, sich mit Freundinnen zu treffen oder wenigstens shoppen zu gehen.

Die Latzhose haben sie zusammen gekauft, 580 Euro, als Ana Rosa letzten Herbst in Madrid besucht hat. Später hat Ana zugesehen und es geschafft zu schweigen, als Rosa in ihrer WG-Küche, mit einer Schere, die sie früher zu Hause benutzt haben, um Geflügelknochen zu zerteilen, die Hosenbeine abschneidet. Hat stumm Tomaten abgewaschen. Nicht mal gleich lang, gedacht. Fäden hingen an den Schnittkanten herab.

Die sind heute nicht zu sehen, Rosa hat die Hose über die Oberschenkel hochgekrempelt. Ihre blassbraunen Beine sehen lang daraus hervor, enden in einem Paar türkisfarbener, fair hergestellter, fair gehandelter und ökologisch abbaubarer Turnschuhe für

460 Euro, die Rosa ohne Socken trägt und die bereits stinken müssen. Rosa hat den Fußschweiß ihres Großvaters geerbt. Selbst die wunderbar weißen, hellblauen, rosa Ballerinas, die sie mit zehn, elf, zwölf Jahren getragen hat, rochen wie die Geschäftsschuhe von Anas Vater. Ein braunes und ein schwarzes Paar, die nachts mit alten Zeitungen ausgestopft im Bad gestanden haben, weil Anas Mutter den Geruch nicht ertrug. Den Geruch von Im-Dunklen-Aufwachen-und-zum-Klo-Tapsen, der jede Magenverstimmung, jedes Erbrechen in ihrer Kindheit begleitet hat.

Ein Mann steht neben der kleinen Skulptur, von der Rosa sich gerade abwendet. Jaime Murphy y Alvez, Sprecher für Familie, Jugend und natürlich Kultur, hebt die Hand zum Gruß und lächelt Ana zu. Sie nickt zurück, unsicher, ob er von dem Gespräch am Morgen weiß. Du stehst nicht in der Schusslinie. Auf jeden Fall rührt er sich nicht, kommt nicht durch den Raum, um sie zu begrüßen, setzt sein Gespräch mit zwei Herren in locker sitzenden Leinenhosen fort. Beide tragen pastellfarbene Polohemden, Pistazie und Enteneierblau, einer einen weißen Hut mit breitem schwarzen Band, der andere hält eine E-Zigarette in der Hand. Professoren des Instituts der Künste, deren Abschlussklassen einen Teil der ausgestellten Arbeiten zu verantworten haben, wie ihr später jemand erklärt.

Rosa ist mitten im Raum stehen geblieben und tippt auf ihrem Telefon. Stand Papas Familie 1936 aufseiten des Militärs?, hätte Ana verstanden. Schlechte Manieren und abgerissene Kleidung, abgerissene billige Kleidung, hätte sie verstanden. Weißt du eigentlich, welchen Ressourcenrucksack dein Ring hat? Ein einziger deiner Ringe? Warum haben wir keine Solaranlage im Garten? Müsst ihr ständig Auto fahren? Alles hätte Ana verstanden. Sie hat den Schulterschluss mit den Umweltgruppen hergestellt, Andrés Rivera hat sie «ein Wunder der Kommunikation» genannt. Andrés Rivera wird morgen zurücktreten. Ana hat Verständnis gehabt für Kunststudieren, für: Ist mir egal, was ich später verdiene. Wenn Felipe weiterhin nichts tut, als im Club zu sitzen und zu trinken, wird Rosa genügend erben, um niemals die finanziellen Konsequenzen ihrer Entscheidungen spüren zu müssen.

«Hier.» Felipe hält ihr eine Serviette mit zwei kleinen gelblichen Paketen hin. Omelette, in das irgendwas gewickelt ist. «Federn», sagt er.

Ana beißt hinein, weiß quillt die Füllung auf ihre Finger. Kartoffelwürfel mit Mayonnaise fallen auf den Glaskasten, ein viereckiger Glaskasten, hüfthoch auf einer Säule.

«Lass das», sagt sie, als Felipe versucht, die Ensaladilla wegzuwischen, ein immer breiter werdender Fettstreifen.

In dem Kasten steht ein Ei aus heller, wattiger Gaze, an manchen Stellen so dünn, dass sie das metallene Dreieck in seinem Inneren erkennen kann.

Verstehe ich, denkt Ana. In einem dünnen Kokon aus wattiger Gaze stehen. Die Finger im Zaum halten, damit sie nicht zwischen die lose zusammenhängenden Fasern rechts und links stoßen, Löcher in sie reißen, durch die Scheinwerferlicht hineinschießen kann, Gelächter und Stimmengewirr. Der Kokon befindet sich in der Mitte eines Amphitheaters, unter furchtbar schroff aufragenden Tribünen, auf denen ein riesiges Publikum sitzt. Das seine Hälse reckt und verdreht, um Ana durch die Lücken in der Gaze besser anstarren zu können. So ein Unsinn, denkt Ana.

«Schau mal», sagt sie.

«Oh Gott.» Rosa lacht, nimmt ihre Hand von Anas Schulter. «Der Schnabel!» Sie hebt das Telefon, Ana hört die App klacken, als Rosa das Foto macht.

«Welcher Schnabel?», fragt Ana.

Rosa dreht sich zu ihr um, sieht sie kurz an und zeigt stumm auf das metallene Dreieck.

Ana fährt auf dem Heimweg, Felipes Wagen bleibt im Parkhaus an der Plaza de España stehen. «Alles ist gut», sagt Ana unvermittelt, die Straßen fast leer, das Schweigen im Auto friedlich, «alles ist gut.»

«*Sie nennen es Kunst*», liest Felipe vom Display seines Handys ab.

«Lass das.» Rosas Hand schnellt zwischen den Sitzen nach vorne, versucht, das Telefon zu fassen zu kriegen.

Felipe hält es von ihr weg. «Das ist öffentlich, das werde ich ja wohl lesen dürfen.»

Rosa lässt sich wieder in den Sitz fallen. Ana kann sie im Rückspiegel lächeln sehen.

«Siebzehn Herzen», sagt Felipe. «Ist das viel?»

Rosa zuckt mit den Schultern.

«*Du Arme*», liest Felipe. «Wer ist Aki?»

«Egal», antwortet Rosa.

«*Stay strong, hugs and kisses, hope you're happy on your little island*», liest Felipe und beobachtet Rosas verdrehte Augen im Rückspiegel.

«*Morgen Abend, Avenida de la Trinidad, Bier?*», liest Felipe. «Moment mal, *EinarsWiese*. Ist das nicht der Sohn von …?»

«Oh», sagt Ana, als hätte sie etwas Unerfreuliches entdeckt. «Ja, ist er.»

Ana fährt in den kleinen, leeren Kreisverkehr, blinkt, biegt ab, blickt weiter auf die Straße, nirgendwo sonst hin, nur auf die Straße.

«Seit wann ist Einar wieder hier?», fragt sie schließlich.

«Keine Ahnung», entgegnet Rosa, während sie in den Camino Largo einbiegen. Die Häuser hinter den hohen, glassplittergekrönten Mauern dunkel, nur die kleinen Lichtpunkte der Kameras neben den Toren und den Garageneinfahrten leuchten grün.

Die Scheinwerferkegel gleiten an der Gartenmauer entlang, *Frente Polisario* steht dort in Rot, gesprüht, seit einigen Wochen schon. Wir müssen einen Maler beauftragen, denkt Ana, auch wenn Felipe Theater macht. Ehe die Nachbarn sich beschweren.

Sie hält vor dem Garagentor. Laut und blechern fährt es in der Dunkelheit beiseite. Einar hat nicht Bescheid gesagt. Früher hat er Ana Bescheid gesagt, wenn er auf der Insel war. Zwei Wochen, meist zu Weihnachten, zum letzten Mal vor fünf Jahren, wenn sie sich richtig erinnert.

Die weißliche Linie, die das Hochwasser an der Hauswand hinterlassen hat, leuchtet im Scheinwerferlicht. Eliseo Bernadotte, Felipes Vater, hat damals noch hier gelebt, die weißliche Linie reicht ungefähr hüfthoch, einmal um das Haus. Unterhalb ist der Putz abgeblättert, dunkle Steine unter den Resten.

2015

# EL ASILO DE LA LAGUNA

**Es ist noch früh**, die Damen des Asilos sitzen in ihrem Speisesaal beim Frühstück. Die Herren waren schneller, die Küchenhilfe taucht das Geschirr bereits in dampfendes Wasser und Bleiche. Auf den Tischen nur noch vereinzelt Serviettenringe, Vasen mit Plastikblumen, helle Brotkrumen, offene Butterpakete und Marmeladenflecken. Zwei Bewohner warten bei der verschlossenen Tür zur Physiotherapie. Im Patio stehen die Raucher in dem schmalen Schattenstreifen schweigend beieinander. Eine der Freiwilligen schiebt einen Wäschewagen aus dem Küchentrakt zum Aufzug, Julio, el Portero, holt sich einen Kaffee beim Automaten, er hat noch vierzig Minuten, die Zeiten stehen auf dem Schild. Carmen schaltet den Fernseher im Aufenthaltsraum der Männer ein, die ersten Bewohner sitzen schon in ihren Sesseln, legen ihre Beine auf den Bänkchen ab.

Die Vogelkäfige – drei sind es, in zweien jeweils ein einzelner Kanarienvogel, in einem ein Pärchen – hängen noch nicht an ihren Haken im Patio in der Sonne, sondern stehen auf dem schmalen Tisch im Flur. Das Pärchen ist grünlich gefiedert, die beiden einzelnen hellgelb, einer hat weiße Flügelspitzen. Sobald sich jemand nähert, springen sie von einer Sitzstange auf die andere, trippeln hin und her, ihre Krallen kratzen über Plastik. Man muss nah herangehen, um die weißen Flügelspitzen zu erkennen, die jetzt aufgeregt gegen Käfigstäbe schlagen, ein trockenes Papiergeräusch. Er flattert, sie flattert.

Es ist ein Männchen, das wird Pepe gleich sagen, zuerst schreit er aber: «Weg da. Raus hier!»

Und noch mal: «Raus!» Pepes rechter Arm erhoben, die Finger zusammengezogen, nicht zur Faust geballt, sondern so, als würden sie etwas Kleines halten, einen Stift, einen Dirigierstab. Die linke Hand am Greifreifen des Rollstuhls, mit kurzen, entschiedenen Schüben. «Weg. Sie erheben sich, die Eier kann ich wegschmeißen.»

«Ruhig.» Carmen greift die Griffe hinten an der Rollstuhllehne, der Schwung zieht sie ein Stück mit. Sie streckt ein Bein nach hinten, übertrieben nach hinten, schmeißt die weiß beschuhten Füße hinter sich in die Höhe wie ein Clown. Strampelt. Weicht dem unsichtbaren Dirigierstab aus, der wütend nach ihr stochert. «Sie hören auf zu brüten. Lass mich los! Meine Vögel. Lass mich los!»

**Einar hört Geschirr** aneinanderstoßen, hört Wasser ins Spülbecken laufen, die Rohre summen. Alles gleich da, ohne Übergang, ohne allmähliches Zu-sich-Kommen nach dem Aufwachen.

Dunkel ist es im Zimmer. Letzte Nacht hat er die Läden vor der Balkontür und den Fenstern zugeklappt, die Riegel vorgeschoben. Das Licht der Straßenlaternen hatte vorher die Decke orange gefärbt, und wenn er sich im Bett aufrichtete, konnte er die letzten Ausläufer der grellweißen Strahler sehen, mit denen die Palmenreihen auf dem Mittelstreifen der Avenida Marítima angeleuchtet werden. Die Riegel glitten anstandslos hinter die Ösen, im Haus in der Calle General Serrano, waren sie so oft überlackiert gewesen, weiß zumeist, in den tiefsten Kratzern hellblau, dass die Bolzen sich nicht rührten. Egal, wie fest er zog und schob und sich rote Ringe in die Handflächen drückte.

Sein T-Shirt liegt neben dem Bett auf dem Boden. Er riecht Stress-Schweiß vom Flug, Tabakrauch vom Joint gestern Nacht, als er es überzieht. In der Küche unvermittelt Ruhe, der Wasserhahn still, die Rohre summen lauter. Eigentlich ist es kein Summen, so hatte Ute es nur genannt, am Telefon. Hat wochenlang von nichts anderem gesprochen, Einar hat es für Unsinn gehalten. Einbildung. Pinot Grigio. Es ist kein Summen. Es klingt, als wenn ganz langsam und allmählich, mit kilometerlangem Bremsweg, ein Zug zum Halten kommt. Klingt nach Metall auf Metall, kein helles, funkensprühendes Kreischen, ein seltsam gleichmäßiger, klagender Ton.

Einar öffnet die Balkontür, beschließt, einen Klempner zu rufen, draußen Chubascos, der Morgen gelbgrau. Winzige Tröpfchen wie tanzende Mücken über der Balkonbrüstung, nichts fällt hier gradlinig zu Boden, sie kreiseln glitzernd in der Sonne. Ganz anders als der Hamburger Nieselregen, der träge in der Luft hängt, als wäre sie ein Schwamm.

Auf der Fahrt gestern vom Flughafen nach Santa Cruz, rechts und links neben der Autopista del Sur ausgeblichenes Hellbraungelb. Die letzten Jahre ist Einar im Winter hier gewesen, Weihnachten, wenn die Berge weich und grün sind. Alles saftig Elastische an den Hängen hat die Sonne weggegilbt, vereinzelt stehen bläuliche Agaven-Inseln, der Rest ist aufs Wesentliche reduziert, auf Fasern und Ästchen, Holziges und Ledriges, störrisch und scharfkantig. Felsvorsprünge, Brüche und Schnitte, wo im Winter sanfte Hügel und Senken sind. Samenkapseln klappern im Wind, als der Taxifahrer an einer roten Ampel hält.

Einar hat die Hitze gespürt, die vom Asphalt aufsteigt, sein Unterarm auf dem Fensterrahmen der Beifahrertür, hat *Das hältst du nicht aus* gedacht, *auf Dauer nicht aus. Zur Not*, hat er immer gedacht, *zur Not gehst du auf die Insel zurück*. Beim Kreditrahmengeschachere, beim DuhastnochnichtmalgemerktdassichletzteWocheausgezogenbin, beim Präsentationendurchklicken in Funding-Runden. Im Streifenwagen, mit Kabelbindern um die Handgelenke, beim Aufwachen im K-Hole, unter gleißend viereckigem Krankenhauslicht mit verbundener Hand. Wenn er sich selbst nicht ertragen konnte im stinkenden Schlafsack auf der Isomatte, wenn er sich selbst nicht ertragen konnte mit Koksaugen und Fendi-Pullover in irgendeinem Spiegel, in irgendeiner Toilette, in irgendeinem auf seine Bedürfnisse so perfekt zugeschnittenen Hamburger Restaurant, dass ihm alles weh tat. Er hat Flugzeuge visualisiert, das Gefühl, auf dem Bett zu liegen, in seinem Zimmer in der General Serrano. Die Sonne nicht gilbend scharf, sondern weichgefiltert von hellen Vorhängen, ein Luftzug auf der Haut. Träge sein, ohne angestrengtes *Mein Körper ist schwer, ich bin entspannt.* Happy place.

Utes Küchen sind weiß, hellblau, grau, in der General Serrano genauso wie hier. «Ich habe gedeckt», sagt sie, als er sie auf die Wange küsst. Seine Mutter ist noch im Morgenmantel, ungeschminkt, die Haare feucht, sie riechen nach Shampoo. Es fehlen nicht einmal die Stoffserviettendreiecke auf jedem Teller, stellt Einar fest, das Besteck sehr silbern auf dem weißen Tischtuch, der frischgepresste Orangensaft in den beiden Gläsern etwas heller als die beiden Pampelmusenhälften in den Schälchen daneben. Die Eierbecher tragen weiß-blau karierte Hauben. «Ich kann auch Omelett machen», sagt Ute, als sie bemerkt, dass er die Eierwärmer mustert.

«Nein, ganz toll. Danke», sagt Einar und zieht, als wäre es notwendig, damit sie ihm glaubt, die Haube von einem der Becher. Er will das Ei in die Hand nehmen, schließt kurz seine Finger um die mattbraune Schale. Der Schmerz, unvermittelt, heiß, überrascht ihn. Das Ei landet auf dem Teller, neben der Serviette, es knirscht. Aus dem Sprung in der Schale läuft ein dampfender Tropfen Wasser.

«Tut mir leid», sagt Einar und denkt an die Bars unten, an Sandwiches mit weißem Käse und gekochtem Schinken, an geschmorte Paprikastreifen, an Rührei mit Chorizo und einen Cortado, alles im Schirmschatten auf dem Bürgersteig. Durch die Sonnenbrille Touristen im Nieselregen beobachten und rauchen, und wenn er mit dem Sandwich fertig ist, vielleicht ein Bier.

Ute gießt Kaffee in seine Tasse, Filterkaffee, und schiebt ihm das Milchkännchen rüber. «Nach dir», sagt Einar.

«Ich trinke nur Tee.» Seit Jahren, auch schon, als du letztes Mal hier warst, in ihrer Stimme.

«Richtig», sagt Einar und schlägt die Serviette des Brotkorbs zurück, deutsche Aufbackbrötchen.

«Was hast du heute vor?» Ute sieht ihm zu. «Am Strand sind Algen, in Puerto, stand in der Zeitung.»

Kurse machen und zu viel trinken, sagt Einar, wenn ihn in Hamburg jemand nach seiner Mutter fragt.

«Willst du hoch?»

Einen Moment muss Einar überlegen.

«Auf den Friedhof?»

Ute nickt.

«Nicht heute», sagt Einar.

«Wann hast du deinen Termin?»

Ein Vorstellungsgespräch, hat Einar ihr erzählt, am Telefon. Damit kann sie was anfangen, hat er gedacht. Ganz falsch ist es nicht, er will sich in den nächsten Tagen mit Jabi treffen. Irgendwann machen wir was zusammen, haben sie immer gesagt. Zurzeit ist Jabi beim Cabildo angestellt, der Inselregierung, ist zuständig für IT-Sicherheit. Nicht, dass Einar darauf Lust hätte, señor funcionario, Herr Beamter, nennt er ihn seitdem. Was Eigenes mit Jabi starten würde er gerne.

«Wir telefonieren morgen. Was ist mit dem Haus?»

Ute sieht nicht auf, stellt den Tee ab, fasst sich in die Haare, ob sie schon trocken sind, nimmt die Tasse wieder hoch, umschließt sie mit beiden Händen, als säße sie in einer Teewerbung neben einem offenen Kamin, während vor dem Fenster im Hintergrund Schnee fällt.

«Sind sie noch da?»

Ute hebt die Schultern, lässt sie sinken, blickt weiter in ihre Tasse. «Wo sollten sie sonst sein. Unternimmt ja niemand was.»

Seit fast zehn Jahren steht das Haus in der General Serrano leer. Wir ziehen beide aus, hatten seine Eltern am Telefon gesagt, als sie anriefen, um ihm mitzuteilen, sie würden sich scheiden lassen. In Einars ersten Monaten in Berlin war das, kurz nachdem er aufgehört hatte, in die Uni zu gehen. Als Ute sagte, sie müssten eine ernste Sache mit ihm besprechen, dachte er zuerst, es ginge darum.

«Und unser Haus?», hatte er gefragt, der folgenden Stille angehört, dass sie Blicke wechselten, vielleicht gehofft hatten, sie könnten es verkaufen. Zuerst hatte sein Vater vermieten wollen, fand aber niemanden, der bereit gewesen wäre zu zahlen, was er verlangte. Nach seinem Tod haben Ute und die neue Frau sich nicht einigen können.

«Hast du mit Ewa gesprochen? Ihr könnt das Haus von der Polizei räumen lassen, ihr müsstet nur beide unterschreiben.»

Ute schüttelt den Kopf. «Sie nimmt nicht ab, reagiert nicht auf meine Briefe. Glaub mir, sie würde sich vergiften, nur um mich mit zu vergiften. Wie ein Selbstmordattentäter. Das musst du dir mal vorstellen.»

«Du übertreibst.» Normalerweise legt er auf, wenn Ute am Telefon mit dem Thema anfängt. Er hat Ewa nie getroffen, einige Male mit ihr telefoniert nach der Hochzeit, nachdem offensichtlich wurde, dass mit seinem Vater irgendwas nicht stimmte.

«Dabei habe ich ihr nichts getan.»

«Na ja.» Einar schiebt seinen Stuhl zurück. «Danke für das Frühstück», sagt er, nimmt seinen Teller, die Kaffeetasse, das benutzte Besteck.

«Hab ich ihr irgendeinen Grund ...»

Einar ist bereits auf dem Weg aus der Küche.

«Gehst du nachsehen?», ruft Ute hinter ihm her. «So lange sie da sind, macht es keinen Sinn, das Haus jemandem zu zeigen.»

Er hat in Hamburg die Bananen in der Küche vergessen, fällt ihm ein. Sie werden braun und mit Fruchtfliegen besetzt in einer eintrocknenden Lache zähklebriger Flüssigkeit liegen, wenn sie kommen. Er hat noch geputzt, ehe er geflogen ist. Sauber gemacht für den Gerichtsvollzieher.

**Der Morgen im Camino Largo** beginnt wie jeder andere. Glück gehabt, furchtbar Glück gehabt, denkt Ana, Kopfkissen im Rücken, das Tablet an die aufgestellten Oberschenkel gelehnt. Sie trinkt einen weiteren Schluck Kaffee, gerade richtig warm, gerade richtig Milch, alles gut, scrollt ein weiteres Mal durch die Bilder: die Prinzessinnen mit aufblasbaren Schwimmtieren, der neue König im T-Shirt gegen den Wind gelehnt im Katamaran, Letizia und die Mädchen in Hellbeige, dunklem Marineblau und mit frischgewaschenen Haaren im Yachthafen von Radazul, auf dem Weg zum Abendessen.

Felipe schläft unten, das Display des stummgeschalteten Telefons auf dem Nachttisch leuchtet auf, es vibriert kurz, *Anruf Büro ER: Presseerklärung Sta nicht vor 1 Uhr, Termine wie immer*, schreibt Concha, ihre Assistentin.

Eine Stunde später hat Ana schon die gepackte Handtasche unter dem Arm, notiert in Gedanken erneut: Nächsten Mittwoch andere Tasche. Hat bereits den obligatorischen Blick aus dem Schlafzimmerfenster geworfen, rechts und links den Bürgersteig hinab. Einige Anfang Dreißigjährige kehren vom Joggen zurück, Schulkinder in Uniform, meist zu zweit, eine Hausangestellte in der Mitte, eilen in Richtung Bushaltestelle. Weiß lackierte Garagentore fahren hoch und gebären dunkle Limousinen. Ihr Vater ist nicht zu sehen.

Ana ist sich sicher, dass Julio immer noch nachsehen kommt. Letzten Sommer hat sich im Sturm der Blitzableiter gelöst. «Wollt ihr sterben?», empfing er sie beim nächsten Besuch. Jemand habe ihm erzählt, behauptete er. Der Mörtel sei porös, daher konnte der Wind die Verankerung einfach so herausreißen, wegen der Regenrinne, der seit Monaten nicht gereinigten Regenrinne, wie

Julio ihr vorhielt, bei jedem Guss laufe das Wasser die Wand hinab, man müsse blind und blöd sein, um das nicht zu bemerken. Nachdem die Platte der untersten Eingangsstufe abgebrochen war, prophezeite er ihr, sie werde hinfallen und sich das Rückgrat brechen, wenn sie eines hätte.

Wenn es nicht zu heiß ist, geht er morgens spazieren, hat Sor Cipriana gesagt. Er muss nur über die Plaza del Cristo, viel weiter ist es nicht, Plaza de la Junta Suprema und einige hundert Meter die Straße der Verräter hinunter. Ana hat ihn nie vor dem Haus stehen sehen, graue Schiebermütze, Stock in der Hand. Blickt jeden Morgen aus dem Schlafzimmerfenster und stellt sich vor, sie würde aus dem Tor zurücksetzen, vor ihm halten, das Fenster runterlassen und Steig ein, ich bringe dich zurück sagen.

Rosa schläft noch. Ana hat sich bereits von Eulalia verabschiedet, hat noch 32 Minuten bis zu ihrem Termin mit den Vorsitzenden des Karnevalsausschusses, Medienkampagne für kommendes Jahr besprechen, als das Handy in ihrer Hand erneut aufleuchtet.

«Bist du zu Hause?»

Kein Wie geht es dir, kein Hallo, Elizardo Rubio nennt nicht einmal seinen Namen. Kurz überlegt Ana, Bin schon unterwegs zu sagen. Eulalia staubsaugt im Wohnzimmer, es wird dennoch durchs Telefon zu hören sein.

«Andrés Rivera ist tot», sagt Elizardo Rubio in ihr Zögern hinein.

«Wie, tot?», fragt Ana, dass Andrés politisch tot ist, steht für sie seit gestern fest.

«Bist du zu Hause?»

«Ja.» Ihre Stimme laut und ungeduldig. Ganz ruhig, denkt sie, keine plötzlichen Bewegungen, alles so wie immer.

«Ein saudummer, wirklich saudummer Zufall. Aber sie werden schreiben, sie werden schreiben, die dämlichsten Theorien. Warts ab. Autounfall, Touristen, Holländer, zu dritt und stock-

71

besoffen, sind in ihn rein gestern Abend, Andrés war auf dem Heimweg. Eine rote Ampel übersehen und in ihn rein, auf der Fahrerseite. Andrés hat wahrscheinlich gar nichts mitbekommen. Aber sie werden schreiben, warts ab.»

Ana ist ganz still und denkt an den Hügel, gestern Abend in ihrem Büro. Die Namen seiner Kinder, Söhne, Zwillinge, fallen ihr immer noch nicht ein. Sie wird Concha fragen müssen.

«Beweg dich nicht», sagt Elizardo Rubio.

«Okay», antwortet Ana, der Staubsauger wird lauter, Eulalia ist im Flur angelangt.

«Sobald die Staatsanwaltschaft bekannt gibt, dass gegen euch beide ermittelt wird», *beide* zieht er lang, «kanalisiert sich alles bei dir. Lass die Rollläden runter. Verschließe das Tor oder was immer ihr habt.»

«Wann geht die PM raus?»

«Weiß ich nicht. Vielleicht bleiben sie bei ein Uhr. Gehen wir erst einmal davon aus. Hast du Termine?»

«Carnaval 2017, das Marketing.»

«Ich rede mit deinem Büro, sie sollen alles absagen. Und ansonsten gar nichts sagen. Zu niemandem. Und rühre dich nicht. Du kannst dir nicht vorstellen, was hier jetzt schon los ist.» Elizardo Rubio legt auf.

Ana hält das Telefon weiter ans Ohr. Sie sollte Concha anrufen. Hält aber einfach nur weiter das Telefon ans Ohr, bis Eulalia im Türrahmen steht, den Schlauch in der einen, den Sauger in der anderen Hand.

«Ich arbeite von zu Hause aus», sagt Ana und lässt endlich die Hand sinken.

Aktualisieren, kurz dreht sich das blaue Laderädchen, nichts, aktualisieren, Laderädchen, nichts, den ganzen Morgen über, aktualisieren, immer noch nichts. Verdammt, ich wünschte, ich hätte es hinter mir, denkt Ana. Aktualisieren, weiterhin nichts, außer:

Tragischer Unfall, Witwe, Kinder. Seine Verdienste für die Insel. Fotos von der Eröffnung des Siam-Parks, Andrés mit noch braunen Haaren vor dem aufgerissenen Maul eines riesigen chinesischen Drachens, über dessen Zunge kreischende Kinder in ein Schwimmbecken rutschen. Andrés Rivera bei seiner Vereidigung, eine Hand auf der Bibel. Gerüchte erwähnen einige Artikel, *de mortuis nihil nisi bene*, endet einer. Von Concha kein Anruf, keine Nachricht, irgendwas. Conchas Handy leitet direkt an die Mailbox weiter, unter ihrer Durchwahl im Büro endlose Freizeichen.

*Wie sieht es bei euch aus?,* schreibt Ana schließlich per Mail. Freundlich, denkt sie, bleib freundlich. Kein: Was fällt euch ein, mich nicht auf dem Laufenden zu halten, und sei es darüber, dass es nichts Neues gibt.

Sie wählt mehrfach *Rubio* auf dem Telefon aus, den Daumen wenige Millimeter über dem grünen Hörersymbol auf dem Display. Tippt ihn erst an, als die automatische Antwort auf ihre Mail an Concha in ihrem Postfach erscheint. *Aufgrund eines tragischen Unglücksfalls in der Fraktion ist das Büro heute nicht besetzt,* steht dort. *Wir bitten um Verständnis.*

«Wo bist du?», fragt Elizardo Rubio, dieselbe Begrüßung wie am Morgen.

«Zu Hause.» Ihre Antwort erneut ungeduldig. Reiß dich zusammen.

«Gut. Bleib dort.»

«Was ist mit der Staatsanwaltschaft?»

«Wir sind noch im Gespräch. Ich sage Bescheid.»

Als Ana «Was ist mit meinem Büro?» fragt, ist die Leitung bereits unterbrochen. Sie tippt erneut, sei nicht dumm, denkt sie, grüner Hörer, Rufaufbau, Freizeichen, gedämpft in ihrer Hand, hebt das Telefon zum Ohr, erneut Freizeichen und noch mal und dann die Mailbox. Elizardo Rubio hat sie weggedrückt.

Vorbereitet sein, sie muss vorbereitet sein. Planen, die Zeit nutzen, beschließt Ana. Am nächsten Mittwoch: Zara oder Mango, eine spanische Kette, Premiumsegment, alles andere wäre unglaubwürdig. Besser ein Kostüm als einen Hosenanzug, nicht ehrgeizig und kompetent, sondern fleißig und zuverlässig, Blazer und Rock, in irgendeinem hellen Farbton, Taupe oder Beige, Weiß wäre nicht subtil genug. Nicht aus der aktuellen Kollektion, wäre optimal, sondern aus dem Vorjahr. Nur fällt Ana niemand ein, den sie fragen könnte. Concha, ihre Assistentin, ist fast einen Kopf kleiner als sie.

Bleib, wo du bist, hat Elizardo Rubio gesagt. Mango ist nicht weit entfernt, Calle Herradores, fünf Minuten zu Fuß. Und wenn mich jemand sieht, denkt Ana. Wenn sie mir schon folgen, Fotos machen. Maskerade, werden sie schreiben. Schmierentheater.

Dabei zwingen sie mich dazu, denkt Ana. «Wir waren nicht Teil der Blase», sagt sie laut, als müsste sie sich verteidigen. Felipe hatte sich geweigert zu investieren, deswegen sind sie von der Krise nicht betroffen. Nicht, weil er es vorausgesehen hätte, als sich die Gespräche bei Yuzugelee und grünem Spargelschaum einzig um Wohneinheiten, Brutto-Mietrendite und Zinskosten drehten. Als alle mit einem Mal Projekte hatten und Ana ständig wiederholte, Felipe solle nicht dumm sein, wir sind die Einzigen, die nicht dabei sind. Felipe hat sich nur geweigert, um nein zu sagen, sich querzustellen, ist Ana überzeugt. Nicht, weil er recht gehabt hätte.

Was kann ich dafür, dass wir unsere Haushaltshilfe weiter bezahlen können, denkt Ana, die Chanel-Tasche, das Balenciaga-Kostüm, das sie lieber tragen würde als Mango.

Außerdem geht die Krise allmählich zu Ende. Die mit weißen Gardinen verhängten Schaufenster der Goldankaufläden an den Hauptstraßen verschwinden wieder. Die *Gold kann man nicht essen*-Plakate an den Tranvíastationen. Keine Schlangen mehr vor den Telefonzellen, alle mit Smartphone in der Hand. Nicht mehr jeden Abend Berichte über die Wohnungsräumungen begleitende Selbstmorde. Nur vereinzelt stehen sie noch mit Pappschildern auf den Verkehrsinseln, Männer in Surfshorts und T-Shirts, mit ausrasierten Nacken. *Suche jede Art von Arbeit.* Seltener Frauen. *Bin alleine mit zwei/drei/vier Kindern, suche anständige_Arbeit als Kellnerin/Verkäuferin/Haushaltshilfe.* Und die Alarmfirmen werben immer noch mit ihrem besonderen Service gegen Hausbesetzer.

**Ihre Mutter ist** zu Hause, stellt Rosa fest, als sie auf dem Weg in die Küche an der offenen Wohnzimmertür vorbeikommt. Es ist nach zehn, Rosa schon eine Weile wach, hat still im Bett gelegen und gewartet, bis sie Eulalia mit dem Staubsauger im ersten Stock hört und sicher sein kann, dass er noch eine Weile auf dem Boden über ihr vor und zurück, vor und zurück schrammen wird.

Ana zuckt zusammen. Sitzt auf dem Sofa, das Tablet auf den Knien, Display schwarz, sitzt inmitten der über Nacht herabgefallenen Putzklümpchen und Farbsplitter auf dem Polster und zuckt zusammen, als sie ihrer gewahr wird. So heftig, dass Rosa stehen bleibt. Doch Ana sagt nichts, nachdem sie erleichtert ausgeatmet hat. Sieht Rosa auch nicht an, sieht gar nichts an, nur halb zur Tür und halb zu Boden.

«Musst du nicht irgendwo sein?», fragt Rosa schließlich.

Ana schüttelt stumm den Kopf, blickt aber auf.

«Guten Morgen», sagt Rosa, schon auf dem Weg in die Küche.

«Hast du geweint?», fragt sie auf dem Rückweg, pustet in das Kaffeeglas in ihrer Hand, kneift die Lider zusammen, um Anas Gesicht im Gegenlicht besser erkennen zu können. Ana schüttelt den Kopf.

Die Augen ihrer Mutter sehen aus wie immer, akkurate Lidstriche, zu schwarzen Bögen getuschte Wimpernkränze, zwei Töne Lidschatten, erdfarben, die Übergänge unsichtbar. Ihre Nase nicht gerötet, sondern Clinique-sandfarben, sanftes Rouge, unverschmierter Lippenstift, alles genau dort, wo es sein soll. Ihre Mutter sieht aus wie immer. Sie sagt nur nichts.

Unvermittelt ist Stille, Eulalia hat den Staubsauger abgestellt. Rosa und Ana heben gleichzeitig die Köpfe, blicken nach schräg oben, als könnten sie durch die Wohnzimmerdecke Eulalia im Elternschlafzimmer über sich stehen sehen. Eulalia, die mit der Fußspitze die rechte Taste des Staubsaugers hinabdrückt und beobachtet, wie der Stecker aus dem Flur durch die offene Tür über den Teppich auf sie zugleitet, um schließlich mit einem Klacken beinahe im Staubsauger zu verschwinden.

Das Klacken, gedämpft zwar, aber dennoch hörbar, lässt Ana die Hand nach dem Tablet ausstrecken. Rosa stößt sich vom Türrahmen ab, pustet im Gehen in das Kaffeeglas. Sie ist sich nicht sicher, ob sie ihre Zimmertür hinter sich schließen soll, vom Wohnzimmersofa aus ist sie gut zu sehen. Zieht sie ins Schloss, als Eulalia die Treppe herunterkommt.

Belagert, denkt Rosa und geht unter die Dusche, steht lange still im warmen Wasser, ohne sich einzuseifen, die Haare zu waschen, lässt zu, dass es über ihre Ohren fließt, die Stirn entlang, ihre Schläfen hinab, sich zwischen sie und den Staubsauger legt und das Schweigen im Wohnzimmer.

Nach dem Duschen steckt Rosa die geblümte Tasche ein, was soll sie sonst tun. Marisa antwortet nicht. Die erste Nachricht seit zehn Tagen, die Rosa ihr schreibt, bemerkt sie beim Öffnen des Chats. In Küche, Flur, Esszimmer, überall Eulalia, sogar kurz im Garten, vor ihrem Fenster. Ana sitzt noch immer im Wohnzimmer, stellt Rosa fest, als sie das leere Kaffeeglas in die Küche bringt, um nachzusehen. Das Tablet auf den Knien, eingeschaltet auf den Knien, scrollt stumm, sieht nicht auf.

Rosa steckt die Tasche ein, überlegt, ob sie den Plastikfaden mit dem Preisschild abschneiden soll, entscheidet sich dagegen. Die alte mit den Türmen lässt sie zu Hause, falls die Frau sie zurückfordern sollte.

«Ganz ruhig», sagt Elizardo Rubio, als er sich wieder meldet. «An deiner Situation ändert sich nichts. Wir können ihnen jetzt keinen Kopf mehr servieren, das wäre am einfachsten gewesen. Wir bleiben bei der abgesprochenen Linie. Falls es Unstimmigkeiten gegeben haben sollte, und das bezweifeln wir, dann in Andrés' Büro. Es wird ein bisschen ungemütlicher, irgendwo müssen sie sich abreagieren, aber es bleibt wie besprochen. Keine Panik. Halt einfach den Kopf unten.»

«Meine Anhörung?»

«Immer noch am Mittwoch. Vergiss die Anhörung, bis dahin ist es gelaufen. Die Staatsanwaltschaft wird mit dir sprechen wollen, konzentriere dich darauf.»

«Wann geben sie die Pressemitteilung raus?»

«Bald. Nicht heute.» Nerv nicht, sagt Elizardo Rubios Tonfall. Einen Moment ist es still, und Ana wartet, dass er auflegt.

«Eine Sache noch», sagt Elizardo Rubio.

«Ja?» Aus der Küche macht es pling. Die Mikrowelle, Felipe muss aufgestanden sein.

«Ich halte es für besser, wenn du zur Trauerfeier gehst. Würdest du unter normalen Umständen auch tun. Kein großer Auftritt, keine Interviews, nicht nachher noch mit zum Friedhof. Eine halbe Stunde Totenwache und die Messe, und dann zurück nach Hause. Zieh dir was an, das nach Trauer aussieht, nichts Dramatisches, und keine Tränen vor den Fotografen. Kriegst du das hin?»

**Felipe hat am längsten gewartet** mit dem Aufstehen. Hat gewartet, bis er Rosa durch das Arbeitszimmerfenster zur Pforte gehen sieht, bis Eulalia, mit zwei zusammengefalteten Mercadona-Taschen unter dem Arm, ins Auto gestiegen ist und er das Tor hört, das zur Seite fährt und wieder zurück. Er will nur kurz die Zeitung holen – Eulalia legt sie für ihn auf den Küchentisch –, den Kaffeerest erhitzen, auf die Toilette gehen. Ana ist zur Arbeit aufgebrochen, glaubt Felipe, während er noch fest und schwitzend auf der Couch im Arbeitszimmer geschlafen hat. Eulalia macht sich nicht mehr die Mühe, die Couch morgens wieder zusammenzuklappen, Laken, Bettdecke und Kissen zu einem ordentlichen Stapel auf der Sitzfläche des Sessels zu falten. Weder Felipe noch Ana könnten sagen, wann genau sie damit aufgehört hat. Felipe zieht das Polohemd von gestern über, seine Wäsche ist nach wie vor oben, im Schlafzimmerschrank, geht barfuß in die Küche.

Er gießt den restlichen Kaffee aus der Kanne in einen Becher, stellt ihn in die Mikrowelle. Als er Anas Stimme hört, «Ja?», atemlos und fragend, zuckt er zusammen. Er ist nicht sicher, ob sie ihn bemerkt hat, beschließt, den Kaffee kalt zu trinken, drückt den Türknopf der Mikrowelle, doch die macht trotzdem pling.

«Ist das notwendig», sagt Ana nach einer Pause, sie telefoniert. Vielleicht hat sie ihn nicht gehört, Felipe nimmt eilig die Zeitung, zurück ins Arbeitszimmer, als Ana unvermittelt im Flur vor ihm steht. Felipe will an ihr vorbei, doch Ana hat aufgelegt, lässt die Hand mit dem Telefon sinken und sieht ihn an.

«Ich muss zur Totenwache», sagt sie. «Alles andere sieht seltsam aus.»

«Welche Totenwache?» Einen Moment fürchtet Felipe, Julio könnte gestorben sein und er hätte es nicht mitgekriegt.

Ana antwortet nicht. Sieht ihn stattdessen an, mustert sein Gesicht, mit mehr Aufmerksamkeit, als er gewohnt ist. Sein Handrücken fährt über Mund und Nase, ohne dass er etwas dagegen tun könnte. Sauber.

«Ein Arbeitskollege. Hatte gestern Nacht einen Unfall», sagt Ana schließlich. «Ich muss mir was Schwarzes anziehen.»

Felipe ist schon auf dem Weg, zurück in die Küche, den Kaffee aufwärmen, als Ana hinter ihm «Du kennst ihn» sagt. «Andrés Rivera, wir waren bei ihnen zum Essen.» Sie steht bereits bei der Treppe. Ohne Schuhe, ihre bloßen Füße in schwarzen Nylonstrumpfhosen, stellt Felipe erstaunt fest.

**Julio Baute weiß,** dass Amalia González Herrera, Dementia senil, nicht alleine rausgehen darf. Er würde den Fernseher gerne wieder lauter stellen, die erste Pyrenäen-Etappe, noch fahren sie in einem dicken Pulk um das gelbe Trikot einen Berg der mittleren Kategorie hoch, dennoch.

«Ich weiß das bereits», wiederholt er stattdessen.

Die Mutter Oberin lächelt mit geschlossenen Lippen, ihre Hände umfassen einander vor dem Bauch, die Ellbogen bilden ein Dreieck, ihr Kopf ist leicht geneigt.

Er war beim Abendessen, als Amalia González Herrera gestern ankam, eine der Nonnen hat an seiner Stelle die Tür geöffnet. Er isst mit der zweiten Gruppe, es muss nach sieben gewesen sein. Wäre Amalia González Herrera rechtzeitig gekommen, wäre das Problem nie entstanden. Die Besuchszeiten stehen auf dem Schild neben der Klingel.

«Meine Mutter hat Dementia senil», sagt die Angehörige in die Stille hinein. Die beiden Pflegerinnen, die im Türrahmen der Pförtnerloge stehen, sehen zu Boden.

«Ich weiß», antwortet Julio, el Portero, erneut. Carmen, die heute die Frühschicht im Damentrakt hatte, ist nach dem Frühstück bei ihm gewesen. Er hat sich den Namen gemerkt, die Krankheit gemerkt, er hat die Übersicht. Den meisten sieht man es an, er weiß, wer rausdarf und wer nicht. Er hat Amalia González Herrera nur vorher noch nie gesehen. Und sie hat gelächelt, ihr Gebiss getragen, ebenmäßige helle Zähne, gute Qualität, ist im Türrahmen der Loge stehen geblieben, ein korallenfarbenes Tuch locker um den Hals, hat den Kragen ihrer dünnen grauen Strickjacke gerichtet, ihm einen guten Abend gewünscht. Hoffentlich sei es nicht mehr so heiß draußen gesagt und: ob er bitte die Tür öffnen könne.

Die jüngere Schwester von jemandem, hat Julio gedacht, zu Besuch, und den Öffner gedrückt. Die Live-Übertragung hatte bereits begonnen, dennoch hat er im Monitor beobachtet, wie

Amalia González Herrera sehr entschieden und zielstrebig die Rampe hinabging und durch den offenen Flügel der Holztür dorthin verschwand, wo die Bildpunkte des Monitors nur noch weiß leuchten. Amalia González Herreras Tochter schweigt, die Ellbogen der Mutter Oberin bilden weiterhin mit ihrem lächelnden Gesicht ein leicht gekipptes Dreieck.

«Ich wusste nicht, wie sie aussieht.» Julio, el Portero, blickt rasch zum Fernseher, die Fahrer befinden sich bereits in der Abfahrt nach dem mittleren Anstieg. Danach kommt ein kurzes Flachstück und dann das große Finale, ein Berg der schwersten Kategorie.

«Ihr Foto hängt dort.» Die Tochter deutet in den Flur, in Richtung des Damentrakts. Sie hat kinnlange, dunkelblond gefärbte Haare, denen man ansieht, dass sie eigentlich schwarz sind. Neben der Tür zum Fernsehsaal der Damen hängen rote Pappherzen an der Wand. Bei den meisten haben sich die Spitzen und Bögen mit der Zeit eingerollt, ihr Rot ist unterschiedlich stark verblichen, einige sind bereits orange, es gibt viele in warmen Mittelrot-Tönen, einige wenige leuchten noch wie Kirschen auf Joghurtdeckeln. In der Mitte jedes Herzens klebt eine Porträtaufnahme, die gleich nach dem Einzug angefertigt wurde, weswegen keine der Bewohnerinnen lächelt.

«Die schaue ich mir nie an», antwortet Julio.

«Es wird nicht noch einmal passieren», sagt Carmen an der Tür.

Die Mutter Oberin wendet sich zu ihr um, nickt. «Ich freue mich, dass wir das geklärt haben», sagt sie und ergreift sanft die nach oben fahrenden Hände der Tochter. «Kommen Sie mit, meine Liebe.»

Julio, el Portero, rückt seinen Stuhl zurecht. Carmen legt ihm die Hand auf die Schulter.

«Den meisten sieht man es an», sagt Julio.

«Sie ist nur bis zum Café auf dem Markt und hat einen Cortado getrunken. Nichts passiert», antwortet Carmen und geht.

Die Fahrer sind auf dem Flachstück, greifen nach Verpflegungs-
beuteln, die ihnen hingehalten werden, trinken letzte Schlucke. Er
hofft, dass sie den Gipfel erreichen – Julio Baute sieht zur Uhr –,
ehe Rafael, der Physiotherapeut, ihn abholt. Damit er, die Hände
rechts und links auf zwei Holzbarren gestützt, sechs Schritte in
Richtung Fenster, Drehung, Umgreifen, sechs Schritte in Richtung Tür, Drehung, Umgreifen, geht. Dreimal die Woche, zwanzig Minuten. Der Gehstock mache ihn schief, sagt Rafael. Mit
sechsundneunzig darf man so schief sein, wie man will, findet
Julio, geht nur hin, damit die Nonnen nicht wieder einen besorg-
ten Halbkreis in seiner schmalen Loge bilden.

Das Tempo ist hoch, erste Fahrer fallen aus dem Feld, mit gesenkten Köpfen, die Hintern aus dem Sattel gehoben, schweiß-
bedeckt, Sehnen und Muskeln zeichnen sich deutlich unter ge-
bräunter Haut ab. Die Mannschaften der Favoriten fahren vorne,
am Anschlag, Serpentine, Kehre, Serpentine, bald werden nur
eine Handvoll Fahrer übrig sein. Kein Spanier. Mit den Südame-
rikanern kann er leben, die Franzosen sind – es klopft. Julio, el
Portero, wartet, ohne sich umzuwenden, höchstens zwanzig Fahrer hat die Spitzengruppe noch. Wartet, ob er nicht nur die Hand
ausstrecken, den Öffner drücken muss. Aber es klopft erneut.

«Ich will dir jemanden vorstellen», sagt Carmen in seinem Rücken. In genau diesem Moment erfolgt der Antritt, ein junger Kolumbianer schießt aus der Spitzengruppe nach vorne, an einer
Steilstelle, ohne sich umzudrehen, ohne zu gucken, was die Fahrer hinter ihm tun. So macht man das. Er gewinnt Meter um Meter, und bei jedem Meter wird deutlicher, dass Julio Baute, el Portero, sich umwenden muss, zur Tür, egal, ob der Kolumbianer
eingeholt wird oder nicht.

Neben Carmen steht Amalia González Herrera, Dementia senil. Julio Baute stemmt sich hoch, ergreift den Gehstock, der am
Regal lehnt, macht einen zu eiligen Schritt auf die beiden zu, muss
sich mit der Hand, die er Amalia González Herrera eigentlich zur

Begrüßung entgegenstrecken wollte, am Tisch abstützen. Muss sich von Carmen über die Schulter streichen lassen.

«Geht es», fragt sie.

Julio Baute antwortet nicht, streckt Amalia González erneut die Hand entgegen. Sie ergreift sie – ihre Finger sind warm und trocken –, hält ihm ihre Wange hin, die er küsst. Ihre Haare riechen nach Haarspray, stellt er fest.

«Julio Baute», sagt Carmen, «unser Faktotum.»

Er tippt sich mit zwei Fingern gegen die Stirn.

«Sehr erfreut, Sie kennenzulernen», sagt Amalia González strahlend.

Julio Baute nickt, «ebenso».

Und dann schweigen sie, und Amalia González mustert die Telefonanlage, und Julio bemerkt die plastikbechergroßen Kaffeeringe auf der Tischplatte rechts und links daneben und hofft, dass Carmen etwas sagt, damit Amalia González woanders hinblickt.

Hätte er den Ton angelassen, könnte er wenigstens hören, was passiert, in seinem Rücken, ob der Kolumbianer immer noch um Meter kämpft, Kopf gesenkt, nur grauen Straßenbelag und abwechselnd eine seiner Schuhspitzen im Blickfeld.

Amalia González streckt die Hand aus, berührt das Mikrophon mit der Fingerspitze.

«Damit mache ich die Durchsagen», sagt Julio.

Amalia sieht auf, zur Decke, als suche sie die Lautsprecher, die in den Ess- und Fernsehsälen hängen, in der Physiotherapie, bei den Kaffeeautomaten und im Besuchsraum, in den Patios, den Fluren, in der Küche, unterm Dach in der Wäscherei.

«Ja.» Julio, el Portero, nickt. «Sie hören mich immer über die Lautsprecher.»

«Woher kommen Sie?»

«La Laguna, ich hatte den Elektroladen unten an der Trinidad.»

«Heißen Sie Mario?»

Er schüttelt den Kopf.

«Ich kannte einen Mario. Er ist mit dem Lastwagen verunglückt.»

Julio Baute nickt. Was soll er sonst tun. Wenn der Kolumbianer vorne immer noch alleine ist, dann hat er eine Chance. Und wieder schweigen sie.

«Amalia ist auch aus dem Norden», sagt Carmen schließlich.

«Aus Valleguerra», sagt Amalia. «Meinen Großeltern gehört die Finca hinter El Boceron, bei der Kurve. Milchfeigen haben wir, vielleicht haben Sie von denen gehört, meine Großmutter verkauft sie körbeweise. Die großen Spankörbe, nicht die kleinen. Nach dem Pflücken werden sie erst gewaschen, dann in der Sonne getrocknet, und dann schichtet meine Großmutter sie in die Körbe. Man muss sie gut festdrücken», Amalia González zeigt es mit ihren Händen, «dann kommt eine Lage Feigenblätter, die muss man auch vorher waschen, und dann wieder eine Lage Feigen. Das Drücken ist wichtig, damit sie eine glatte Fläche bilden.»

Julio Baute nickt. Was soll er sonst tun. Hinter seinem Rücken entscheidet sich die Tour de France.

«Uns gehört der große Dreschplatz. Die Leute bringen ihr Korn zu uns, morgens früh, wenn es noch kühl ist, wird gedroschen. Erst mit dem Schlitten, immer im Kreis, immer im Kreis, und dann mit den Flegeln. Das ist so laut, dass der Kopf ganz seltsam weh tut, als ob man den eigenen Schädel spüren kann.»

Die Türklingel brummt, Julio Baute dreht sich um, nach dem Fernseher, der Monitor muss warten, auf den Monitor wird er gleich gucken. Sie haben den jungen Kolumbianer wieder eingefangen, zumindest fährt er in einem Pulk. Zehn, zwölf Fahrer sind noch beisammen, vorne an der Spitze, immer noch im Anstieg, vierzehn Kilometer bis zum Ziel.

Es klingelt erneut, eine der Küchenhilfen. Als sie in der Tür verschwindet, schlüpft eine schmale Gestalt mit hinaus. Rosa. Dieses Mal ist er sicher.

«Eine neue Freiwillige», sagt Carmen, sieht ebenfalls vom Monitor auf, Julio, el Portero, nickt. Ana ist auch gestern nicht bei ihm gewesen. Er sollte nachsehen gehen, morgen früh.

«Ich muss langsam aufbrechen», sagt Amalia González Herrera, «ich muss die Hühner füttern.» Sie legt Carmen die Hand auf die Schulter, beugt sich ein wenig vor, will sie zum Abschied auf die Wange küssen. «Ich freue mich, Sie kennengelernt zu haben.»

«Halt», Carmen lacht, «wir gehen zusammen», und nimmt Amalia González Herreras Hand.

Die Etappe hat ein Ausreißer gewonnen, ein baskischer Bergfahrer. Als Julio Baute den Ton wieder lauter stellt, kommt gerade der abgehängte Kolumbianer ins Ziel.


**Weit ist es nicht**, an der Plaza de la Junta Suprema und dem Spielplatz vorbei, die meisten Läden sind über Mittag geschlossen, der Markt an der Plaza del Cristo ist bereits abgebaut. Halb drei, Rosa wird klingeln, beschließt sie, und gleich nach links abbiegen in den Frauenflügel. Nicht an der Tür zur Loge vorbei, er wird sie im Monitor sehen, einerlei. Wendet dennoch ihr Gesicht ab, dreht dem Kameraauge neben der Klingel ihren Nacken zu, den Haarknoten am Hinterkopf. Es summt, er öffnet. «Danke», sagt Rosa in den Flur, aus der Loge nur die Stimme eines Sportmoderators.

Vorbei an lauter roten Herzchen, auf bunte Kindergartenpappe geklebt, durch ein Vorzimmer mit rundem Tisch und leeren Stühlen, ein Telefon in einer Fensternische.

Im Saal dahinter stehen Stühle, Lehnstühle, mit weinroten und beigefarbenen Polstern, Kunststoff und abwaschbar, wie Rosa feststellt. In fünf Reihen stehen sie hintereinander, auf den Fernseher ausgerichtet, der an der Stirnseite oben an einem hölzernen Raumteiler befestigt ist. Die gepolsterten Armstützen und Lehnen sind so hoch, dass man um sie herumgehen muss, um festzustellen, ob dort jemand sitzt. Viel zu schwer, als dass die Bewohner sie verschieben könnten. Fünf Reihen mit jeweils sieben Stühlen. Fest und unbeweglich in dem Kommen und Gehen, dem Wo-ist-meine-Handtasche, dem Unvermittelt-Auftauchen und Für-immer-Verschwinden.

Die Frau aus der Calle Viana sitzt nicht in einer der Sesselreihen, sondern linker Hand an der Wand. Ihre Hinterbacken ruhen auf einem hohen Schemel, die Unterarme sind auf die Gehhilfe gestützt, als säße sie auf einem Rennrad. Die Glastür zum Patio neben ihr steht offen, der Luftzug ist angenehm kühl, stellt Rosa fest, als sie die Frau begrüßt. Diese nickt, hebt ihre rechte Hand ein wenig von der Gehhilfe.

«Hier ist die Tasche», sagt Rosa und hält sie ihr hin. Die Frau drückt sich von der Gehhilfe hoch, richtet sich auf, nimmt die Tasche. Um sie gleich wieder von sich wegzustrecken.

«Die will ich nicht. Die ist hässlich.» Sie hält Rosa die Tasche hin. «Nein», sagt die Frau, «die gefällt mir nicht.»

Im Saal Unruhe, der Fernseher mit einem Mal stummgestellt, die Damen stützen sich auf ihre Stöcke, umklammern die Griffe ihrer Gehilfen und stemmen ihre Rümpfe aus den Sesseln. Halten sich kurz an den Lehnen der Vorderreihe fest, während sie auf Gleichgewicht, Kreislauf, Durchblutung warten. Ihre Gesichter bereits dem Ziel zugewandt, dem dünnen, halbnackten Mädchen mit den unordentlichen Haaren. Die ersten Schritte klein und tastend, dann zielsicherer und behänder, als Rosa erwartet hat, kommen sie auf sie zu. Bilden einen Halbkreis, der in Handtaschen nach Brillen tastet.

«Zeig mal.» Die Frau neben Rosa streckt die Hand aus. «Mir kannst du sie schenken. Sehr hübsch», sagt sie und zieht den Reißverschluss auf und zu, auf und zu. «Ganz neu.»

Hände greifen nach dem geblümten Kunststoff, mehrere gleichzeitig, Finger, die sich nicht mehr durchstrecken lassen, mit weichen Innenflächen, Flecken und Adern oben, geschwollenen

Gelenken. Die Frauen sehen aus wie aus einem Projekt, Video, sogar als Porträt, überkonventionell, noch interessant.

«Gieriges Miststück.»

«Warum kriegt die eine Tasche und ich nicht?»

«Ich muss weiter», sagt Rosa.

Einen Moment verstummen sie, Hände halten in der Luft inne. Diejenige, die gerade die Tasche hat, schiebt sie sicherheitshalber hinter ihren Rockbund.

«Wohin denn?», fragt eine, Otilia heißt sie, aber das weiß Rosa noch nicht. Ihre Stimme dünn, weinerlich.

«Ich bin verabredet», antwortet Rosa. Otilias Haare haben sich zurückgezogen, der Ansatz ist nach hinten gerutscht. Viel Haut ist zu sehen, zu viel Stirn zwischen den buschigen Augenbrauen und den beiden symmetrischen, hochtoupierten, ordentlich frisierten weißen Haarbögen, die in der Mitte, weit oberhalb von Otilias Nase, spitz zusammenlaufen. *Einführung in die Kunstgeschichte*, denkt Rosa. Die Veranstaltung war obligatorisch, Porträtmalerei des 16. Jahrhunderts, ein heißer Tag im letzten Sommer. Der Beamer, mit dem der Dozent die hochstirnigen Adeligen an die Wand projizierte, fiel ständig aus. Genau so muss man sie inszenieren, denkt Rosa. Genau so, wie sie ist. In dem schwarzen Kleid mit hellgrauem Spitzenkragen, der Rocksaum knapp unterhalb ihrer Knie, die Hände vor dem Kugelbauch gefaltet, die eckige Brille an ihrer Bernsteinkette über den flach gewordenen Brüsten. Sitzend in einem reich verzierten Thron, nein, noch besser: in einem dieser hohen Lehnstühle. Und im Hintergrund das Fenster mit dem obligatorischen Park. Den länglichen Trinkbecher mit Deckel und Strohhalm als Zepter, und irgendwas Rundes, Rosa sieht sich um, als Reichsapfel. Ein Tier darf nicht fehlen, ein Schoßhund, ein Pekinese möglichst, neben den flachen beigefarbenen Schnürschuhen.

Als die Frau bemerkt, dass Rosa sie ansieht, hebt sie die Schultern, lässt sie sinken, schließt ihre Augen, öffnet sie wieder. Eine ratlose, kleine Eule. «Ich weiß auch nicht», sagt Otilia. «Ich weiß auch nicht.»

«Mit wem bist du verabredet?»

«Hast du einen Verlobten?»

Rosa schüttelt den Kopf, hört irgendetwas quietschen im Vorraum. Die Frauen wenden sich um. «Heute seid ihr ja schon alle vor dem Cortado wach», ruft Sor Felisa und schiebt den Rollwagen in die Mitte des Raums.

Der Halbkreis verlagert sich, die Frauen eilen an Rosa vorbei, einige stützen sich im Vorbeigehen an ihr ab, Gehwagen schleifen über PVC, einige schneller, andere langsamer. Ein bunter Becherturm fällt zu Boden, von zu vielen Fingern gehalten.

«Alle hinsetzen», ruft Sor Felisa, «sofort hinsetzen. Und dann kriegt jede Einzelne ihren Cortado von mir persönlich im Sessel serviert. Wie die Königinnen. Alle hinsetzen, vorher gibt es nichts.»

Rosa hebt die Becher auf, stellt sie wieder auf den Wagen.

«Danke», sagt die Nonne lächelnd und eilt, einen Streit um die schwarze Fußbank schlichten. Rosa geht nicht in den Vorraum zurück, durch den Flur zur Glastür, ruft nicht: Öffnen bitte, in Richtung Loge. Rosa bleibt stehen und sieht Sor Felisa zu.

«Sonst sind wir zu zweit», sagt Sor Felisa. Es klingt, als würde sie sich rechtfertigen.

«Bitte nicht», entgegnet Rosa und schämt sich sogleich. Bitte nicht erklären, bitte nicht bei mir entschuldigen, hat sie gemeint. Ich muss mich entschuldigen, ich Sünderin.

Dabei ist es nur eine weiße Haube und ein schwarzes Kleid, das den Boden berührt. Und vollkommen unsinnige Maßstäbe. Selbstaufopferungsnarzissmus, denkt Rosa und: Ich glaube nicht einmal an Gott.

Sie nimmt den obersten Becher von dem bunten Turm und hält ihn Sor Felisa hin. Diese nickt, füllt ihn zu drei Vierteln mit hellbraunem Milchkaffee. «Genoveva», sagt sie und deutet mit dem

Kinn auf eine Frau in der zweiten Reihe, die bereits die Hand ausstreckt. Rosa gibt acht, auf keine der Pantoffelfüße, Gehstockenden, Bänkchen zu treten, während sie ihr den Kaffee bringt. Wüsste gerne, was für Schuhe die Nonne trägt. Etwas Profanes wie Schuhe würde helfen.

Danke, sagen sie, eine nach der anderen, die Hand bereits nach dem Becher ausgestreckt. Meine Hübsche, sagen sie, Liebes, Herzchen, was hast du bloß gegessen, ich möchte das Gleiche essen wie du, damit ich auch so schön werde, mein Engel. Und: Ich brauche ein Ei. Ich wollte Tortilla machen, und nun habe ich keine Eier.

«Für sie nicht», sagt Sor Felisa, als sie vorne angelangt sind, und deutet auf eine Frau im Rollstuhl. «Margarita», sagt Sor Felisa, «ist im April einhundertvier geworden.»

Ihre Haare sind kurz, Seitenscheitel, an der rechten Schläfe ein hellblauer Haarclip mit Stoffschleife, dazu ein kleines, schmales Näschen, ein schmales, einst hübsches Näschen. Ihre Wangen haben den Halt verloren und sind herabgerutscht. An einen Basset muss Rosa denken. Sie schwingen ein wenig, als die Frau den Kopf schüttelt. Ein weißes Wolljäckchen, nein, ein Umhang, ein Bettumhang, ihre Großmutter trägt so einen auf dem Bild im Krankenhaus mit dem Baby im Arm. Nicht Felipe, sondern sein Bruder, wenn sie sich richtig erinnert.

Ihre Unterlippe hängt ein wenig, einhundertvier Jahre, da genügt es beinahe, den Rollstuhl vor eine Kamera zu schieben, feststehend auf einem Stativ. Ohne Zoom, eine einzige lange Einstellung. Achtgeben, dass sie nicht die ganze Zeit schläft, wäre das Einzige. *Einhundertvier* könnte sie die Arbeit nennen. Einfach, schön clean, *104*.

**Das Thanatorium ist im Norden**, seine Familie kommt aus Puerto. Aber Andrés Rivera liegt nicht unten an der Küste, aufgebahrt zwischen Blumengestecken und dreiarmigen Leuchtern, sondern oben in den Hängen über La Orotava. Der Parkplatz vor der Halle voll besetzt, die Luft sehr klar, als wären es nicht eben in La Laguna über dreißig Grad gewesen.

Ana nimmt ihren Hut vom Beifahrersitz, sucht die Nadeln in der Handtasche, windig ist es, sie wird ihn feststecken müssen. Hat auf dem schmalen Streifen neben der Straße geparkt, blickt den Hang hinab, auf die Wolkendecke unter ihr im Tal, weich und weiß und dicht, ehe sie zur Küste hin ausfranst. Wie schön, denkt Ana, alle Leichenhallen sollten hier oben stehen, alles so rein und existenziell und gewichtig. Ihre Mutter ist unten in Santa Cruz beerdigt worden, lag inmitten des Summens der Kondensatoren, zwischen im Luftzug der Ventilatoren schief abbrennenden Kerzen. Grelle Lichtstreifen zwischen den Vorhangkanten und rechts und links an den Rändern der Fenster. Ihr schweigender Vater daneben.

Zwei ältere Männer in dunklen Anzügen kommen auf ihr Auto zu, jeder mit einer goldenen Münze am Revers, so sieht es zumindest vom Fahrersitz durch das Seitenfenster aus, Abzeichen der Esclavitud del Santísimo Cristo. Ana hebt das Telefon, als würde sie nur eine Nachricht fertigschreiben, hebt die andere Hand zum Gruß, als einer der Herren im Vorbeigehen ins Auto blickt. Er lächelt, sie lächelt, er nickt ihr zu, sie nickt ihm zu. Ana kennt ihn, er ist Mitglied der Junta de Turismo. Sie atmet tief aus, als beide an ihr vorbei sind, sieht ihnen nach, während sie den Parkplatz überqueren, den Kameras zunicken, zügig weitergehen. Natürlich war Andrés Mitglied der Esclavitud, Förderer der Orfeón de La Paz, bei der Amistad XII de Enero. Die Sitzreihen werden gleißen von Medaillen, Ehrenketten, Abzeichen, mit silber-violetten Bauchbinden und Schärpen gestreift sein.

Drei Kamerateams zählt Ana, keines vom Festland. Ein Radiomoderator, sie erkennt die Farben des Logos am Mikrophon, bittet die Eintretenden um ein Statement. Die meisten beachten ihn nicht. Viele der Jüngeren kennt Ana aus der Fraktion, die Älteren, schwarz gekleidet, meist mit Gehstöcken, gehören zur Familie, ebenso die ungeduldig zappelnden Kinder. Es dauert, bis Concha abhebt.

«Wie heißen die Zwillinge?», fragt Ana.

«Angel und Rafael», antwortet Concha sofort.

«Irgendwas Neues?»

«Die Staatsanwaltschaft gibt der Familie Zeit zu trauern.»

Das Handy vibriert gegen Anas Ohr, sie nimmt es herunter: *Termin, 17 Uhr: Papa* steht auf dem Display.

**Die Besuchszeit ist vorüber**, in allen Lautsprechern betet die Stimme von Sor Inmaculada gedämpft und gleichmäßig den Rosario. Julio Baute sitzt nur in der Loge und nicht in dem Sessel neben dem Kaffeeautomaten, weil die Übertragung noch läuft, sie warten aufs Grupetto der abgehängten Sprinter. Er blickt nicht einmal zum Monitor, auch nicht beim zweiten und dritten Klingeln. Doch dann schrillt sie ununterbrochen.

«Coño», sagt Julio und wendet sich um. Eine Frau steht draußen, schlank und ganz in Schwarz, knielanger Rock und Handschuhfinger, die den Messingknopf drücken, langer, schmaler Hals, hochgesteckte Haare unter einem Hut, eine Handbreit Schleier bedeckt Stirn und Augen. Und Julio Baute rührt sich nicht, denn er erkennt die Frau, die im Monitor erbost aufstampft, halbhoher Hacken trifft auf Steinboden, geräuschlos im Monitor. Olga Ramos' Zeigefinger liegt noch immer auf der Klingel, und das kann gar nicht sein, denn seine Mutter ist – er weiß nicht mal genau, wie viele Jahre es mittlerweile sind – tot.

Julio rührt sich nicht, er hat seine Tabletten genommen nach dem Mittagessen, das kann es nicht sein, auch wenn er sein Blut rauschen hört, den Puls fühlt, der in den Beugen seiner Handgelenke schlägt, sie zittern in seinem Schoß, aber die Klingel schrillt, mischt sich mit dem Rosario und dem Sportmoderator, und draußen steht seine Mutter.

Erst als die Frau erneut aufstampft und nach oben blickt, «Bitte», formen ihre Lippen, begreift Julio, dass es Ana ist. Er drückt den Summer und bereut es sogleich, denn Ana verschwindet aus dem Monitor, drückt die Tür auf, wird gleich in der Loge stehen, und er braucht noch einen Moment. Muss die Augen schließen, *en ti confío mi alma*, aus den Lautsprechern, tief einatmen.

«Papa!», ruft Ana, irgendwo hinter dem Dunkel seiner geschlossenen Lider. «Bist du in Ordnung?»

Julio spürt ihre Hand auf der Schulter, ist erstaunt über die Angst in ihrer Stimme und öffnet die Augen. Schiebt Ana ein wenig von sich weg, in den Beugen Stille, kein Schlagen, alles wieder ruhig.

«Wie siehst du aus?» Julio deutet auf den Hut, die dunkelgraue hochgeschlossene Bluse.

«Ich dachte, du wärst ohnmächtig», sagt Ana. Ihre Hand fährt nach oben, berührt die Krempe des Huts, als hätte sie vergessen, dass sie einen trägt. Ana atmet aus, tief aus. «Trauerfeier», sagt sie, tastet mit den Handschuhfingern den schwarzen Filz ab. «Wie geht es dir?»

«Gut», antwortet Julio.

Anas Finger finden die Klammern, mit denen der Hut festgesteckt ist, zwei Stück, legen sie auf den Tisch, neben die Telefonanlage. An einer hängen Haare, mehrere Haare, ausgerissen.

«Wie war das Mittagessen», fragt Ana und zupft an den Spitzen der Fingerlinge, an jedem einzeln, ehe sie sie auszieht. Einen Moment ist es still, bis auf Sor Inmaculada aus den Lautsprechern, der Rosario neigt sich dem Ende.

«Jemand, der dir nahestand», fragt Julio schließlich.

«Wer?»

«Der oder die Verstorbene?» Er verdreht die Augen.

Ana öffnet ihre Tasche, legt die Handschuhe hinein. Will auch den Hut in der Tasche verstauen, er ragt fingerbreit aus der Öffnung, sie versucht dennoch, den Druckknopf zu schließen.

«Ich gebe dir eine Tüte.» Julio stemmt sich aus dem Sessel. «So machst du ihn kaputt.» Übersieht den Griff des Gehstockes, den Ana ihm hinhält, stützt sich mit der Hand am Regal ab, findet die Tüten gleich.

«Hier», sagt er und faltet eine auseinander, nimmt sie an den Henkeln und hält sie vor Ana hin. Und Ana legt schweigend ihren Hut hinein, und Julio dreht die Plastiktüte zusammen, er weiß auch nicht, warum er das tut, ehe er sie ihr reicht.

Ana nimmt sie, und dann tut Ana etwas ganz Entsetzliches. Die Tränen schießen so schnell hervor, dass Julio Baute sie erst sieht, als sie bereits auf der Mitte ihrer Wangen sind, Wimperntusche mit sich reißend, schwarze Klümpchen.

Ana steht in seiner Loge, Tüte in der Hand, und zieht Rotz hoch, der an den Rändern ihrer Nasenlöcher Blasen wirft. Ihre Schultern, ihr Brustkorb heben und senken sich bei jedem Schluchzen, ruckartig, als würde sie sich dagegen wehren. Wischt ihre Wangen nicht ab, hält nur irgendwann den Handrücken ihrer Linken vor die Nase, die Tüte immer noch in der Rechten.

Julio streckt die Hand aus, weiß auch nicht, was er mit ihr will, bewegt sie nur vorsichtig auf Ana zu. Ana wendet sich ab, dreht ihren Körper weg, eine Vierteldrehung, geht rückwärts, bis sie gegen den Tisch stößt, setzt sich auf die Kante. Lässt endlich die Tüte fallen und bedeckt ihr Gesicht mit den Händen.

Erst da fällt Julio das Taschentuch ein, Ana benötigt ein Taschentuch. Er tastet sein Jackett ab. Es ist kein echtes Taschentuch, nur ein glänzendes Stück Stoff, so zusammengenäht, dass drei kleine hellblaue Dreiecke aus der Brusttasche herausgucken. Er hält es vor sie hin. Es dauert, bis Ana es bemerkt.

«Was ist los?», fragt Julio Baute erst, als das kleine glänzende Stoffstück bereits durchnässt im Abfalleimer liegt und Ana vergeblich versucht, die Wimperntusche mit einem Papiertuch aus ihrer Handtasche und einigen Tropfen einer hellrosa Flüssigkeit von ihren Tränensäcken zu reiben.

«Nichts», sagt Ana.

«Ich habe immer gesagt, dein Mann ist ein Idiot.»

«Musst du nicht zum Abendessen?», entgegnet Ana.

Julio sieht auf die Uhr, er hat noch über eine halbe Stunde, nickt dennoch.

Ana ist zurück, denkt Julio Baute zuerst. Dabei hat er sie gehen sehen, im Monitor, in der Hand die Tüte mit dem Hut.

«Hallo», sagt Amalia González Herrera im Türrahmen. Und als Julio Baute ihr zunickt: «Wie geht es Ihnen?»

«Gut», sagt er und wartet. Auf: Könnten Sie mir die Tür öffnen? Und: Lass mich raus! Die meisten Bewohner haben am ersten Tag einen großen Auftritt im Türrahmen der Pförtnerloge. Mit Tränen und Betteln und: Hilfe! Und: Polizei! Und: Ich bin ein freier Mensch, ich kann gehen, wohin ich will.

Aber Amalia González Herrera lehnt sich gegen das Holz. «Wie sehen die denn aus?», sagt sie und deutet auf die langen gebogenen Zeitfahrhelme der Movistar-Mannschaft. Bilder aus dem letzten Jahr, Vorbericht zur morgigen Etappe.

«Das ist wegen des Luftwiderstands», sagt Julio Baute, und sie betrachten schweigend die rotierenden Fahrer inmitten flacher grüner Felder. Er sollte aufstehen, ihr den Stuhl anbieten, aber was soll sie in seiner Loge sitzen? Dennoch, er greift nach dem Stock. Hochkommen, beim ersten Versuch hochkommen, nicht zurückplumpsen in den Stuhl. Eine Bewegung, den Stock greifen, andere Hand an der Lehne aufstützen und hoch.

«Heißen Sie Mario?»

Julio Baute lässt die Hand wieder sinken. «Nein», sagt er und hört Bedauern in seiner Stimme.

«Ich kannte mal einen Mario», sagt Amalia González Herrera. «Aber wenn ich recht überlege», sie macht eine Pause, «ich glaube, er ist mit dem Lastwagen verunglückt.»

«Das tut mir leid. Möchten Sie sich setzen?»

«Wir kannten uns nicht so gut. Nichts Offizielles.»

«Möchten Sie sich …»

«Er war Falangist. Blau stand ihm gut.»

«Entschuldigung, ich möchte das sehen», sagt Julio Baute und nimmt die Fernbedienung. *Menü* erscheint auf dem Bildschirm, seine Finger wollen nicht richtig, *Exit*, endlich haben sie die Taste. Er stellt den Ton lauter.


Weiß ist übrig, als Julio Baute am nächsten Morgen aufwacht, und ein leises Ruckeln ist in seinen Gliedern, als fahre er noch immer. Im Gang Stille, er dreht das Gesicht zur Tür, gleich, vielleicht fünf Minuten noch, dann wird Carmen «Guten Morgen» und «Arriba con los faroles» rufen, «Steht auf, ihr Nachtlampen», wie jeden Tag. Wird im Vorbeigehen kurz an Julios Tür klopfen und sich über den Flur entfernen mit leiser werdendem Quietschen ihrer Turnschuhsohlen, hinunter zu den Schlafsälen, in denen die anderen Bewohner zu viert liegen.

Mehr als Weiß erinnert Julio Baute nicht. Ist trotzdem sicher, er hat von sich blähenden Röcken geträumt, von einer flecken-losen Reihe frischlackierter Lamellentüren, von Tennishosen, Handtuchstapeln, alle sehr weiß. Vielleicht ist es nur das, was mit Erinnerungen geschieht, vielleicht sind deswegen Rückblenden in Filmen oft in gleißendem Licht aufgenommen, aber, und das lässt sich nicht ändern: Julio Baute erinnert nichts als leuchten-des Weiß, wenn er an den Tag zurückdenkt, an dem er mit der Tranvía durch die Kurve bei Santa Gracia gefahren ist. Denn dort hat es angefangen, in der Kurve bei Santa Gracia, auf dem Weg in den Club Náutico, Tennis spielen, anschließend schwimmen wollten sie. Vorne in der Tranvía haben sie gesessen, in den ers-ten beiden Sitzreihen hinter dem Fahrer: er, sein Klassenkamerad Anselmo, einer, den sie Coco nennen, und der Name des Vierten fällt ihm nicht mehr ein. Schüsse hätten sie gehört, erzählt An-selmo am nächsten Morgen, als sie vor Schulbeginn am Tor beieinanderstehen. Aber das stimmt nicht, Julio Baute kann keine Schüsse erinnern.

Die Kurve bei Santa Gracia hat keinen eigenen Namen, anders als die Curva de los Pájaros danach oder die de la Noria davor. Abschüssig umschließt sie eng den Felsvorsprung, auf dem die Kapelle steht, beim Hineinfahren sieht man ihr Ende nicht. Auf der Böschung wachsen drei, vier Bäume und dahinter ist nichts als Felswand, in deren Spalten sich abgegangenes Geröll türmt, Fels, der sich nur über eine schmale Treppe, von weitem eine dunkle, gezackte Linie, überwinden lässt.

Hinter der Altstadt von La Laguna beschleunigt die Straßenbahn, überholt Frauen, die große Alukrüge an den Henkeln halten, sie am langen Arm leer neben sich hin und her schwenken. Die Frauen, die ihnen entgegenkommen, tragen gefüllte Krüge auf dem Kopf. Die Schienen führen am Tanque de Abajo vorbei, der öffentlichen Wasserstelle im Süden der Stadt. An einer Ecke des steinernen Beckens ist ein Stück herausgebrochen, das Wasser läuft über den Rand, sammelt sich in einer Pfütze, über der die weißen Schmetterlinge tanzen. Am Abhang hinter der Altstadt gewinnt die Straßenbahn weiter an Geschwindigkeit, an Feigenbäumen fahren sie vorbei, an aufgeregten kleinen Vogelschwärmen, gelbgrüne, in der Luft schwirrende winzige Bälle, die sich kurz auf den weißen Porzellanisolatoren der Telegraphenmaste niederlassen, um gleich wieder aufzustieben.

Die Bahn bremst vor der Kurve, das Metall der Räder schleift über die Schienen, eine Gruppe Mädchen mit geblähten Röcken steigt die steilen Treppen hinab. Die Wiedehopfe, die in den drei, vier Bäumen auf der Böschung sitzen, richten ihre schwarzweißen Kammspitzen auf, fliegen fort, sobald die Waggons sich nähern. Kurz meint Julio im Luftzug der offenen Fenster ihren Gestank wahrnehmen zu können.

Ein Mann ist neben dem Wagen hergelaufen, hat versucht, die Stange zu fassen zu kriegen, auf das Trittbett zu springen. Sie haben ihn angefeuert, Anselmo, Coco, der ohne Namen und Julio Baute, jüngerer Sohn des Apothekers Baute aus La Laguna und künftiger Student des Polytechnikums in Madrid, da sind sich alle sicher. Sie klatschen, als der Mann es schafft und außer Atem neben dem Fahrer stehen bleibt. Die Hosenbeine seines dunklen Anzugs sind vom Rennen bis zu den Knien staubbedeckt, seinen Hut hält er in der Hand. «Es ist ein großer Tag», sagt der Mann.

Der Club Náutico ist leerer als gewöhnlich. Sie müssen nicht warten, bis einer der Tennisplätze frei wird, wie sonst. Danach sind sie wohl schwimmen gegangen, denn Julio Baute erinnert sich, eine Woche später seinen stockigen Badeanzug in der Tasche wiedergefunden zu haben. Wie fassungslos er gewesen ist, dass der Stoff noch feucht sein konnte, noch immer Reste von Chlorwasser in ihm hingen.

Jorge war bereits weg, als er an jenem Abend nach Hause kam, ist von der Arbeit gar nicht mehr heimgekehrt.

**Schmal ist das Haus**, dreistöckig, mit Souterrain. Seltsam findet Einar es als Kind. Ein verglaster Erker neben der Eingangstür, in jedem Stock vier Fenster, die in der Mitte dichter beieinander, die äußeren mit französischem Balkon. Zwischen den Etagen Stuckfriese. Die meisten Häuser in der General Ramos Serrano, an der Rambla und den umliegenden Straßen sehen anders aus, die, in denen seine Freunde leben, und die in den Ferien in Deutschland sowieso. Erst Jahre später hat er entdeckt, dass es nichts anderes als ein typisch britisches Townhouse ist. Hellgelb und weiß war es immer gestrichen, die Farben sind kaum noch zu unterscheiden, dort, wo sie abblättern, kommt ein sattes Grün hervor.

Zur Straße eine hüfthohe Mauer, gekrönt von schmiedeeisernen Windungen und Bögen und einer Reihe wie Pfeile geformter Spitzen, die Einar aus dem Kinderzimmerfenster im zweiten Stock nicht ansehen konnte, ohne sich vorzustellen, er würde hineinfallen, mit dem Bauch gerade und mittig auf den Zaun. Hat versucht, abzuschätzen, wie viele Pfeile ihn durchbohren würden, es schließlich auf dem Bürgersteig stehend mit den Händen abgemessen, vier waren es maximal.

Mittlerweile sind es mindestens fünf. Hinter der Pforte geht es es eine Stufe abwärts in den kleinen Vorhof. Auf dem Boden vor der Fassade ein breiter Gürtel Putzbrocken und Farbplacken. Das Haus wirkt unbewohnt, auf den ersten Blick. Die Fensterläden geschlossen, die Blätter des Wachsblumenbaums, der neben der Pforte wächst, bedecken in einer dicken Schicht den gefliesten Boden. Zwischen Pforte und Haustür liegen weniger, vielleicht hat jemand das Stück vor nicht allzu langer Zeit gefegt, die Blätter zur Seite geschoben.

Das Kabel bemerkt er erst jetzt. Es kommt aus dem linken Fenster im zweiten Stock und verschwindet in einem der mittleren, hängt in einem Bogen. Zum Stromabzapfen, Ute hat gesagt, sie zapfen den Strom ab.

Im Souterrain waren früher die Küche und der Raum mit der Waschmaschine, im ersten Stock lagen Wohn- und Esszimmer, im zweiten das Kinderzimmer und ein Arbeitszimmer und oben das Elternschlafzimmer.

Einar klingelt, er hat einen Schlüssel, traut sich nicht, ihn zu benutzen, in den Windfang zu treten, die paar Meter weiter zum Treppenaufgang, Hallo zu rufen. Er weiß nicht, wie viele es sind. Hört den Ton schrillen und dann nichts. Keine Schritte, kein Flüstern, nichts. Klingelt noch mal und noch mal, ehe er aufschließt.

Die Tür des kleinen Zimmers, in dem die Garderobe war, offen, der Raum leer. Wollmäuse auf dem Boden, die Fliesen dort, wo der Schrank mit den Mänteln gestanden hat, heller als der Rest. An der Wand noch der Haken für den Spiegel.

Die Küchentür ist angelehnt. Er sollte jetzt rufen, sich bemerkbar machen. Nicht langsam weitergehen, achtgeben, keinen Laut zu machen, den Türspalt fest im Blick. Die Flipflops bemerkt er erst, als er auf sie tritt, weich unter seiner Sohle, eine panische Sekunde lang ist Einar überzeugt, auf eine Hand getreten zu sein. Fliederfarben, wenn er es im Dämmerlicht des Flurs richtig erkennt, mit silbrig glänzenden Plastikriemen. Ein bisschen hat Einar gehofft, Ute hätte sich die Hausbesetzer ausgedacht. Sich reingesteigert, um irgendetwas zu haben, das sie Ewa vorwerfen kann. Aber neben der Spüle auf der grau-weiß gesprenkelten Marmorplatte liegen drei Teller, mit der Vorderseite nach unten, übereinander, zum Abtropfen. Daneben eine Kaffeetasse, Gabel und Messer mit durchsichtig orangefarbenen Plastikgriffen und eine hellblaue Schale. Er kann den Kühlschrank summen hören, sie müssen ihn eingesteckt haben.

Niemand zu Hause, beschließt er, nimmt trotzdem die Treppe nach oben Stufe um Stufe, mit dem Rücken zur Wand. Hält inne, als eine knarrt – keine Reaktion, keine hastigen Bewegungen, kein Flüstern, nichts. Einar sieht es bereits, ehe er oben auf dem Treppenabsatz angekommen ist: Die Tür zum Esszimmer steht offen, im Esszimmer liegt eine Matratze.

Das Bett gemacht, auf spanische Art gemacht, mit einem Laken zum Zudecken und einer braunen Polyesterdecke, die ordentlich über das untere Drittel gebreitet ist. Daneben auf dem Boden eine Nachttischlampe, der Schirm weiß mit grauen Sternchen. An den Nägeln, an denen die Stiche mit Ansichten der Hamburger Binnenalster hingen: Kleiderbügel. Zwei weiße Blusen. Ein dritter überzogen mit der dünnen Plastikhülle einer Hotelwäscherei. Einar steht eine Weile, ehe er ihn vom Nagel nimmt, steht noch ein weiteres bisschen mit dem Bügel in der Hand – schwer ist er –, ehe er das Plastik hochschiebt. Eine Uniform. Rock, Weste und Blazer in Mittelblau, eine zierliche, rot-gelb-gestreifte Krawatte mit Gummizug hinten. Auf der Brusttasche des Blazers ist ein Wappen eingestickt, zwei sich kreuzende Palmen, *Hotel Palacio Menceyes* in einem Bogen darunter.

Im Bad im ersten Stock: eine Flasche Bodylotion, zwei Zahnbürsten, ein Tiegel Gesichtscreme, die intensiv nach künstlicher Vanille riecht, stellt Einar fest, als er ihn aufschraubt. Halb leer. Eine offene Packung Tampons, Größe drei Tropfen, steht auf der Packung. Einar hat keine Eile mehr, er hält die Haarbürste ins Badlicht: schwarze Haare, nicht sehr lang. Das Haus so still, als wäre dies sein natürlicher Zustand. Es erscheint fast unmöglich, dass jemand kommen, die Stille durchbrechen könnte. Das Kabel, das er draußen hat hängen sehen, führt vom Fenster zu einem Fernseher am Fußende der Matratze auf einem Pappkarton.

Bitte nicht, denkt Einar, als er die Tür zum alten Gästezimmer öffnet. Denn in der Ecke steht ein rosafarbenes Tretauto, *Barbie* steht auf dem Kühlergrill, ein Buggy mit Puppe, Eimer, Schaufeln und Förmchen, ein Ball. Kein Kinderbett oder Ähnliches. Einar zieht die Tür wieder hinter sich zu. Okupas heißen sie auf Spanisch. Hausbesetzer, aber ganz anders als in Hamburg, ohne WG-Komitees und Patschuligeruch und ausgebaute Wohnküchen. Einfach Menschen, die aus ihren Häusern geräumt wurden und sich in leerstehenden niederlassen.

«**Ich hab dich gestern** nicht gesehen.» Kaum dass Ana das Telefon am Ohr hält: Elizardo Rubio, schon wieder ohne Begrüßung. Kein Fragezeichen, eine Feststellung.

«Ich hab es kurz gehalten», antwortet Ana.

Und das hat sie. Hat bei den Kameras gelächelt – nur mit den Mundwinkeln, Andrés ist tot –, den Journalisten zugenickt, ist weitergegangen durch die Glastüren ins Innere des Thanatoriums. Lächeln, nicken, Arme berühren, ganz kurz nur und rasch an allen vorbei, weiter, die Treppe hinauf, die letzten Stufen etwas kurzatmig, dann den Flur hinunter. Sie bleibt erst stehen, als die kalte Porzellankante des Waschbeckens in der Damentoilette gegen ihren Bauch drückt. Hat sich die Hände gewaschen, zweimal Seife aus dem Spender gedrückt, sie so lange in den warmen Luftstrom des Händetrockners gehalten, von allen Seiten, zwischen den Fingern, bis kein bisschen Feuchtigkeit mehr übrig ist. Hat ihre Lippen nachgezogen, erst mit dem Kontur-, dann mit dem Lippenstift. «Mein Beileid» gemurmelt und die Lider gesenkt, wenn jemand die Toilette betrat oder aus einer der Kabinen kam. Hat die Klammern aus ihren Haaren gezogen, den Hut abgenommen, ihn nach dem Kämmen sorgsam wieder festgesteckt. Ana weiß nicht, wie lange sie schon vor dem Spiegel steht, hat vergessen, aufs Telefon zu gucken, als sie ankam. Noch ein wenig Rouge aufgelegt, entschieden, dass es zu viel ist – Andrés ist tot –, es mit dem Fingerkuppen vorsichtig wieder abgewischt, erneut die Hände gewaschen. Sie haben ihr Foto, das muss reichen, der Luftstrom des Apparats sehr warm auf ihren Handgelenken. Hat ihr Gesicht ein letztes Mal im Spiegel kontrolliert. Andrés liegt wenige Meter weiter in einer weißen gekühlten Kammer hinter einer Glasscheibe, und davor stehen seine Frau, die Zwillinge – zwei Jungen, hat Concha gesagt, denk an die Jungen –, rechts und links Blumengestecke, weiße Lilien vermutlich, Kerzen.

Ana hat sich von der Waschbeckenkante abgestoßen, durch die Tür, den Flur hinunter, Andrés mochte Weingummi. Kinderweingummi, auf seinem Schreibtisch lag immer eine angebrochene Tüte, rosa Herzen mit weißem Schaum, pastellfarbener Mäusespeck, saure Colaflaschen. Jedes Mal, wenn sie bei ihm war, hat er ihr welche angeboten. Jedes Mal hat sie den Kopf geschüttelt. Die Treppe hinab, Bekannte grüßen, Arme berühren, angedeutetes Lächeln, bei den Kameras nicken, nicht anhalten und zurück zum Parkplatz.

«Sie haben mich fotografiert», sagt Ana, als das Telefon an ihrem Ohr stumm bleibt.

«Deinen Termin mit der Flughafengesellschaft morgen um elf macht Marisol. Du gehst stattdessen in die Planungsrunde.»

«Warum?»

«Weil ich es sage.» Elizardo Rubio legt auf.

Zukunftskommission – Visionen für einen neuen Tourismus. Bevor sie Staatssekretärin wurde, gehörten die Treffen in ihren Arbeitsbereich. Immer die gleichen Vorschläge mit immer gleichen Antworten.

Piraten? Gehören der Karibik, sind durchgebranded, ausgefilmt, egal, wer, wann, wo geboren wurde, gelebt hat, einen Stützpunkt besaß, Handel trieb: Es gibt keinen Raum für eine weitere Verwertung.

Kolumbus? Gehört Barcelona, gehört Lissabon, gehört São Paulo und Santo Domingo. Und wenn man ehrlich ist, hat er nur ein paar Tage lang auf der Nachbarinsel seine Vorräte aufgestockt.

Nelsons Angriff auf Santa Cruz? Immerhin hat er dabei einen Arm verloren? Warum sollten sich die Briten für eine ihrer Niederlagen interessieren, wenn es noch nicht einmal einen Popsong darüber gibt.

Guanchen, Wellness, Paleo Cuisine? Dafür müsste man erst den Rest wieder abreißen, die Balkonfassaden der Hoteltürme, das Dicht an Dicht der Appartementkomplexe lichten, Straßen, Parkplätze und Autobahnauffahrten entfernen, auch die, die ins Nichts führen.

**Die Bars an der Avenida** de la Trinidad haben alle beige-braun gesprenkelte Steinfußböden, rot-gelb-grün blinkende Spielautomaten an der Wand, auf den Holztresen mehrere fliegenschissige Ventilatoren, immer abwechselnd grüne 7Up- und rote Coca-Cola-Serviettenspender auf den Tischen. Als Kind durfte Rosa abends nicht alleine herkommen. In den gläsernen Vitrinen liegen Tortilla española, in Tortenstücke geschnitten, Ensaladilla, in mit Plastikfolie überzogenen länglichen Schüsseln, der Aufschnitt für die Bocadillos: weißer Käse, Semicurado, mit hellen Kondenswassertupfen auf der dunklen Rinde, angeschnittene Salchichón, Mortadela, Jamón Cocido. Tomaten, Zwiebeln, Avocado, Salat.

Rosa nimmt zwei Flaschen Dorada aus dem Kühlschrank, stellt sie wieder zurück, greift nach einem Sixpack. Seit einigen Jahren ist das ihr Ding, wenn Einar auf der Insel ist: nachts den Berg runterlaufen und Bier trinken. Eine Ecke weiter, am Anfang der Calle Herradores, vor Teófilos Bodega sind sie verabredet.

Einar ist noch nicht da. Das Haus ist lange eine Ruine gewesen, seit die Palme, die im Patio wuchs, bei einem Sturm das Dach eingedrückt hat. Alt, flach und rund wie ein Gürteltier, geduckt und buckelig. *Canario Fusion Food* steht unter dem Logo. Rosa hat mit Ana dort gegessen, ehe sie nach Madrid gezogen ist. «Zum Abschied», hatte Ana gesagt. Rosa von Punk-Konzerten erzählt, zu denen sie als Studentin gegangen ist.

«Hier sind wir also wieder.» Einar steht vor ihr, öffnet die Arme, ein wenig Bier schwappt aus einem der Flaschenhälse, die er in den Händen hält, als er sie um Rosa schließt. Rosa deutet auf das Sixpack neben sich. «Gleicher Gedanke», sagt sie mit einem nassen Fleck auf der Schulter.

Nur das erste Stück ist flach, danach geht es abwärts, bis die Bänder vorne an den Schienbeinen ziehen bei jedem Schritt. «Wir werden morgen Muskelkater haben», sagt Rosa und wirft ihre leere Flasche in den Mülleimer. Einar trägt das Sixpack, macht eine neue mit dem Feuerzeug auf und reicht sie ihr.

Beim Museo de la Ciencia fragt er: «Warum Kunst?» Sie haben über Madrid gesprochen.

«Reich werden.» Sie lachen beide. «Ich bin, glaube ich, schon reich», setzt Rosa hinterher.

Bei Santa María de Gracia leuchtet das Mädchen orangefarben, genau genommen leuchten ihr Gesicht und der Oberkörper, denn mehr Mädchen ist es nicht auf dem mehrstöckigen Bau rechts neben der Kapelle. Die Sonne geht unter, die sonst schwarzen Haare kastanienbraun, es hält noch immer die Zwille, Gummiband gespannt, den Stein hat jemand übermalt mit einem roten Herzen.

Rosa deutet auf das Graffito. «Warst du das?»

«Nein, aber ich weiß, wer es war. Das Herz ist nicht original.»

«Wer denn?»

«Niemand. Ein alter Freund.»

Die Straßenlaternen gehen an, in La Cuesta setzen sie sich eine Weile auf die Plaza, Rosa kauft Sonnenblumenkerne. Die knacken sie, spucken Speichel, vermischt mit winzigen Schalensplittern, zwischen sich auf den Boden, bis ihre Fingerspitzen so stumpf vom Salz sind, dass Rosa sie in einer Bar waschen geht.

Dutzende Nachtfalter kreisen im orangefarbenen Lichtkegel der Straßenlaternen. Der 22-Uhr-Film im Cine Víctor hat gerade begonnen, als sie an der Plaza de la Paz ankommen. Zwei Raucher stehen neben dem Aschenbecher, letzte Züge, hastiges Zigarettenausdrücken, ehe sie zwischen den dunklen Flügeltüren verschwinden. Die Geschäfte der Rambla Pulido sind bereits geschlossen, vor dem Sandwichladen sitzen noch Gäste. «Das will ich nicht essen», greint ein Mädchen.

Der Springbrunnen läuft wieder, stellt Rosa fest, als sie die Straßenbahngleise überqueren. Achtzehn im Quadrat angeordnete Wasserstrahlen, die sich senkrecht und höchstens einen Meter hoch aus einer Betonschale erheben. Rosa ist versucht, ein Foto zu machen, *Sie nennen es Springbrunnen*. Die letzten Male war er wegen der Krise abgestellt, Müll sammelte sich zwischen den metallenen Rohrenden.

«Ich kann nicht mehr», sagt Rosa an der Plaza Weyler.

«Komm schon», sagt Einar, «bis nach Las Teresitas.»

«Das schaffe ich auf keinen Fall, und wir haben kein Bier mehr.»

«Scheiß drauf», sagt Einar. «Der Kiosk an der Plaza España ist noch offen. Wir nehmen ein Taxi.»

Der Hafen stumm, die Schiffe nur schwach erleuchtet, die Straße nach San Andrés ist dreispurig und fast leer. Der Fahrer schert sich nicht um die Fahrbahnmarkierungen, mittig verschwindet die durchbrochene Linie zwischen den Scheinwerfern unter der Motorhaube. Einar sieht zur Seite. Rosa beobachtet den mit Netzen gesicherten Berghang, den Streifen Gestrüpp und Müll zwischen ihm und der Straße. Die Haut ihrer Schultern so glatt, so weich-hellbraun, dass es Einar egal ist, dass sie ein wenig ranzig riecht.

«Keine Autos», sagt er laut, «weißt du noch, die Lovecars, die hier immer standen, in einer langen Reihe, mit Handtüchern in den Fenstern?»

«Lawkas, richtig, und überall Kondome.» Rosa nickt. «Ich musste mal pinkeln, Papa hat angehalten, Mama ist mitgekommen. Ich wollte die ganzen staubigen, bunten Luftballons anfassen.»

«Wohnen jetzt alle nicht mehr bei ihren Eltern.»

«Seit der Krise wieder. Dürfen wohl eher mittlerweile zu Hause ficken.»

Der Parkplatz leer, die Barbuden still und dunkel. Einar bezahlt den Fahrer. Aus einer der Duschen läuft ein schmaler Wasserstrahl, pladdert auf den Holzsteg darunter. Eine Windböe treibt die Tropfen zur Seite, Rosa streckt die Hände nach ihnen aus.

«Warum hast du früher immer mit mir gespielt?»

«Was meinst du?»

«Als ich klein war, ich muss dir doch auf die Nerven gegangen sein.»

«Hab ich das?»

«Als wir bei euch in Los Cristianos waren. Die Ameisenstraße an dem Poolrand? Du hast die Plastikbecher mit Wasser gefüllt, und ich hab die Ameisen damit ertränkt, weißt du das nicht mehr? Sie hatten ein Loch zwischen den Platten am Beckenrand. Da hab ich das Wasser reingegossen, und du hast die Schaufel so gehalten, dass sie nicht ins Becken geschwemmt wurden? Stundenlang haben wir das gemacht.»

Einar schüttelt den Kopf.

«Du warst bestimmt schon sechzehn.»

«Siebzehn.»

«Wir haben Verstecken gespielt.»

Einar lacht, ein wenig nur.

«Ich war sieben, höchstens. Einmal konnte ich dich nicht finden. Du hattest dich im Schlafzimmer meiner Eltern versteckt, im Schrank, glaube ich. Ich hab geheult, ich war so wütend, dass du mir an diesem Automaten in der Bar eine Plastikkugel mit Minnie Maus drin gekauft hast.»

«Nein, keine Ahnung.»

Rosa sieht ihn an.

«Vorsicht», sagt Einar und deutet auf den flachen, rechteckigen Stapel vor Rosas Schienbeinen, Liegestühle. Der Wind lässt die Fransen der Bastsonnenschirme flattern. Rosa sieht ihn immer noch an.

«Früher waren hier Boote», sagt Einar. «Ich habe mal in einem gepennt.» Und dann schweigen sie wieder und gehen weiter, bis der Sand nicht mehr nur feucht, sondern nass ist, die auslaufenden Wellen so sanft, dass Rosa sie erst wahrnimmt, als ihr Körper auf die Kälte reagiert, die Muskeln in ihren Füßen, Waden zusammenzieht, sie rückwärts taumeln lässt. Gänsehaut. «Zu kalt zum Schwimmen», sagt Rosa, und Einar nickt.

Einzelne helle Punkte auf dem dunklen Meer, die sich auf und ab bewegen, ein wenig nur. Fischerboote oder die Grenzpatrouillen der Europäischen Union. Die Nacht nicht klar genug, dass sich der dichtgeknüpfte Lichterteppich der Nachbarinseln am Horizont abzeichnen würde.

«Wollen wir einen rauchen?», fragt Einar.

Kalt, sehr glatt und trocken fühlen Rosas Hände sich an, sie hält sie so, dass sie einen dreieckigen Windschutz um das Blättchen mit dem Tabak bilden. Stoßen immer wieder gegen seine, während er das Zeug mit dem Feuerzeug warm macht, zwischen den Fingerkuppen zerbröselt.

Sie sind nicht alleine, stellen sie fest, als sie, auf die Ellbogen gestützt, im Sand liegen und nebeneinander rauchen. Lachen zuerst, Rufe, eine Frauenstimme, ganz hell vom kalten Wasser. Dann sehen sie die Köpfe in der Brandung, dicht beieinander. Vier Beine, ein Körper, so sieht es aus, als sie aus den Wellen kommen, sie geht rückwärts, seine Arme auf ihrem Rücken, ihren Pobacken. Aufschreien, als sie fallen, in den Sand, aufeinander.

«Lass uns gehen», sagt Rosa und erstickt die Glut des Joints.

Die ersten Jahre, nachdem Einar nach Deutschland gegangen war, hatte er Ana noch Bescheid gesagt, wenn er auf die Insel kam. In der Zeit in Berlin hat er manchmal überlegt, sie anzurufen statt seine Eltern. Ich brauch Hilfe zu sagen. In erster Linie, weil er weiß, Ana glaubt, sie sei ihm irgendetwas schuldig. Meist am Klaren Montag, nach dem Aufwachen, wenn er still dagelegen und den weißen Couchtisch gehasst hat, dessen breites Seitenteil direkt vor seiner Fresse stand. Weißes Furnier mit mehreren eingetrockneten Spritzergarben, Kaffee, Bier, sonst was. Unten, wo es sich in den einst beigefarbenen Teppich drückt, dicht an dicht längliche Streifen, Abrieb von Turnschuhsohlen. Klarer Montag hieß: kein Scheiß, vom Augenöffnen bis mindestens zehn, elf Uhr nachts. Hieß: Couchtisch, Isomatte, Schlafsack ertragen, ohne weichen Scheißfilter, ohne irgendwas, das einen Puffer zwischen ihn und das fleckige Furnier schieben würde. Hieß: die Margarinepackung ertragen, die seit Tagen offen auf dem Oval der Tischplatte steht, mit Kippen im dunkelgelb ranzigen Fett. Eingerahmt von einem dichten, grün-braunen Wald aus Bierflaschenhälsen. Sobald er aufsteht, wird er in die graue Aschenbecherlichtung in der Mitte blicken. Klarer Montag heißt: Dosen organisieren, Vorstreichfarbe, Rollen. Zeug besorgen, Koks in seinem Fall, Essen, Alkohol. Das Skizzenbuch, das noch nicht im Versteck ist, wegbringen. Alles, was sonst vom Rhythmus Spot suchen, beobachten, Bild malen, runterkommen, Spot suchen, beobachten und so weiter geschluckt wird. Manchmal hat er überlegt, Ana anzurufen und zu sagen: Ich brauch Hilfe.

**Rosa ist wach**, sie war auf der Toilette, ist auf dem Weg in die Küche, barfuß, in Unterhose und T-Shirt. Schaltet die Lampe nicht ein, es ist hell genug. Vollmond, denkt Rosa zunächst, als sie in das Lichtviereck auf den Fliesen vor dem Küchenfenster tritt, die Türen des Hängeschranks öffnet. Sie schiebt Pakete mit Toast, Weetabix, Nudeln beiseite, die Stimme ist leise, zunächst nur Teil des Knistern der Zellophantüten, bis Rosa innehält.

Jemand redet, eindeutig, eine Männerstimme, die nicht aus Richtung Arbeitszimmer kommt. Kurz überlegt sie, ob der Stream läuft, die Folge war zu Ende, als sie ins Bad gegangen ist. Eine andere Männerstimme antwortet. Gelächter.

Rosa geht zum Fenster. Im Torbogen über der Pforte, zwischen den oberen, noch locker verschlungenen Bougainvillearanken: viel weißes Licht. Autoscheinwerfer. Ein weiterer Lichtkegel fährt langsam die Gartenmauer entlang, hält bei dem anderen, erlischt. Einbrecher, denkt Rosa, die wollen einbrechen. Nicht hier, niemand käme beim Anblick des Hauses auf die Idee, es gäbe irgendwas zu holen. «Seid ihr arm?», hat eine Neue aus ihrer Klasse sie mal gefragt, Rosa hatte ihr erlaubt, sie auf dem Heimweg zu begleiten. «Nein», hat Rosa geantwortet. «Mein Vater hat so viel Geld, der könnte deinen Vater kaufen und alles, was ihr habt.» Aus unerfindlichen Gründen ist es ein Sieg für ihren Vater, dass das Haus aussieht wie eine Bruchbude.

Rosa will lauschen, hört das sanfte Geräusch, mit dem die Spinnweben außen am Rahmen reißen, als sie das Fenster öffnet. Kühle Luft strömt an ihr vorbei in die Küche, hinter der Mauer Begrüßungen.

«Wie läuft's bei dir?»

«Hat sich schon was gerührt?»

Klar und einwandfrei zu verstehen. Rosa holt sich einen Kokos-Joghurt aus dem Kühlschrank, beißt auf der einen Seite ein kleines Loch in den Becherboden, drückt ihre Zähne auf der anderen Seite in das Plastik, reißt, bis eine zentimeterlange Öffnung da ist. Vorsichtig sammelt sie die Plastikplacken von der Zungenspitze, prüft mit den Lippen, wie scharfkantig die Ränder sind. Marisa hatte genäht werden müssen, zwei Stiche. Rosa durfte sie zum Arzt begleiten. Danach mussten sie in der Schulkantine die Joghurts mit Löffeln essen.

Rosa legt den Kopf in den Nacken, presst den Mund auf die Öffnung, saugt. Am Anfang, so lange der Joghurt noch die Form des Bechers hat, ist es am schwierigsten. Wenn die Masse an der Öffnung dem Sog nachgibt, ins Rutschen kommt, säuerlich und kalt und süß zugleich in den Mund strömt, wird es einfacher.

«Für wen bist du da?», kann sie hören, die Antwort nicht, der nächste Lichtkegel, kleiner, niedriger, ein Motorrad, schiebt sich die Mauer entlang, bleibt bei der Pforte stehen. Der Motor verstummt, Begrüßung. Irgendwas quietscht.

Noch ein Lichtkegel hält bei der Pforte. Einen Moment Stille, eine Autotür schlägt zu, Begrüßung, während das Fahrzeug wendet, den Camino Largo wieder hinunterfährt. Über der Mauer, zwischen den Bougainvilleazweigen, leuchtet ein kleines grünes Licht auf, ein Taxi: das Schild auf seinem Dach wieder auf frei gestellt.

Zum Tauchen, denkt Rosa, schließt das Fenster und wirft den ausgesaugten Becher in den Müll. Die treffen sich zum Tauchen oder Angeln vielleicht.

Zwei Staffeln Survivor sind noch übrig.

**Als die Klingel zu schrillen beginnt**, dämmert es bereits. Die Folge, während der Rosa eingedöst ist, geht gerade zu Ende, das *Erneut Laden*-Icon erscheint auf dem Player. Ana ist schon wach, geht die Termine durch, zu denen sie heute nicht gehen wird. Concha hat gestern Abend aufgezählt, wer Ana bei welchem Treffen vertritt. Für dich, hat Concha gesagt und nicht: statt deiner. Marisol Azulejo geht für dich zu dem Gespräch mit Thomas Cook.

Felipe schläft. Er träumt von Francisca, wird sich aber nach dem Aufwachen an nichts erinnern. Seine Mutter kniet im Garten und erntet Süßkartoffeln, ihre Perlenkette hängt herab, hängt, wenn sie sich nach vorne beugt, über dem Loch, das sie gräbt, lotrecht nach unten. Die Perlen, dick wie Tischtennisbälle, schlagen jedes Mal, wenn sie sich aufrichtet, gegen das grüne Wollkleid über ihrer Brust. Ich schaffe es nicht, sagt Francisca, und als die Klingel ertönt, richtet sie sich auf, streift die erdverschmierten Handschuhe ab, reicht sie Felipe und sagt: Der Besuch ist da.

Felipe tastet nach seinem Kopfkissen, findet es, dreht sich um und schiebt es vor seine Brust, ehe er in die nächste Traumphase gleitet.

Als die Klingel zu schrillen beginnt, sind draußen bereits alle versammelt. *Tve1*, *Telecinco*, *Telecanarias*, *Radio Siete Islas*, *Radio España*, Fotografen der ansässigen Agenturen. Der Rest landet gerade mit der 6-Uhr-22-Maschine aus Madrid in Los Rodeos. *Diario de Avisos* war als Erstes da, *El País* mit eigenen Reportern, *ABC* und die Heerschar Freier. Nachbarn in Bademänteln mit hervorsehenden Nachthemdsäumen und Pyjamabeinen, den Hausschlüssel in der Hand, zwei mit Hunden an der Leine. Einer trägt eine Zeitung unterm Arm.

**Ein Unfall, denkt Eulalia**, als sie um kurz nach halb acht im Schritttempo in den Camino Largo einbiegt. Kein Blaulicht. Zwei weiße Kastenwagen parken am rechten Bürgersteig, trotz der durchgezogenen gelben Linie, keine Ambulanzen, stellt Eulalia fest. Sie haben Schüsseln auf dem Dach, das Logo des Lokalfernsehens auf den Schiebetüren. Erst als sie bereits blinkt, das Lenkrad einschlägt, begreift sie, dass die Traube dort am dichtesten steht, wo sonst der abgesenkte Bürgersteig vor der Garageneinfahrt zu sehen ist. Zumeist junge Männer, Jeans, Turnschuhe, Kapuzenpullis, eckige Nylontaschen hängen vor ihren

Bäuchen. Einige halten ihre Fotoapparate mit ausgestreckten Armen über die Gartenmauer, nehmen sie wieder runter, kontrollieren die Aufnahmen im Display, halten die Kameras wieder hoch.

Eulalia hört die Klingel neben der Pforte schrillen, durch die geschlossenen Autofenster, ununterbrochen. Sie kann nicht erkennen, wer sie drückt, überlegt, weiter in die Traube hineinzufahren, bis die Stoßstange ihres Fiat Panda beinahe den abblätternden hellgrauen Lack des Garagentors berührt. Inmitten der dichtstehenden Jeanshüften müsste sie das Fenster runterkurbeln, und das Fenster quietscht. Müsste den Schlüssel in das Schloss im Pfeiler stecken, Vierteldrehung, warten, bis das Tor zur Seite gefahren ist, ganz zur Seite gefahren ist. Und das Tor rumpelt. Manchmal bleiben die Rollen in der Betonrinne hängen. Sie müsste aussteigen, durch die Menge um den Panda herumgehen und den Stein mit der Hand entfernen. Und alles für knapp sechshundert Euro im Monat.

Eulalia dreht das Lenkrad zurück, langjährige Verbundenheit und alles, hört die Reifen auf dem Asphalt knirschen, hupt, um die Hinterteile aufzuscheuchen, die mittlerweile an der Motorhaube des Pandas lehnen, und fährt weiter.

Rosa ist da drin, denkt sie, Rosa ist da drin. «Guapa!» Rosas dreijähriger knubbliger Zeigefinger, der auf Eulalia zeigt: «Guapa!» Umdrehen, vielleicht sollte sie umdrehen. Und dann? Sich den Weg freihupen, die Jeansbeine auseinandertreiben, bis die Stoßstange beinahe das Tor berührt? Schlüssel drehen, Augen geradeaus auf die Windschutzscheibe gerichtet, Kinn erhoben, Lippen fest geschlossen und die Mundwinkel still. Dem Klackklackklack zuhören, dem Rumpeln, sich für die Rostflächen schämen überall im Lack, als wären es ihre. Oder ihre Schuld.

Eulalia blickt in den Rückspiegel, sie muss die Haare färben, der hellgraue Ansatz unter dem Feurigkastanienrot ist bereits fingerbreit. Fährt immer noch die Vía de Ronda hinab, Rosa ist drin.

Heute ist Montag, Bettwäsche wechseln, einkaufen, auffüllen, was sie am Wochenende verbraucht haben. Süße Kondensmilch garantiert, Rosa trinkt Unmengen in ihren Cortados.

Noch immer fährt Eulalia den Berg hinab, keine Möglichkeit zu wenden, blickt an der gleichen Stelle wie immer aus dem Seitenfenster, auf die andere Seite des Barranco Santos, zum Reformatorio neben Santa Gracia, denkt an Merche. Mama wäre nicht weitergefahren, hätte sich einen Weg durch die Menge gebahnt, sich ohne ein Wort die Schürze umgelegt, das benutzte Geschirr vom Frühstück abgeräumt. Wenn heute überhaupt jemand gefrühstückt hat. Felipe allenfalls.

Rosa ist da drin, denkt Eulalia und biegt ab in den Barrio de la Hinojosa. Guapa. Du wirst fürs Putzen bezahlt, also geh putzen! Nun bin ich beinahe zu Hause, denkt Eulalia bei der Bar La Choza, zurückfahren ist Unsinn. Sie wird anrufen, wenn sie zu Hause ist. Ich bin krank, sagen. Entschuldigung, ich hätte mich früher melden sollen. Falls Ana überhaupt ans Telefon geht.

**Rosa ist als Erste** in der Eingangshalle. In den kurzen Pausen – und es gibt kurze Pausen, in denen der Finger vom Knopf rutscht – sind Stimmen zu hören, eine Menschenmenge, draußen vor dem Tor. Kein technischer Defekt der Klingel, sondern eine Menschenmenge, draußen vor dem Tor.

Rosa sieht hinauf zu dem viereckigen Kasten über dem Türrahmen, überlegt, einen Stuhl zu holen, unsicher, wie sie den Kasten zum Schweigen bringen soll. Sie wendet sich ab, irgendwo müssten Ohrenstöpsel sein, als Felipe aus dem Arbeitszimmer kommt.

«Da sind Leute draußen», sagt Rosa.

Felipe zieht die Schultern hoch, keine Ahnung. Anas Schritte auf der Treppe sind laut, trotz des Schrillens gut zu hören, beide wenden sich nach ihr um.

«Herrgott, irgendwo muss sich das abstellen lassen. Hol einen

Stuhl», sagt Ana zu niemand Bestimmtem. «Oder dreh die Sicherung raus.»

Rosa und Felipe rühren sich nicht.

«Was ist das?», fragt Felipe und greift nach der Klinke, will sie hinunterdrücken, die Tür öffnen, Ana das Problem zeigen.

«Nicht aufmachen», sagt Ana, «keiner von euch geht raus.»

«Bist du dafür verantwortlich?»

Ana antwortet nicht, sie geht in die Küche, kommt mit einem Stuhl zurück, auf den sie steigt, fest entschlossen, so lange auf dem Klingelkasten über der Tür herumzudrücken, bis Stille ist.

«Was wollen die?»

«Hilf mir lieber.» An Anas Fingern kleben Staub und Spinnweben, die sie aufs Nachthemd schmiert, als sie die Hände in die Seiten stützt.

«Soll ich rausgehen und fragen?»

In dem Augenblick hat Rosa im Flur den Hauptschalter gefunden. Mit einem Mal ist es sehr still, ehe das Stimmengewirr draußen vor dem Tor erneut anhebt.

«Nein», antwortet Ana ruhig und bestimmt.

«Du kannst mich mal.» Felipe sieht aus dem Fenster.

Auf Stangen tauchen die ersten schwarzen Linsenkreise zwischen den Bougainvillearanken auf, leicht schwankend wie Giraffenköpfe. Sie reagieren auf Geräusche, klack, klack, klack, klack, klack, stellt Felipe fest, als er die Haustür hinter sich zuschlägt. Das Klacken wird leiser, während er die Stufen hinabgeht, schwillt an, als er den Gartenweg erreicht, wo er kurz durch den Torbogen über der Pforte von der Straße aus zu sehen ist. Die Apparate drängen sich dort dicht zusammen, als wären sie ein einziges großes, flaches, irisierendes Insektenauge. Klack, klack, klack, klack, klack, als Felipe stehen bleibt, sich umdreht, wo will er eigentlich hin in Bademantel, Shorts und Hausschuhen? Sprechen möchte er mit dem Insektenauge nicht mehr, und der Club öffnet erst um acht. Klack, klack, klack, klack, klack in seinem Rücken, als Felipe feststellt, dass er keinen Schlüssel dabeihat. Die Klingel neben der Haustür drückt, und als es still bleibt, noch ein wenig fester drückt, bis sich der Messingknopf verkeilt. Kein Laut im Haus, klack, klack, klack, klack, klack, als Felipe beginnt, mit der flachen Hand gegen das Holz zu schlagen. Ana öffnet, steht so, dass sie vom Türblatt verdeckt wird.

«Was ist los?»

Ana atmet ein, tief ein, als wolle sie Luft bevorraten für das, was nun folgt.

«Andrés Rivera ist tot.»

«Wer?»

«Mein Kollege aus der Fraktion, ich hab es dir erzählt. Ich war bei seiner Beerdigung. Der Sprecher für Infrastruktur.»

«Was hat das mit uns zu tun?»

«Wir waren beide Gegenstand eines Ermittlungsverfahrens», sagt Ana schließlich. «Alles Unsinn. Aber das wird sie nicht daran hindern zu schreiben.»

Felipe deutet unbestimmt in Richtung Tür. «Danke», sagt er.

«Wie bitte?»

«Danke», sagt Felipe, «dass du alles, aber auch wirklich alles, restlos kaputt gemacht hast.»

Und dann muss er lachen.

2015

# BICICLETA

**Alfonso lässt bereits** das Gitter vor dem Schuhladen hinab und dreht den Schlüssel. Der Once-Stand ist verlassen, vor dem Centro Médico rauchen die Krankenschwestern, weiß gekleidet und mit Haarnetz. Das Mädchen aus den Cinco Océanos wartet, bis die letzte Kundin sich endlich zwischen gefrorenem Bacalao und Sardinen entschieden hat. In der Bar La Choza werden die Bierreste mit in den Nacken gelegten Köpfen gekippt, die meisten gehen zum Mittagessen nach Hause. Zwei Gerichte gibt es in La Choza, Grillhähnchen und gekochten Pulpo, der das letzte Mal im Februar 2012 bestellt wurde. Von einem dänischen Touristen, der unter den Blicken der Stammgäste aufaß, Applaus erntete und sich anschließend fünfzig Meter weiter, beim Taxistand, erbrach.

Die Mädchen hinter der Aufschnitttheke des Hipermercados lachen. Die eine schneidet Kochschinken mit der Maschine, die andere sagt ihr leise etwas ins Ohr. Seit zehn Minuten leuchtet *57* rot an der Anzeigetafel. Bei *56* ist Mercedes Morales Joghurt holen gegangen, Kokos ist aus, hat schließlich Ananas genommen, ist zurückgegangen, immer noch *56*. Shampoo braucht sie auch. Als sie es in ihren bei der Aufschnittheke stehenden Korb legt, stellt sie fest, dass die Papaya braune Stellen hat. Zurück zum Obst und Gemüse, kurzes Gezänk mit dem Mädchen an der Waage. «Benutze gefälligst die Handschuhe», hat es gesagt, auf den Karton gedeutet.

Mercedes hat einen Handschuh von der Rolle abgerissen, über die Finger gezogen, langsam, mit einer weit ausholenden Bewegung, damit es das Mädchen an der Waage auch genau sehen kann. Hat eine neue Papaya vom Stapel genommen, den Handschuh wieder ausgezogen, in den Mülleimer geworfen und zurück und immer noch *56*. Gezischel und Kopfschütteln und vor dem Bauch ineinandergreifende Hände, zwischen den Fingern die dreieckigen Papierabrisse mit der Nummer und die Henkel der noch leeren Einkaufstaschen. Aber keine sagt etwas. Nur Gezischel und Kopfschütteln.

«Ey, Chicas», ruft Mercedes schließlich.

«Wir kommen ja schon», antworteten die beiden Bedienungen im Chor.

Und jetzt seit elf Minuten *57*. Die Kinder kommen bald aus der Schule, müssen essen, und das Bett ist nicht gemacht. Der Kram von gestern Abend liegt noch auf dem Küchentisch. Sie hat vorhin aufräumen wollen, ist dann doch los, nur schnell in den Supermarkt, nicht mal Eier sind im Kühlschrank, mittlerweile zwölf Minuten 57. Seit einem halben Jahr leben die Kinder bei ihr. Wirst dich dran gewöhnen, hat Mercedes gedacht, am Anfang.

Mercedes hat Chuleta bereits bemerkt, als sie den Hipermercado betreten, das Drehkreuz mit dem Bauch im Kreis geschoben hat. Chuleta, so nennen ihn hier alle, Schnitzel, steht vor den Klopapierrollen, eine 1,5-Liter-Flasche Cola in der einen, das Handy in der anderen Hand, er tippt mit dem Daumen. Zuckt zusammen, als er aufsieht und sie bemerkt. Erst da fällt ihr ein, dass sie noch einen Zehner von ihm kriegt. Bei den Kühlregalen hat er sich versteckt, Mercedes hat ihn aufgescheucht, als sie den Joghurt holen kam, und dann hat Chuleta einen Fehler gemacht: sich nach ganz hinten zum Aufschnitt zurückgezogen, versucht, so gut wie möglich mit dem Ständer, an dem abgepackte Chorizo hängen, zu verschmelzen. Guckt nicht zu Mercedes herüber, hofft wahrscheinlich, die beiden mit den Strickjäckchen in gedeckten Farben, mit ihren Strumpfhosen, dem Kopfschütteln und Gezischel würden ihn verdecken. *Gangstar* steht pink und eckig auf seinem schwarzen T-Shirt.

Er sieht Mercedes nicht kommen, hebt im Reflex den Unterarm vor den Körper, als sie vor ihm steht, fordernd die Hand ausstreckt.

«Deine Nummer», sagt Mercedes.

«Du kriegst den Zehner.» Chuleta blickt zu den Strickjäckchen, Freundinnen seiner Großmutter vermutlich. «Gib mir zwei Tage.»

«Deine Nummer», wiederholt Mercedes, hält die Hand, Innenfläche nach oben, wenige Zentimeter vor das zweite G von *Gangstar*. Anders als anderen mit ihrem Beruf ist Mercedes Gewinsel zuwider.

«Welche Nummer?»

Mercedes verdreht die Augen, deutet auf die Anzeige bei der Theke.

Sie hält ihm ihre Nummer hin. «Wenn du heute was haben willst.» Und natürlich will er was. Alle wollen was haben.

Chuleta sieht hinab, auf die *79* in ihrer Hand. «Aber das dauert Stunden.»

«Na und? Arbeitest du?», entgegnet Mercedes.

Die beiden, die an der Bushaltestelle rauchen, nicken Mercedes zu. «Bis später», sagt sie. Sie überquert den Zebrastreifen, den von der Straße umschlungenen Platz, der seit einigen Jahren nachts mit Scheinwerfern angestrahlt wird wie ein Fußballstadion. Geht zwischen den Palmen hindurch, leere Plastiktüten hängen an den Stümpfen der ausgeschnittenen Wedel, flattern im Luftzug. Auf den Bänken vergleichen alte Männer, verblichen schwarze Hüte neben sich auf der Sitzfläche, die Nummern ihrer Lotterielose. Sehen nicht auf, als Mercedes Morales vorbeieilt, grüßen nicht, ebenso wenig die Frau mit dem Kinderwagen, die ihr entgegenkommt. Die Frau war letzte Woche abends da, und in der Woche davor, und davor einen Monat nicht, immer mal wieder. Die Namen der sporadischen Kunden merkt sich Mercedes nicht. Wozu auch, die wollen nie was auf Pump. Für Pump braucht es Vertrauen, das probieren nur diejenigen, die regelmäßig kommen. Die gerne in der Küche sitzen bleiben würden, mit den anderen Regelmäßigen rauchen und Scheiße labern, aber das gibt es bei Mercedes nicht. Zweiundzwanzig Minuten Verweildauer, so lautet ihre Regel, keine glatte halbe Stunde, das wäre zu auffällig, aber auch nicht kürzer, das wäre ein ständiges Kommen und Gehen, daran merken sie es oft.

Die meisten Regelmäßigen wohnen selbst im Block. Sie können kommen und gehen, ohne dass die Polizeiwagen vorne an der Plaza es sehen. Ohne dass die Alten von ihren Lotterielosen aufblicken und Bemerkungen machen würden. Jeder ist selbst für seine zweiundzwanzig Minuten verantwortlich, so lautet die Regel, trotzdem muss Mercedes sie ständig antreiben, rausschmeißen, bei manchen stellt sie die Eieruhr. Wer was trinken will, muss es selbst mitbringen. Auch kein Leitungswasser. Ich spüle für niemanden von euch Gläser, lautet die Regel, und: Um elf ist Schluss.

Bei der Statue wechselt Mercedes die Tüte von einer in die andere Hand. Die Statue besteht aus grün lackierten Zahnrädern und Gewehrteilen, und niemand weiß, was sie darstellen sollen. Der Block, wie sie ihn hier nennen, liegt direkt neben der Kirche, grenzt an den kleinen Spielplatz an. Ein Sandkasten, Schaukeln und zwei rosa Tierchen mit Sprungfedern unter dem Bauch. Wenn Mercedes die Regelmäßigen zu lang am Küchentisch rumhängen lässt und es doch einer schafft, einen Joint zu bauen, rätseln sie manchmal, welche Art die Tierchen mit den Sprungfedern darstellen sollen, rosa Glückseselchen oder fliegende Lamas aus San Borondón. Darum geht es auch oft, um San Borondón, die neue Insel.

Vor dem Zebrastreifen, auf dem Eulalia sie letzte Woche beinahe überfahren hätte, hält Mercedes kurz an, sieht rechts und links die Straße hinab, als würde ihre Schwester sie hier täglich entsetzt durch die Windschutzscheibe anstarren, die Stoßstange des Pandas nur wenige Zentimeter von Mercedes' Knien entfernt.

Muss Urlaub haben, denkt Mercedes wie seitdem jeden Tag an dieser Stelle. Schau an, bei den Bernadottes kriegt man mittlerweile sogar Urlaub.

Der Block ist grau und hellgelb gestrichen, von oben sieht er aus wie ein riesiges U. In der Mitte ist die Garageneinfahrt, groß und dunkel, meist vom metallenen Scherengitter des Tors verschlossen. Wenn der Mechanismus startet, knallt es einmal laut, gefolgt von einem noch recht sanften, tiefen Wummern, die Rauten knirschen. Sobald das Tor sich ungefähr einen halben Meter gehoben hat, beginnt das Kreischen. Klar und hell, wenn es kalt ist, wenn es regnet, leiser, im Sommer ist es unerträglich.

Für Eulalia ist es einfacher gewesen. Eulalia hatte keine Wahl. Was hätte sie anstellen sollen, mit der Alten die ganze Zeit neben sich. Die erst aufgehört hat zu schimpfen, wenn Eulalia morgens die Tür hinter sich zugezogen hat, eilig und voller Sorge, den 6-Uhr-27-Bus zu verpassen. Die nachmittags immer schon gelauert hat auf den gedämpften Laut, wenn die rechts und links abgestellten Plastiktüten langsam gegen das Holz kippen, während Eulalia das Schlüsselbund aus der Handtasche nimmt.

Mercedes' Wohnung liegt im ersten Stock. Zwei Zimmer, Wohn- und Schlafzimmer, Küche, Bad. Mercedes Morales, 64 Jahre alt, Drogendealerin, zwei Töchter. Von den Mädchen ist eines geschieden, zwei Kinder, war bei einer Baufirma angestellt, ist durch die Krise arbeitslos geworden, Wohnung geräumt, seitdem Hausbesetzerin, und die Kinder leben bei Mercedes. Die andere Tochter hat zuletzt aus Madrid angerufen, neun Jahre ist das her.

«Hallo», sagt **Amalia González Herrera** jedes Mal, wenn sie in der Tür zur Portiersloge steht. Und: «Heißen Sie Mario?»

«Die arme Yucca wächst in einem viel zu kleinen Topf», sagt Amalia González Herrera jedes Mal, wenn Julio sie unterhakt zum Spazierengehen, und deutet auf die Pflanze im Flur, an der Tür zum Innenhof. Der Gedanke hat einen Pfad in ihr Hirn getrampelt. Kaum hat Julio, Gehstock in der Rechten, mit der Linken und seinem ganzen Körpergewicht die Tür zum hinteren Patio weit genug aufgedrückt, dass sie an ihm vorbeigehen kann, blickt Amalia zum großen Beet: «Die Palme ist höher als das Dach.»

Und Julio schließt die Tür und antwortet jedes Mal: «Wie alt sie wohl sein mag?»

«Fünfzig Jahre mindestens», sagt Amalia zufrieden und hakt sich wieder bei ihm ein.

Und doch überrascht sie ihn manchmal, nimmt ein Gedanke plötzlich eine andere Abzweigung. Statt: «Blau steht ihm gut», sagt sie: «Er holt mich später mit dem Auto ab.»

Den Stuhl hat Julio in der Kammer neben dem Fernsehsaal der Männer gefunden. Früher stand er im Patio an einem der Rauchertische, bis die Stahlrohrbeine zu rosten begannen. Julio hat ihn mit dem Bauch geschoben, in der Rechten den Stock, die Linke auf der Lehne, um die Richtung zu korrigieren, wenn der Stuhl zur Seite ausbricht. Am rechten hinteren Stuhlbein fehlt der Gummipfropfen, das Rohr schrammt über den Boden, hinterlässt einen rostfarbenen Strich, quer durch den Saal. «Sei leise!» und «Macht den Fernseher lauter!» Er bugsiert den Stuhl in den Flur, an der Physiotherapie und einer Freiwilligen vorbei, die sich nicht zu fragen traut, den Mund öffnet und wieder schließt. Julio Baute grüßt mit einem Nicken, schiebt weiter, in seine Loge hinein und dann, ohne innezuhalten, in die schmale Lücke zwischen Regal und Wand.

Eigentlich freundet sich Julio nicht mit den Neuen an, sondern wartet ab, wie es mit ihnen weitergeht hier drinnen. Augustos Brummen, seine Hand an der Klinke, die Trippelschritte, mit denen er zurückweicht, wenn Julio den Summer betätigt und jemand die Tür von außen vorsichtig aufdrückt, bis die Öffnung groß genug ist zum Hindurchschlüpfen, sind ihm Mahnung genug.

Manchmal singt Amalia. *Cinco lobitos, tenía la loba. Cinco lobi-*

*tos, en el campo sola, cinco tenía y cinco crió y a todos cinco lechita les dio, lechita les dio.* Manchmal summt sie auch nur.

«Keine Wölfin, eine Katze», sagt sie, «meine Mutter war die Katze. Mit dünnen Armen und schmalen Händen, wendig und schnell und leise, wenn es sein musste.»

Die ersten Male hat er versucht, ihr zu erklären, dass der Text ganz falsch ist. Ihr die Worte vorgesagt. *Cinco lobitos tiene la loba, blancos y negros detrás de la escoba.* Jedes einzelne betont. Aber Amalia González Herrera hat nur gelacht.

Manchmal weiß sie Dinge.

«Heißen Sie Mario?»

«Nein, Julio Baute. Mir gehörte der Elektroladen oben an der Trinidad.»

«Marrero», antwortet Amalia González Herrera. Sie wirkt selbst erstaunt, dass ihr der Name einfällt. «Marrero Electrodomésticos. Dann sind Sie Marrero?»

«Ach der», sagt Julio Baute, «von ihm war nur der Name.»

Als er den Laden vom alten Marrero übernommen hat, war er nichts weiter als ein Zimmer mit einer Werkbank, unebenem Zementboden und zugestaubten Fenstern. Licht fiel nur durch das rostende dreiflüglige Tor, dessen mittlere Tür tagsüber immer offen stand. Ahnung hat der alte Marrero keine gehabt. Ansonsten war er angenehm gleichgültig gewesen. «Ich frage nicht», hat der alte Marrero gesagt.

Oft schweigen sie, Amalia González Herrera kann schweigen. Manchmal nickt sie im gedämpften Gemurmel des Sportmoderators neben ihm ein, Hände im Schoß gefaltet, Kopf zur Seite gelegt, und lacht, wenn Julio sie weckt und sie sich dessen gewahr wird.

Bernarda hat sein Schweigen gehasst. Seine einsilbigen, biegsamen Antworten, wenn sie es geschafft hatte, ihn in die Ecke zu drängen. Bernarda ist gegangen. Hat unvermittelt ihren Mund zugemacht, manchmal mitten im Satz, sich umgedreht und ist ins

Schlafzimmer, im Sommer die dünne Strickjacke holen, im Winter den Mantel, einen ihrer geblümten, fast durchsichtigen Schals. Hat im Flur ihre Handtasche genommen, im Gehen kontrolliert, ob genügend Geld im Portemonnaie ist, ihre Lippen noch immer ein Strich. Hat die Wohnungstür leise hinter sich zugezogen, ohne *Ich gehe* zu sagen. Nur das Klacken des Schnappers, das gedämpfte Surren des Aufzugs. In den ersten Jahren ist er hinter ihr her, hat sich in die Schlafzimmertür gestellt, sie besänftigen wollen oder ihr erklären, wie dumm sie sich verhält, und ja, beschimpft hat er sie auch. Dämliches Kalb. Irre. Idiotin. Nie Schlampe oder Hure. Ohne ihn anzusehen, ist sie gegangen. Nur die sich öffnende Aufzugtür, Bernardas Schritte ins Innere der Kabine und erneut gedämpftes Surren, das Bernarda wegtransportierte, hinab auf die Straße, durch die Trinidad und die Calle de los Herradores hinauf zum Teatro Leal. Und irgendwann hat Julio angefangen zu warten. Darauf, dass sie geht, damit sie endlich aufhören können zu streiten, übers Radfahren, manchmal über Ana, selten über Geld, nie über Politik. Meistens ging es ums Radfahren. Hat gewartet auf Strickjacke, Schnapper, Aufzugsurren und Ruhe. In den schlechten Zeiten ist Bernarda bis nach Santa Cruz gefahren, ins Cine Víctor oder La Paz, weil sie jeden Film im Leal bereits mehrfach gesehen hatte.

Um fünf begleitet er Amalia González Herrera zum Rosario. Vor der Tür zur Kapelle löst sie sich von seinem Arm, reiht sich mühelos in den Zug der Gehstöcke und Tacatacas ein, manchmal sieht sie sich noch einmal nach ihm um und hebt die Hand. Und er steht an der Balustrade und wartet, und erst wenn er sie nicht mehr sehen kann im Inneren der Kapelle, geht er zum weinroten Sessel beim Kaffeeautomaten neben dem Fernsehsaal der Herren.

**Im Speisesaal zwei Reihen Tische**, in der Mitte ein Gang, der in die Spülküche am Ende des Saales führt, abgetrennt mit einem Raumteiler aus Holz, rechts und links der Tür zwei Durchreichen. Vor einer sitzt Demetria, Rosa nimmt sie an der Hand, schiebt dabei Antonia in ihrem Rollstuhl mit dem Bauch vor sich her. Gibt acht, dass Demetria, Alzheimer, nicht im Vorbeigehen einen der Pfirsiche aus den viereckigen weißen Schälchen nimmt, die neben den Tellern an den Tischecken stehen.

Rosa rollt Antonia an ihren Platz, drückt die Hebel, kontrolliert, dass die Bremsklötzchen sich eng an die Räder pressen, und führt Demetria weiter. «Bist du sicher?», fragt Demetria. Rosa deutet auf den Stuhl, Demetria nickt. Als sie sich setzt, gibt Rosa ihr den Pfirsich. Doch Demetria ist schneller. Während Rosa den Rolltisch vor sie schiebt, nimmt sie ihren Becher, kippt den Birnensaft in das Schälchen. «Macht nichts», sagt Carmen.

Milchkaffee, auf jedem Platz steht ein Teller mit zwei Keksen, zu Dreiecken gefaltetem gekochtem Schinken und gelbem Käse, nicht dem weißen von hier. Rosa verteilt Scheibe für Scheibe mit einer blauen Plastikzange aus riesigen Tupperdosen. Später zieht sie die Deckel von den Joghurtbechern, kontrolliert, dass die kleinen durchsichtigen Plastikschalen mit den Tabletten geleert sind, liest heruntergefallene Löffel, Messer – Gabeln gibt es keine beim Frühstück – vom Boden auf und wirft sie in den dampfenden Schaum des großen Spülbeckens. Holt frisches Besteck aus den Schubladen – in der unteren sind die Messer, mittlere: Gabeln, oberste: Löffel –, ehe sie wieder rausgeht, wie Rosa es bei sich nennt, durch den Raumteiler.

Ich war noch nie so schnell, denkt Rosa und stellt im Vorbeigehen die Joghurtbecher auf dem Servierwagen ab, nimmt in derselben Bewegung die Kanne mit dem Wasser, streckt die andere Hand nach dem ersten Plastikbecher aus, der ihr gereicht wird. Eins, zwei, drei, vier. Danke, mein Herz. Umdrehen, nächster Tisch. Eins, zwei, drei, vier. Danke, Liebes. Kanne abstellen, den Wagen mit dem Bauch anderthalb Meter weiterschieben, mit den freien Händen die Joghurtbecher absammeln, einen in den anderen stecken, achtgeben, dass sie den halbvollen von Eloisa als letzten nimmt. Wasserkanne, eins, zwei. «Sieh mal, mein Vögelchen – willst du ihn füttern?»

«Später.»

«Du musst ihr deinen Becher geben, Trini, deinen Becher. Sie will dir Wasser einschenken.» Drei, vier. Umdrehen. Eins, zwei, drei, vier.

Morgens kommt Rosa meist um neun, wenn alle von der Messe zu den Speisesälen eilen, vor deren verschlossenen Türen die Behänden bereitstehen und warten, während die Tacatacas im Korridor schleifen und die Pflegerinnen Rollstuhl für Rollstuhl aus der Kirche schieben.

Wenn Sor Felisa sich in die Mitte des Saales stellt und alle ruhig genug sind für das Tischgebet, zieht Rosa sich in die Küche zurück. Spült leise die ersten im Becken eingeweichten Teller, sortiert sie in das Plastikgitter der Spülmaschine ein, achtet darauf, dass das aneinanderstoßende Porzellan im Speisesaal nicht zu hören ist. Für diejenigen, die hören können.

Nach dem Essen ist Ruhe. Das Asilo döst. Füße hochgelegt, Köpfe nach vorne gesunken, das Kinn beinahe auf der Brust, Unterarme auf den Lehnen. Die Küchenhilfen sind mit dem Spülen fertig, die Pfleger stehen im Patio und rauchen. Um diese Zeit ziehen die Nonnen sich zurück, Sor Cipriana läutet die Glocke im Kreuzgang, bei der sie sich sammeln, um gemeinsam über den Hof in den ersten Stock in ihre Zimmer zu gehen. Um vier, wenn der Cortado ausgeteilt wird, kommen sie wieder runter. «Vom Schriftstudium», antwortet Carmen mit verdrehten Augen, als Rosa fragt.

Die Ernsthaftigkeit, zu dem Schluss ist Rosa gekommen, sie bewundert ihren Ernst. Die Nonnen glauben sich jede Geste, meinen jede Bewegung. Jedes Kopfsenken, Kniebeugen, ohne dass die Mundwinkel an ihrem Platz gehalten werden müssen. Alles ohne Verlegenheit. Ohne wieder abzurücken: War ja nicht so gemeint. Ohne: Wäre schön, ist in Wirklichkeit aber natürlich vollkommen lächerlich.

Die Fenster und Türen im Saal der Damen stehen einen Spalt offen, ein leichter Luftzug bewegt die Vorhänge, das Fernsehbild ist stummgeschaltet. Die wenigen, die noch wach sind, halten schwarze Fächer in den Händen, die sie träge auf und ab bewegen.

«Monte de las Mercedes, dort wohne ich. Mein Mann ist der Stellvertreter von Don Miguel Álvarez-Díaz, dem Kinobesitzer. Sechs Häuser haben sie, und mein Mann keinen Führerschein. Darum fahre ich ihn, ich kenne jede Straße, die Berge hoch und runter.»

«Sieh mal, mein Vögelchen – willst du ihn füttern? Hier hast du eine Erdnuss.»

«Ich habe keine Eier. Ich wollte Tortilla machen, aber ich habe keine Eier.»

Rosa nickt Carmen zum Abschied zu, wartet einen Moment an der Tür zum Patio, bis jemand kommt, der ebenfalls rausmöchte, der «Können Sie bitte öffnen» in die Portiersloge hineinruft.

Sie meidet das Kameraauge, während sie die Rampe hinabgeht. Der Markt an der Plaza del Cristo schließt gerade. Rosa muss sich beeilen, beim Zeitschriftenstand werden die Drehständer schon hinter den Tresen gerollt. Zwei Blöcke, weiß, DIN A3, will sie kaufen und Paketklebeband.

Zu Hause ist noch immer alles seltsam. Ihr Vater schläft wieder oben und nicht im Arbeitszimmer. Ana fährt morgens nicht zur Arbeit nach Santa Cruz, sondern sitzt – Laptop auf den Knien, der Fernseher ohne Ton – im Salon. Seit Eulalia letzte Woche Urlaub genommen hat, sammeln sich in der Küche Teller, Gläser, Besteck, der Geschirrspüler ist bereits seit Tagen voll. Der Kühlschrank wird dafür immer leerer.

**Felipe zieht die Haustür** hinter sich zu. Danach ist es still, das Festnetz noch immer herausgezogen, ihr Handy auf lautlos. Den Kaffee hat Felipe gekocht, ihr die erste Tasse hochgebracht. Als Ana ihm durchs Fenster hinterhersieht, ist sie nicht sicher, ob sie erleichtert ist, dass er heute zum ersten Mal wieder in den Club geht. Sie gießt sich noch eine Tasse ein, der Fernseher im Salon läuft, als sie hereinkommt, stummgestellt. Sie muss gestern Nacht vergessen haben, ihn auszuschalten.

Ana wechselt von *TVE 1* zum Regionalsender der Inseln, national wird sie allenfalls noch in den Kurzmeldungen erwähnt. Im Regionalfernsehen noch immer: Camino Largo, Gartenmauer, geschlossenes Tor, Klingelschild. Am ersten Morgen hat sie gedacht, unsere Mauer sieht im Fernsehen gar nicht so schlimm aus. Man sieht gar nicht, dass die Farbe in Placken abblättert, die dunklen Lavasteine darunter. Nur das Graffito, *Frente Polisario*, leuchtete rot. Erst als sie das Bild weiter aufzogen – gelbe Hibiskusblüten über der Kante, zwei an der Ecke montierte Sicherheitskameras –, hat Ana begriffen, dass es gar nicht ihre Mauer ist, sondern die vor Andrés Haus. Nur das Graffito ist dasselbe.

Die Kamerateams vor ihrer Einfahrt sind deutlich weniger geworden, Felipe und Rosa lassen sie weitgehend unbehelligt vorbei. Im Regionalfernsehen ist sie heute erstmals die Nummer 2 nach den Algen, die sich seit einigen Tagen vor den Stränden der Insel ebenso wie in den Nachrichten ausbreiten.

Ihr Büro beantwortet wieder Anfragen, vor einer Stunde hat Concha ihr einen Entwurf für die Pressemeldung geschickt, zum Gegenlesen. Vollkommen ungefährlich seien die Algen, ein natürliches Phänomen, die Gezeiten würden das Problem von alleine lösen. Letzte Woche ist sie noch sicher gewesen, sie werde heute lang zurückgetreten sein, doch im Moment ist davon keine Rede. Nur weiter: Kopf unten halten, abwarten. Die für übermorgen vorgesehene Pressekonferenz übernimmt der Sprecher für Umwelt. Kurz hat Ana befürchtet, Elizardo Rubio werde sie vorschicken. Ihr die Algen anhängen, ihr Gesicht auch mit diesem Thema verbinden, sodass er bei ihrem Rücktritt zwei Fliegen mit einer Klappe schlägt. Ist erleichtert, als Elizardo Rubio «Zu früh» sagt, «zu früh, um dich wieder zu zeigen.»

Es gebe keine gesicherten Erkenntnisse, steht in dem Presse-entwurf, um welche Art von Algen es sich handele und was ihre Blüte ausgelöst habe. Eine Gesundheitsgefahr sei aber ausge-schlossen, *ausgeschlossen* ist durchgestrichen, handschriftlich hat jemand *unwahrscheinlich* darübergeschrieben.

Sie müssen das Thema über die Zeit bringen. Die Algen wer-den bleiben, die einzige Lösung ist, die Sache auszusitzen, bis es sich nicht mehr auf Besucherzahlen und Bettenauslastung aus-wirken kann. Glücklicherweise geht die Saison allmählich zu Ende, und der Norden ist schwerer betroffen als der Süden, wo die Hotelstädte stehen.

Es gibt keinen Wasserkreislauf auf der Insel, die Abwässer wer-den ins Meer geleitet, dienen den Algen als Nahrung. Seit Jahr-zehnten, nein, seit fast einem Jahrhundert blockieren die Inha-ber der Wasserrechte den Bau von Kläranlagen, die ihren Gewinn schmälern würden. Gerüchte über derartige Pläne reichen aus, um eine Kaskade aus Telefongesprächen und Essenseinladun-gen in Gang zu setzen. Das Gleiche gilt für die Errichtung von Entsalzungsanlagen. Und so bleibt das Gemüse in regenarmen Jahren unbezahlbar, die Sozialbehörden werden von arbeitslosen Landarbeitern überschwemmt, und wenn es zu lange warm ist, schwappt braune Brühe über gelben Strandsand und dunkle Fel-sen. Die Gemeinden werden keine Warnschilder aufstellen, da kann der Sprecher für Umwelt erlassen, was er will. Das könnten sie sich gar nicht leisten. Der Sommer liegt weit über dem Tempe-raturmittel. «Wir können nur auf einen frühen Herbst hoffen, der das Meer abkühlt», hat Concha gesagt.

Hellblau der Himmel draußen, beinahe weiß, als Ana auf-steht und zur Terrassentür geht. Die Berge liegen in gelblichem Dunst. Calima, nicht sehr stark, aber Calima heißt: Hochdruck über der Sahara, so schnell wird kein Tiefdrucksystem zu den In-seln durchkommen. Wenn Ana Glück hat, gibt es in den nächsten Wochen täglich neue Bilder von der sanft ausfransenden braunen

Wolke, die immer neue Küstenabschnitte umschließt. Wenn sie Glück hat, bringen die Algen sie über die Zeit.

**Sein Fuß will wippen,** er will rauchen, er ist nervös, stellt Einar fest. Die Tranvía ist voll, der Junge neben ihm guckt YouTube-Videos auf seinem Telefon. Die Bahn rollt langsam in den Tunnel beim Hospital Universitario, hellgraue Betonwände, seltsam nackt und verwundbar sehen sie aus. Nicht besprüht, kapiert Einar mit einem Mal, keine Bilder, nicht einmal ein *Tag*, nur heller offenporiger Beton und vereinzelte Wasserflecken, weißliche Kalkablagerungen. Ganz anders als die unendlich oft gemalten und wieder überstrichenen U-Bahn-Tunnel in Hamburg oder Berlin.

Jabi wohnt seit einigen Jahren in La Laguna, mit seiner Freundin und ihrer Tochter, deren Namen Einar immer wieder vergisst. «Irgendwann machen wir was zusammen», haben sie immer gesagt. Bevor Einar nach Deutschland gezogen ist, und danach jedes Jahr zu Weihnachten. Meist nach Mitternacht, am 24., wenn in der Calle General Serrano der Kühlschrank die Reste der Ente, auf die Ute alljährlich besteht, mit einer weißlichen Fettschicht überzieht, der Whiskydunst bis in den Treppenaufgang steigt und nur noch die Fenster des Elternschlafzimmers im zweiten Stock und des Wohnzimmers unten fernseherweißgrau flimmern.

«Irgendwann machen wir was zusammen.» Zuerst bei Jabi vor der Haustür, auf der obersten Stufe der Eingangstreppe an der Rambla Pulido, weil Jabis Mutter ihnen nicht erlaubte, im Haus zu rauchen. Später, nachdem Jabi dort rausgeflogen ist, in den beiden braun-orangen Sperrmüllsesseln auf der Azotea des Apartmentkomplexes, in dem seine Schwester wohnt. In größer werdenden WG-Zimmern. Seit einigen Jahren auf einer Terrasse in der Altstadt von La Laguna, mit Blick auf die Catedral.

«Du kommst mich besuchen», hat Einar Jahr für Jahr gesagt. Aufgezählt, wohin er Jabi mitnehmen würde in Berlin, später in Hamburg. Schreibt ihm jedes Mal, sagt Bescheid, wenn er auf die

Insel fliegt. Angerufen hat er ihn zweimal aus Deutschland, einmal im Neonlicht des verglasten Schwesternzimmers im Urbankrankenhaus und einmal aus Hamburg, von der Terrasse der tanzenden Türme am Ende irgendeiner Agenturparty, vollkommen druff, hatte ständig «Du verstehst, was das für mich bedeutet» wiederholt, und Jabi hatte immer wieder «Klar Mann. Geh pennen» geantwortet.

Jabi öffnet, legt den Finger an die Lippen. «Die Kleine schläft. Inma hat sich mit ihr hingelegt, wir gehen nach oben.» Einar folgt ihm die Treppe hinauf, im ersten Stock steckt ein Nachtlicht in Mondform in einer Steckdose im Flur. Jabi hat Bier kalt gestellt, eine Plastikwanne mit Eiswürfeln, sechs Flaschen. «Und wie ist das Leben, Herr Beamter?» Señor funcionario nennt Einar ihn, seit er fürs Cabildo arbeitet.

Jabi zuckt mit den Schultern. «Alles gut. Und bei dir? Wie lange bleibst du?»

Zu früh, entscheidet Einar. Besser, es ergibt sich einfach so, aus dem Gespräch.

«Auch gut», antwortet er.

Jabi macht eine Flasche auf, reicht sie ihm. Setzt sich in einen der beiden Rattansessel, die nebeneinander auf der Terrasse stehen, so wie früher auf der Azotea seiner Schwester, zwei Sessel nebeneinander, Bier dazwischen. Die Palme vor der Catedral schwankt sanft vor und zurück, kein Wind zu spüren. Eine Weile erzählt Jabi von den Sprechern und Abgeordneten, den absolut idiotischen Dingen, die sie mit ihren Smartphones, Tablets und Laptops anstellen. Bei wem sie welche Pornos auf der Platte gefunden haben, wenn sie wegen Virenbefalls gewartet wurden. Jabi in Jeans und T-Shirt, wie immer.

«Gehst du noch raus?», fragt Einar.

«Nein.» Jabi klingt erstaunt. «Schon lange nicht mehr. Weißt du doch.»

«Deine Schuhe.» Einar deutet auf die Kappen von Jabis Turnschuhen. Ein Streifen roter Pünktchen, winzig und dicht, sattrot, an einem Ende heller. Aerosol. Auf jeden Fall gesprüht und nicht anders aufgetragen.

Jabi senkt ebenfalls den Blick. «Ach das. Das ist was anderes.»

«Immer noch Frente Polisario?» Einar grinst, einer ihrer *running gags*.

«Auf ewig Frente Polisario», antwortet Jabi, wie immer, und lacht.

Einar hat keine Ahnung, wofür die Abkürzung Frente Polisario steht. Es geht um spanische Kolonialpolitik und Westsahara, um Gebiete, die irgendwie nicht richtig zurückgegeben wurde. Entgegen einer Resolution der UNO, wie Jabi jedes Mal betont. Um die Sahrauis, Marokko und Mauretanien. Aber richtig verstanden hat er es nie.

«Sagt dir der Name Elizardo Rubio etwas, der Generalsekretär der Konservativen?»

«Ich kriege von der Inselpolitik nichts mit.»

«War damals Stellvertreter des Sprechers für innere Sicherheit. Ich schalte gerade seine Minions ab. Einen nach dem anderen.»

«Dein großer Plan?»

«Mein großer Plan.» Jabi nickt.

«Und wie läuft's?»

«Ganz gut. Einer ist kurz danach mit dem Auto verunglückt. Scheiße, hab ich zuerst gedacht. War aber wohl ein Unfall. Die andere: unentschieden, würde ich sagen.»

Einar hebt sein Bier, «Auf SOL», sagt er und beide lachen.


**Auf den Malblöcken** sind vorne Tierbilder aufgedruckt, ein Zebra und eine Giraffe, unprofessionell sehen sie aus, nach Hobby oder Kindern. Egal, denkt Rosa, erst einmal anfangen, Hauptsache anfangen.

Sie klebt vier Bögen zu einem größeren zusammen. Will sammeln, alles, woran sie hängenbleibt, was ihr auffällt, während der Metamorphose. So nennt sie das Projekt bei sich. Wird später einen anderen Titel brauchen, Metamorphose ist zu abgegriffen. Ein Bibelzitat wäre gut, vielleicht eine Zeile aus einem Choral.

Wenn sie es sich vorstellt, voll aufgebaut in einer Madrider Galerie, sind die zentralen Objekte Tunika und Habit, aber so weit muss sie erst einmal kommen. Beides mit Plastilin versteift, nicht flach, wie an Bügeln, sondern so, als würden sie getragen, als steckte ein Körper darin. Sie wird eine Schaufensterpuppe brauchen, damit der Stoff darauf aushärten kann. In der Galerie in Madrid, fabriketagengroß mit bloßen Betonwänden, hängt beides an unsichtbaren Seilen mitten im Raum, knapp über dem Boden. Theatralisch, sicherlich, der Prozess ist noch lang, sie kann zum Schluss hin editieren. Erstmal anfangen. Erstmal eine Wand finden, an der sie die zusammengeklebten Bögen befestigen kann.

Die Fotos von Francisca über dem Schreibtisch sind das Einzige, was Rosa aufgehängt hat, seit sie aus Madrid zurück ist. Ihre Großmutter ist gestorben, als Felipe noch ein Kind war. Sie trägt eine große Sonnenbrille, helles Kostüm mit Bolerojäckchen ohne Aufschläge. Mitte der Sechziger aufgenommen, darauf haben sie sich schließlich geeinigt in der Küche in Madrid. Sehr schlank, das feingeschnittene Gesicht irgendwas zwischen Faye Dunaway und Grace Kelly, ihre Haare vielleicht etwas dunkler. Die Herren um sie herum in sommerlichen Anzügen, im Hintergrund eine Terrasse mit Palmen und kristallgedeckten Tischen. Sie lächelt nicht, sehr mondän und lässig sieht das aus. Irgendwie popkulturell relevant, hat Nena, ihre Mitbewohnerin, gesagt, und alle haben ihr zugestimmt. Die Fotos sind das Einzige, was sie in Madrid aufgehängt hatte. In ihrem Zimmer zuerst. Als Nena die Fotos großartig findet und mehrfach betont, die Küche gehöre Rosa ebenso wie ihr, dort.

Über dem Bett sehen die vier Bögen nach Basteln aus, zwischen die Fenster würden sie knapp passen, am besten wäre über dem

Schreibtisch, aber dort hängen die Fotos von Francisca. Sie wird später entscheiden, nimmt ihr Telefon, tippt: *Ihn möchte ich erkennen und die Kraft seiner Auferstehung und die Gemeinschaft seiner Leiden und so seinem Tode gleich gestaltet werden.*

Gestern haben sie die kleinen Karten im Asilo verteilt. Vorne ist ein Heiliger aufgedruckt, den Rosa noch googeln muss, hinten der Satz, gerahmt von zwei Engeln. Sie wird die Karte auf die Bögen kleben, einen kleinen Zettel, den Demetria mit roten und blauen Kringeln bemalt hat, und den Schlüsselanhänger, den sie von Sor Felisa geschenkt bekommen hat.

*Meine Schöne, was hast du bloß genommen?*, schreibt Nena binnen Sekunden unter den Post. Ein guter Anfang, findet Rosa.

**«Hallo»**, sagt Amalia González Herrera im Türrahmen und blickt unsicher auf den Stuhl.

«Guten Tag, ja, der ist für Sie.» Sie ist früh dran.

«Heißen Sie Mario?»

«Nein», sagt Julio Baute. Und um es abzukürzen: «Er ist mit dem Lastwagen verunglückt.»

«Richtig.» Sie nickt, während sie sich setzt, wie immer Bedauern in ihrer Stimme.

Und dann sagt er es.

«Ich war da», sagt Julio Baute und deutet mit dem Kinn in Richtung Fernseher: die Vuelta, das Peloton radelt den Ebro entlang.

Amalia González Herrera nickt.

«Ich bin auch Rad gefahren», sagt er.

«Bei dem Rennen.» Amalia González Herrera fragt nicht, sie stellt nur fest, fasst zusammen, ohne Bewunderung.

Julio Baute nickt. Es ist ein Rennen gewesen. «Das Rad war ganz anders. Keine Gangschaltung, kein Licht, nicht mal eine Klingel. Nur der Rahmen, Räder in den Aufhängungen und ein Lenker. Schutzbleche hatte es, richtig, vorne und hinten. Manche hatten keine, mit braun gesprenkelten Gesichtern sind die angekommen. Im Herbst, wenn es geregnet hat.» Leise sagt er das, Amalia González Herrera beugt sich vor, ihre ganz sacht nach unten gebogene Nase in seine Richtung.

«Ich war Kurier», sagt Julio Baute. Hinter ihm, im Flur, das leise Quietschen von Gummisohlen auf dem blank gewischten Steinboden.

Und da kommt es schon: «Ich brauche Vogelfutter, mach auf.»

Amalia González Herrera sieht sich um.

«Der Markt schließt, sie bauen die Stände schon ab, er wird verhungern, ich habe keine Erdnüsse. Mach auf!» Trini rüttelt am Türknauf.

«Was hat sie?»

«Nichts. Sie hört wieder auf.»

Doch Trini steht jetzt im Türrahmen, deutet auf ihre linke Schulter «Er stirbt. Verhungert. Ich habe kein Futter, und ohne Vogel kaufen die Kinder nichts.»

Julio, el Portero, nimmt das Mikrophon, drückt den roten Knopf. «Carmen bitte zum Eingang. Carmen bitte zum Eingang.»

«Schokolade, Schokolade», ruft Trini bereits wieder, als Carmen sie am Arm nimmt.

«Nicht böse sein mit ihr», ruft Amalia González Herrera den beiden hinterher.

Dann schweigen sie und blicken auf die sich hin und her wiegenden bunten Trikotrücken und Helme des Pelotons im Anstieg.

«Ich bin Rad gefahren», sagt Julio Baute erneut. «Ich habe Ihnen vorhin davon erzählt.»

Amalia richtet sich auf, blickt unbestimmt in Richtung Telefonanlage. Sie sucht nach einem Zusammenhang.

«Wie schön», sagt sie schließlich, und Julio Baute ist furchtbar erleichtert. Lehnt sich im Stuhl zurück. Die meisten Freiwilligen haben schon geklingelt, es ist Dienstag, Wäschetag, keine Lieferungen für die Küche. Sie haben Zeit.

«Ich hatte damit eigentlich gar nichts zu tun, wissen Sie, ich war zu jung. Mein Bruder, ja, der war in der CNT, bei der FAI, den haben sie gleich geholt, er ist gar nicht mehr von der Arbeit nach Hause gekommen. Als sie vor ein paar Jahren die Grube oben in Las Cañadas geöffnet haben, dachte ich, vielleicht finden sie ihn. Aber die waren vom Februar 37, alle mit Kopfschuss.»

«Das tut mir sehr leid.» Amalia González Herrera klingt unsicher, als könne sie nicht einordnen, wovon er spricht. Bedeckt aber seine Hand auf der Stuhllehne mit ihrer. Sehr warm, ihre Haut, und weich fühlt sie sich an.

2007

# GOFIO-JAHRE

**Still ist es** auf der Azotea. So kühl, dass sich im Unkraut und Müll der unbebauten Parzelle nebenan die Eidechsen nicht mehr regen. Die Tauben des Club Colombófilo – tagsüber ziehen sie mit papiernem Flügelschlag Kreise über den Häusern, kacken auf die an den Leinen trocknende Wäsche – schlafen jetzt still und scheinbar kopflos in ihren Käfigen im Vereinshaus. Bald wird der Hahn krähen, zwischen zwei und halb drei, seit Wochen zwischen zwei und halb drei. Seit die Straße gemacht wurde, nicht ihre, sondern die eine Ecke weiter, vor der angrenzenden Häuserreihe. Zweispurig jetzt, Bürgersteige, Parkstreifen.

«Die Laterne», hat Fernando gesagt, als Eulalia sich beschweren kam, sie kann von der Azotea den hellorangenen Lichtkegel sehen. «Die Laterne scheint in den Stall.» Er hat hinter sich gedeutet, zu dem Holzverschlag, in dem sich Braungefiedertes drängt. «Ich kann nichts dafür, der Hahn kann nichts dafür.»

Und es stimmt, der Hahn kann nichts dafür, dass Eulalia nicht schläft, nachts auf der Azotea sitzt und raucht. Eine nach der anderen, eine an der anderen anzündet, beobachtet, wie der orangene Punkt aufleuchtet, sich ausdehnt, ihre Finger erhellt, auf sie zuwandert. Den Aschenbecher leert sie heimlich, gibt acht, dass Merche, ihre Mutter, es nicht sieht. Die Filter stecken so dicht an dicht in dem Schälchen, dass sie aufrecht stehen.

Die meisten Häuser dunkel, gerade mal zwei Fenster von den unzähligen, die sie sehen kann, sind erleuchtet. Eines in unregelmäßigem Fernseherlicht weiß-grau-schwarz, das andere schmal, länglich und gelb, vielleicht eine vergessene Badleuchte.

Tagsüber, nachdem Felipe aufgebrochen ist – er ist der Letzte morgens –, kann Eulalia sich bei den Bernadottes hinlegen, wo sie will. In eines der Betten, auf die Couch, sogar auf das harte schwarze Leder im Salon, auf den Rücken, auf beide Seiten, sogar auf den Bauch. Und so lange sie will. Oder eher, solange sie darf, denn meist ruft bald ihre Mutter an oder Rosa oder Felipe, oder wenn sie jetzt nicht das Fleisch kaufen geht, wird es nicht lang genug in der Marinade liegen und beim Abendessen fade schmecken, und Ana wird «Mehr Knoblauch» sagen, wenn sie sich das nächste Mal in der Küche begegnen.

Nachts, die Schmerzen kommen nachts, egal, wo sie sich hinlegt, ins Bett, auf das Sofa im Wohnzimmer, sie hat es ausprobiert, mit dem Kopfkissen in der Kuhle, mit den Füßen in der Kuhle, die das Gewicht ihrer Mutter in den Schaumstoff gesessen hat. Zwei glimmende Schmerzzungen am Steißbein, anfangs noch zusammengerollt, die länger werden. Langsam zuerst, kriechend, Millimeter für Millimeter wandern sie nach außen, auf beiden Seiten Richtung Hüfte. Sobald sie dort ankommen, entrollen sie sich schneller, ihre Oberschenkel hinab bis zu den Knien. Ein breites Band, glühend mittlerweile, gelborange, wie Zigarettenglut, wenn Eulalia Luft durchzieht, nachts auf der Azotea.

Bis Eulalia sich hinstellt, ihre Beine ausschüttelt und schließlich, damit Mutter nicht wach wird, mit den Latschen in der Hand in die Küche geht. Zigaretten und Feuerzeug holt, und vorsichtig, ganz vorsichtig durch den Flur. Merche hat einen leichten Schlaf, nicht vor dem Fernseher, da kann explodieren, was will, ohne dass sich ihr Kopf von der Schulter hebt, doch nachts im Bett beschwert sie sich, wenn Eulalia laut uriniert, du trinkst zu viel, du trinkst zu viel.

Die Treppe zur Azotea hinauf, die Tür ist aus Aluminium, klemmt stumpfsilbern im Rahmen, sodass Eulalia sich mit der Schulter, sanft, aber mit genügend Druck, dagegenlehnen muss. Geht barfuß, jeden Schritt bewusst aufsetzend, denn unten ist jede unachtsame Gewichtsverlagerung zu hören, hin und her, auf der Azotea, bis das Orange wieder verblasst, die Glut dunkler wird, mit schwarzen Rußpartikelchen vermischt. Bis sie sich hinsetzen kann, auf ihren Stuhl an der Brüstung. Die Unterarme auf der vom Tag noch warmen Mauer, das Kinn auf sie gestützt, und bald beginnt der Hahn zu krähen.

Der letzte Bus ist durch, nicht einmal Autoscheinwerfer schieben sich durch die Straßen. Kein Rap, kein Techno, kein lautes Schreien und Streiten, kein Hundebellen, keine rollige Katze. Nichts als eine stille, unregelmäßige Ansammlung von Häuserwürfeln zwischen zwei Bergfalten, so sieht es aus bei Nacht. Als wären sie die Hänge hinabgerutscht und seltsam übereinander in der Senke liegen geblieben. Und irgendwo, mittendrin, glüht ein oranger Punkt, denkt Eulalia und zieht an ihrer Zigarette. Wartet, bis alles schwer wird, dann legt sie die Wange auf den Handrücken, manchmal schläft sie ein. Schreckt hoch, mit steifem Nacken und kribbelnder Hand, und manchmal brennt dann bereits Licht in der Bäckerei. Seit Rosa zum Instituto gewechselt ist, nimmt Eulalia den 6-Uhr-13-Bus. Bett machen, duschen, anziehen, zwanzig Minuten. Wecken, waschen, Medikamente, Gofio, Kaffee, Joghurt und Abwasch, das Mittagessen, das Mutter nicht essen wird, aus dem Kühlschrank nehmen und in die Mikrowelle stellen, mindestens fünfunddreißig Minuten. In der letzten Woche: drei bis fünf Minuten extra, um die Schramme am Schienbein zu reinigen, zu desinfizieren, mit einer neuen Kompresse abzukleben, so fest, dass Merche sie nicht abbekommt, wenn sie den Nachmittag über pult und kratzt.

Wenn die Wunde nicht besser wird, muss Eulalia den Arzt rufen. Und dann: Meine Tochter lässt mich verhungern. Tränen, die von zittrigen Fingern mit geschwollenen Gelenken abgewischt werden. Lautes Beten: *Danke, Herr, dass du mir Rettung gesandt hast.*

Eulalia wird still danebenstehen, die Augen verdrehen und nichts sagen, damit es nicht schlimmer wird. Wird den Arzt hinausbegleiten und, kaum stehen sie an der Tür, «Es stimmt nicht, es stimmt einfach nicht» sagen müssen, es nicht lassen können. Selber hören, dass es klingt, als wolle sie sich verteidigen. Dabei ist sie diejenige, die geblieben ist. Die alles am Laufen hält.

Der Hahn kräht. Unvermittelt und gleich mehrfach hintereinander. Eulalia schiebt ihre Fingerspitzen in die Ohrmuscheln. Zieht sie sogleich wieder heraus, denn: «Lalia», hört sie von unten, «Lalia.» Das letzte A scharf, nicht dumpf, langgezogen, sondern empört, eine frisch am Wetzstein geschärfte Klinge, die ihre Mutter durch die Luft fahren lässt. Eulalia zieht noch einmal an der Zigarette, drückt sie im Aschenbecher aus. «Lalia», erneut mit scharfem A, Eulalia öffnet die Alutür brüllt «Was ist?» ins Dunkel der Treppe.

«Lalia, was macht der Mann hier?»

Der Besen ist alles, was Eulalia einfällt. Kurz sieht sie sämtliche Küchenmesser vor sich, die besser geeignet wären, doch hier oben ist nur der Besen.

«Was macht der Mann in meinem Zimmer?» Und irgendwas fällt und zersplittert, da hält Eulalia den Holzstiel bereits in der Hand, nimmt zwei Stufen auf einmal. «Weg! Fass mich nicht an, ich putze hier nur.»

Die Haustür verschlossen und ganz so, wie sie sein sollte.

«Raus hier», schreit Merche. «Raus hier. Die Zimmer mit den Mädchen sind oben, du Idiot.»

Eulalia steht in der Tür und sucht das Dunkel ab, Stuhl, Schrank, das Tischchen, keine Bewegung, nichts. Schaltet das Licht ein, noch immer nichts, das Fenster geschlossen.

«Wo denn?», fragt Eulalia.

«Raus hier», schreit Merche und: «Gibs ihm.» Sie blickt auf den Besen. «Du Idiotin, schlag zu. Gibs ihm.»

Und Eulalia steht und schaut, zum Sessel, in den Spiegel, vielleicht sieht Merche dort irgendwas. Aber da ist nichts, außer ihrer Mutter.

«Du Idiotin. Schmeiß ihn raus, Lalia. Tu was. Wie dumm bist du, steh nicht so rum.» Merche deutet in Richtung des kleinen runden Sessels, auf dem sie jeden Abend ihre Kleider ablegt, in der Reihenfolge, in der sie sie am Morgen wieder anziehen will.

«Nimm das», ruft Eulalia schließlich, was soll sie sonst tun, macht einen entschiedenen Schritt ins Zimmer, versucht, nicht in den Spiegel zu blicken, greift den Besenstiel fester, stößt mit der Bürste in die Luft, schwingt sie und stochert. «Hier!» und «Raus!» und «Nimm das!».

Mit einem Mal ist sie wütend. Kämpfen, gegen das, was nur Merche sieht, wie immer, und im Spiegel hängen ihr die Haare ins Gesicht, ihr Bademantel offen, Nachthemd auf die Oberschenkel gerutscht. Eulalia spürt, wie ihr der Schweiß ausbricht, unter den Achseln, auf der Oberlippe, der Stirn. «Nimm das», schreit sie und ist außer Atem, bewegt sich Richtung Zimmertür, den Besen vor sich herstoßend: «Raus!»

Im Flur lässt sie ihn sinken, reißt die Haustür auf, «Fahr zur Hölle», und in der dunklen Straße beginnen die Hunde zu bellen, «zur Hölle.»

Merche liegt wieder flach im Bett, als sie zurückkehrt, Kopf auf dem Kissen, Hände auf der Decke, über der Brust gefaltet. Auf dem Boden vor dem Nachttisch das zersprungene Wasserglas in einer Lache, Eulalia geht die Kehrschaufel holen.

«Was meintest du mit: ‹Die Zimmer mit den Mädchen sind oben›?», fragt Eulalia, während sie die Scherben zusammenfegt. Ihr Zimmer liegt nebenan, oben ist nur die Azotea.

Merche zieht die Schultern hoch.

«Schlaf, Mama.» Eulalia schaltet das Licht aus. «Schlaf ein.»

«Bis morgen, so Gott will», entgegnet Merche.

«Ich muss gleich aufstehen.» Eulalia ist schon im Flur und zu leise, als dass ihre Mutter sie hören könnte.

**Keine Studenten auf den Bänken**, nur das Vor-und-Zurück der Planierraupe hinter dem Zaun, hinter der dichten Reihe Affenbrotbäume, dem gesperrten Bürgersteig. Das quietschende Geräusch, mit dem die Ladefläche des Lasters kippt. Der ins Rutschen gekommene Schotter prasselt auf den Boden hinter den Bäumen, wo die Gleise der neuen Straßenbahn verlegt werden. Von Santa Cruz bis La Laguna in zwanzig Minuten. Zementmischer, Presslufthammer und unvermittelt Ruhe, wenn flüssiger Teer verteilt wird. Nur ab und an «Achtung!»-Rufe.

Ein hoher Sirenenton weht über den Zaun, der große Kran schwenkt, hievt irgendein Bauteil durch die Luft, den Ton kennt Felipe bereits. Er erachte jegliche Form geistiger Arbeit für unmöglich, hat er letzte Woche geschrieben. Wartet noch immer auf eine Antwort der Verwaltung. Hat sich berechtigt gefühlt, sämtliche Termine abzusagen, überwiegend Vorbereitungstreffen für das am Montag beginnende Semester. Die Hitze hält sich dieses Jahr. *Bei geschlossenem wie bei geöffnetem Fenster ist mein Arbeitsbereich unerträglich*, hat er geschrieben. In den nächsten Stunden werden Studenten in Scharen, halb empört, halb den Tränen nahe, an seine Tür klopfen. «Ich habe Sie letzte Woche nicht angetroffen» und: «Darf ich später als … Kann man noch in Ihren Kurs wechseln?» Oder, schlimmer, Leticia Ferrera wegen des Antrags. Oder, noch schlimmer, Leticia Ferrera wegen der Hibiskushecke.

*Schick mir einfach, was du hast, ich mach ihn fertig*, hat sie geschrieben. Vorgestern Abend bereits, Felipe hat noch nicht geantwortet.

Zu Hause hat er letzte Woche beschlossen, dass das Arbeitszimmer seines Vaters – rostig kurze Nagelstriche an der Wand dem Schreibtisch gegenüber (die Bilder hat Felipe abgenommen, sie stehen seit Jahren in eingestaubter Reihe neben dem Sofa), hinter ihm das Fenster und dahinter gelb getrockneter Rasen, über dem die Luft flimmert, in der Küche streiten Rosa und Eulalia über irgendwas –, auch zu Hause, hat Felipe letzte Woche beschlossen, ist das Arbeitszimmer bei geschlossenem wie geöffnetem Fenster unerträglich. Im Auto geht es, hat er festgestellt und die Klimaanlage aufgedreht. Wollte nach Santa Cruz fahren, sich in eine Bar unten am Hafen setzen, den Antrag überarbeiten. *Bürgerkrieg und Repression auf den Kanarischen Inseln. Geschichte in privaten Fotos, Briefen und oralen Überlieferungen.*

Bei den Apartmenthäusern am unteren Ende der Trinidad, er hatte sich nach dem umgesehen, in dem Ana aufgewachsen ist, hat Felipe die Autobahnauffahrt verpasst und daher die Vía de Ronda genommen. Hätte man ihn vorher gebeten, die Landschaft neben der alten Straße nach Santa Cruz zu beschreiben, er hätte «Nichts als Berg» geantwortet. Im Sommer gelb gebleicht, im Winter dichtes Grün. Auf der einen Seite der immer breiter werdende Barranco Santos und auf der anderen vertrockneter Hinojo, Kakteen und Geröll. Hier und da längliche Werbetafeln an den Hängen.

Erst bei Santa Gracia ein, zwei Häuser, die Reste des Reformatorios und dann wieder nichts, bis zu den verlassenen Villen ein gutes Stück weiter unten. Irgendwo ging die Avenida de Las Palmeras rechts ab, gebäudegesäumt, an ihrem Ende der kleine Platz mit der neugebauten Kirche. Ansonsten nichts als Berghang. Darum musste Felipe letzte Woche kurz hinter La Laguna an den Rand fahren, auch wenn sie hinter ihm hupten, aus dem Auto steigen und dort eine Weile stehen bleiben.

Sieben Reihen gelb-grau gestrichene Zweistöcker mit kleinen Balkonen, alle in der gleichen sanften Kurve an den Hang gebaut. Daneben mehrere Straßen in Pink, mit von weißen Metallgeländern eingehegten Terrassen. Drei breite Streifen pfirsichfarbene Bungalows darüber. Weiter unten, hellgelb, ein viereckiges Areal, daneben wieder Rosa: hufeisenförmig mit gefüllter Mitte. Hinter einigen Dachquadraten türkisfarbene Swimmingpoolrechtecke. Am Rand eine Herde, eine emsige Herde Kräne, die auf den Dachschrägen, über den Mauern der Azoteas weiden. Ihre Hälse hierin und dorthin wenden, kein Wind, der den Signalton, sobald sie schwenken, zu ihm herübertragen könnte.

In seiner Kindheit sind die Berghänge verboten gewesen. Schrottautos lagen hier, die meisten bereits ohne Lack, raue, rostfarbene Körper, die Ecken sanft gerundet, die gemachten, erdachten Linien der Kotflügel noch immer elegant geschwungen. Lichter, Spiegel, Zierleisten verschwunden, die Reifen ebenso oder aufgerissen, ordentlich geflochtene Metalldrähte ragen aus dem Gummi. Die Scheiben zerschlagen, die Sitzpolster oft nur noch fleckiger Schaumstoff. Bauschutt war überall verstreut, verbogene Metallstreben, Blecheimer, Trommelmischer, immer rostig, immer zerbeult.

Die Reste verendeter Tiere dazwischen, Fliegen stieben auf, hektisches Kreisen und Summen, sobald Felipe oder Jose Antonio sich ihnen nähert. Überraschend weiß-saubere Knochen, fingerdicke Wirbelketten. Längliche Rattenschädel, teilweise noch mit gelben Vorderzähnen, Kaninchen sind etwas breiter, Singvögel murmelförmig. Glasflaschen, ausgebrochene Böden, Hälse, in Braun, Hellblau, Hell- und Olivgrün, honigfarben, durchsichtig, weißlich zerkratzt. Dosen mit Rostflecken, die sich von den Knicken her ausbreiten, später PET-Flaschen mit im Wind flatternden Etiketten. Zwischen allem hängen Spinnweben, so dicht wie Tuch. Zwischen den in dunklen Dornen endenden bläulich grünen Dreiecken der Piteras, dem meterhohen Cardonal, in dessen fleischige Arme Penisse geritzt sind. Überall wachsen Chumberas, bedeckt von weißpudrigen Schildlausgelegen und orangerosa Kaktusfeigenfingern im August.

Die Läuse hat Felipe mit Jose Antonio, wenn sie es ungesehen in die Hänge geschafft haben, in einer der Flaschen gesammelt. Felipes Aufgabe ist, mit einem Stöckchen oder einer Scherbe die Läuse von den Chumberas abzukratzen. Jose Antonio hält die Flasche darunter, sagt «Pass doch auf», wenn sie danebenfallen.

«Guck doch, wo die Öffnung ist.» Ehe sie nach Hause gehen, zerdrückt Jose Antonio die weißen Klumpen mit einem Stock, stochert und rührt in der Flasche, bis sich erste dunkelrote Tropfen zeigen im pudrigen Weiß. Die Läuse sehen aus wie kleine Kellerasseln, nur ohne Panzer, sind leichter zu zerquetschen, knirschen auch nicht.

Abends im Bad: Zeckenangst. Sich absuchen, alle Lampen an, hinter den Ohren, Achseln, Kniekehlen. Mit angehaltenem Atem Penis und Hodensack abtasten mit den Fingerkuppen.

Dort, am Straßenrand zwischen La Laguna und Santa Gracia, hat Felipe vorige Woche beschlossen, dass einzig Über-die-Insel-Fahren Sinn hat, nachsehen, was von ihr noch übrig ist. Und dass es nichts mit dem Antrag zu tun hat oder damit, dass Leticia Ferrera ihn so nicht antreffen wird, wenn sie in sein Büro kommt. Um ein klärendes Gespräch zu führen.

*Bürgerkrieg und Repression auf den Kanarischen Inseln. Geschichte in privaten Fotos, Briefen und oralen Überlieferungen.* Felipe muss den Antrag endlich überarbeiten. Klickt sich stattdessen erneut durch die Fotostrecke auf der Nachrichtenseite. Die Aufnahmen sind aus der letzten Nacht: gelbe Absperrungen, ein Helikopter, von unten aufgenommen, sein heller Bauch vor dem Madrider Nachthimmel, die Wolken dunkelviolett im Scheinwerferkegel, den er vor sich herschiebt. Das Reiterstandbild, eine Hand des Caudillo hält den Zügel, die andere ist erhoben. Auf dem nächsten Bild leuchten rote Tragegurte, einer zwischen den ausschreitenden Vorderläufen, der andere zwischen den Hinterbeinen um den Bronzeleib des Pferdes gelegt. Vier straff gezogene Ketten, ein gelber Kran und schließlich der Lastwagen, auf dem die letzte Franco-Statue von Madrid um kurz nach Mitternacht abtransportiert worden ist.

Befriedigung hat Felipe erwartet, Sieg, ein Gefühl des Triumphs. Etwas ist in Ordnung gekommen, alle Teile befinden sich dort, wo sie sein sollen, endlich korrigiert und richtig. Stattdessen: *Damnatio memoriae*, ist alles, was ihm in den Sinn kommt, die Tilgung römischer Kaiser durch ihre Nachfolger, *abolitio nominis*, so hieß es wirklich in der Antike, und es war etwas ganz anderes als die Entfernung eines Operettengenerals aus dem 21. Jahrhundert. Dennoch, Felipe denkt an abgeschlagene Marmorköpfe, Nero, Caligula, Commodus, zerfetzte Schriften, verbrannte Bilder, in die Zeit gestanzte Löcher, die nicht ins Vergessen führen, im Gegenteil. Die immer noch scharfen Bruchkanten, in denen die Statuenhälse enden, die breiten Kratzer in den Friesen, wo die Namen waren, sind zum Denkmal des Entfernten geworden. Gelöscht ist auf ewig gespeichert.

Beteiligter. Das ist es. Felipe hat erwartet, sich beteiligter zu fühlen. Nicht bloß als Zuschauer, dreitausend Kilometer entfernt an seinem Computer, und vor dem Fenster zirpen die Rasensprenger mit zuckenden Bewegungen im Kreis. Der Geruch der warmen, rötlichen Erdkrümel, die sich mit Wasser vollsaugen, drängt durch den Fensterspalt. Die Risse schließen sich, bis nichts als lehmiger Matsch übrig bleibt in den kreisrunden rasenlosen Flecken rund um die Sprinklerköpfe.

Regelmäßig ist er an der Plaza San Juan vorbeigegangen, das Kino San Juan nur wenige Meter entfernt. Das Bronzepferd im Trab, den Hals aufmerksam gereckt, als würde es eine Schlachtreihe abschreiten, hin und her tänzeln. Der Feldherr in Uniform beschwört seine Truppen. In der erhobenen Hand hält El Caudillo etwas Allegorisches, eine zusammengerollte Urkunde, vielleicht die Verfassung, irgendein päpstlicher Segen, Felipe hat nie drüber nachgedacht. Mörder, hat er vielleicht gedacht, sich vorgestellt, das Standbild in wilder Wut eines Tages zu zerschlagen. Mit einem Vorschlaghammer, tatsächlich, Felipe muss lächeln, einen Vorschlaghammer hatte er in Gedanken in den Händen gehabt, mit zwanzig. Höchstens eine Delle hätte er dem Bronzeleib zugefügt, von ohrenbetäubenden Zersprungene-Glocke-Tönen begleitet. Er hätte Ohrschützer benötigt wie die Arbeiter draußen hinter dem Zaun, die sich in den letzten Tagen nur sehr langsam die Straße abwärts, Richtung Kreisverkehr Padre Anchieta, verlagert haben.

Felipe muss aufstoßen, hat Churros gefrühstückt auf dem Weg zur Uni. Vor der Bar an der Plaza del Cristo gesessen, Kaffee getrunken im noch kühlen Morgen. Der Markt geschlossen, die Verkäufer der Textilienstände vor der Halle hängen Bügel mit T-Shirts an die Haken. Felipe ist bereits fertig mit den Churros, versucht, Fett und Zucker mit der dünnen Serviette von seinen Fingern zu wischen, als sein Schwiegervater am anderen Ende des Platzes aus der Tür des Asilos tritt. Julio geht, ohne ihn zu grüßen oder ihn zu sehen, Felipe ist sich nicht sicher, an der Churrería vorbei und weiter geradeaus in die Calle Quintín Benito. Den Weg, den Felipe gerade gekommen ist. Schiebermütze, Spazierstock, ohne Zweifel Julio, der sich mit der freien Hand beim Gehen an den Hauswänden abstützt. Felipe folgt ihm ein Stück, und tatsächlich, an der Plaza de La Junta Suprema biegt Julio in Richtung Camino Largo ab. Die Straße der Verräter und Mörder, wie er sie nennt. Ana ist vor Felipe nach Santa Cruz aufgebrochen, Eulalia bringt Rosa in die Schule. Das Haus ist leer.

Kurz hat Felipe erwogen, zurückzugehen, sich noch einen Kaffee zu bestellen, zu warten, bis Julio wiederkommt. Vor zehn Tagen, als er mit Leticia Ferrera telefoniert hat, zum ersten Mal seit der Hibiskushecke, ostentativ beruflich, über die Standardisierung der Interviews haben sie gesprochen, wen kontaktieren, um nicht «die üblichen Verdächtigen», so hat Leticia Ferrera es ausgedrückt, zu Wort kommen zu lassen. «Ich kann meinen Schwiegervater fragen», hat Felipe vorgeschlagen, ohne dass er dazu gezwungen gewesen wäre, einfach so, freiwillig, obwohl ihm bewusst war, dass er Julio nie fragen könnte. «Mach das, ein guter Anfang», hat Leticia Ferrera geantwortet, Freude und Erstaunen in ihrer Stimme.

Vor zwei Wochen sind sie abends mit einigen Kollegen, die zur Besprechung des Projektantrags aus Madrid gekommen waren, essen gegangen. Hatten bereits bezahlt, zwei der Madrilenen wollten noch auf die Toilette, Leticia Ferrera ist vorgegangen, rauchen. Felipe hat sie begleitet, sich neben sie auf die Bank gesetzt. Nicht, dass er sie übermäßig attraktiv finden würde. Schmal ist sie, auf eine sehr kontrollierte Art, lange, glatte Haare, meist im Pferdeschwanz, ihre Nase zu lang und zu präsent für seinen Geschmack. Es ist nur so, dass sich bisher alle neuen Mitarbeiterinnen am Lehrstuhl früher oder später zu ihm hingezogen gefühlt haben. So würde er es ausdrücken.

«Wohnst du weit weg», hat er gefragt.

«Ich teile mir mit denen ein Taxi.» Leticia hat hinter sich ins Innere des Restaurants gedeutet. Für schüchtern hat Felipe sie gehalten. Nicht, dass mit allen neuen Mitarbeiterinnen etwas passiert wäre, wenn, ging es von den Frauen aus. Mit Ana war es nicht anders gewesen.

«Ich muss erst um eins, halb zwei zu Hause sein», hat er gesagt. Leticia Ferrera hat geradeaus gesehen, auf die Hibiskushecke, die blühte bereits gelb. Nicht geantwortet, nur geradeaus gesehen.

«Wollen wir noch was trinken?», hat er schließlich vorgeschlagen, dabei überlegt, ob es besser gewesen wäre, «bei dir was trinken» zu sagen.

Leticia Ferrera hat ihre Zigarette nicht zum Mund geführt, nur reglos dagesessen, ein gleichmäßiger Rauchfaden steigt von ihrer auf den übergeschlagenen Oberschenkeln liegenden Hand auf. Sie sieht weiter geradeaus, die Hecke an und weiter geradeaus, und sehr still ist es, und als sie die Stimmen der anderen hören, hat Leticia Ferrera immer noch nichts gesagt. Sich auch nicht richtig von ihm verabschiedet, nur «Tschüs» gerufen, als sie ins Taxi steigt, ohne in seine Richtung zu blicken.

Als Felipe endlich die Datei mit dem Antragstext öffnet, ist es bereits kurz nach zwölf. Er ist gerade dabei, den ersten Satz des

Gliederungspunkts *Forschungsmittel* umzuformulieren, als die Mail ankommt.

*Wir bestätigen Ihnen hiermit die Vollständigkeit und den fristgerechten Eingang Ihres Projektantrags ‹Bürgerkrieg und Repression auf den Kanarischen Inseln. Geschichte in privaten Fotos, Briefen und oralen Überlieferungen›.*

**Rosa und Marisa reden noch** über ein Buch, Eulalia steht auf. «Das Brot auch», sagt sie und deutet auf den Knust, der neben Rosas Teller auf der Tischplatte liegt. Wenn Ana oder Felipe nicht da sind, essen sie in der Küche.

Sie könnte zu Hause anrufen, «Du musst nur die Mikrowelle anmachen» sagen. Merche wird antworten: «Ich warte auf dich.» Und Samstagnachmittag, wenn eine von Merches Freundinnen bei ihr auf dem Sofa sitzt, den abgesetzten Zucker mit einem winzigen Löffelchen vom Boden der Porzellantasse kratzt und im Fernsehen die Novela läuft: «Eulalia lässt mich hungern.»

Die Mädchen werden noch eine Weile brauchen. Eulalia steckt das Bügeleisen ein. Räumt das Geschirr in den Geschirrspüler, während sie wartet, bis das Eisen warm genug ist. «Warst du bei Mercedes?», wird ihre Mutter fragen, ob jetzt am Telefon oder später. Ihre Schwester ist letzten Sommer vom Festland in das Frauengefängnis von Granadilla verlegt worden. In den gelockerten Vollzug.

«Fertig?», fragt Eulalia, nimmt den Teller vom Tisch, als Rosa nickt. Drückt mit dem Fuß das Mülleimerpedal hinunter, lässt die auseinandergepflückten Fleischbrocken kommentarlos hineingleiten. Sie muss nicht, sagt Ana, soll sie wegschneiden, was sie nicht mag, und Eulalia schließt den Mund und lässt die Lippen gut verschlossen. Fettstreifen, Sehnen, Adern oder was Rosa dafür hält, isst sie nicht. Dunkle Fasern nicht, Rötliches nicht.

«Kennst du das?» Rosa hält ein Buch hoch.

«Nein», sagt Eulalia, «worum geht es denn?»

«Vampire», antwortet Marisa.

«Ihh», sagt Eulalia und schüttelt sich, als würde sie sich ekeln wie beim Vorlesen, Gespenstergeschichten, früher, Rosa auf ihrem Schoß, Marisa dicht an sie gedrängt, auf dem Sofa.

«Die sind nicht *ihh*, die glitzern in der Sonne.» Marisa verdreht die Augen.

«Du musst geduldig mit Eulalia sein», sagt Rosa und steht auf. «Eulalia hatte nicht die Möglichkeiten, die wir haben.»

«Wie meinst du das?», fragt Marisa.

«Das sagt Papa», antwortet Rosa, und Marisa nickt.

«Guapa» hat Rosa sie früher genannt. Ana hat es gesagt, einmal nur, «Ay guapa», als Eulalia mit korallenfarbener Bluse, die Haare mit Kämmen in derselben Farbe nach hinten gesteckt, morgens in die Küche gekommen ist.

«Guapa», hatte Rosa in ihrem Hochstuhl wiederholt und mit ihrem knubbeligen, vielleicht dreijährigen Zeigefinger auf Eulalia gedeutet.

«Ja, Eulalia ist hübsch heute.» Ana hat gelacht.

«Guapa», ruft Rosa, von da an, «Guaappaaaaa», wenn sie auf der Toilette sitzt und fertig ist, wenn sie hinfällt, die Hausaufgaben nicht versteht, Pitin nicht findet. Durst hat, Hunger hat, nicht schlafen kann. *A mi burro* haben sie zum Einschlafen gesungen, *a mi burro, a mi burro le duele la garganta el médico le mandó una corbata blanca.*

Eulalia nimmt eine von Rosas Schulblusen vom Stapel, prüft kurz mit angelecktem Finger, ob das Bügeleisen heiß genug ist. Früher hat Rosa gesungen, wenn sie mit dem Essen fertig war. Hat in die Hände geklatscht, im Takt der wippenden braunen und gelben Gummistachel auf dem Rücken von Espinete, dem Igel aus dem Kinderclub.

«Malen spielen», hat Rosa früher gesagt.

«Ich muss bügeln, mein Herz.»

«Bitte, bitte, spiele doch Malen mit mir.»

Eulalia nimmt vorsichtig die Bluse vom Brett, hält sie hoch, ehe sie sie wendet, glattstreicht und wieder nach dem Eisen greift.

«Guapa muss bügeln, damit du morgen in der Schule nicht voller Falten bist.»

«Falten sind mir egal, ich will Malen spielen.»

Früher ist Rosa vom Stuhl gerutscht und in ihr Zimmer gelaufen, um einen Block zu holen. Die Stiftdose, *La Victoria Galletas* steht grün darauf, der cremefarbene Lack platzt ab.

«Nur kurz.» Rosa hat Eulalia einen Stift hingehalten, «Pferd!» gerufen und die Hand nicht sinken lassen.

Erst bestimmt Rosa das Tier, dann malt Eulalia, so gut sie kann. Und dann Rosa, und malt es viel besser und lacht über Eulalias Esel, Giraffe, Elefant und streicht sie mit dickem Buntstift durch, schraffiert Eulalias Tiere aus.

Anfangs hat Eulalia sich gefreut. Zugesehen, wie die Geraden gerader werden. Die Stiftspitze mit einem Mal kreisrunde Bälle zeichnet, das Ende des Strichs exakt auf den Anfang trifft. Die Augen nicht mehr irgendwo an den Tierköpfen hängen, als wären sie dort mit Reißzwecken festgemacht. Die Mähnen nicht mehr aus ein paar kurzen ungelenken Linien bestehen.

«Wir müssen in einer Stunde los zum Ballett», ruft Eulalia in den Flur, in Richtung von Rosas Zimmer.


**Im Büro** des Sprechers für Tourismus ist es still, Maite vorne im Sekretariat malt seit zwanzig Minuten ihre Nägel hellblau. Der Telefonhörer liegt vor ihr auf dem Tisch. Der Sprecher ist seit gestern auf einem Kongress in La Coruña. Vierzehn Uhr dreißig, Ana könnte gehen, seit fünf Monaten ist sie Referentin hier, seit fünf Monaten ist sie nicht vor zwanzig Uhr zu Hause gewesen.

Sie könnte Felipe anrufen, kontrollieren, das würde er ihr zumindest vorwerfen, ob er es an seinen Arbeitsplatz geschafft hat. Wählt stattdessen Amparos Nummer.

«Wie geht es dir?»

«Gut. Und dir?»

«Gut.»

Und dann macht Ana eine Pause, weil sie nicht weiß, wie beginnen, und hofft, Amparo wird nachfragen, das wäre am einfachsten. Still ist es und noch stiller, bis Ana erschrocken «Bist du noch da?» sagt. Und als Amparo «Ja» antwortet, begreift Ana, dass Amparo gerade die gleiche Pause gemacht hat und dass sie diejenige ist, die nachgefragt hat.

«Kannst du dich an vorletzten Sommer erinnern, das Essen auf der Terrasse in Los Cristianos?» Amparo atmet aus, tief aus und nicht in einem Zug, sondern stockend.

«Auf alles Gold der Welt», antwortet Ana.

An dem Abend haben sie und Felipe einen ihrer schlimmeren Streits gehabt, sie erinnert sich. An dem Abend hat er das erste Mal unten geschlafen, im Arbeitszimmer, und Ana hat nichts gemerkt, denn sie ist oben ziemlich angetrunken eingeschlafen. Nicht ohne vorher die Plastikschüssel aus dem Bad, in der sie manchmal Blusen mit der Hand wäscht, neben das Kopfende zu stellen. Er kommt schon wieder, hat sie gedacht. Hat am nächsten Morgen mit Kopfschmerzen und: Du wirst gleich erbrechen, gleich auf den Telefontisch im Flur erbrechen, Felipes Nummer in der Uni angerufen. Nicht dort. Ist durch die Küchentür im Hof nachsehen gegangen, sein Auto war da. «Mein Mann ist weg», hat sie zu Eulalia gesagt, als sie ihr im Flur vor Rosas Zimmer begegnet. Rosa ist bereits fertig, mit Rucksack und Schuluniform und geputzten Zähnen, und Ana in Unterhose und Spaghettiträgerhemdchen und unerträglichem Geschmack im trocknen Mund. «Ihr Mann liegt im Arbeitszimmer», hat Eulalia geantwortet und Rosa gewunken, sie solle mitkommen.

«Ja, das haben wir gesagt. Wir haben auf alles Gold der Welt getrunken.» Amparo lacht kurz auf, als würde sie staunen. «Ich hoffe, von den Wachteln kommt mir nicht doch noch das Kotzen.»

«Was ist passiert?»

«Sie erweitern den Kredit nicht ohne zusätzliche Sicherheiten. Ich habe keine weiteren Sicherheiten.» Das A von *habe* zieht sie lang, bei *weitere Sicherheiten* äfft sie jemanden nach.

«Und ohne?»

«Ich brauche es für die Zinsen von den anderen.» Und dann ist es einen Moment still.

«Scheiße», hat Ana schließlich geantwortet. «Tut mir leid. Aber ich kann dir nicht …»

«Natürlich nicht, ich wollte nur mit jemandem drüber reden.» Amparo klingt verärgert.

«Schon gut», sagt Ana. «Und jetzt?»

«Keine Ahnung», entgegnet Amparo. «Gofio-Jahre.»

Beide müssen sie kichern, so hat auch Anas Vater immer die harten Zeiten auf der Insel genannt.

**«Da bist du ja endlich.»** Rosa steht auf, nimmt den Rucksack, der neben ihr auf der untersten Treppenstufe liegt. Sie hat sich nach dem Training nicht umgezogen, trägt noch immer ihr rosafarbenes Tutu, Turnschuhe, Strickjacke. Der Stoff unter dem Tüllrock ist vom Sitzen staubig.

«Und Marisa?», fragt Eulalia, als Rosa die Autotür zuschlägt.

«Kommt nicht mit», antwortet Rosa.

«Habt ihr euch gestritten?» Eulalia sieht in den Rückspiegel, Rosa schnallt sich an und antwortet nicht. Als sie es schließlich tut, sind ihre Pupillen nach oben verdreht, viel Weiß ist zu sehen.

«Könntest du bitte endlich fahren.»

Eulalia rührt sich nicht, dreht den Zündschlüssel nicht, mustert die Eingangstür des Ballettstudios.

«Und wie kommt Marisa nach Hause?»

«Ihre Mutter hat sie längst abgeholt, vor einer halben Ewigkeit.»

Eulalia blickt auf die Uhr am Armaturenbrett, sie ist pünktlich.

«Hattet ihr heute früher Schluss?»

«Jetzt fahr endlich.»

«Hattet ihr Streit?»

Rosa zieht ihren MP3-Player aus dem Rucksack, steckt die Stöpsel in ihre Ohren.

Eulalia startet den Motor. Rosa braucht wirklich einen BH, stellt sie zum wiederholten Mal fest, als sie wieder in den Rückspiegel blickt. Eulalia hat Ana bereits auf die zentimetergroßen Hügelchen, die sich, gut erkennbar, unter dem dünnen Stoff von Rosas T-Shirts wölben, angesprochen. «Wenn Rosa einen möchte, wenn sie fragt. Nicht früher», hat Ana entgegnet. «Wenn Rosa so weit ist.» Es ist zumindest so weit, dass es nicht mehr anständig aussieht, findet Eulalia. Gesagt hat sie es nicht. Im Weggehen gehört, wie Ana leise «Plastik» zu Rosa sagt. Eulalia hat den BH beim Chino gekauft, wie ihre eigenen auch.

In der Calle Teobaldo Power müssen sie halten. Alle müssen halten. Vor und hinter ihnen hupen sie, rechts und links parkende Autos. Eulalia verabscheut Autofahren in Santa Cruz. Drei Jahre ist es her, dass sie den Führerschein gemacht hat, auf Anas Vorschlag hin, die Bernadottes haben die Hälfte bezahlt. Ist für sie billiger als Rosa weiter im Taxi zum Klavier, Ballett, Basketball, Strand und zurück fahren zu lassen.

«Was ist?» Rosa zieht die Stöpsel aus den Ohren. «Warum stehen wir?»

Eulalia zuckt mit den Schultern. Vor ihnen die Kreuzung mit Perez Galdós. Gedämpfte Stimmen, die nach Menschenmenge klingen. Viel los heute, Eulalia versucht, sich zu erinnern, ob sie im Radio irgendwas durchgesagt haben. Die Stimmen aus der Calle Perez Galdós schwellen so allmählich an, dass Eulalia es zunächst nicht wahrnimmt. Der Rhythmus fällt ihr zuerst auf, kein Stimmengewirr, sondern wohlgeordnete Rufe, die einem Rhythmus folgen. Rasch lauter werden. «Sahara occidental libre, Sahara occidental libre, Sahara occidental libre.»

Da ist das Auto schon von Menschen umringt, Männern

hauptsächlich, in Jeans und T-Shirt. «Sahara occidental libre.» Sie ziehen langsam die Calle Perez Galdós entlang, in Richtung Parlament.

«Was ist das?»

«Keine Ahnung», sagt Eulalia, «die von drüben.»

**Augusto kommt jeden Nachmittag** um halb sechs, nach der Physio. Tippt sich mit zwei Fingern an die Stirn, wenn er die Pförtnerloge betritt, und fragt: «Qué hay, capitán?»

«Das Übliche», antwortet Julio. Im Sommer haben sie zusammen Rad geguckt, jetzt im Winter Fußball. Und Basketball natürlich, Julio kann sich noch diffus an die Artikel in *El Día* erinnern, als Augusto in den 60ern mit CD Tenerife in der ersten Liga gespielt hat. Augusto ist seit einem halben Jahr im Asilo, obwohl er dafür eigentlich zu jung ist. Er darf rein und raus, wie er will, darum haben sie keine Diskussionen miteinander. Uhrmacher war er vorher, Julio kennt den Laden in der Calle Herradores, den Augustos Sohn weiterführt. Die ersten Wochen hat Augusto noch an der Tür gelehnt beim Fernsehgucken, mittlerweile setzt er sich auf die Tischkante neben der Telefonanlage. Augusto weiß, wann man besser still ist, erst in der Werbepause zwischen den Berichten des 12. Spieltags fragt er.

«Wie war dein Besuch heute Morgen?»

Julio nickt.

«Alles in Ordnung bei deiner Tochter?»

Julio nickt erneut.

«Deine Enkelin?»

«Wächst.»

«Und der Idiot?»

«Wie immer.»

Und dann lachen sie beide.

Die ersten Damen sind bereits auf dem Weg zum Essen, Julio kann sie im Flur hören. «Das Leal wird wieder eröffnet», sagt er.

«Das Kino?»

«Nicht als Kino. Für Theater und Konzerte.» Bedauern in seiner Stimme, stellt Julio erstaunt fest.

Augusto sieht ihn weiter an. Sein rechtes Auge wirkt ein wenig kleiner als das linke, das Lid hängt. Auf der Seite hatte er beim Arbeiten die Lupe eingeklemmt, hat er Julio erklärt.

«Bist du gerne ins Kino?»

Julio schüttelt den Kopf. Sagt nicht: Aber meine Frau. Sondern: «Vor dem Essen schaffen wir noch einen Cortado» und schaltet den Fernseher ab.

**Draußen noch immer Stille.** Kein beiseiterumpelndes Tor, keine Räder, die im Schritttempo in den Innenhof rollen. Keine zuschlagende Wagentür, keine Schritte auf den Steinplatten.

Rosas Geschirr ist bereits im Spüler, sie sitzt auf dem Sofa im Wohnzimmer vor dem Fernseher, Eulalia hat ihr eine Decke gebracht und Pitin, den Rosa achtlos neben sich auf das Polster legt. Merche wartet zu Hause. Um sechs hat Eulalia Schluss, eigentlich kocht sie und geht, und Rosa isst mit Ana und Felipe zu Abend.

Wenigstens anrufen könnten sie, ich komme später. Der Tisch in der Küche bereits gewischt, die Arbeitsfläche. Ein, zwei Mal ist sie gegangen, ehe Ana oder Felipe zurück waren, weil Merche Arzttermine hatte. «Es macht mir nichts, alleine zu bleiben», sagt Rosa. Dennoch.

2000

# GOLDFISCH

**Das Telefon klingelt erneut.** Das Display zeigt lediglich, ob intern oder extern. Wenn der Anruf aus dem Haus kommt, wird die Durchwahl angezeigt, aber das hilft Ana nicht weiter. Sie hat die Bürotür geschlossen, nachdem ein Kollege «Ana, Telefon» gerufen hat, im Glauben, sie wäre in der Küche oder auf der Toilette. Will das Klingeln leiser stellen, es dauert, bis sie das Rädchen an der Seite des schwarzen Plastikkastens findet. Kurz überlegt sie, ihre Jacke über den Apparat zu legen.

Als wenn es jemanden in der Behörde interessieren würde, ob ich ans Telefon gehe, denkt Ana. Liest weder den Bericht der Fachabteilung B des Europäischen Parlaments über die Zunahme landwirtschaftlich inaktiver Flächen auf den Inseln, den sie später referieren muss, noch die bereits aufgeschlitzte und gestempelte Post vor ihr auf dem Schreibtisch. Sitzt nur da. Ärgert sich über die Tauben, die sich hinter ihr auf dem Fenstersims an das engmaschige Drahtgitter drängen, das außen am Rahmen befestigt ist. Gurren, Picken, Krallenkratzen, und wenn mal keine dort hockt, hängen ihre Federn am Gitter und wippen sachte im Luftzug.

Das Fenster geht zum Hinterhof raus, die Agencia de Agricultura hat keine Klimaanlage, darum ist es die meiste Zeit gekippt. Ana zieht die Bluse hinten aus dem Rockbund und betastet ihre Schulterblätter, fühlt erst die kreisrunde Erhebung des Muttermals und dann den hubbeligen Schorf der kleinen Kratzer unter ihren Fingerkuppen. Ihre Gelenke knacken, so sehr verdreht sie den Arm. Sie blickt zur Tür, keine Schritte auf dem Flur. Zieht dennoch die Hand wieder hervor und richtet ihre Kleidung. Wartet. Das Telefon klingelt erneut. Intern: Ob es schon Zahlen zum aktuellen Quartal gebe.

«Ja, schicke ich dir.»

Einen Brief, sie wird einen Brief schreiben. Nicht auf dem Briefpapier der Agencia de Agricultura, das könnte seltsam aussehen. Ein einfacher weißer Bogen aus dem Drucker allerdings auch. Besser eine Karte, Karton, irgendwas Schlichtes eingeprägt am Rand.

*Lieber Hans-Günther, das Wochenende mit Ihrer Familie war ein einziges Vergnügen, wir haben es sehr genossen. Vielen Dank für alles, liebe Grüße an Ihre Frau –* und Ihren Sohn?

Nein. Und an welche Adresse? Seine Privatadresse hat sie nicht. Sie könnte mit dem Auto vorbeifahren, sie weiß, wo er wohnt, nur die Hausnummer nicht. Zehn Minuten, denkt Ana, fünfzehn, und der Verkehr, und wenn mich jemand sieht: langsam, im Schritttempo, über den Beifahrersitz gebeugt aus dem Seitenfenster guckend. Und wenn sie die Nummer nicht gleich entdeckt, wird sie die General Serrano hinauffahren müssen, rechts und links Autos am Bürgersteig, die Straße zu schmal zum Wenden, sie wird ganz hinauffahren müssen zur nächsten Kreuzung und zurück, wieder im Schritttempo. Vollkommen unmöglich. Und alles nur, statt ans Telefon zu gehen und «Wir sind gut nach Hause gekommen» zu sagen. «Wir haben ganz vergessen, uns zu melden, Entschuldigung. Wir müssen das unbedingt wiederholen. Sag Ute vielen Dank und liebe Grüße.»

Das ist alles. Mehr nicht. Und fast achtzehn, denkt sie, schließlich ist Einar fast achtzehn. Und warum schämst du dich nicht vor Felipe.

Geküsst hat sie Felipe, auf der Heimfahrt, als sie an einer Ampel halten mussten, ihm zugelächelt, als er seine Hand auf ihre, die auf dem Schaltknüppel wartet, dass es grün wird, legt. Weich und viel zu warm, Schweiß zwischen seiner Handfläche und ihrem Handrücken. Normalerweise hätte Ana diese Hand mit einer Bewegung abgeschüttelt, wieder nach dem Lenkrad gegriffen, damit es nicht zu schroff wirkt. Vorgestern aber hat sie Felipe angelächelt, aufrichtig und von ganzem Herzen angelächelt. Nicht, weil sie irgendwas bereut und froh ist, dass er neben ihr sitzt. Sondern weil sie nichts bereut. Und froh ist, dass er neben ihr sitzt.

Draußen vor der Tür: Stühlerücken, Schlüsselbundklirren, Hacken auf dem Steinboden, Mittagspause. Sie muss unbedingt den Bericht lesen, über den sie in mittlerweile … Doch statt auf die Uhr zu blicken, schiebt Ana erneut ihre Hand hinten in die Bluse, tastet ihren Rücken ab. Kontrolliert, ob sie wirklich da sind.

Sobald sie die kleinen, rau verschorften Striche an ihren Schulterblättern unter den Fingerkuppen fühlt, muss sie dieses erstaunte, so leicht in ihr aufsteigende Lachen unterdrücken. Eine sich jäh in ihr ausbreitende Helle. Dass du das gebracht hast, dass du das tatsächlich gebracht hast. Ana denkt an den warm saugenden Goldfisch, vorgestern, zwischen ihren Beinen. Zu ihren Füßen hat Einar gehockt, Ana die Knie ein wenig beugen müssen. Ihre Bluse danach hinten weiß, wo ihr Rücken an der rau verputzten, stumpfweiß gekalkten Wand des Ferienapartments auf und ab gescheuert ist. Sie sei hingefallen, hat sie Felipe abends die Schrammen erklärt. Auf der Treppe, ein Stück über die Kante einer Stufe gerutscht. Mit den Schultern. Ist nicht sicher gewesen, ob er ihr glaubt. Selbst das ist egal. Das Gegenteil der sich jäh ausbreitenden Helle stellt sich erst ein, wenn sie an Hans-Günther denkt. Oder an Ute.

Draußen vor der Tür endlich Ruhe, hinter ihr Gurren, Picken, Krallenkratzen. Hans-Günther kennt sie seit ihrer Anfangszeit in der Landwirtschafts- und Forstbehörde, als sie noch unten an einem der Sachbearbeitertische gesessen hat. Anträge angenommen, auf Vollständigkeit geprüft, behördenintern weitergeleitet,

Fragen beantwortet hat, im Hintergrund die ganze Zeit das Pling, wenn eine neue Nummer aufgerufen wird.

Jeder Sachbearbeiter hat unter denen, die regelmäßig kommen, einen besonderen Klienten. Den er mag, bei dem er sich freut, wenn er auf einem der beiden Besucherstühle zwischen den länglichen, mit Granulat und Sukkulenten gefüllten Blumentrögen Platz nimmt, die einen Arbeitsplatz vom nächsten trennen. Der einem Weihnachtskarten schreibt, zum Namenstag Blumen bringt, Parfüm oder Cognac zu den Heiligen Drei Königen. Einen zum Essen einlädt mit der ganzen Familie am Wochenende. Für den man kurz oben anruft und nachfragt, wenn etwas schnell gehen muss. Dessen Unterlagen man nicht in die Hauspost gibt, sondern selbst in den ersten Stock hochträgt, sie dem Zuständigen in der Fachabteilung auf den Schreibtisch legt und sagt, es sei dringend. Einen, den man anruft, wenn der Bescheid da ist, damit er nicht auf die Post warten muss.

Ihrer ist Hans-Günther gewesen. Hans-Günther kommt persönlich, er ist Eigentümer einer der größten Gärtnereien und Blumenexport-Firmen der Insel und kommt persönlich, ganz selten schickt er einen Assistenten. Hier musst du alles von Angesicht zu Angesicht machen, dann klappt es, sagt er bei jedem Termin mindestens ein Mal. Nachdem Felipe sich hat breitschlagen lassen, mit ihr in den Golfclub von La Laguna einzutreten, sind sie Hans-Günther und Ute häufiger begegnet. Ana kennt Einar vom Sehen, seit er, so bockig stumm, wie es nur ein aufmüpfiger Elfjähriger sein kann, der sich noch nicht traut, die große Explosion zu riskieren, auf dem Übungsgrün vor der Terrasse putten lernen sollte. Ana kann den übergewichtigen, sommersprossigen Jungen, den Hans-Günther immer wieder anfährt, wenn er den Putter zwischen den Schlägen missmutig mit der Spitze ins Grün haut, nicht mit den dunkelbraunen Locken, die sie vorgestern an der Haut unterhalb ihres Bauchnabels gekitzelt haben, zusammenbringen. Außerdem ist er fast achtzehn.

Seit Ana in den ersten Stock gewechselt ist, laden Ute und Hans-Günther sie und Felipe regelmäßig ein. Zum fünfzigsten Firmenjubiläum übernächste Woche zum Beispiel, für das sie sich jetzt eine Entschuldigung einfallen lassen muss.

«Ist schon langweilig», hat Ana bei einem Abendessen vor einigen Monaten nur so dahingesagt, als Ute sich nach ihrer Arbeit erkundigt.

«Geh in die Politik», hat Hans-Günther eingeworfen. Beim nächsten Telefonat einige Wochen später – eigentlich geht es um Wasser, wie immer um Wasser – hat er mehrfach betont, wie gut er sich Ana auf Kommunalebene vorstellen könnte. In La Laguna sei im Februar Gemeindewahl.

Darüber hatten sie eigentlich reden wollen. «Kommt doch übers Wochenende mit in den Süden, und wir sprechen in Ruhe drüber», hatte Hans-Günther vorgeschlagen.

Als Ana schließlich doch die Hand ausstreckt und den Telefonhörer abhebt, ruft sie weder Hans-Günther noch Einar noch Felipe an, sondern Amparo.

**Die deutsche Schule** macht früher Schluss, der Unterricht beginnt um acht, nicht um neun, die Mittagspause ist kürzer. Einar kennt mittlerweile alle Sandwichläden an der Rambla Pulido, meistens bestellt er Ensaladilla. Seit die deutsche Schule von der Calle Enrique Wolfson nach Tabaiba Alta gezogen ist, setzt ihn der Schulbus jeden Tag um halb drei an der Plaza de los Patos ab. Er könnte ohne Probleme nach Hause gehen, essen und wäre immer noch vor Jabi in der Rambla Pulido. Stattdessen biegt er eilig und mit gesenktem Blick in die Costa y Grijalba ein und bleibt erst in Alvarez de Lugo wieder stehen. Schreibt: *Bin bei J, esse dort, bis heute Abend.* Aus den auseinanderfahrenden Türen des Zara-Ladens kommt: *Oops, I did it again.* Jabis Schwestern singen das auch ständig. *Ich hab Pizza gemacht,* antwortet seine Mutter.

Seit Jabis Vater im Knast ist, aus politischen Gründen, wie Jabi

164

jedes Mal betont, wenn jemand das Thema streift, hängen sie nur noch bei ihm rum. Jabis Mutter arbeitet, fragt nicht ständig, was sie trinken wollen. Seine Schwestern machen im Wohnzimmer vor dem Fernseher Hausaufgaben.

Einar setzt sich schräg gegenüber von der Eingangstür in den Schatten, arbeitet weiter an der Skizze, die er in der Schule angefangen hat. Er ist mit dem Essen fertig, als er Jabi vor dem Haus stehen sieht, die Tische auf der Rambla mit dem Blick absuchend. «Warum klingelst du nicht und wartest oben? Meine Schwestern sind da», sagt Jabi jeden Nachmittag, wenn er ihn entdeckt.

«Heute kann ich nicht lange», sagt Jabi im Treppenhaus. Einar nickt. Jabis Vater ruft jeden Donnerstag an, einmal die Woche lassen sie ihn telefonieren. Jabis Familie lebt seit den Fünfzigern auf der Insel, Jabis Großvater hat erst in El Aaiún, später in Santa Cruz für eine spanische Firma gearbeitet. Sein Vater ist eigentlich Anwalt, verurteilt wurde er wegen der Proteste vor einigen Jahren, die er mitorganisiert hat.

Jabi schaltet *MTV* ein, geht sich eine Pizza machen. Einar setzt sich aufs Bett, nimmt die Skizze, setzt letzte Highlights. Sieht kurz auf dem Telefon nach, ob jemand angerufen hat. Ana vielleicht. Er ist immer noch unsicher, ob er sie hätte anrufen sollen. Das macht man doch so, nach drei Tagen, wenn er das in den Serien richtig mitbekommen hat.

*«Nice»,* sagt Jabi und deutet auf die Skizze auf Einars Knien. Bisher haben sie nur in Bauruinen gesprüht, Jabi *SOL*, Sahara Occidental Libre, Einar *AR*, seine beiden besten Buchstaben. Letzte Woche haben sie zusammen *Whole Car* geguckt, Jabi redet seit Monaten über den Film, hat ihn auf DVD organisiert. Seitdem diskutieren sie, ob es Sinn macht, einen Bus zu malen. Es gibt keine U-Bahn, keine Züge auf der Insel, nur eine Miniaturlok mit rot-goldenen Wagen, die in Playa de las Americas Touristen vom Hotel zum Strand bringt. Jabi will die nehmen, Einar ist dagegen, er wäre eher für den Bus. Er muss um zwölf zu Hause sein. Seit er

seinem Vater gegenüber behauptet hat, eine Freundin zu haben, gibt es erst ab halb eins richtig Ärger. Einar hat keine Ahnung, wie sie nachts in den Süden und zurück kommen sollen. Jabi will trampen. Einar lässt ihn reden, macht von Zeit zu Zeit zustimmende Geräusche. Befürchtet, Jabi könnte sonst wieder misstrauisch werden. Ist irgendwas, du sagst gar nichts?

Letzte Woche hat er Jabi einen Nachmittag lang ungebremst über die Frente Polisario referieren lassen. Von deren Militäroperation gegen Mauretanien, der ER-FOLG-REI-CHEN Militäroperation gegen Mauretanien. «Das musst du dir mal reinziehen, wir besiegen ihre Armee, sie geben uns unser Land zurück, und dann kommt Marokko und besetzt es.»

«Krass», hat Einar bestätigt.

Jabi hat kurz gezögert, skeptisch zu ihm geblickt, ehe er seinen Monolog fortsetzt. «Es gibt eine UNO-Resolution!» Und noch mal, diesmal jeder Buchstabe, jede Silbe einzeln: «Eine U-N-O-RE-SO-LU-TION!»

Eigentlich haben sie einen Deal. Nicht mehr als eine Viertelstunde pro Tag, danach kostet jedes *Westsahara* hundert Pesetas. Als Einar ihn trotzdem weiterreden lässt, über die Auseinandersetzung mit Marokko, über den Waffenstillstand bis hin zur Untätigkeit von MINOSUR, der UNO-Mission, die die Feuerpause überwachen und seit neun Jahren, «NEUN! JAH-REN», ein Unabhängigkeitsreferendum durchführen soll, bricht Jabi mitten im Satz ab. «Was ist los mit dir?»

«Nichts. Müde», hat Einar geantwortet und seine Sachen gepackt.

Nach dem Wochenende hat er überlegt, ob er Ana Blumen kaufen soll oder Ähnliches. Hätte Jabi gern gefragt, was er denkt, hat ihn zigmal angeguckt, überlegt, wie anfangen. So lange, bis Jabi den Blick bemerkt und «Alles klar?» fragt.

Dabei ist es doch eigentlich genau das, was man erzählt. Ich hatte Sex. S-E-X.

1993

# CALAMITATIS
# ET
# MISERIAE

**Ana sitzt in Reihe 26** eines beinahe leeren Airbus, der in Bara-
jas Richtung Startbahn 2 rollt. Der Anschnallgurt ist nicht zu
eng, Ana kann die Finger problemlos zwischen Metallschließe
und Bauchdecke schieben, und trotzdem, wenn sie die Hand herauszieht, viereckig und glatt und hart – die Schnalle drückt. Der
Airbus beschleunigt, Ana wird in das orange-braun gemusterte
Sitzpolster gepresst, hält sich mit der Rechten am Vordersitz fest,
als die Räder abheben, diesmal wird es einfacher, diesmal wird es
einfacher. Felipe holt sie in Los Rodeos ab, sie werden nach Santa
Cruz fahren, irgendwo essen gehen, vögeln, im Fernsehlicht nebeneinander einschlafen. In einem fast leeren Schlafzimmer in
der Avenida 3 de Mayo. Nebenan nichts, nur die nackten Wände des fast leeren Wohnzimmers, des vollkommen leeren Flurs,
der Einbauküche aus hässlichem Furnierholz, des beige gekachel-
ten Bads. Der tropfende Wasserhahn, von dem Felipe ihr erzählt
hat, sein Schnarchen und die brummende Klimaanlage, an die sie
sich noch von der Besichtigung erinnert, werden alles sein, was
sie hört. Kein Flüstern, kein bemüht leises Aufstehen, tastende
Schritte zum Bad, Wasserplätschern, vereinzelt Blähungen, Toilettenspülung und Wasserhahn und wieder zurück ins Bett. Drei
Wochen haben sie bei ihren Eltern gewohnt, in ihrem alten Zimmer, als sie letzten Monat auf der Insel waren, um eine Wohnung
zu suchen.

«Schwanger heißt nicht, dass du heiraten musst. Schon lange
nicht mehr», hat ihr Vater gesagt, als sie es ihm am Telefon erzählt
hat. «Viele Frauen ziehen ihre Kinder …»

«Du bist unglaublich», hat Ana ihn unterbrochen. Von Anfang an ist es schwierig gewesen.

Der Mann auf dem Fensterplatz neben ihr zieht die Blende herunter, sucht etwas in seinen Taschen, eine Zigarettenpackung liegt in seinem Schoß. «Ich setze mich gleich nach hinten zu den Rauchern», sagt er, als er Anas Blick bemerkt. Felipe ist schon letzte Woche geflogen, das Semester hat begonnen. Er war in den letzten Jahren nicht oft auf der Insel. Als er ihr sagte, er habe die Professur angenommen, war sie so erstaunt, dass sie nur nicken konnte. Ohne sich vorher mit ihr zu besprechen, morgens beim Frühstück: «Ich habe eine Stelle an der ULL.» Mit der Kaffeetasse in der Hand und *El País* aufgeschlagen neben dem Teller.

«Ich bin schwanger», hat Ana geantwortet. Dabei war sie sich da noch gar nicht sicher.


«Als wäre es seins», hat ihr Vater gesagt, nachdem sie ihnen Felipe vor drei Jahren vorgestellt hat. Wollte nicht erklären, was er mit «es» meint. Eine Woche ist Felipe damals auf der Insel gewesen, Ana musste ihn überreden, am letzten Abend ihre Eltern zu besuchen. Da wohnten sie in Madrid bereits zusammen.

Felipe hat den ganzen Abend geredet. Als sie vor dem Essen im Wohnzimmer beisammensitzen, wie Bernarda es nennt, warten, bis die Kartoffeln fertig sind. Von seiner Arbeit geredet.

«Alles in Ordnung?», fragt Julio in einer seiner Atempausen und sieht Ana an.

Ana nickt.

«Sicher?»

Felipe ist mit einem Mal still. Ana lächelt, ganz und richtig und ehrlich, wie Julio verärgert feststellt.

«Wirklich alles gut, Papa», sagt sie und küsst ihn.

Nach dem Essen sitzt Felipe zurückgelehnt, die Arme über dem Bauch verschränkt, Beine lang ausgestreckt unterm Tisch. Julio möchte ins Wohnzimmer, zum Fernseher, die letzten Minuten der Nachrichten sehen, in Ruhe furzen. Bernarda schraubt hinter ihm die Cafetera auf. «Cortado?», hat sie zu Julios Ärger gesagt, während sie die gestapelten Teller entgegennahm.

«Wie war es?», fragt Felipe.

«Wie war was?»

«Der 18. Juli 36. Und alles danach.» Als beiläufig würde Felipe seinen Ton beschreiben, den Blick hat er auf den Saum des Tischtuchs gerichtet. Dort, wo es auf seinen Oberschenkeln aufliegt, ist ein bügeleisenförmiger brauner Fleck, an den Rändern dunkler, in der Mitte heller. Den betrachtet Felipe, bis er nach seinen letzten Worten aufblickt, Julio ins Gesicht und gleich wieder runter auf den runden Abdruck seines Tellers im Stoff.

«Keine Ahnung.» Julio zuckt mit den Achseln, nimmt einen Zahnstocher aus der Tragetasche des kleinen Porzellanesels, der mit Salz und Pfeffer, Öl und Essig auf einem kleinen Tablett am anderen Ende des Tisches steht. Bittet Felipe nicht, der danebensitzt, ihm einen zu reichen, sondern steht auf, beugt sich vor und macht den Arm lang.

«Mama hat erzählt», sagt Ana ins Schweigen hinein und blickt zu Bernarda, die jetzt die Cafetera zuschraubt, fest zuschraubt, ihre abgewinkelten Ellbogen bilden ein spitzes Dreieck. Es dauert, bis Bernarda sich umdreht.

«Mein Vater hat einmal gesagt, dass du ein Roter bist, das ist alles. Ich hab dich damals danach gefragt», sagt Bernarda.

«Und was hab ich geantwortet?»

«*Ich bin gar nichts*, hast du gesagt.»

«Also.»

Und dann sind sie alle einen Moment still, bis Bernarda sich umdreht und die Gasflamme zündet.

«Ich will keinen Kaffee, ich gehe schlafen.» Julio ist aufgestanden, hat sich mit einem Nicken von Felipe verabschiedet.

«Papa spinnt», hat Ana gesagt, laut, damit Julio sie durch die geschlossene Schlafzimmertür hört.

Zum ersten Mal gesehen haben sich Felipe und Ana im Seminarraum R 207 der Complutense, wo Felipe die Einführungsveranstaltung für Erstsemester leitet. Das erste Mal verabredet haben sie sich zu einem Eskorbuto-Tribut-Konzert anderthalb Jahre später. Nachdem sie am Vorabend beim Fußballgucken zufällig nebeneinanderstanden und feststellten, dass sie von derselben Insel sind. Ana hasst Punk oder «música radical vasca», wie Felipe es hartnäckig nennt. Federt in den Knien, nickt mit dem Kopf, viel zu langsam natürlich, dem Schlagzeug immer hinterher, denkt: Gleich ist es vorbei, gleich ist es vorbei.

## 89 Tage

**Eliseo Bernadotte steht** vor der Tür des Gartenhäuschens, hält einen halben Kopfsalat und den Schlüssel in der Rechten, balanciert die Schale mit den gekochten Eiern auf der Fläche seiner linken Hand. Der Kerl verspätet sich erneut.

Eliseo kann sie hören durch das Holz, ihre Schnäbel picken letzte Körner aus den Tonschalen, die Krallen auf den sandbedeckten Blechböden der Käfige, Ihr Hin-und-her-Trippeln auf den Stangen. Sie sind unruhig. Sie warten.

Eliseo öffnet die Tür nicht, denn sobald das Lichtviereck ins Halbdunkel fällt, beginnen alle zu flattern und zu hüpfen. So lange zu flattern und zu hüpfen, bis Pepe die Klappe öffnet und Salatblätter zwischen die Käfigstäbe schiebt. Das Schälchen herausnimmt, es vor seinen Mund hält, vorsichtig hineinpustet, sodass die leer gepickten Körnerhülsen in einer blassgelben Garbe herausfliegen, und es dann frisch gefüllt zurückstellt. Zusätzlich gemahlenes Ei für diejenigen, die gerade balzen oder bereits brüten.

Die Eier in Eliseos Hand haben nicht aufgehört zu dampfen, der gelbe Plastikboden auf seiner Handfläche ist nicht warm, sondern heiß. Am Rand hat er die Schüssel sonst getragen, dann ist es egal. Drei Eier, vielleicht 180 Gramm, von Merche hartgekocht, und ein bisschen Plastik, 200 Gramm, die seine Finger nicht halten können. Der Muskel im Daumenballen krampft, vorige Woche hat er die Schüssel auf den Steinplatten abstellen müssen, nach wenigen Metern abstellen müssen, Merche, nein, Eulalia, er musste endlich aufhören, sie Merche zu nennen, im Küchenfenster hinter ihm. Seitdem stellt er die Schale auf seine ausgestreckte Handfläche, schließt die Finger um die Wölbung und balanciert sie über die Terrasse hinaus zum Häuschen.

Der Garten liegt noch im Schatten, die Sonne steht hinter dem Giebel des Nachbarhauses, später werden die Zweige der Araukarie sie eine Weile abschirmen, ehe sie am späten Vormittag ungehindert auf den Rasen niedergehen wird.

Das Rechteck in der Mitte ist gelber als der Rest, umgeben von einem steinernen Rahmen mit abgerundeten Ecken. Eliseo hat den Pool vor einigen Jahren zuschütten lassen, der Beckenrand hat sich allmählich wieder hervorgearbeitet, als würde er sich von unten, langsam, aber stetig durch die Grasnarbe schieben. Der Boden innen ist ein wenig abgesackt, eine Handbreit, die Erde dort kompakter.

Es ist acht Uhr sechsunddreißig, nein, siebenunddreißig mittlerweile, nach neun sind im Club die guten Zeitungen weg. Er könnte El País auch abonnieren oder kaufen gehen und zu Hause frühstücken, aber für irgendwas zahlt er schließlich den Club-Beitrag. Eliseo schwimmt nicht, er würde sich niemals auf eines der Laufbänder stellen, war seit Jahren in keinem Konzert, und Weihnachten, Silvester und die Heiligen Drei Könige verbringt er zu Hause vor dem Fernseher.

Acht Uhr vierzig. Er könnte gehen, die Schale ins Gras stellen. Pepe hat einen eigenen Schlüssel, aber Eliseo rührt sich nicht. Drei Pärchen brüten, zwei weitere haben sie gestern abgesondert, aus den großen Käfigen in zwei kleinere gesetzt. Die kritische Phase. Ob sie einander annehmen, ist immer so eine Sache.

Am Abend ist er mit Felipe verabredet. Im Gambrinus, hat Eliseo vorgeschlagen, Felipe hat eingewilligt, er komme nicht alleine gesagt. Felipe wohnt in Santa Cruz, seit ungefähr anderthalb Monaten, hat Eliseo überschlagen. Hätte der Dekan ihm nicht am vorigen Sonntag im Club, leichthin über die zwischen seinen Händen aufgespannte Zeitung hinweg, zur Berufung seines Sohnes gratuliert, und hätte Eliseo nicht am nächsten Morgen aus seinem Arbeitszimmer, nachdem er sich vergewissert hat, dass Merche, nein, Eulalia, mit dem Putzen der Salonfenster beschäftigt ist, in der Telefonzentrale der Universität angerufen und gefragt, nach Doktor Bernadotte gefragt, und wäre er nicht gleich zu Felipe durchgestellt worden – er wüsste bis heute nichts von dessen Rückkehr und wäre auch gewiss nicht mit ihm verabredet.

Erst als Eliseo den Laut hört, ein langgezogenes Quietschen, wird ihm bewusst, dass er es bereits eine Weile kennt. Die Angeln des Gartentors, jedes Mal, wenn er in den Club geht, zu Mittag wieder nach Hause kommt, abends zu seinem Spaziergang aufbricht, das Tor im Dunkeln hinter sich zuzieht. Jedes Mal, wenn Merche, nein, Eulalia mit Strickjacke und vor der Brust verschränkten Armen Brot holen geht, der Postbote die Post bringt, ein langgezogenes Quietschen, und doch ist Eliseo sicher, es vorher nicht bewusst wahrgenommen zu haben.

Pepe zieht ein Bein nach, als er um die Ecke biegt, gibt sich übertriebene Mühe, mit weit ausgreifenden Schritten die runden Steinplatten zu treffen, die wie eine Perlenkette um das Haus herum in den Garten führen.

«Hast du wieder gesoffen?», ruft Eliseo. Morgen wird er dem Kerl die Kanne in die Hand drücken, ihn das Tor ölen lassen.

Als Chauffeur hat er Pepe eingestellt. Nach der Pensionierung, bevor er beschloss, doch wieder selbst zu fahren. Danach hatte er eigentlich keine Verwendung mehr für ihn. Hat keine Ahnung von Pflanzen, aber der Kerl tat ihm leid, und er kennt sich aus mit Vögeln, also hat er ihn als Gärtner behalten. Ab und an bringt er ihm welche. Wilde Kanarien. Einen Pintado, den zornigsten Vogel, den Eliseo je gesehen hat. Hackt mit dem Schnabel durch die Gitterstäbe, wenn man sich seinem Käfig nähert. *Felipe* nennt Eliseo ihn still bei sich.

«Meine Bandscheibe, General.» Pepe tippt sich mit zwei Fingern gegen die Stirn. «Ich hab doch von meinem Rücken erzählt.»

Eliseo stößt die Tür auf, die Klinke schlägt gegen die Wand. Der Knall treibt alle in die Höhe, eine Millisekunde lang stehen 43 Vogelleiber still in der Luft, ehe ihre Schwingen die Gitter streifen, Federn an Stäben verbiegen, gegen Sitzstangen schlagen.

«Schsch», macht Pepe. «Schschsch.»

Sie stehen nebeneinander, Ellbogen an Ellbogen vor der Schwelle, rühren sich nicht, ihre Schatten ein einziger. Sechzehn Käfige sind es insgesamt, eine Zeitlang waren es mehr, eine Zeitlang hatte Eliseo auch Tauben. Zehn große und sechs kleine, die hängen ganz oben. Der Melado tinerfeño ist mindestens achtzehn Zentimeter groß, so steht es in den Zuchtrichtlinien, die Eliseo mitverfasst hat. Seine Brust breit, mit gelockten Federn bedeckt, die zu beiden Seiten sprießen, kurz, symmetrisch und gebogen, und zur Brustmitte hin anliegen. Das Sternum wird von ihnen nicht bedeckt, sondern von sehr feinen Vibrizas, die an Unterfedern erinnern. Der Rücken ist breit, mit hoch angesetzten Schultern, die Federn gelockt und sich an der Wirbelsäule teilend. Flanken kräftig, die lockigen Federn sind nicht mit dem Flügelgefieder verbunden. Der lange Hals zeigt nach unten. Von der Seite betrachtet, gleicht die Silhouette des Melado tinerfeño der Zahl 1. Es gibt ihn in den Färbungen gelb und verschneit.

«Wie Geier, wie winzige, klumpig gefiederte Geier», sagt Eulalia und schüttelt sich. Weigert sich, sie anzufassen. Die ersten Vögel hat Eliseo als Kind bekommen, ein Geschenk von Ramos, dem Verwalter der Finca im Süden, auf der er aufgewachsen ist. Ein Pärchen grüner Kanarien und, nachdem Eliseo die erste Generation ohne nennenswerte Verluste großgezogen hat, zwei von Ramos gezüchtete Bossu belga. Etwas größer als der Melado tinerfeño, ihre Silhouette eher eine 7.

«Schsch», macht Pepe. «Schsch.» Und das Tacktacktack auf den Stangen wird ruhiger, sie hüpfen weniger hektisch von einer zur anderen. Pepe nimmt ein Ei aus der Schüssel, schlägt die Schale an der Kante des Waschbeckens ein und beginnt, es zu pellen.

Eliseo kann Pepes Magen hören, der blubbert und brummt, während sich der Geruch von hartgekochtem Ei ausbreitet. Die Eier kommen in die elektrische Mühle, mit der Merche früher die Kaffeebohnen gemahlen hat. Pepe stellt sich so dicht an den Ausgang, wie es das Kabel zulässt, ehe er den Knopf herunterdrückt. Das Geräusch mögen sie nicht, das Tacktacktack auf den Stäben wird wieder schneller.

«Gleich vorbei», sagt Pepe sanft. «Schsch, gleich vorbei.»

Er wird dem Kerl irgendwas hinterlassen müssen. Merche kriegt ihr Häuschen, er wird sich etwas einfallen lassen wegen Pepe.

«Ich werde übrigens Vater», hat Felipe während des Telefongesprächs gesagt. Eliseo weiß, dass Felipe in Madrid mit einer Frau zusammengelebt hat, aber er kennt nicht mal ihren Namen.

Nach dem Auflegen hat Eliseo sich entschieden, alles zu ordnen. Das Wasser zu verkaufen und auch die Anteile an den Leitungen. Die Tunnel zu den Galerias werden immer länger, teurer, müssen immer tiefer in den Felsen getrieben werden. Letztes Jahr, mit reichlich Regen und Schnee auf dem Teide, haben sie nichts eingebracht. Es gibt Gerüchte über den Bau von Entsalzungs- oder Kläranlagen. Und es gibt Gerüchte, der Handel mit den Anteilen solle eingeschränkt werden, damit die, die früher am Wasser verdient haben, sich jetzt nicht zurückziehen und die teuren Bohrungen dem Staat überlassen. Grundsätzlich eine richtige Maßnahme, findet Eliseo. Er muss nur verkaufen, bevor das Gesetz in Kraft tritt.

## 78 Tage

**Jeden Morgen geht Julio** Brot holen, jeden Nachmittag macht er einen Spaziergang. Tut seit einigen Monaten nicht einmal mehr so, als würde er überlegen, das Rad zu nehmen. Jeden Morgen mit dem Beutel in der Hand durch die Calle Herradores zum Bäcker, manchmal biegt er auf dem Rückweg links ab, trinkt einen Cortado im Ateneo, wendet der Catedral den Rücken zu, Ellbogen auf dem Tresen.

Jeden Morgen blickt Julio am Ende der Avenida de la Trinidad nach links. Auf die roten Rosen, die auf der Schaufensterscheibe der Parfümerie Rosy den Schriftzug rahmen. Nie nach rechts. Die Auslagen verstaubt, sonnengebleichtes Plastik, blass gewordene Produktkartons, veraltete Ware. Ob er den Namen behalten dürfe, hat der Käufer gefragt. Natürlich, hat Julio achselzuckend geantwortet. Ist ja nicht meiner, gedacht.

Aber der von Bernarda, fällt ihm auf. Fällt ihm erst heute auf, drei Jahre später. Marrero Electrodomésticos. Drei Jahre, vier Monate, zwölf Tage später und auch nur, weil vorgestern das Abendessen nicht auf dem Herd gestanden hat. Weil der Tisch nicht gedeckt war, Lampen aus, alles dunkel, als er von seinem Spaziergang nach Hause kommt. Der Kühlschrank surrt, sonst nichts, keine Antwort auf sein «Hallo». Kein Zettel auf dem Küchentisch, nur die hellblaue Decke mit den rot aufgestickten Kirschen. Julio rechnet nach, ob Freitag ist, sie mit Ana und dem Idioten verabredet sind. Seit Ana schwanger ist, besteht Bernarda darauf, dass sie zu ihnen fahren, runter nach Santa Cruz, ins Restaurant, meistens zu dem Chinesen neben dem Teatro Guimerá. Nein, heute ist Dienstag. Einen Moment erwägt Julio, bei Ana anzurufen. Im Kino, entscheidet er schließlich, Bernarda ist im Kino. Er kann sich an keinen Streit erinnern. Am Nachmittag nicht, Bernarda ist zum Arzt gegangen, hat sich über ihn gebeugt, er lag auf dem Sofa beim Mittagsschlaf, als sie ging. Hat ihre Hand auf seine Brust gelegt, seine Stirn geküsst, er hat die Augen nicht geöffnet. Davor haben sie still Potaje gegessen. Beim Frühstück über die Independisten gesprochen, die Unabhängigkeit vom Festland fordern. Über deren Misstrauensantrag gegen den sozialdemokratischen Ministerpräsidenten. Einhellig und friedlich miteinander gesprochen.

Trotzdem: Exakt zwanzig Minuten nach Ende der Abendvorstellung hört Julio auf dem Sofa im Wohnzimmer den Fahrstuhl leise surren.

«Was hast du dir angesehen?», ruft er in den Flur, als Bernarda die Tür aufschließt.

Bernarda zieht ihre Jacke aus, trägt sie ins Schlafzimmer.

«Wie war der Film?» Julio steht auf und geht hinter ihr her. Bernarda zieht die Schultern hoch, bleibt im Flur stehen, neben der offenen Küchentür, und sieht ihn an.

«Was hast du angeguckt?»

Erneut heben sich nur ihre Schultern, verharren einen Moment auf Höhe ihrer Ohrläppchen und sinken unvermittelt wieder herab.

«Ich habe einen Schatten», sagt Bernarda.

«Was?»

«Ich habe einen Schatten in der Lunge.»

Gestern ist Julio kein Brot kaufen gegangen, hat Bernarda nicht alleine lassen wollen. Gestern haben sie Aufgebackenes gegessen.

«Du gehst jetzt», hat Bernarda vor wenigen Minuten zu ihm gesagt. Nachdem Julio begonnen hat, das über Nacht getrocknete Geschirr vom Abendessen in den Schrank zu räumen.

«Du kannst dich an den Tisch setzen und mir zusehen und

mit mir schimpfen», hat er geantwortet. Lachen, Bernarda soll lachen, aber Bernarda nimmt stattdessen den Brotbeutel, nimmt
seine Hand, drückt die Finger auseinander, presst den Stoff in
seine Handfläche.

«Wenn du mir helfen willst, geh Brot holen.» Sie hat sich in
der Küche umgesehen. «Und Cilantro, Eier, vom Markt, nicht aus
dem Laden, und Lejía.»

Vor der Cafetería Hespérides dudelt ein gelb-grünes elektri-
sches Auto. Das Lämpchen neben dem Münzschlitz leuchtet rot.

«Ein Duro, Papa.» Fünf Pesetas musste man einwerfen, als Ana
klein war und das Auto noch ein Esel, der ruckelnd auf dem Gestell vor und zurück, vor und zurück fährt. Bernarda hat die Augen verdreht, wenn er Ana die Münze gegeben hat, darauf bestanden, dass er mit ihr neben dem Gedudel wartet, nicht weiter-
schlendert, Cortado trinken geht.

Bernarda kommt ihm entgegen. In der Calle Viana mit weißer Strickjacke und noch kinnlangen Mädchenhaaren, auf dem
Heimweg von der Sección Femenina. Geht neben ihm die Calle
San Juan entlang. Ana, an Julios linker und Bernardas rechter
Hand zwischen ihnen, sie sehen einander über ihren von einem
akkuraten Scheitelstrich mittig geteilten, braun bezopften Kopf
hinweg an. Anas Finger klebrig von der Zuckerwatte, die Julio ihr
vorhin an der Plaza del Cristo gekauft hat. Bernarda sehr schmal,
trägt die Haare zurückgekämmt, rechts und links über den Ohren
festgesteckt mit zwei perlmuttfarbenen Kämmen.

Bernardas Hand in seiner, als sie neben dem Instituto stan-
den und den Flammen zusahen, die aus dem Dachstuhl von San
Agustín schlugen. Die Hitze kommt in Wellen, streicht über ihre
Gesichter. Bernarda hustet, Julio reicht ihr sein Taschentuch.

Bernarda stumm in ihrer Ecke in der staubigen Werkstatt vom
alten Marrero, zählt stumm, mit gesenkten Lidern, Zahlenreihen
zusammen, wird rot, sobald sie bemerkt, dass er in ihre Richtung
blickt.

Bernarda mit feuchtgeschwitzten Fingern, die sie an ihrem Rock abwischt, ehe sie ihm die Hand reicht, ihren Kopf zum Begrüßungskuss so weit zur Seite dreht, dass Julios Lippen aus Versehen mehr Ohrläppchen als Wange treffen.

Bis vorgestern ist Bernarda nur eine Bernarda gewesen, mit kastanienbraun gefärbten Haaren, oft mit hellgrauem Ansatz, Lesebrille, Faltenstrahlen vom Nasenansatz bis zum Rand der Oberlippe. Meist ungeschminkt und wenn, blassrosa. Seit vorgestern das Abendessen nicht auf dem Herd stand, der Tisch nicht gedeckt war, Lampen aus, alles dunkel, reihen sich sämtliche Bernardas, die er gekannt hat, vor ihm auf, eine kleiner als die andere. Als hätten sie sonst ineinandergesteckt wie diese russischen Puppen, die seit einigen Jahren als Gorbatschows bemalt für die deutschen Touristen in den Auslagen der Souvenirshops in der Calle Castillo stehen.

Julio trauert, *weißt du noch* und *damals*, am Anfang laut. «Weißt du noch, als deine Tasche gestohlen wurde. Du warst ganz außer dir, deine Hände haben so gezittert, ich musste die Anzeige für dich unterschreiben.»

«Ich lebe noch», hat Bernarda irgendwann entgegnet.

«Papa, reiß dich zusammen», hat Ana am Telefon gesagt, nachdem Bernarda es ihr erzählt hatte.

# 68 Tage

**Ana nimmt das letzte Laken** aus der Plastikwanne, sucht die vier Ecken, zwei für sich, zwei, um sie Bernarda zu geben. Ihre Mutter sieht zum Fernseher. Die Novela läuft, eine Frau in schwarz-weißer Dienstmädchenuniform durchwühlt hastig eine Kommodenschublade, als der Hausherr heimkommt, durch den Flur geht, sich nähert. Schnelle Schnitte zwischen hastig suchenden Fingern und fest aufgesetzten Schuhen. Ana wartet, die vier Zipfel in der Hand, bis der Hausherr den Türknauf dreht: Abspann.

Sie haben die Ohren vergessen, fällt ihr auf. Stirn, Schläfen und Nacken hatte Bernarda mit Vaseline eingeschmiert, bevor Ana die Farbe verteilt hat. Dünner kommen ihr die Haare vor, feiner, wie Flaum. Dabei hat die Behandlung noch gar nicht begonnen. Ana hat die Strähnen zu einem rostfarbenen Helm geformt, ihn mit Klarsichtfolie umwickelt. «Lass», hat Bernarda gesagt, als Ana die Rostflecken von ihrer Stirn wischen wollte. «Mit dem Fett geht es später noch ab.» Nur, sie haben die Ohren vergessen.

«Hier», sagt Ana und hält die Stoffzipfel vor sich, Bernarda wendet sich um.

«Entschuldige», sagt sie und nimmt die beiden Ecken. «Ich war abgelenkt.»

«Du musst dich nicht entschuldigen, Mama, bitte.» Ana geht rückwärts, bis das Laken spannt, eine weiß-blau geblümte Fläche zwischen ihnen. Als Kind hat sie sich mit ihrem ganzen Gewicht in den Stoff gehängt, versucht, Bernarda heranzuziehen, die lachende Bernarda, die am Ende nachgibt, einen Schritt vorwärts macht und noch einen, als könnte Ana sie durch das Wohnzimmer zerren. «Bist du stark!»

«Musst du nicht los?», fragt Bernarda, als sie aufeinander zugehen.

«Felipe holt mich ab.» Ana gibt Bernarda ihre beiden Lakenenden. «Klingel, ich komm runter», hat Ana zu Felipe gesagt, «meine Mutter ist erschöpft.» Sie bückt sich, ehe der zusammengefaltete Stoff den Boden berührt, hebt ihn auf, schiebt ihre Handflächen zwischen die Bahnen und macht zwei Schritte rückwärts, zieht vorsichtig, ganz vorsichtig.

«Fester», sagt Bernarda ungeduldig.

«Wir wollen auf den Markt. Braucht ihr was?», fragt Ana, als sie fertig sind.

«Ich schicke lieber deinen Vater», sagt Bernarda, und mit einem Mal müssen sie beide lachen.


Ana wartet im Eingang der Markthalle an der Plaza del Adelantado auf Felipe, wo die Blumen in grünen und schwarzen Plastikeimern vor den Ständen stehen. Betrachtet die Gladiolen, blasslila und weiß, die Rosen, als Felipe hinter sie tritt.

«Für deine Mutter?»

Ana schüttelt den Kopf. «So ist es nicht», sagt sie ungeduldig. Das ist nicht die Art, auf die Bernarda krank ist, soll das heißen. Nicht Blumensträuße-auf-Tischen-in-Krankenhauszimmern-krank. Abwarten, haben die Ärzte gesagt.

Hinten beim Fisch zieht Ana den Halsausschnitt ihres T-Shirts über Mund und Nase, der Saum rutscht aus dem Jeansbund. Egal, denkt sie. Felipe bleibt neben ihr stehen, drängt sich in die Schlange vor einem der Stände, tippt einer winzigen alten Frau, der der Verkäufer gerade eine Tüte reicht, auf die Schulter. Bacalao ist in der Tüte, Ana kann die dreieckigen gesalzenen Fischleiber durch das knisternd dünne Plastik erkennen.

Die Frau strahlt, als sie Felipe erkennt. «Gut siehst du aus», sagt sie und streckt sich und kneift ihn in die Wange.

«Fisch fürs Abendessen?» Felipe deutet auf die Tüte.

«Bacalao», sagt die Frau. «Für uns, nicht für den Herrn.»

«Das ist Ana.» Felipe legt seine Hand auf ihre Schulter. Die Frau blickt kurz zu ihr hin, nickt und sieht sogleich wieder weg.

«Seit wann bist du wieder zurück?»

«März. Weißt du doch.»

«Wie oft hast du deinen Vater besucht?»

Felipe nimmt Ana am Arm, schiebt sie ein wenig zur Seite, macht Platz für eine Vorbeieilende und antwortet nicht.

«Wir waren mit ihm essen», sagt Ana schließlich. «Ein Mal mittags im Club und ein Mal in Santa Cruz, im Gambrinus.» Doch die Frau blickt Felipe unverwandt an. Legt ihre Hand auf seinen Jackenärmel, und Felipe guckt zu Boden, zu Anas Erstaunen zu Boden.

«Er trauert. Dein Vater trauert.» Sie drückt sanft Felipes Arm.

«Um wen?», fragt Ana, nachdem die Frau weitergegangen ist.

«Das war Merche, unsere Haushälterin.»

«Um wen trauert dein Vater?»

«Jose Antonio.» Felipe bleibt vor dem Brotstand stehen. Zwei, zeigt er der Verkäuferin mit den Fingern an.

Wir haben Brot, will Ana sagen und fragt stattdessen: «Wer ist das?»

«Sein Sohn.» Felipe beobachtet die Verkäuferin, die ihnen den Rücken zukehrt, die beiden Brote in eine Papiertüte gleiten lässt.

«Du hast einen Bruder?»

Felipe nickt.

«Ein Halbbruder?»

Kopfschütteln.

«Gleiche Mutter, gleicher Vater?»

Nicken.

«Du hast einen ganz normalen, richtigen Bruder?»

Nicken.

Anas Stimme hell vor lauter Ich-weiß-nichts-davon, atemlos, einige Oktaven zu hoch. Wir kriegen ein Kind, wir werden irgendwann heiraten, und ich weiß nichts davon.

«Du bist mit ihm aufgewachsen?»

Nicken.

Ana schlägt mit dem flachen Handrücken gegen seinen Bauch, nicht fest, aber ihr Arm schnellt unvermittelt vor. Hör auf mit dem Genicke!

Felipe legt ein Hundert-Pesetas-Stück auf den Tresen, nimmt der Verkäuferin, die reglos dahintersteht, unsicher, ob sie das Gespräch unterbrechen soll, die Tüte mit den Broten aus der Hand.

«Danke», sagt er und wendet sich zum Gehen.

Ana rührt sich nicht.

«Er ist bei einem Autounfall gestorben. Vor ein paar Jahren.»

«Wann?»

«83. Kurz bevor ich dich kennengelernt habe.» Felipe betont *bevor*.

# 59 Tage

**An der Plaza Weyler** stehen die Tische auf dem Bürgersteig vor
den Bars, die Stühle dicht besetzt, Schirme aufgeklappt, Kinder-
geheul und Gläserklirren. Der Himmel ist klar, keine Wolken,
keine Calima, die Sonne noch hinter den Dachfirsten. Dennoch
leuchtet das Türkis so hell, dass Ana die Augen zukneifen muss,
wenn sie nach oben blickt.

Ana wartet vor dem Estanco, mit dem Rücken zur Tür. Felipe
ist reingegangen, etwas zu trinken kaufen, sein Mund sei trocken,
sagt er. Als wenn es dort nichts gäbe, denkt Ana und sieht zur
Capitanía hinüber.

Die Flaggen auf dem Dach, blau-weiß-gelb Canarias und rot-
gelb-rot Spanien, hängen still herunter, kein Wind, auf halbmast.
Unseretwegen, denkt Ana. Das ist nicht ganz richtig, aber immerhin haben die Fahnen noch nie so viel mit ihr zu tun gehabt
wie heute.

Eine Flasche Wasser und zwei Lollis hat Felipe in der Hand,
als er aus dem Laden kommt, gelb-rot und flach. Ana schüttelt
den Kopf, als er ihr einen hinhält. «Haben die falsche Form», sagt
er, reißt die Verpackung auf und steckt einen in den Mund. Das
durchsichtige Zellophan fällt zu Boden, Felipe bückt sich nicht,
bemerkt es nicht, leicht trudelt es über die Gehwegplatten. Felipe
blickt zur Kaserne und sagt: «Also dann.»

Die Capitanía weiß, frisch gestrichen, die Fenster mit grauem
Stein gefasst, Scheiben vergittert, die braunen Holzläden ge-
schlossen. Früher standen vor dem Portal, rechts und links der
Treppe, zwei Zelte, rund, vielleicht anderthalb Meter im Durch-

185

messer, mit einem Dach, das aussah wie eine Haube, ein rot-gelb-roter Wimpel auf der Spitze. Die Eingänge der Treppe zugewandt, zum Unterstellen. Ana versucht sich zu erinnern, seit wann nicht mehr Tag und Nacht zwei Soldaten vor dem Aufgang Wache stehen.

Felipe ist nassgeschwitzt, stellt sie fest, während sie die Straße überqueren und der Wind ihm das Hemd gegen den Körper drückt. Der Stoff bleibt kleben, als die Böe wieder nachlässt, bekommt dunkle Flecken.

«Könnte deine Fruchtblase platzen? Jetzt? Bitte?», sagt er auf der Treppe. Ana lacht und schüttelt den Kopf.

Als am Vortag das Telefon geklingelt hat, ist Felipe bereits auf dem Weg nach La Laguna zu seinem Neun-Uhr-Seminar. Ana ist auf der Toilette, presst ein paar Tropfen Urin aus ihrer Blase. Die Kleine sitzt drauf wie auf einem aufgeblasenen Schwimmball, so stellt sie es sich vor. Das erste Klingeln des Telefons mischt sich mit dem Rauschen der Spülung. Ana ist nicht sicher, lauscht, betrachtet die Wassereinlagerungen an ihren Knöcheln, es ist kurz nach acht. Die Klimaanlage surrt. Es klingelt erneut.

Merche ist am Telefon. «Ich möchte Señor Bernadotte sprechen.»

«Er ist nicht da. Versuchen Sie es im Büro, er müsste in einer halben Stunde dort sein.»

«Es ist dringend.»

«Worum geht es?»

«Eine Familienangelegenheit.» Und, klack, Merche legt auf.

Ana ist ihr zweimal begegnet. Erst in der Markthalle und später in der Bäckerei Echeto, Bernarda war da noch zu Hause.

Ana nimmt die halbe Wassermelone aus dem Kühlschrank, bleibt kurz vor der geöffneten Tür stehen, zieht ihr T-Shirt vom Bauch, zählt still bis dreißig. Die nächste Stromrechnung wird eine Katastrophe.

Das T-Shirt lässt sie oben, nachdem sie die Tür wieder geschlossen hat, nimmt ein Messer, schneidet die Melone in Viertel, will gerade kleine Würfel aus dem einen herausschneiden, als das Telefon erneut klingelt.

«Ja?»

«Dem Herrn ist übel», sagt Merche. «Er ist zum Frühstück in den Club, wie immer, ganz normal, und eben kam er zurück, und ihm ist schlecht. Ich erreiche Señor Bernadotte nicht.»

«Rufen Sie einen Arzt», sagt Ana.

«Will der Herr nicht. Er liegt im Salon, als ich vorhin anrief, war er wach, jetzt antwortet er nicht mehr.»

«Rufen Sie einen Krankenwagen, um Himmels willen.»

«Er wollte einen nassen Lappen für die Stirn, vielleicht hilft das.»

«Ich rufe den Krankenwagen.» Ana legt eilig auf, ehe Merche nein sagen kann. Dass sie die Adresse nicht weiß, merkt sie erst, als sie danach gefragt wird. Eliseo ist da bereits tot, wird der Notarzt später feststellen, Herzinfarkt. War es schon, als Merche zum zweiten Mal anrief.

In der Capitanía ist es kühl. Der Soldat, der beim Eingang hinter einer Glasscheibe sitzt, bittet sie, einen Augenblick zu warten.

«Mi más sentido pésame», sagt er dann und: «Ihr Vater wird hier sehr vermisst.» Ana sieht Felipe an, ist sich seiner Reaktion nicht sicher, von Lachen über Weinen bis Schreien scheint alles möglich. Doch Felipe nickt nur. Danach stehen sie still nebeneinander, bis ein Uniformierter sie abholt.

Der Raum, in den er sie bringt, ist groß, die Fensterläden geschlossen, Sonne in den Ritzen. Warm ist es, gedämpftes Licht und brennende Leuchter, es riecht nach blakenden Kerzen. Ein Dutzend Gäste sind bereits versammelt, sie verstummen, als der Uniformierte Ana und Felipe zu dem aufgeklappten Sarg in der Zimmermitte führt, dort stehen bleibt und salutiert. Eliseo Bernadotte. Ana hätte ihn nicht erkannt, aber sie ist ihm auch nur drei Mal begegnet. In einer olivfarbenen Uniform, mit steil aufragender Nase und zu den Ohren herabgesunkenen Wangen. Ana kann sehen, dass Felipe nicht weiß, was er tun soll. Stumm den Kopf senkt, die Hände diskret vor dem Schoß faltet, aber gewiss nicht betet.

An der Wand ringsum Stühle, an der Stirnseite zwei schmale Tische, auf einem Wasser, Brandy, Birnensaft, Rotwein, die dazugehörigen Gläser, auf dem anderen Empanadas, Servietten, Oliven und Zahnstocher, gewürfelter weißer Käse, Anisgebäck und Truchas, mit Süßkartoffel gefüllt.

Dorthin ziehen sie sich zurück, Ana auf einen der Stühle, Felipe stellt sich dicht neben sie, mit dem Rücken zur Wand, gut versteckt hinter mehreren Reihen sich gedämpft unterhaltender Grüppchen in Uniform.

Trotzdem finden alle ihren Weg zu ihnen, «Mi más sentido pésame», sagen sie und drücken Anas Hand. Steuern erst sie an und dann Felipe, und es dauert eine Weile, bis Ana begreift, dass sie die Trauernden sind. Die Angehörigen. Die Gastgeber heute.

Viele tragen Uniform, die wenigen Ehefrauen erkundigen sich nach Anas Bauch, wann es so weit sei. Einige kennt sie aus dem Fernsehen, von den meisten weiß sie nicht, wer sie sind, und Felipe stellt Ana nicht vor. «Mi más sentido pésame.»

## 19 Tage

**Tagsüber hört Ana** das Telefon nicht klingeln auf dem Tischchen neben dem Sofa, denn Ana geht spazieren, Rosa in der Trage, nur wenn es sehr heiß ist, nimmt sie den Kinderwagen. Ana geht zur Plaza del Príncipe, setzt sich auf die Stufen des Pavillons und trinkt 7up. Fühlt nichts als das Gewicht des schlafenden Körpers vor der Brust, legt ihre klebrigen Lippen auf den Stoff von Rosas Mütze. Sieht den beiden Jungen zu, die Fangen spielen, immer um den Pavillon herum, immer wieder unvermittelt die Richtung ändernd.

Ana geht in den Parque García Sanabria, kauft bei einem der Wägelchen Schokolade. Will dem Papagei keine Erdnuss geben, sie schüttelt den Kopf, als die Verkäuferin fragt.

Die Schokolade ist mehlig, Ana wirft sie in den Mülleimer, als sie außer Sichtweite ist. Der Springbrunnen abgeschaltet, Palmenwedel und Laub sammeln sich in dem runden Becken. Ana bleibt nicht stehen, sieht den Rand nicht mal an, denn der ist gefährliches Gebiet. Prüft stattdessen mit den Lippen, ob Rosas Kopf nicht heiß, sie nicht zu warm angezogen ist. Auf dem Rand hat sie früher mit Julio und Bernarda gesessen und Eis gegessen, sonntags nach dem Spazierengehen. Im Sommer darf Ana die geröteten Füße, in deren Haut die Häkelsöckchen bereits ihr Muster geprägt haben, ins Wasser tauchen.

Auf den Seitenwegen scheucht sie Pärchen auf, unterbricht Küsse, Hände werden rasch unter T-Shirt-Stoff hervorgezogen oder bleiben reglos liegen, in der Hoffnung, sie werde die Fingerknöchelhügel, Ana erinnern sie an höckerbesetzte Saurierrücken, nicht bemerken. *María la Chivata*, das Polizeiauto, das früher die nächtlichen Straßen abfuhr und unverheiratete Pärchen einsammelte, gibt es nicht mehr. «Das Schlimmste war, sie haben die Eltern angerufen, die mussten einen auf der Wache abholen», hört Ana Bernarda sagen und beschleunigt ihre Schritte. Gefährliches Gebiet.

Im Skulpturengarten mag Ana eigentlich nur die Betonbrocken, die an unterschiedlich langen Drahtseilen von den Ästen des Affenbrotbaums hängen. Betrachtet die unregelmäßigen Bruchkanten, legt Rosa instinktiv ihre Handfläche aufs beflaumte Köpfchen.

Ana geht zur Mole, saugt frischgepressten Orangensaft durch einen Strohhalm, inmitten von Touristen. Ana singt nicht. Weder *A mi burro, a mi burro le duele la garganta* noch *La Chata Merengüela*, noch *Cinco Lobitos*, gefährliches Gebiet. Ana redet mit Rosa, erklärt ihr Sonnenbrand, erklärt Kreuzfahrtschiffe und unrasierte Waden. Erzählt ihr an der Plaza del Príncipe von den Konzerten, die im Pavillon stattfinden, im Parque García Sanabria vom Karneval, auf der Plaza Weyler von dem Karussell, das früher hier stand.

«Es ist Besuchszeit, wir könnten kurz vorbeifahren», schlägt Felipe immer wieder vor. Bernarda liegt erneut im Krankenhaus, seit einigen Wochen schon.

«Ich möchte mit Rosa da nicht hin. Die Keime», entgegnet Ana. Oder: «Ich habe kaum geschlafen, morgen gehe ich.» Oder einfach: «Bitte nicht heute. Bitte nicht.»

Felipe weiß nicht, was er sagen soll. Denn Julio hat angerufen, mit Absicht ihn angerufen, in der Universität. Hat sich vom Pförtner durchstellen lassen.

«Ist alles in Ordnung», hat er gefragt, statt einer Begrüßung, «mit der Kleinen?»

«Ja, natürlich.» Felipe will Zentimetergewinne und Zunahme in Gramm referieren, Julio unterbricht ihn.

«Dann verstehe ich nicht, wieso Ana nicht bei ihrer Mutter ist.»

«Ich dachte, sie war gestern da?»

«Nein. Ich erreiche sie nicht. Besetzt oder niemand geht ran, wenn ich bei euch anrufe. Bernarda braucht sie», hat Julio gesagt und aufgelegt.

«Die Leitung», hat Ana an dem Abend geantwortet. «Ich muss bei der Telefónica anrufen, es wird die Leitung sein.» Manchmal zieht sie seitdem nachmittags den Stecker raus, aber das weiß Felipe nicht. Löscht die Nachrichten vom Anrufbeantworter, ehe er nach Hause kommt.

«Lass es klingeln», sagt Ana, als sie nach dem Abendessen zusammen auf dem Sofa sitzen. Und als Felipe weiter zum Telefon blickt statt zum Bildschirm, setzt sie sich rittlings auf seinen Schoß und küsst ihn, bis es wieder still ist.

# 4 Tage

**Felipe fährt und denkt** wieder und wieder das Wort *Familie*. Meine Familie schläft. Ana auf dem Beifahrersitz, Rosa im Tragekorb auf der Rückbank. Felipe kontrolliert regelmäßig, dass der Gurt nicht verrutscht, im Rückspiegel.

Er hat Merche und Eulalia angeboten, sie auf dem Weg zu Hause abzuholen. «Dann müssen Sie extra abfahren. Wir nehmen den Bus», hat Merche geantwortet. «Die Karten gelten bis Monatsende.»

Der Verkehr auf der Autopista ist mäßig, auf der Gegenfahrbahn, Richtung Santa Cruz, Stop-and-go, er hätte Ana mehr Schlaf gegönnt. Beim Notar letzte Woche war er alleine.

Merche steht neben der Pforte. Wartet nicht im Haus, öffnet nicht die Tür, wie sie es sonst immer getan hat. Den Haustürschlüssel hält sie in der rechten Hand, Felipe sieht den Schlüsselanhänger, eine Metallplakette mit der heiligen Candelaria, an der Ellbogenbeuge zwischen ihren Fingern hervorlugen. Ihre Arme sind wie immer vor der Brust verschränkt, die Aufschläge der graublauen Strickjacke zusammenhaltend, die sie sich zu den Heiligen Drei Königen auf Eliseos Geheiß hin als Geschenk von ihm gekauft hat. Aber das weiß Felipe natürlich nicht.

Eulalia, neben ihr, lächelt. Sie kommt weiterhin zweimal die Woche, sieht nach dem Rechten, fegt, sammelt zusammen, wischt ein wenig Staub. In den ersten Tagen nach der Beerdigung hat Felipe nicht schlafen können, weil er sie entlassen muss. Seitdem schiebt er den Anruf vor sich her. Der Notar hat angeboten, er könne das für ihn regeln, und einen Moment hat Felipe gezögert.

Er wird sie heute fragen, ob sie sich nächste Woche treffen können. In seiner Mittagspause, am besten in einem Café.

Felipe winkt ihnen durch die Windschutzscheibe zu. Beide heben gleichzeitig die Hand, rühren sich nicht, sehen zu, wie er um das Auto herumgeht. Felipe öffnet die Tür der Beifahrerseite, legt Ana die Finger auf die Schulter. Sie zuckt zusammen, reißt die Augen auf, sieht ihn einen Moment verwirrt an und dann an ihm vorbei.

«Wir sind da.» Felipe deutet hinter sich.

«Aber das ist es doch gar nicht», sagt Ana. «Das ist das falsche Haus.»

Zweistöckig, dennoch sieht es irgendwie flach aus, erbaut in den fünfziger Jahren, hellorange gestrichen. Eine Gartenmauer, zur Straße weiß, mit einer großen silberfarbenen Einfahrt und einem Holztor in asiatischem Stil, an dem eine Bougainvillea wächst. Dahinter führen ein paar Stufen hoch zum Eingang.

Die Tür ist aus klar lackiertem Holz, alle paar Zentimeter laufen Spalten herunter und riffeln sie. Merche sieht Felipe an, wartet, dass er seinen Schlüssel aus der Tasche holt. «Bitte.» Felipe muss sie auffordern, damit sie ihren ins Schloss schiebt und öffnet. Nach wenigen Zentimetern stößt das Holz auf Widerstand.

«Die Post», sagt Merche und schiebt die Tür vorsichtig auf, bis der Spalt breit genug ist, dass sie nach innen greifen kann. Sie hebt die Post auf, sortiert die Briefe im Gehen.

Im Eingangsbereich steht links an der Wand ein Garderobenschrank, ein kleines rundes Sesselchen, ein braun verfärbter Spiegel, daneben ein Holzbrett, an dem Schuhanzieher und Kleiderbürste hängen, ein einzelner schwarzer Schirm im Ständer. Rechts steht eine Tür offen, ein Bad. «Für Gäste», sagt Merche, als sie Anas Blick bemerkt.

Merche legt einige der Briefe auf die Konsole neben der Arbeitszimmertür. «Ich sehe mal nach der Küche», sagt sie. Dreht sich auf halbem Weg noch einmal um, nimmt die Briefe von der Konsole, schüttelt stumm den Kopf und reicht sie Felipe.

Der schiebt sie in die Jacke. Ana wird sie einige Wochen später wiederfinden, als sie die Taschen vor dem Waschen kontrolliert. Die Stromrechnung, eine Einladung, Werbung für eine Once-Sonderziehung. Einen Moment sieht es aus, als wolle Felipe die Treppe zum ersten Stock hochgehen. «Was machen wir hier», fragt er stattdessen und blickt nach oben.

«In Augenschein nehmen», antwortet Ana, sie wiederholt nur die Worte des Notars. Traut sich nicht, Türen zu öffnen, die Schubladen, die Schränke. Alles ist noch geordnet und beisammen, sauber und gut gepflegt.

«Was meintest du vorhin?» Felipe dreht sich nach ihr um.

«Womit?»

«Es ist das falsche Haus.»

«Nichts», sagt Ana und beginnt zu wippen, als hätte Rosa sich bewegt, blickt hinab auf Rosas schwarz behaarten Kopf. Legt ihre Lippen auf den dünnen Flaum, bis Felipe weitergeht, sie seine Schuhsohlen auf dem Fliesenboden hört. Sie hat es sich angeguckt, heimlich, vor einigen Jahren in der vorlesungsfreien Zeit im Sommer. Das falsche Haus, kurz nachdem sie Felipe kennengelernt hatte.

Das Esszimmer wirkt, als wäre es schon länger nicht benutzt worden, die Obstschale in der Tischmitte leer. Im Salon liegt eine Tageszeitung, aufgeschlagen und wieder falsch zusammengelegt auf dem Couchtisch, eine nicht zugeklappte Brille, auf dem Sofa eine ordentlich gefaltete Decke. Dort ist er gestorben.

Ana fragt sich, ob Felipe gerade dasselbe denkt. Geht dicht hinter ihm her, ohne etwas anzufassen, langsam am Esstisch vorbei und in den Salon, durch den schmalen Gang zwischen Couch und Tischchen, einmal um ihn herum, ohne anzuhalten oder irgendwas zu berühren. Wie im Museum, denkt Ana.

Felipe betrachtet die Wände, sieht zur Decke, als würde er

tatsächlich deren Wert abschätzen, überlegen, wie zu verfahren sei.

Ein kleines, fensterloses Durchgangszimmer, die Türen ledergepolstert, die Wände mit hellblauer Seide tapeziert. An der Wand ein Flügel, zugeklappt, daneben eine Truhe mit Plattenspieler und Radio. In der Mitte des Raums zwei Stühle, die Polster an den Rändern in Fäden, stellt sie fest, als Felipe den einen vom anderen hebt. Eine Messinglampe mit gesprungenem grünem Glasschirm auf dem Polster des zierlichen Sofas.

Felipe legt seine Hand auf die hellblaue Seidentapete, beobachtet Anas Gesicht, während er gegen die Wand drückt, die unter seinen Fingern zurückweicht. Das hat er als Kind seinen Freunden vorgeführt, wenn er sie beeindrucken wollte, kapiert Ana.

«Schalldicht gepolstert», sagt Felipe. «Das Musikzimmer. Dabei konnte niemand Klavier spielen. Manchmal hat meine Mutter hier genäht.»

Im Garten stolpert Ana, als sie hinter Felipe über die Rasenfläche geht, legt instinktiv ihre Arme um Rosa. Sie wacht nicht einmal auf. Ana blickt hinab auf die rötliche Steinkante, die sich unter den Halmen abzeichnet. An einigen Stellen liegt sie frei: eine viereckige Umrandung, vielleicht einen halben Meter breit, Ecken gleichmäßig abgerundet, wie ein Bilderrahmen, ein riesiger Bilderrahmen, der sich von unten aus der Grasnarbe hervorarbeitet. Die Erde innerhalb ist ein wenig eingesunken, einige Zentimeter tiefer als außen.

«Was ist das?»

«War mal ein Schwimmbecken.» Felipe deutet auf zwei rostige Dreiecke, Metallrohre, die parallel aus dem Boden wachsen, Blumentöpfe mit roten Geranien stehen dazwischen. «Das war das Geländer der Leiter. Mein Vater hat ihn irgendwann zuschütten lassen, ich bin mir nicht sicher, ich glaube, er konnte nicht schwimmen. Der Pool war für Jose Antonio.»

Felipe geht auf das Häuschen an der Mauer zu. «Hier waren Liegestühle und Luftmatratzen drin. Jetzt hält er seine Vögel da.» Er drückt die Türklinke hinab, abgeschlossen. «Ich hoffe, irgendjemand hat die gefüttert.»

Felipe legt sein Ohr an die Tür, doch das ist gar nicht nötig. Ana hört auch so das Tacktacktack.

«Der Gärtner kümmert sich», sagt Merche, als sie wieder in der Küche stehen.

Man könnte aus dem Nähzimmer, in dem niemand genäht hat, ein Kinderzimmer machen und aus dem Musikzimmer ohne Fenster, in dem niemand Musik gemacht hat, ein Bad, denkt Ana. Und oben die Wand herausnehmen zwischen dem einem Kinderzimmer und dem Elternschlafzimmer. Aus dem anderen Kinderzimmer das Gästezimmer machen.

«Nehmen Sie, was Sie möchten. Ich bezahle den Transport», sagt Felipe.

Merche schüttelt den Kopf, legt ihre Hand kurz auf Felipes.

«Nein, das kann ich nicht annehmen.»

«Bitte. Was Sie nicht nehmen, werde ich wegschmeißen.»

Ana öffnet den Mund und schließt ihn gleich wieder. Was meintest du, es ist das falsche Haus? Legt ihre Hände auf Rosas Rücken, ganz sanft, um sie nicht zu wecken. Der Barwagen gefällt ihr. Die Sofas müssten raus, die dunkle Schrankwand mit den Vitrinentüren im Esszimmer. Die kleinen Sessel im Salon hingegen mag sie.

Merche und Eulalia verabschieden sich, und Felipe fragt nicht: «Können wir uns nächste Woche treffen?», sondern gibt Eulalia die Hand, küsst flüchtig ihre Wange, als sie ihr Gesicht auf seines zubewegt. Überlegt noch, wie schlimm es wäre, wenn er es doch dem Notar überlässt, als Ana sagt: «Ich hab Hunger.» Immerhin hat Merche das Häuschen geerbt, in dem sie leben.

Sie essen, was sie finden können. Eine Packung Rosquetes und Oliven mit Anchovis. Er öffnet eine Dose Thunfisch. Der Kühlschrank leer, bis auf eine halbe Flasche Rotwein, Senf und ein Glas Mojo.

«Was möchtest du mit dem Haus anfangen?», fragt Ana so beiläufig wie beabsichtigt, während sie den Wein in die Spüle kippt.

«Keine Ahnung. Sprengen?»

Später sitzt Ana im Arbeitszimmer in einem Sessel, stillt Rosa und sieht Felipe zu, der die Papiere durchgeht, wie er es nennt. Gierig. Kein anderes Wort passt, gierig. Erregt und hastig zieht Felipe die Schubladen aus dem Schreibtisch, schiebt ihren Inhalt hin und her, stapelt und schlägt Ringordner auf. Pappschachteln mit Korrespondenz, Dokumentenmappen aus Leder. Liest hin und wieder ein paar Zeilen, wirft hin und wieder ein Blatt in den Papierkorb, später auch gleichgültig daneben auf den Teppich. Rosa döst ein, hört immer wieder auf zu saugen, Ana möchte nach Hause, ihr Rücken tut weh vom Tragen.

«Sieh mal», sagt Felipe, hält in jeder Hand die Hälfte eines in der Mitte durchgerissenen Blattes. «War so im Umschlag.» Ein Brief, einmal gefaltet, einmal in der Mitte in zwei Hälften gerissen.

«Er hat ihn durchgerissen, aber nicht weggeworfen», sagt Ana. «Sondern aufbewahrt.» Sie wechselt die Brust, legt Rosa links an.

Felipe liest laut: «Ich möchte noch einmal unsere Überzeugung bekräftigen, dass es keiner weiteren Untersuchung des Unfallhergangs vom 01.10.1983 bedarf, zudem eine solche für keine der Parteien wünschenswert ist. Hinsichtlich der Identität des im selben Fahrzeug ebenfalls tödlich verunglückten Zivilisten, seiner Vorstrafen und Veranlagung bestehen keinerlei Zweifel. Seien Sie versichert, Coronel, dass das Artillerie-Regiment *Mesa Mota* Ihren Sohn in ehrendem Angedenken halten wird.»

Felipe liest erneut, leise dieses Mal.

«Es geht um den Unfall, bei dem Jose Antonio gestorben ist», sagt er schließlich. «Anscheinend war noch jemand mit ihm im Auto.»

Er beginnt wieder in der Schublade zu kramen. «Hier ist noch einer.» Er zieht zwei weitere Hälften aus einem Umschlag. Hält sie hoch.

Ana ist eingeschlafen, stellt er fest. Ihr Kopf nach vorne gesunken, ihre dunklen Haare mittig geteilt durch den hellen Scheitelstreifen. Rosa, in ihrem Schoß, rührt sich nicht. Er legt die beiden Streifen aneinander.

*Sehr geehrter Coronel Bernadotte,*

*ich würde ein persönliches Gespräch vorziehen, aber Ihren Wünschen entsprechend, beantworte ich Ihre Fragen auf diesem Weg. Ihr Sohn hat am 09. 06. 1981 bei seiner Aussage im Zuge der Untersuchung des Dienstverstoßes vom 23. Februar 1981 erklärt, er habe in der Nacht des 23. Februars Kontakt mit besagtem Zivilisten gehabt und sich in dessen Gesellschaft befunden, als er befehlswidrig der verhängten Ausgangssperre nicht Folge leistete. Daher gehen wir davon aus, dass sich beide bei dem Unfall am 01. 10. 1983 nicht zufällig im selben Fahrzeug befanden. Ihr Sohn ist bei seiner Anhörung am 09. 06. 1981 über die Vorgeschichte des besagten Zivilisten aufgeklärt worden.*

Dreimal muss Felipe lesen, ehe er zu verstehen glaubt. «23. Februar 1981?» Er steht auf. «Das ist die Nacht von Tejero.»

Ana bewegt sich, nimmt den Kopf hoch, lehnt ihn seitlich ans Sesselpolster, wacht aber nicht auf.

«Ana!» Auf dem Weg zum Sessel reißt er das Telefon vom Schreibtisch, der Hörer landet neben dem Apparat, gedämpft ertönt das Freizeichen. Als er Anas Schulter berührt, fährt sie hoch. Weckt Rosa, die leise zu greinen beginnt, schiebt ihr die Brustwarze wieder in den Mund.

«Hör zu.» Felipe liest vor, sieht Ana, nachdem er geendet hat, erwartungsvoll an. Ana legt sich Rosa über die Schulter und wippt sacht, damit sie aufstößt.

«Die Nacht des Militärputsches. Jose Antonio muss irgendwas damit zu tun gehabt haben.»

«Weiß ich nicht. Lass uns nach Hause …»

«Warum sollte er sonst in der Putschnacht nicht in der Kaserne gewesen sein, entgegen dem Befehl? Es gab sogar eine Untersuchung gegen ihn.»

«Schon gut», entgegnet Ana müde. «Aber ich will jetzt heim.»

**«Du musst», hat Felipe** vor einer Stunde zu Hause gesagt. «Ana, du musst.»

Da sitzt Ana auf dem Sofa, in Schwarz, Felipe hat sie überredet, sich umzuziehen.

Das Krankenhaus hatte in der Uni angerufen. Ana und Rosa sind tatsächlich nicht zu Hause, als Felipe in Santa Cruz ankommt. «Spazieren», sagt sie, als sie in der Tür steht und Felipe ein «Wo warst du?» nicht unterdrücken kann. Rosa schläft in der Trage vor Anas Brust, wacht auch nicht auf, als Felipe sie herauszieht und in den Wipper legt. Sehr sorgsam macht er das, denn was jetzt kommt, wird furchtbar. «Die Klinik hat angerufen», sagt er schließlich.

Ana rührt sich nicht, sieht nirgendwo hin. Nur die Schweißflecken in dem mintgrünen T-Shirt wachsen, Felipe kann sehen, wie sie größer werden unter ihren Achseln. Rosa bewegt im Schlaf die Arme, Felipe hört Ana ausatmen, in einem Zug und so, dass Brustkorb und Schultern ein wenig zusammensinken, als hätte sie bis eben die Luft angehalten.

Ana macht einen Schritt auf Rosa zu. «Sie ist unruhig», sagt sie. «Ich geh noch mal mit ihr raus.»

«Nein.» Felipe greift nach ihrem Arm, ganz vorsichtig, und Ana hält inne. «Nein, Ana. Nein. Es ist wirklich ernst.»

Felipe ist mit ihr ins Schlafzimmer gegangen. Als Ana nur am Bettende steht und sonst nichts tut, öffnet er ihre Seite des Schranks, nimmt die dunkelste Bluse vom Bügel. «Dein T-Shirt», sagt er. Ana zieht es über den Kopf, lässt es aufs Bett fallen und steht wieder mit hängenden Armen nur da. Felipe hat ihr die Bluse hingehalten, die Knöpfe für sie geschlossen, von unten nach oben, wie in einer rückwärts abgespielten Filmszene. Normalerweise knöpft er Anas Blusen auf, von oben nach unten. Hat ihr den Rock hingehalten, sie stützt sich an seinen Schultern ab, als sie hineinsteigt.

Die Strumpfhose nimmt sie ihm aus der Hand, so macht man das nicht. Er hatte versucht, sie über ihre Zehen zu ziehen, das Nylon war an ihren Nägeln hängen geblieben. Ana hat den Strumpf genommen, ihn zusammengerafft, ihn dann über den Fuß gezogen und mit belehrendem Blick ihren Schenkel hinauf. Ana weint nicht. Felipe sitzt vor ihr auf dem Boden, die Fliesen unter ihm kalt durch den dünnen Stoff des Anzugs, sieht Ana an. Sie steckt die Bluse in den Rock.

«Du brauchst eine Jacke», sagt er und ist froh, dass Rosa schläft. Er steht auf und holt seine schwarze Krawatte aus dem Schrank.

«Ich kann einfach nicht», sagt Ana. «Ich kann einfach nicht ohne sie.»

Felipe nimmt den Henkel des Wippers, Rosa döst noch immer, rührt sich nicht, als er sie anhebt und zur Nachbarin bringt, Amparo. Ana hat sich in den letzten Wochen mit ihr angefreundet.

Julio sagt nichts. Blickt kurz auf, als sie den Raum betreten, sieht wieder auf seine Hände und sagt nichts. Die Versicherung schickt einen Wagen, der sie abholt, hat ihnen die Krankenschwester vor der Tür erklärt. Bernarda trägt noch den Krankenhauskittel. Hellblau.

1981

# EL CARNAVAL
# DE 1981

**Die Vorbereitungen** für die Karnevalberichterstattung von *El Día* sind am Montag, den 23. Februar, bereits abgeschlossen. Das Brett mit den angepinnten Themen und Zeilenzahlen für die morgige Ausgabe füllt sich: die Kandidatinnen für das Amt der *Karnevalskönigin 81* mit Gruppenfoto. *Real Madrid oder Real Sociedad?* Ausblick auf die letzten Spiele in der engsten Meisterschaft der Geschichte. *Die kommunistischen Abgeordneten ein halbes Jahr nach der Legalisierung* für die Meinungsseite. Interview mit dem Vorsitzenden des Karneval-Komitees von Santa Cruz. *Erneut Razzien gegen ETA-Sympathisanten im Baskenland.* Das *Alle satt für 250 Pesetas*-Rezept. *Die Zukunftspläne des Adolfo Suarez* nach seinem Rücktritt als Ministerpräsident vor knapp vier Wochen. Der zweite Versuch, Leopoldo Calvo Sotelo zu seinem Nachfolger zu wählen, noch mit rotem Rahmen, unter Vorbehalt.

Die Zettel flattern im Luftzug, das Fenster in der Ecke ist gekippt, der Wind drückt in Böen in die Redaktion. Die ersten Mitarbeiter greifen nach ihren Jacken, rauchen eine letzte Zigarette vor dem Heimweg, als sich um 18 Uhr 41 der immer länger werdende Papierstreifen auf dem Tisch vor dem Teletipo zusammenrollt. Der Sportredakteur reißt ihn ab, im Vorbeigehen, er ist auf dem Weg, das Fenster zu schließen. Bleibt überrascht stehen, liest vor: *Oberst Tejero hat an der Spitze einer Einheit der Guardia Civil den Congreso de los Diputados besetzt. Die Regierung des Landes befindet sich darin. Es gibt Gerüchte über einen Aufstand von Militäreinheiten in Valencia.*

Und niemand versteht zunächst.

**Ana sitzt zur selben Zeit** an der Avenida de la Trinidad auf dem höheren Ende der Stufe vor dem Eingang von Marrero Electrodomésticos und raucht. Das sind die einzigen Veränderungen in ihrem Leben seit dem Bachiller: Sie hilft im Laden ihres Vaters aus und hat angefangen zu rauchen. Einmal die Stunde setzt sie sich auf das höhere Ende der Stufe, stellt ihre Füße in den weißen Segelschuhen nebeneinander auf die abschüssige Straße, presst die Knie zusammen, damit niemand unter ihren Jeansrock gucken kann. Blickt ab und an hinter sich, zählt ab, wie viele Kunden im Gang zwischen den großen Glasvitrinen darauf warten, bedient zu werden.

«Wir sind kein Supermarkt, wo alle alles begrabbeln», sagt ihr Vater. Die Waren liegen in deckenhohen Vitrinen an den Wänden hinter Glas. Radios, Eierkocher, Toaster, Kaffeemaschinen. Küchenwagen, Uhren, Trockenhauben, elektrische Messer. Im ersten Stock: Fernseher, Plattenspieler, Lautsprecherboxen, keine Fotoapparate, dafür Ventilatoren in allen Größen – für die Handtasche, fürs Auto, den Tisch, freistehend und zum An-die-Decke-Hängen.

In fünf Tagen, am Samstag, beginnt der Karneval. Ana muss die Schaufenster fertig machen, heute noch, die anderen Läden an der Trinidad sind bereits geschmückt. Besser als Bilderrahmen, Kerzenständer, Aschenbecher, denkt Ana. Für den ersten Stock sind Ernesto und Maribel zuständig, Pilar, wenn beide beschäftigt sind. Allenfalls Eieruhren, Wandbarometer, Wecker darf Ana den Kunden zeigen, zu den Geräten muss man sich hocharbeiten.

«Als ich den Laden vom alten Marrero übernommen habe, war er nichts als ein Raum mit staubigem Betonboden, Werkbank, vielleicht ein Lötkolben und nichts weiter», sagt ihr Vater. Ana kann mitsprechen, an manchen Tagen tut sie das auch.

Sie wirft ihren Zigarettenstummel auf die Straße, betrachtet den geraden Rauchfaden, der vom Asphalt aufsteigt, bis der 104er-Bus über ihn hinwegfährt.

Die Kartons mit dem Karnevalsschmuck stehen hinter der rechten Vitrine, in der Ecke, die die Kunden nicht einsehen können. Früher ist Bernarda am Abend, nachdem die Schaufenster geschmückt worden waren, mit Ana gucken gekommen. Harlekinmasken aus dünnem Plastik, Ränder eingerissen, die weißen Wangen mit Fliegenschiss gesprenkelt, aber das sieht man von draußen nicht. Pinke Pappflamingos mit Zylinder und rosafarbenen Federschwänzen. Von Tesafilm zusammengehaltene Girlanden, deren Farben langsam ausbleichen, tiefrote und dunkelgrüne Balken unter den Klebestreifen. Von den goldenen und silbernen bröselt der Glitzer.

Ana hört Julio nicht aus seinem Büro kommen, glättet gerade eine Girlande auf dem Tresen, Glitzer auf dem Pullover, unter ihren Fingernägeln. Sie hätte gerne Handschuhe.

«Wir schließen», sagt Julio. Und nichts weiter, keine Begründung. «Wir schließen», wiederholt er, als niemand sich rührt.

«Einfach so?», fragt Maribel.

Und Julio Baute nickt, erwidert ihren Blick nicht, sondern wickelt die Glaskanne der Kaffeemaschine noch einmal extra in Seidenpapier, ehe er sie mit sauber aufgerolltem Kabel, Styropor oben und unten, in den Karton zurückschiebt. Reicht, nachdem Maribel die Scheine in die Fächer der Kassenschublade sortiert und das Wechselgeld herausgegeben hat, lächelnd der Kundin ihre Tüte. «Viel Freude damit», sagt Julio und an die Wartenden gewandt: «Es tut uns leid, Sie müssen an einem anderen Tag wiederkommen.»

Er nimmt den Schlüssel aus der Schublade neben der Kasse, wartet an der geöffneten Ladentür, bis die letzte Kundin kopfschüttelnd auf der Avenida de la Trinidad steht.

«Fahr nach Hause, ich mache die Kasse», sagt er zu Ana.

«Was ist los?»

«Nichts. Fahr nach Hause zu deiner Mutter, ich gebe dir Geld fürs Taxi.»

«Ich kann den Bus nehmen.»

«Nein.» Julio Baute tastet sein Jackett ab, findet das Portemonnaie, zählt sieben Hundert-Peseta-Stücke ab und hält sie Ana hin.

«Ich muss noch in den Supermarkt», antwortet Ana und nimmt das Geld nicht.

«Los», sagt Julio wütend, greift nach ihrem Oberarm und zieht Ana in Richtung Tür, legt dort die Münzen auf ihre Handfläche und schließt ihre Finger darum. So fest, dass Ana aufschreit, ein wenig Haut ist zwischen den zusammengepressten Rändern eingeklemmt.

«Was ist denn?» Ana kriegt Angst, sie ist deutlich in ihrer Stimme zu hören. «Papa, was ist passiert?»

Der Taxifahrer sagt es ihr schließlich, legt den Zeigefinger an seine Lippen, sie solle still sein, und deutet auf das Radio. Fußball hat Ana gedacht, als sie eingestiegen ist, die laut gestellte Stimme des Moderators überschlägt sich.

Der Verkehr ist eigentlich wie immer, nur dass auf dem Gehweg einige Passanten rennen. Hand in Hand eine Frau mit ihrem Kind, ein Mann mit zwei Einkaufstüten rechts und links. Drei Herren in Anzügen kommen im Laufschritt die Calle Herradores hinab. Andere bleiben stehen und sehen ihnen staunend hinterher.

«**Haben Sie das Radio angeschaltet**, Coronel?» Ortiz, Eliseo Bernadottes letzter Adjutant, ist am Telefon. Ohne einen Gruß, ohne: wie es ihm gehe.

Daher schweigt Eliseo, anstatt zu antworten, ein wenig außer Atem ist er auch. Ist zu Fuß aus dem Club heimgegangen, war dabei, die Haustür aufzuschließen, als der Apparat im Arbeitszimmer zu läuten anfing.

«Die Abstimmung im Parlament ist unterbrochen. Wissen Sie – haben Sie?» Der letzte Teil des Satzes schwingt durch die

Luft wie eine fallende Feder, in Bögen mal zur einen, mal zur anderen Seite, sinkt gemeinsam mit der Hoffnung, die Ortiz in Eliseos überlegene Kenntnisse setzt.

«Nein», gibt Eliseo schließlich zu.

«Schalten Sie das Radio ein, Coronel, *Cadena SER*.»

«Ich muss es erst holen.» Eliseo legt auf, ehe die Feder den Boden berührt. Er schaltet den Fernseher ein, nichts, ein Schwarz-Weiß-Film, zwei Mädchen stampfen Trauben in einem Bottich.

Merche hört beim Abwaschen Musik, sie ist vor knapp einer Stunde nach Hause gegangen. Ihr Radio steht in der Küche auf der Fensterbank.

Die Küche betritt er ungern. Unbefugt, er fühlt sich unbefugt, als wenn sie weniger ihm gehöre als die anderen Zimmer im Haus. Merches Schürzen hängen an den Haken hinter der Tür, ihr Schirm, mehrere Einkaufsbeutel. In ihren Pausen sitzt sie meist am Küchentisch, isst dort ihr Mittagessen, sobald er mit seinem fertig ist.

Auf dem Herd steht die Kasserolle mit dem Potaje, den er sich auch heute Abend nicht warm machen wird. «Dabei ist es so einfach», sagt Merche jeden Morgen. Das Tablett mit dem übrigen Abendessen – ein Streifen Tortilla española, ein Schüsselchen Oliven mit Anchovis, etwas Serrano, drei Scheiben Weißbrot – wie immer auf dem Küchentisch unter einer Plastikglocke. Daneben eine halbe Flasche Rotwein und ein Glas. Jeden Abend steht dort eine halbe, nie eine ganze Flasche. Merche füllt heimlich um, vermutet Eliseo. Als könnte er sich nicht jederzeit eine Flasche aus der Speisekammer holen. Und noch eine. Und noch eine. Wenn er wollte.

Das Radio hat kein Kabel, aber es geht sofort an, als er den Regler schiebt, *Cadena Siete Islas* ist eingestellt. Den Teller nimmt Eliseo mit der Linken, klemmt den Apparat mit dem Unterarm gegen den Bauch, die Weinflasche in die Rechte, den Glasstiel zwischen zwei Finger, sodass er auf dem Weg ins Arbeitszimmer mit der Zeigefingerkuppe das Rädchen am Radio drehen kann, auf der Suche nach *Cadena SER*.

«... mehr und noch mehr und noch mehr», die Stimme des Ansagers nicht ganz eben, die Silben holpern, «kommen jetzt in den Plenarsaal. Ich wiederhole erneut: Seit wenigen Minuten ist die Wahl des Ministerpräsidenten unterbrochen. Uniformierte Kräfte, Guardia Civil, haben den Sitzungssaal betreten, die Abgeordneten wurden aufgefordert, sich auf den Boden zu legen ...» Eliseo hält das Radio verkehrt herum, presst den Lautsprecher an sich, die Bässe lassen seine Bauchdecke vibrieren. Bleibt mitten im Flur stehen, als das G, P, jedes D, das T von *golpe de estado*, Staatsstreich, sich in Wellen zwischen seinen Rippenbögen ausbreitet. Eliseo würde gerne das Radio umdrehen, setzt sich wieder in Bewegung. Es könnte auch ein Antiterroreinsatz sein, gegen die ETA. Die Fernsehbilder der letzten Wochen eine unübersichtliche Folge von Attentaten, Beerdigungen, Verhaftungen, Attentaten.

Der Knall, genau genommen sind es drei, drei sehr kurz hintereinander abgegebene Schüsse, der Knall schickt einen schmerzhaften Ruck durch seinen Körper. Es klingt, als wären sie im Vorgarten abgegeben worden. Der Tortillastreifen rutscht vom Teller, landet auf dem Läufer, nicht auf den Fliesen.

**Der Fahrer bemerkt Mercedes** erst in der Kurve vor La Cuesta, gerade als sie an dem Schild vorbeikommen, weiß steht dort KODAK auf schwarzem Grund. Mindestens drei mal zehn Meter, auf einem Holzgestell, Mercedes hat einmal dahinter gepinkelt, ihre Mutter hat sie gehalten, so lange ist das her. Auf dem Weg zum Arzt sind sie gewesen, auf dem Weg nach Santa Cruz, Merche hatte meist nur das Geld für eine Fahrt. Hin ging es bergab und zurück bergauf, und so sind sie meist zu Fuß hingegangen, und Merche hat vor der Praxistür erfolglos versucht, mit der Handfläche den Staub von ihren Kleidern zu klopfen und zu wischen. Als Mercedes plötzlich muss, ist Sommer und kein bisschen Busch ist grün und blättrig, darum hat Merche sie hinter das Schild gezogen.

«Was heißt *Kodak*?», hat Mercedes gefragt. Merche hat die Schultern hochgezogen, sie wieder sinken lassen, «Irgendwas» geantwortet.

Und gerade als sie an dem Schild vorbeikommen und Mercedes sich wie immer freut, dass sie seit ihrem ersten Job im Süden weiß, was Kodak heißt, denn dort haben die Pappschachteln mit den Filmen in Körben neben der Kasse gelegen, ruft der Fahrer: «Hey, du.»

Mercedes blickt weiter aus dem Fenster. «Du mit dem lila T-Shirt, Fahrschein oder raus.»

Eigentlich ist es ganz einfach. Der Trick ist, gleichzeitig mit den Alten einzusteigen, während sie sich mit einer Hand an der Stange im Eingang festhalten, sich hochhieven. Alte Frauen sind besser als Männer, bieten mit ihren Taschen und Strohhüten und Strickjacken über voluminösen Brüsten und Bäuchen mehr Sichtschutz. Lenken den Fahrer ab, indem sie ihn begrüßen, darauf bestehen, ihn «mein Junge» zu nennen, zu erklären, wo sie hinwollen und warum. Man muss sich klein machen und hinter ihnen durchdrängen, schnell im Dickicht der im Mittelgang Stehenden verschwinden. Über dem Fahrer hängt ein runder Spiegel, und wenn man Glück hat, zählt die Alte mühsam genug die 55 Peseten ab, dass er nicht hochguckt, sondern ins Portemonnaie deutet, auf die noch fehlenden Münzen.

Als Mercedes vorhin in den Tiefen des Busses verschwand, hat der Fahrer nach unten gesehen, auf das Radio, das er mit einem Gürtel unterhalb des Lenkrads an der Lenksäule festgebunden hat. Jetzt fragt er ein letztes Mal «Fahrschein?», und als Mercedes ihn nur stumm im runden Spiegel anblickt, tritt er auf die Bremse und öffnet die Türen.

«Raus», sagt er, nachdem die im Mittelgang an den Schlaufen

Hängenden ihr Gleichgewicht wiedergewonnen haben und die Rufe verstummen. «Es geht erst weiter, wenn sie draußen ist», an die Fahrgäste gewandt.

Schieben und Zischen. Eine Frau kneift ihr in den Oberarm, und Mercedes lacht und springt auf das schmale Stück Teer zwischen Bus und Staub und Geröll. Es ist ja nicht mehr weit.

Mit dem Pferd ist sie erst seit einigen Monaten unterwegs. Die meisten anderen, die sie von früher kennt, vom Schrottplatz hinter der Siedlung, wo sie Abklatschen und Wer-am-meisten-Kaugummis-bei-Munditos-Laden-Klaut gespielt haben, reiten schon lange. In den Hängen hinter La Cuesta, in einem Rohbau, wohnt Juanito, von dem sie ihr Zeug kriegt. In der letzten Woche ist das Pferd täglich durch ihre Adern galoppiert. Nach dem Karneval hört sie auf, hat Mercedes entschieden.

Zuerst hat es niemand kapiert. In der Apotheke keine skeptischen Blicke, wenn sie «für meine zuckerkranke Mutter» Kanülen kauft.

«Was hast du da am Arm?»

«Mückenstiche» funktioniert als Antwort, «entzündete Mückenstiche» danach nur kurz. Stachel, hat sie dann behauptet. «Ich wollte Kaktusfeigen abbrechen und hab nicht aufgepasst.»

«Ohne Handschuhe? Spinnst du?» Mercedes hat die Schultern hochgezogen. «Geh zum Arzt», hat ihre Mutter gesagt. «Das ist nicht normal.»

**Eliseo Bernadotte wählt,** nach wie vor besetzt. Behält den Hörer in der Hand, unterbricht nur die Verbindung, wählt erneut. Erst lange nichts und dann: besetzt. Keine Meldung, dass die Leitungen unterbrochen wären, Eliseo dreht das Radio wieder lauter.

«Milans del Bosch, Kommandeur der Militärregion 3, hat in Valencia den Ausnahmezustand ausgerufen.» Die Stimme des Sprechers noch immer erstaunt.

«Artikel 2: Der Kontakt von Zivilisten und bewaffneten Einheiten ist verboten. Die Einheiten werden ohne Zögern und ohne Rücksicht jede gegen sie gerichtete Aggression mit größter Energie zurückschlagen. Ebenso jegliche Aggression gegen Gebäude, Einrichtungen, Kommunikations- und Transportwege, die Trinkwasser- oder Elektrizitätsversorgung und Lager für Güter der Grundversorgung.»

Freizeichen. Zum ersten Mal, seit Eliseo versucht, im Studentenwohnheim in Madrid anzurufen: Freizeichen.

«Ja?»

«Ich möchte meinen Sohn sprechen, Felipe, Felipe Bernadotte.»

«Felipe», hört Eliseo den jungen Mann rufen, im Hintergrund die gleiche Radiostimme, die aus dem Transistor neben ihm im Regal dringt. Und noch mal: «Felipe?»

«Welcher?», hört Eliseo jemanden fragen.

«Bernadotte», antwortet der junge Mann.

«Ist nicht hier», sagt er schließlich ins Telefon, und das Radio im Hintergrund wird leise, weil er den Hörer auflegt.

«Halt, legen Sie nicht auf, sagen Sie ihm, er soll sich nicht bewegen. Nicht rausgehen, um Himmels willen, sagen Sie ihm, er soll nicht rausgehen.» Seine Ohrmuschel schmerzt, so fest presst er den Hörer gegen Gesicht und Kinn. «Bitte, sagen Sie ihm das. Sagen Sie ihm, er soll nicht rausgehen.»

Haltung, denkt Eliseo, legt auf, nimmt eine Olive aus dem Schälchen, eine der schwarzen, mit Kern. Er beißt auf ihm herum, befreit ihn gründlich mit den Schneidezähnen vom Fleisch. Als er ihn schließlich fast sauber in seine Handfläche spuckt, kann er den Arm wieder ausstrecken und das Radio laut stellen.

«Artikel 5: Jegliche Aktivität sämtlicher politischer Parteien, ob öffentlich oder privat, ist verboten, ebenso Versammlungen von mehr als vier Personen, genauso die Nutzung jeglicher Medien öffentlicher Kommunikation durch selbige.»

Die nächste Olive ist grün. Eliseo kaut sie bedächtig, konzentriert sich auf das Dumpfmeerige der Anchovis.

«Artikel 6: Zwischen neun Uhr abends und sieben Uhr morgens ist eine Ausgangssperre verhängt, in diesem Zeitraum dürfen sich höchstens zwei Personen gemeinsam auf den öffentlichen Straßen bewegen, des Weiteren müssen alle Familienmitglieder im eigenen, gemeldeten Wohnsitz übernachten.»

Vor zwei Jahren, als Felipe ihm sagte, nein, eröffnet hat, dass er Geschichte studieren will, hat Eliseo «sehr schön» entgegnet. Felipe hatte an einem Sonntagnachmittag an die Arbeitszimmertür geklopft, Eliseo geweckt. Sehr gerade stand Felipe in der Zimmermitte, mehrere Meter von der Couch entfernt, auf der Eliseo sich aufrichtete. Im Fernsehen Fußball, er ist nach den Nachrichten eingeschlafen.

Felipes Worte klingen, als hätte er sie sich lange zurechtgelegt, wie fest vorgenommen: einstudierte, scharf formulierte Satzbrocken, die nicht so recht zueinanderpassen wollen.

«Ich werde mich nicht aufhalten lassen, egal, was du sagst. Ich werde als Erster brechen mit der viel zu langen Reihe –» Felipe zittert, und Eliseo weiß nicht, was er tun soll, damit es aufhört. Will irgendetwas Freundliches zu ihm sagen. «Wie schön.» Eliseo steht auf. «Dass du diesen Pfad einschlagen möchtest.»

Sein Hosenknopf ist noch offen, stellt er fest, will sich nicht wegdrehen, sieht zu Boden, während er ihn in die Öse schiebt. «Dass du die Tradition in unserer Familie, sich mit der Geschichtsschreibung zu beschäftigen ...» fortsetzen wirst. Wollte Eliseo sagen. Und vielleicht noch: Deine Ururgroßtante hat einen Aufsatz über die Klöster in La Laguna geschrieben, eine der ersten wissenschaftlichen Veröffentlichungen einer Frau in Spanien. Oder auf den Inseln, da ist Eliseo sich nicht sicher. Und irgendein Bernadotte hat eine Chronik ... Die beiden Bände, die im Wohnzimmer in einem der Bücherschränke stehen, kommen ihm in den Sinn. Die könnte er Felipe schenken.

Er ist nicht darauf vorbereitet, sinkt verblüfft aufs Sofa, als Felipe zu brüllen beginnt. «Doch nicht so! Nicht Lügen und Zurechtbiegen.» Und einiges mehr, an das Eliseo sich nicht mehr im Wortlaut erinnert. Sicher weiß er nur, dass er irgendwann mit dem Blick am Fernseher hängen geblieben ist und sich kurz über den Spielstand gewundert hat – 4 zu 2 für Murcia, gegen Real Madrid –, hastig wieder aufgesehen hat, denn Felipe ist verstummt. Einen Moment haben sie einander angesehen.

«Guck weiter Fernsehen», hat Felipe gesagt, ruhig nun. Beherrscht. Hat sich umgedreht und ist hinaus, ohne Türenschmeißen. Kommt in den Ferien nicht nach Hause, nicht im Sommer, nicht zu Silvester, den Heiligen Drei Königen.

Im Radio, als Eliseo es wieder lauter stellt, erneut das Dekret über den Ausnahmezustand in Valencia.

«Artikel 8: Alle Organe der staatlichen Sicherheit unterliegen meiner Autorität. Artikel 9: Ebenso übernehme ich die judikative und exekutive Gewalt, ebenso …»


«**Hab ichs doch gesagt**, ich habe es doch die ganze Zeit gesagt!» Ana steht noch unter der Dusche, Julio und Bernarda sind im Wohnzimmer.

«Nichts hast du gesagt. Nie sagst du irgendwas, das ist es ja.» Bernarda ist schon auf dem Weg nach draußen, zur Garderobe vielleicht, den Mantel holen, in die Küche vielleicht, das Abendessen vorbereiten, hält inne. Alles Unsinn, Kartoffeln aufstellen, Koteletts braten, ein drittes Mal *La Guerra de los niños* im Teatro Leal, alles Unsinn heute.

Oliven essen sie, aufgebackenes Brot, Julio schüttelt den Kopf, als Bernarda zur Bäckerei will, frisches holen. Sitzt nicht in seinem Sessel, sondern steht davor. Seine Waden berühren das Polster, als wäre er dabei, sich hinzusetzen, oder gerade aufgestanden, Arme verschränkt, Fernbedienung, die hinter seinem linken Ellbogen hervorragt, fest in der rechten Hand. Im Fernsehen läuft noch immer stumm der Liebesfilm, das Radio ist aufgedreht.

Julio verlagert das Gewicht von einem Fuß auf den anderen, von einem in Geschäftsschuhen steckenden Fuß auf den anderen, als gäbe es keine Hühneraugen, die ihn am Wochenende kaum auftreten lassen. Er schüttelt in regelmäßigen Abständen stumm den Kopf. Seine Pantoffeln liegen noch immer, hübsch parallel, wie er sie am Morgen neben der Haustür ausgezogen hat, im Flur.

Bernarda geht sie holen. Julio zuckt zusammen, zuckt zur Seite weg, die Arme noch immer verschränkt, sein Körper wird zu einem Bogen, zu einem sich von den neben ihm auf dem Teppich landenden Pantoffeln wegwölbenden Bogen.

«Spinnst du?», schreit er und ist außer Atem. Setzt sich aber endlich in den Sessel und knotet die Schuhe auf. Die Fernbedienung in der rechten Hand von drei Fingern gehalten, Daumen und Zeigefinger zerren am Senkel.

Oliven essen sie, aus einem Schüsselchen auf dem Couchtisch, Tortilla española vom Mittagessen, kalt und in kleine Rauten geschnitten, weißen Käse in Würfeln, die sie mit dem Zahnstocher aufspießen. Wie Tapas, am Samstag zum Fußball, unten in der Bar.

Ana kommt aus dem Bad, ihre Haare noch nass und schwarz und in einzelnen Strähnen geringelt auf dem weißen Handtuch über ihren Schultern. Sie setzt sich neben Bernarda auf die Couch, zieht die Beine hoch, ein Kissen auf den Bauch. Unterarm auf der Sofalehne, Kopf in die Hand gestützt, ihre Finger in den nassen Haaren. Gähnt mehrmals, tief und ohne Hand vor dem Mund, kleine Bröckchen zerkauten Käses auf der Zunge. Pult an ihren Nägeln herum. «Glitzer», sagt Ana, als sie Julios Blick bemerkt.

Zorn steigt so unvermittelt in Julio Baute auf, dass er die Hände zu Fäusten zusammenzieht und, Fernbedienung noch immer in der rechten, aus Versehen den Fernseherton anstellt. Steigt seinen Hals hoch, presst seine Kiefer aufeinander, sodass er seine Backenzähne knirschen hört und in all der Wut kurz das grüngraue Polster von Dr. Paz' Behandlungsstuhl vor sich sieht. Jeder Muskel zwischen Unterkiefer und Schlüsselbein angespannt. Was daran schlimm ist? Das Schlimme ist – und er schämt sich dafür, als er den Ton wieder ausstellt und sich im Sessel zurücklehnt –, das Schlimme ist, dass die wütende Kraft, dieses Losstürmen-und-zerschlagen-Wollen, das, in seinem reglosen Körper gefangen, von innen gegen Brust, Schultern, Bauch drückt, nach vorne, nach vorne, zerschlagen, zerschlagen, nicht dem Guardia Civil auf dem Treppchen vor dem Rednerpult gilt, sondern der gleichgültigen Trägheit Anas, ihrer Unberührtheit von alldem.

In einer Blase, denkt Ana zufrieden und betrachtet die verschrumpelte Haut ihrer Finger. Wie in einer Blase. Der warme, weiche Wasserdampf aus der Dusche scheint noch immer in der Luft zu hängen, Mama und Papa rechts und links neben ihr, und Madrid nur im Radio. Betrifft uns nicht, hier ist alles wie immer, warm und weich und sicher.

Als Bernarda sich über die Seitenlehne des Sofas lehnt, die Hand nach dem Nähkorb ausstreckt, sagt Julio: «Heute nicht. Bitte.» Und sie nickt und lässt es bleiben.


**Graue Aschehäufchen** um den Aschenbecher, den türkisfarbenen Glasaschenbecher, den Francisca in Venedig gekauft hat. Eliseo raucht nicht, seit fast zwanzig Jahren nicht, die Zigaretten sind von Merche. Eliseo hat sie aus der Schublade in der Küche geholt, in der Merche die Notfall-Dinge aufbewahrt: bereits in Nadeln eingefädeltes schwarzes und weißes Garn, eine Kleiderbürste, ein Miniaturfläschchen Anis, einen Lippenstift, ein Täschchen mit Frauendingen, zwei Packungen Streichhölzer und Zigaretten. Anderthalb Packungen, mit der halben ist er beinahe fertig, wird bald die zweite holen müssen. Und vielleicht den Anis.

Eliseo hat während der letzten Stunde ein Gespräch geführt, ein einziges, mit sämtlichen Nummern in seinem Adresskalender, die auf dem Festland stationiert sind und ihm verpflichtet genug, nicht gleich wieder aufzulegen.

«Wie sieht es bei euch aus?»

«Gut.»

«Was macht ihr?»

«Nichts.»

«Jetzt mal unter uns, ganz ehrlich?»

«Warten. Mehr kann ich dir nicht sagen.»

In zig Varianten.

Eliseo hat in der letzten Stunde so oft seinen Zeigefinger in die Wählscheibe des Telefons gesteckt, sie herumgedreht, dass sich unterhalb der Kuppe eine wunde Stelle gebildet hat, dort, wo die Plastikkante gegen die Haut drückt. Schließlich nimmt er einen Bleistift, wie eine Sekretärin, muss er denken. «Du bist im Ruhestand?», fragen viele, als müssten sie sich heute Nacht selbst dessen vergewissern.

Hernández hatte er eigentlich nicht anrufen wollen, er ist beim Wählen in der Zeile verrutscht. Einer von denen, die unter ihm angefangen haben und erst allmählich und dann immer schneller an ihm vorbeibefördert wurden. Hernández hat Mitleid mit ihm gehabt. Verschämt den Blick gesenkt, als sie sich das letzte Mal bei einem Lehrgang in Pamplona trafen und Eliseo vor ihm salutierte.

«Ich verstehe nicht, warum im Fernsehen nichts …»

Stille. Die Art von Stille, der man anhört, dass der andere hastig abwägt. Mit sich ringt.

«Eine Panzerdivision, Brunete, hat die Zentrale von *TVE* besetzt.»

«Brunete, erste Militärdirektion? Wann?»

«Seit ungefähr einer halben Stunde.»

«Dann hat sich die Erste del Bosch angeschlossen?»

«Weiß ich nicht», langsam und gedehnt, «es ist noch sehr früh. Aber im Fernsehen wird nichts kommen.»

Nach dem Auflegen dreht Eliseo das Radio wieder lauter, nicht zu laut, die Batterien machen ihm Sorgen. Er weiß nicht, wann Merche sie zuletzt gewechselt hat, wo sie die Ersatzbatterien aufbewahrt. Sie wird welche haben, ganz sicher. Er könnte sie anrufen, fragen. Steht stattdessen auf, er wird nicht warten, bis die Stimme zu leiern beginnt. Oder leiser wird, immer leiser wird, bis er sein Ohr an den Lautsprecher pressen muss.

Die erste Schublade, die er aufzieht in der Küche, enthält nur Besteck, die zweite auch. Schöpfkellen, Korkenzieher und viele Dinge, deren Namen er nicht kennt. Die nächsten drei: Geschirrtücher, Stapel von Geschirrtüchern, die, egal, wie oft er sie zur Seite schiebt, keine Batterien freigeben. Vielleicht halten sie ja auch.

In den Ruhestand gegangen ist er vor knapp fünf Jahren, ein Jahr nach Franciscas Tod. Merche hatte sich beklagt, weder Felipe noch Jose Antonio kämen nach der Schule nach Hause. «Und ich halte warm und decke den Tisch.» Rumtreiben würden sie sich, nichts außer Bocadillos vor dem Fernseher essen.

Still, aber nicht schüchtern, so hätte Eliseo Jose Antonio beschrieben. Lebhaft, fröhlich, ausgeglichen, sagt seine Lehrerin, als Eliseo sich einen Termin bei ihr geben lässt. Beliebt, Noten stabil, trotz des Verlusts, den er erlitten hat. Eliseo brauche sich keine Sorgen machen. Unauffällig, sagen Felipes Lehrer, alles ganz normal. Er habe allerdings angefangen zu rauchen.

Sich um die Jungen kümmern, hat er gesagt, und alle in der Capitanía haben verständnisvoll genickt. Erleichtert insgeheim, die Versorgungseinheiten werden auf die Nachbarinsel verlegt, der Stab verkleinert. Es gibt keine rechte Verwendung mehr für ihn, seit sich sein Zuständigkeitsbereich gemeinsam mit dem spanischen Staatsgebiet deutlich verkleinert hat. Seit es keine Aufstände in Spanisch-Sahara mehr niederzuschlagen gilt, Truppen und Material nicht mehr von den Inseln nach Afrika organisiert werden müssen. Seit die Westsahara nicht mehr Spa-

nisch-Sahara ist, sondern ein Teil von Marokko und Mauretanien.

Logistik nennen sie es heute, in den zwanzig Jahren, in denen Eliseo Bernadotte für Versorgung und Transport der Land-
streitkräfte unter dem Kommando der Capitanía General de Canarias zuständig gewesen ist, war immer alles zum rechten Zeitpunkt genau dort, wo es sein sollte. Er könne Eiswürfel in der
Wüste und Papayas am Nordpol besorgen, haben sie über ihn gesagt.

Im Ruhestand muss er jedoch feststellen, dass es ihm nicht
möglich ist, seine beiden Söhne zum selben Zeitpunkt an denselben Ort zu organisieren. Nach Hause vorzugsweise. Jose Antonio lebt unten im Balneario in Santa Cruz. Als es in den Win-
termonaten schließt, wird es auch nicht einfacher, seiner habhaft
zu werden. Was Felipe treibt, außer nicht zum Friseur zu gehen,
ist Eliseo schleierhaft. Nachdem der Biologiestudent, dessen Foto
sie gerade überall an die Bauzäune kleistern, von der Guardia
Civil erschossen wurde, die es zu verschleiern versuchte und damit die Studentenmengen vor der Universität jeden Tag mehr ver-
dichtet hat, prüft Eliseo die Gesichter der Demonstranten auf den
Bildern der Titelseite vom *Diario de Avisos* einzeln mit der Lupe,
um sicherzugehen, dass nicht eines der aufgerissenen Münder –
auf den Bildern scheinen sie alle zu schreien, ihre Gaumen dunkle, runde Flecken – Felipes ist.

Auf dem Weg zurück ins Arbeitszimmer holt er eine Flasche
Wein aus der Speisekammer.

Er ist nicht sicher, ob es dieselbe Stimme ist, als in Madrid
jemand abhebt.

«Ich habe vorhin schon angerufen, ich muss wissen, wo mein
Sohn …»

«Ja», ungeduldig. Es ist dieselbe Stimme, beschließt Eliseo.

«Wissen Sie, wo er ist?»

«Wer?»

«Felipe. Bernadotte.» Jede Silbe einzeln.

«Nein.»

«Können Sie fragen? Können Sie bitte die anderen fragen?»

Einen Moment ist es still. «Bitte», sagt Eliseo, seine Stimme weinerlich, Herrgott, er klingt weinerlich. Hofft, zu leise gewesen zu sein. Es knistert, irgendetwas streift die Sprechmuschel, und dann fragt der Student endlich. Halblaut. Ohne Engagement. «Weiß zufällig irgendjemand, wo Bernadotte ist?»

Niemand antwortet, zumindest kann Eliseo keine Antwort hören. Frag lauter, will er brüllen, sicherheitshalber brüllen, aber er traut seiner Stimme nicht.

«Nein», sagt der Student in den Hörer.

Er weint, stellt Eliseo fest, als Tropfen über seine Finger laufen, mit denen er den Hörer gegen die Wange presst.

«Es ist wirklich wichtig, bitte ...»

Freizeichen.

**«Nicht einschlafen»**, sagt Jose Antonio, wenn die Atemzüge unter seinem Ohr, die seinen Kopf anheben und senken, anheben und senken, zu gleichmäßig werden, zu flach. «Nicht einschlafen.» Er hebt den Kopf, um auf die Uhr zu sehen, noch ist Zeit. Jose Antonio spürt, wie der Schweiß auf seiner Wange auskühlt, auf dem Brustkorb, auf dem er sie wieder ablegt. Fühlt, wie sich der Torso bewegt, als Rubén die Hand hebt, mit den Fingerkuppen über die ausrasierten Haare in seinem Nacken fährt. Das Fenster einen Spalt offen, der Wind drückt es gegen das Band, das Rubén an Riegel und Öse befestigt hat, damit es nicht schlägt, bewegt den Vorhang, der, altrosa und synthetisch glänzend, bauchig ins Zimmer weht.

«Hast du Durst?»

Jose Antonio schüttelt den Kopf, bewegt ihn auf der warmen Haut hin und her. Rubén lacht auf, «Das kitzelt», schiebt ihn ein Stück von sich weg.

«Bitte», sagt Jose Antonio, «ein bisschen noch.» Und Rubén lehnt sich stumm zurück, Jose Antonio legt sein Ohr wieder auf Rubéns Brustkorb, so, dass er das Herz nicht hört. Betrachtet das Knüpfmusters des Wandteppichs, Johannes Paul II. «Moment», hat Rubén gesagt, ihn vorher mit dem Gesicht zur Wand gedreht.

Das Haus gehört seinen Großeltern, mein Opa tot, Oma im Krankenhaus, ich sehe nach dem Rechten. Ob irgendwo eine Ratte liegt und stinkt.

Das Auto parkt oben im Ort an der Kirche. Sie sind zu Fuß heruntergelaufen, erst in der Auffahrt – rechts und links gemauerte Hochbeete, auf denen wild Chumberas wachsen – haben sie einander an den Händen gehalten.

Auch wenn der Brustkorb sich nicht rührt, Jose Antonio kann fühlen, dass Rubén ungeduldig ist, aufstehen will, duschen vielleicht, Jose Antonio abwaschen, das silbrig eingetrocknete Sperma, den fremden Schweiß.

Er hat aufgepasst, in den Rückspiegel gesehen auf der Fahrt an die Küste, Scheinwerferpaare beobachtet, achtgegeben, wer wie lange hinter ihm fährt. Hat auf dem Weg von der Kirche hinab, im lauter werdenden Aufprallen und Zerstieben der Wellen, auf Fußtritte geachtet, brechende Zweige, knisterndes Laub, kollernde Steine am Hang. Aber da war nichts, da waren nur die Steinchen unter Rubéns Turnschuhen, die bei jedem Schritt knirschten, und das Tacktack von Jose Antonios Ledersohlen und sonst nichts. Hat gewartet, die Tür im Blick behalten, während Rubéns Lippen sich um seinen Schwanz schließen, Rubéns Zunge die Eichel umkreist, Jose Antonios Fingerkuppen über Rubéns Kopfhaut tasten, sich in seine Haare graben, dunkle kurze Locken, an denen er ein wenig zieht. Behalt die Augen auf, behalte um Himmels willen die Augen auf.

Jemand mit Schlüssel, ist seine Angst. Dass sie es vorher vereinbart haben, Hälfte, Hälfte, Rubén und ein Kumpel mit einer Kamera. Ein Blitzlicht, unvermittelt in der Tür.

«Bist du hier aufgewachsen?», fragt Jose Antonio, um irgendetwas zu sagen.

«Santa Cruz, Barrio de la Salud. Und du?»

Jose Antonio zögert. «La Laguna», sagt er schließlich. Er hat Rubén seinen Nachnamen nicht genannt. Den Nachnamen, den er mit sechzehn Straßen, drei Plätzen und einem halben Dutzend Schulen auf den Inseln teilt.

«Musst du nicht zurück?»

Jose Antonio schüttelt den Kopf.

«Ernsthaft, du musst doch irgendwann wieder in der Kaserne sein.»

«Ich weiß, wer am Tor sitzt», sagt Jose Antonio. «Und wen das nicht interessiert.»

Aber sein Kopf liegt danach anders auf Rubéns Brust, nicht mehr so selbstverständlich, im Gegenteil, mit einem Mal ist es eine komplizierte Sache, den Kopf abzulegen. Der Gedanke, er könnte zu schwer sein, unangenehm auf Rubéns Brustkorb drücken, lässt ihn die Muskeln im Nacken anspannen. Er will das Gewicht verringern, es halten. Stattdessen fühlt es sich an, als würde er seinen Schädel noch fester auf das Brustbein, die Rippen pressen. Irgendwann lösen sich seine Wange, seine Haare von Rubéns warmer Haut, der Luftzug gleitet sofort dazwischen, kühlt den Schweiß aus, nur noch der Rand seiner Ohrmuschel berührt die Brust. Jose Antonio hebt den Kopf, legt ihn wieder ab. Neu anfangen, einfach nur den Kopf liegen lassen, einfach nur liegen, nichts tun.

Rubén hat er am Strand kennengelernt, Fußball haben sie gespielt, in Las Teresitas, im letzten Oktober, als es viel zu spät im Jahr noch viel zu warm war. Der Strom ist ausgefallen, morgens bereits, die Ventilatoren standen still, Jose Antonio hatte an dem Tag keinen Dienst, ist mit drei anderen von Mesa Mota nach Santa Cruz gefahren. Hätte lieber Basketball gespielt.

Auf dem Parkplatz hängen ein paar Arbeitslose rum, fragen

morgens am Hafen, ob es was zu tun gibt, wenn nicht, geben sie sich gegenüber den Touristen als Parkwächter aus. Alle braungebrannt, ohne hellere Partien, ohne weiß gebliebene Oberarme, Brust, Rücken. Jose Antonio und die drei anderen aus Mesa Mota noch in Uniform, als sie beim Spielen die Hemden ausziehen, die Tore zwischen zwei Paar Stiefeln.

Erst ist Jose Antonio sich nicht sicher, gar nicht sicher. Rubéns Blick verlangsamt, wenn er ihn streift, bleibt ein wenig zu lange hängen, als wäre Jose Antonio aus einem weniger glatten Material, rauer, widerständiger, als könnte er nicht so einfach über ihn hinweggleiten. Aber sicher ist er sich nicht. Als sie zwischendurch beisammenstehen, labern und rauchen, lacht Rubén, immer wenn Jose Antonio etwas sagt. Gleichgültig, wie dumm es ist – und jeder Satz klingt dumm in Jose Antonios Ohren, zu laut und dumm, aber Rubén lacht. Lacht leise und blickt zum Meer, als wäre dort irgendwas.

Jose Antonio beobachtet ihn aus den Augenwinkeln, beim Spielen tut er so, als würde er verteidigen, versucht, Rubén den Weg abzuschneiden, sobald dieser den Ball bekommt, aufs Tor zuläuft. Der Ball springt weg, in dem Streifen Fußstapfen, den die Touristen knapp oberhalb der Brandungslinie hinterlassen haben, springt unkontrolliert weg, und sie lachen beide.

Die davor sind Soldaten gewesen, hatten genauso viel zu verlieren wie er. Das erste Mal, dass er mit Rubén verabredet ist, Billardspielen im Gewerkschaftshaus in Santa Cruz, geht Jose Antonio nicht hin. Genau genommen geht er hin, langsam und vorsichtig die Calle Méndez Núñez hinunter, auf der anderen Straßenseite, hinter den Autos, langsam und vorsichtig und genau so weit, dass er Rubén sehen kann durch die geöffnete Tür. Rubén steht an der Bar, unterhält sich mit jemandem hinter dem Tresen, dreht sich nur selten um, als würde er nicht auf ihn warten.

Es ist nicht mehr so schlimm wie früher, als es in Tefia, auf einer der Nachbarinseln, noch das Lager gab. Colonia agrícola penitenciaria, landwirtschaftliche Strafkolonie zur Umerziehung für moralisch Verwirrte. Eingerichtet, um den gefährlichen Begleiterscheinungen der ausländischen Präsenz und des Tourismus auf den Inseln entgegenzuwirken, wie *La Mañana*, die Zeitung von Lorenzo, Jose Antonios Großvater, schrieb.

Jose Antonio weiß, er muss aufstehen. Weiß, er muss duschen, mit kaltem Wasser wahrscheinlich.

«Ich bleibe noch», sagt Rubén. «Geh besser alleine zurück.»

**Auch unter der Spüle nichts.** Eimer, Kehrschaufel und Besen, Putzmittelflaschen, die Eliseo alle einzeln herausnimmt, neben sich auf den Küchenboden stellt, keine Batterien. Ebenso wenig in den Hängeschränken, nicht zwischen den Tellertürmen des weißen Geschirrs mit Goldkante, mit dem Merche jeden Tag den Tisch für ihn deckt. Nicht zwischen den bunten Stapeln, dem grün-weiß gemusterten, dem cremeweißen mit blauen Blumen, dem hellgelben mit rosafarbenen Sträußen auf dem Rand, Reste sämtlicher Service, die sie jemals im Haushalt hatten und von denen Merche isst. Die jetzt alle auf der Arbeitsplatte stehen, Eliseo hatte sich vergewissern wollen, dass die Batterien nicht ganz hinten, an der Schrankwand, liegen.

Vielleicht sollte er wirklich Merche anrufen. Sie beruhigen, «alles in Ordnung» sagen. Auch wenn er keine Ahnung hat, was alles ist. Nach den Batterien fragen.

Sie ist immer noch schwierig. Nicht mehr so wie im letzten Frühjahr, ihre Antworten nicht mehr geizig abgezählte Worte, sie kommt wieder zu ihm, wenn sie etwas fragen will, nicht nur, wenn es sich gar nicht vermeiden lässt. Erwidert ab und an ein Lächeln. Dennoch.

Er hatte gedacht, es gibt sich mit der Zeit. Schneller. Und überhaupt. Die Mutua Tinerfeña ist eine hoch angesehene Firma. Eine Versicherung, nahezu krisensicher. Die Arbeit wird gut bezahlt. Wie solche Arbeit eben bezahlt wird. Er tue Eulalia einen Gefallen, hat er gedacht, ist froh gewesen, als ihm ein Bekannter einfiel, den er bitten konnte.

In der Speisekammer nichts, nicht zwischen den Konserven – Pfirsich, Ananas, Mandarinen, Spargel, verschiedene Sorten Muscheln, Thunfisch, Maiskölbchen –, nicht hinter den großen Gläsern mit Mehl, Linsen, Kichererbsen. Die Stimmen aus dem Radio noch immer fest, nicht leiser geworden, kein Leiern, aber wer weiß.

Eliseo öffnet die Besteckschublade zum zweiten Mal, hier hatte er zuerst nachgesehen. Im Radio noch immer Innenminister Laina. «Kein Grund zur Beunruhigung, Spanien wird gestärkt aus dieser Nacht hervorgehen.» Eliseo nimmt den Apparat mit in die Eingangshalle, stellt ihn auf die Konsole, zieht deren Schublade auf: Halstücher, Franciscas Halstücher, sauber gefaltet, der Geruch von *Asia*, Franciscas Parfüm, keine Batterien. In dem Schränkchen neben dem kleinen Sessel: Schuhcremetuben, schwarz gefleckte, braun gefleckte Tücher, weiche Bürsten, keine Batterien.

Er könnte Merche anrufen. Die Moderatoren von *Cadena SER* rätseln, wie Lainas Ansprache zu verstehen sei. Er darf nicht vergessen, die Küche wieder einzuräumen, ehe sie morgen kommt, geht dennoch zurück ins Arbeitszimmer. Langsam gehen ihm die Nummern aus.

Noch einmal Hernández, nun ist es auch egal.

«Wie sieht es aus?»

«Schwierig.»

«Du musst mir einen Gefallen tun. Geh zum Parlament. Mein Junge ist da, ich fürchte, mein Junge ist da. Er ist ein Idiot, ein Hitzkopf, sie werden ihn erschießen. Sag ihnen, dass er mein Junge ist. Du musst ihnen sagen, dass er mein Junge ist.»

«Was meinst du, was die denken, wenn ich da auftauche? Ich kann da nicht hin. Ich müsste mich erklären, dafür oder dagegen. Nein. Tut mir leid um deinen Jungen. Gott beschütze ihn.»

**Im Fernsehen singt ein Verliebter** unter einem Fenster, die Señorita ist hinter dem Vorhang verborgen. Merche und Eulalia nähen. Eulalias Karnevalskostüm ist lange fertig, sie wird als Rotkäppchen gehen, aber Merche hat beschlossen, dass Mercedes auch eines braucht. «Du weißt gar nicht, ob sie überhaupt hinmöchte», hat Eulalia eingewandt, aber ihre Mutter war nicht abzubringen. Ist schon wieder in Sorge.

«Hat Mercedes irgendwas gesagt?»

«Nein, Mama.» Eulalia sticht die Nadel erst durch den Stoff, dann durch die Öse der hellblauen Paillette.

«Nicht, mit wem sie sich trifft oder wann sie wiederkommt?»

«Nein.» Jeden Abend dasselbe. Eulalia ist dem Was-immer-gerade-in-Madrid-Passiert sehr dankbar, denn an jedem anderen Abend würde ihre Mutter bereits unruhig zum kleinen Fenster in der Haustür laufen, hinausspähen, zurückkommen, kurz das Nähzeug wieder in die Hand nehmen, *Stella Maris*, als Seestern soll Mercedes gehen, hat Merche entschieden. Sie nähen Pailletten, grüne und blaue Pailletten, sternförmig auf ein altes weißes Sommerkleid. An jedem anderen Abend würde ihre Mutter jedes Mal, wenn ein Hund anschlägt, das Licht draußen anschalten und wieder aus, sobald es ruhig ist. Bereits laut überlegen, wo sie und Eulalia zuerst suchen könnten, zumindest vorne an der Straße bei der Bushaltestelle warten. Auch wenn Mercedes nie mit dem Bus heimkommt. Als ob Eulalia nach dem Schreibtischewischen, Papierkörbeleeren, Fensterputzen, Bodenfegen, Feudeln, nach dem Staubwischen und Treppenkehren noch Nerven hätte, nach ihrer Schwester zu suchen.

Seit zwei Jahren putzt Eulalia bei der Mutua Tinerfeña. Und das Einzige, was sie dort gerne sauber macht, ist das Glasfenster im Treppenhaus. Bunt, als gehöre es in eine Kirche. Aber kein Jesus Christus, keine Maria mit zermartertem Leib auf den Knien, keine Heiligen in langen Gewändern. Stattdessen in der Mitte ein Schiff mit dampfenden Schornsteinen, rechts und links die Gesichter von vier Gringos mit weißen Haaren und grauen Augen, und ganz unten der Schriftzug *Elder, Dempster & Company.*

Merche hat beschlossen, die aufgeregten Stimmen der Moderatoren bedeuten Ausgangssperre. «Mach den Fernseher an», hat sie gesagt und das Radio abgeschaltet, «vielleicht gibt es dort nicht so einen Unsinn.»

Als es klopft, lassen beide das Nähzeug sinken, Mercedes klopft nicht.

Merche öffnet, eine Nachbarin. «Ich wollte nur nachsehen, ob es euch gutgeht.»

«Warum sollte es uns nicht gutgehen?», entgegnet Merche mit verschränkten Armen.

«Was in Madrid passiert, ist so schrecklich», versuchsweise und tastend, ihre Augen fest auf Merches Mundwinkel gerichtet.

«Ach», sagt Merche. «Madrid.»

«Hast du was gehört?»

«Was sollte ich gehört haben?»

«Von der Familie, von General Bernadotte. Hat er irgendwas gesagt?»

«Worüber? Über den Bacalao vom Abendessen?» Er ist gar kein General, sagt sie nicht. Nennt ihn selber häufig so, wenn sie über ihn redet.

«Klatsch», sagt Merche, als sie sich wieder neben Eulalia auf das Sofa setzt, «sucht nichts als Klatsch, damit sie von Tür zu Tür rennen kann und ich weiß was sagen.»

**Im Fernseher immer noch nichts.** Eliseo lässt ihn angeschaltet, dreht den Ton aus, überlegt, wo er weitersuchen könnte. Vielleicht oben in den Kinderzimmern. Merche stellt das Bügelbrett dorthin, wenn sie es nicht benötigt. Er geht stattdessen zum Schreibtisch, wählt erneut die Nummer des Studentenwohnheims.

«Wen wollen Sie sprechen?»

«Fe-li-pe Ber-na-dotte.»

«Der ist oben.»

«Er ist zurück?»

«Ich glaube, er war den ganzen Abend in seinem Zimmer. Ich gehe ihn holen.»

Ein hartes Klacken, als er den Hörer ablegt.

Eliseo zündet eine Zigarette an, raucht sie in der halben Ewigkeit bis zu Felipes ungeduldigem «Ja?» fast bis zum Ende.

«Gott sei Dank bist du da.»

«Warum?»

«Ich hatte Sorge, du wärst vor dem Parlament.»

«Es ist doch gar nichts klar.» Felipe klingt, als müsste er sich verteidigen.

«Du warst auf deinem Zimmer?»

«Ist das verboten?»

«Im Radio sagen sie, die Leute würden sich sammeln. Die Guardia Civil hat Straßen und Plätze abgesperrt, geh nicht raus, sei nicht dumm. Du kannst –»

«Glaub ja nicht, dass ich nicht, wenn es nötig wäre, wenn es irgendwelche Anweisungen gäbe – dass ich nicht kämpfen würde gegen euch.» Felipe hängt auf.

Eliseo wartet auf Ausatmen, während er das Tuten des Freizeichens auf der Gabel erstickt, auf Entspannen, Erleichtertsein. Aber er hätte nur gerne noch eine Zigarette. Könnte mehr Wein aus der Speisekammer holen.

Das Schwarzweißflimmern in seinen Augenwinkeln hört mit einem Mal auf, nicht ganz auf, aber da sind keine schnellen, unrhythmischen Wechsel mehr, das Fernsehlicht gleichmäßig hell. Der Bildschirm ist grün, als Eliseo seinen Stuhl zu ihm hindreht. Einen Moment fürchtet er, der Triple Himno wäre zurück, das Franco-Porträt eingeblendet, wie bis vor wenigen Jahren jede Nacht zum Sendeschluss, unterlegt mit der *Marcha de Oriamendi*, danach *Cara al Sol* und zum Ende: *La Marcha Real*.

Aber da steht: *Mensaje de Su Majestad el Rey*, Nachricht Seiner

Majestät des Königs, in gelber Schrift, die nicht abgeblendet wird und immer noch nicht und immer noch nicht. Als er den Ton aufdreht, Musik, etwas Klassisches. Nun macht schon, denkt Eliseo.

Wenige Minuten später, nachdem die kurze Adresse des Königs beendet, nachdem alles vorbei ist, weil die einzige Autorität, auf die sich die Putschisten hätten berufen können, sich gerade gegen sie erklärt hat, klingelt das Telefon.

Eliseo bleibt stehen, er ist auf dem Weg ins Wohnzimmer, die Flasche mit dem Port holen. Wollte sich aufs Sofa legen, hoch ins Schlafzimmer kann er noch nicht. Auf dem Weg zurück zum Schreibtisch geht er die Gespräche noch mal durch, überlegt, wer sich ihm verbunden genug fühlen könnte, um erneut anzurufen, obwohl alles vorbei ist.

«Coronel Bernadotte?»

«Ja?»

«Kaserne Mesa Mota. Ich rufe wegen Ihres Sohnes an, Teniente Jose Antonio Bernadotte. Wissen Sie, wo er sich aufhält?»

«Warum?»

«Er ist trotz Ausgangssperre nicht in die Kaserne zurückgekehrt.»

1975

# EN TI CONFÍO
# MI ALMA

**Wenn Felipe später zurückdenkt**, werden sie eins sein. Sind der 16. Juli und der 20. November 1975 ein einziger Tag geworden aus Sitzen und Warten und schwarzer Spitze und cremeweißen Kerzen und dem Geruch von schwerem, lang gelagertem Alkohol, verdunstend in Wärme. Dabei sind beide Tage grundverschieden.

Am 16. Juli steht Merche vor dem Schultor. Ohne Schürze, ganz in Schwarz, aber so ist sie immer gekleidet: schwarze Bluse, schwarzer Rock über kugelrundem Bauch, dünne Beine in dunkelgrauer Strumpfhose, mit noch dunkleren Faltenstreifen an ihren Knöcheln über den ausgewaschenen blauen Segelschuhen. Im Winter mit Strickjacke, im Sommer ohne. Merche hebt ihre Hand, als sie Felipe entdeckt. Nicht sehr hoch, sie winkt nicht, zeigt Felipe nur kurz die Handfläche vor ihrem Bauch. Bleibt auf der anderen Straßenseite, rührt sich nicht, wartet, während er sich von den anderen verabschiedet.

«Komm», sagt Merche und geht neben ihm den Bürgersteig entlang.

«Wohin?»

«Nach Hause», antwortet Merche erstaunt. Als würde sie ihn jeden Tag abholen. Jaime und Rodrigo, mit denen er sonst geht, sind nur wenige Meter vor ihnen. Er kann verstehen, worüber sie reden, noch immer Fußball, das Finale der Copa del Generalísimo gestern Abend, Real gegen Atlético, noch immer das Elfmeterschießen, noch immer der Verschossene von Ignacio Salcedo. «Gewonnen ist gewonnen», sagt Jaime.

Elfmeter ist Glück, nur Glück, will Felipe rufen, sieht zu Merche und schweigt. Reißt im Vorbeigehen zwei, drei Blätter von den Büschen, die ihre Zweige durch einen Zaun strecken. An der Plaza del Cristo biegen Jaime und Rodrigo ab, verschwinden in einem Estanco, 7up und ein Feuerzeug kaufen. Eigentlich sind sie zu dritt zum Rauchen verabredet gewesen. Haben letzte Woche damit angefangen, arbeiten noch an der Technik: Zwischen Daumen- und Zeigefingerkuppe, bevorzugt Rodrigo, zwischen Zeige- und Mittelfinger gesteckt, Jaime. Felipe ist noch unentschlossen, hat gestern Abend mit einem Bleistiftstummel vor dem Spiegel geübt. Halten ist einfacher, gesteckt hat er den Bleistift zweimal aus Versehen weggeschnipst, zu viel Druck mit den Fingern.

Jose Antonio steckt. Vater auch.

Kein Wort sagt Merche, nicht als Felipe am Rondell der Plaza de la Junta Suprema im Vorbeigehen mit der flachen Hand nach den weißen Lilien schlägt, nicht, als sie in den Camino Largo einbiegen und dort drei Autos stehen, eine dunkelblaue Limousine, eine schwarze, ein Wagen der Policía Local.

«Nicht meine Aufgabe», wird sie später sagen. Der Vorgarten leer, niemand ist zu sehen, als Merche das Tor öffnet, sie über den Plattenweg zur Haustür gehen. Merche klingelt. Schließt nicht auf, benutzt nicht das Schlüsselbund in ihrer Hand, sondern klingelt. Den Mann, der ihnen öffnet, kennt Felipe nicht. Er trägt einen dunklen Anzug, legt Felipe kurz die Hand auf die Schulter, dreht sich um, sobald Felipe in den Flur tritt, läuft die Treppe hinauf ins Obergeschoss. Merche geht Richtung Küche.

Oben am Treppenabsatz steht ein Uniformierter. Stellt sich mitten auf den Absatz, als Felipe die Stufen hinaufgeht, breitbeinig auf den Treppenabsatz, die Hände vor dem Schoß ineinandergelegt. Als bewache er irgendwas.

Felipe bleibt auf halber Treppe stehen. In dem Dreieck zwischen den blauen Uniformbeinen kann er die Tür des Elternschlafzimmers sehen, sie ist offen. Und dahinter braun beschuhte, schwarz beschuhte Füße, reichlich braun beschuhte, schwarz beschuhte Füße und graue Hosenaufschläge. Stimmen, gedämpfte Stimmen, und einmal blitzt es grell. Der Polizist löst seine Hände, seine vor dem Schoß gefalteten Hände, und deutet nach unten, hinter Felipe, auf den Boden vor der Treppe. Und Felipe geht rückwärts, das Dreieck zwischen den Uniformbeinen wird Schritt für Schritt kleiner, die Hypotenuse rutscht aufwärts, bis die oberste Stufe die braun beschuhten, schwarz beschuhten Füße verdeckt.

Hunger hat Felipe, sonst ist es sehr still in ihm. Ein Einbruch, denkt er und geht ins Esszimmer. Der Tisch nicht gedeckt, nur ein Staubtuch und eine Flasche Pronto liegen dort. Es riecht nicht, im ganzen Haus nicht, weder nach Potaje noch nach Fleisch oder Fisch. Felipe nimmt den Rucksack ab. Vater sitzt normalerweise am Kopfende, zu seiner Rechten Mutter, links Jose Antonio und daneben er.

Er könnte Vokabeln lernen, Französisch. Macht den Ranzen auf, schließt ihn wieder, setzt sich auf seinen Stuhl. Würde gerne die Schuluniform ausziehen, die blaue Flanellhose, Krawatte, Hemd, den Wollpullunder. Es ist stickig im Esszimmer, als wäre am Morgen nicht gelüftet worden.

Ich will in mein Zimmer, ein T-Shirt und meine Jeans anziehen, könnte er oben am Treppenabsatz zu dem Uniformbeine-Dreieck sagen. Aber dann müsste er an den Schuhen vorbei, den braunen und schwarzen, an der geöffneten Tür des Elternschlafzimmers, und das will er nicht. Hineinsehen im Vorbeigehen. Er wird hineinsehen, so viel Kraft hat er nicht, da ist sich Felipe sicher, zum Vorbeigehen und Nicht-Sehen.

Felipe steht auf und öffnet das Fenster hinter sich einen Spalt. Noch immer kein Essensgeruch, die Küche hinter dem Flur still. Der Luftzug kühl, Felipe merkt erst, dass er schwitzt, als seine Stirn kalt wird, Oberlippe und Hals, dort, wo der Hemdkragen beginnt. Er schließt die Augen, Stimmen von draußen, die beiden Mädchen von nebenan, singen, dotzen einen Ball hin und her, *la pelota salta y bota de una mano a la otra.*

Seine Augen öffnet Felipe erst wieder, als er den Schlüssel hört in der Haustür, Schritte im Eingangsbereich, aber kein Wort. Schritte, die eilig die Treppe hinabkommen, jemand drückt die Tür ins Schloss, noch immer kein Wort. Unvermittelt eine Stimme, klar und gut verständlich.

«Wo ist sie?», fragt Jose Antonio.

«Oben», antwortet Eliseo.

Und dann schweigen sie, und Felipe hört ihre Schuhe auf den Stufen. Vater hat Jose Antonio, Merche hat ihn abgeholt, begreift er. Die Mädchen draußen still, der Ball hopst nicht mehr auf dem Zementboden.

Und erst später, nachdem Felipe erschrickt, weil ein Polizist im Türrahmen des Esszimmers steht – «Entschuldigung», er deutet auf den Tisch, «darf ich?» –, und nachdem Felipe genickt hat und der Polizist ihm gegenübersitzt und bereits die ersten Zeilen des Formulars ausgefüllt hat – in sehr gleichmäßigen blauen Buchstaben steht dort einer von Felipes Nachnamen auf dem Kopf –, fragt Felipe: «Was ist passiert?»

Der Polizist blickt Felipe an und rührt sich lange nicht, ehe er «Entschuldigung» sagt und in den Flur geht. Felipe sieht nur noch die Tischplatte, ein Astloch, kaum zu erkennen unter der rötlich braunen Politur, mit der Merche den Tisch jeden ersten Freitag im Monat einreibt, er hat ihr dabei zugesehen. Felipe hebt die Hand, legt die Spitze des Zeigefingers genau dorthin, wo die Maserung am dunkelsten ist. Warm ist das Holz und auf eine angenehme Weise sehr glatt. Weich, wäre Felipes Antwort, wenn ihn jemand fragen würde, wie es sich anfühlt. Aber niemand fragt.

Stattdessen kommt Jose Antonio ins Zimmer, auch noch in Schuluniform, stellt sich sehr dicht neben Felipes Stuhl und sagt: «Mama ist tot.»


Francisca liegt nicht im Schlafzimmer, Francisca liegt im Bad auf dem hellblauen Plüschvorleger, ihr Kopf neben der Toilette, ihre

Füße bei der Tür. Sie liegt auf der Seite, in der Toilette Erbrochenes. «Sie hat nicht gespült», sagt Jose Antonio. Es riecht säuerlich. Im Schlafzimmer ist der Geruch wahrnehmbar, selbst im Flur, wo Felipe und Jose Antonio stehen, nebeneinander, sich an die Wand drängen, die Hände vor dem Bauch falten, als Francisca auf einer Bahre, mit einem Betttuch bedeckt, vorbeigetragen wird.

Die lachsfarbenen Rosengirlanden, die auf den Teil des Tuches gestickt sind, der über das Kopfkissen geschlagen wird, liegen über ihren Füßen. Der Saum wippt bei jedem Schritt. Ganz verkehrt, denkt Felipe, die Blumen gehören nach oben, ans Kopfende. Wenn Mama das sieht, denkt er, und dann weint er wohl, denn Jose Antonio stupst ihn an und hält ihm sein Taschentuch hin. Felipe schüttelt den Kopf, und sie gehen hinter den Bahrenträgern her, *Policía Local* steht auf ihren Rücken. An der Haustür bleibt Felipe stehen, eine Hand am Rahmen, Jose Antonio dreht sich nach ihm um, winkt ihm, er solle kommen, sagt aber nichts, als Felipe sich nicht rührt, geht einfach weiter. Felipe hört seinen Vater telefonieren, er verabschiedet sich von jemandem, drängt sich an ihm vorbei. «In die Kirche», ruft er in Richtung des Leichenwagens, laut und ein wenig triumphierend, «direkt zur Kirche.»

Die Träger bleiben stehen, drehen sich um.

«Der Pfarrer hat keine Einwände», setzt Eliseo hinterher.

Bei der Totenwache in La Concepción alles so, wie es sein soll.

**Am Morgen des 20. November** hingegen ist auf allen Titelblättern in den Auslagen der Zeitungskioske ein letztes Mal das gleiche Gesicht abgedruckt. Die Schlagzeilen ausschließlich Kombinationen der Wörter Franco und Tod. Die Kirchenschiffe so dicht gefüllt mit *en ti confío mi alma*, dass Stille und BrauneHolzbank-Leere, die sich in den Jahren zuvor in ihnen ausgebreitet hatten, für ein paar Tage vergessen sind.

Es hat geregnet über Nacht, im Camino Largo in regelmäßigen Abständen rund um die Gullys Pfützen. Die schwarzen Viecher, die rauskommen, wenn es regnet, sehen aus wie dicke Würmer, sind aber Tausendfüßler. Sie kriechen langsam und unbeirrbar über die Gehwegplatten, die noch feuchten Gartenmauern entlang des Bürgersteigs. Rollen sich zu schwarzen Kringeln ein, die aussehen wie Schneckenhäuser, wenn Merches Schuhsohlen näher kommen. Falangisten haben sie die früher genannt. Unvermittelt sind es so viele, dass man sie Kehrschaufel für Kehrschaufel von der Azotea sammeln muss, und wenn die Sonne scheint, sind sie mit einem Mal spurlos verschwunden.

Im Arbeitszimmer: Uniformen. Sie halten Whiskygläser und reden vom Ende einer Ära.

Die Jungen sind auf, wollen wissen, ob sie in die Schule müssen.

«Fragt euren Vater», antwortet Merche. Sie möchte nicht erneut an die Tür des Arbeitszimmers klopfen. Hat gerade gefragt, ob Frühstück gewünscht werde. Nein. Den Eiskübel mitgenommen. Überlegt jetzt, ob sie ihn den Jungen, wenn sie fragen gehen, frisch befüllt mitgeben kann.

Der Fernseher im Arbeitszimmer ist stumm, Kränze mit beschrifteten Schärpen und Gesichter mit zerweinten Taschentüchern. Die Herren in den Sesseln klingen schon die ganze Nacht nach Weltuntergang, ihre Anzahl schwankt. Von Zeit zu Zeit lässt einer seinen Fahrer kommen, von Zeit zu Zeit öffnet Merche jemand neuem die Tür, meistens sind sie in Uniform. Señor Bernadotte hat sie gebeten zu bleiben, bis der Besuch gegangen ist. Zwischendurch hat Merche eine Stunde am Küchentisch gedöst, sich soeben einen Cortado gemacht und die Kinder geweckt.

Im Arbeitszimmer die ganze Nacht über Schweigen, nur vereinzelt gesprochene Sätze. «Einen bewaffneten Konflikt würde keiner mehr akzeptieren», zustimmendes Nicken, wieder Schweigen. Eiswürfelklacken, wenn einer sein Glas zum Mund führt. «Wenn sie in der Wüste verrecken, die Bilder.» Schweigen. «In dieser sensiblen Phase.» Und alle blicken zum Fernseher, Kameraschwenk: Schlangestehen für das Kondolenzbuch.

«Auf die spanische Provinz Westsahara», sagt einer, als Merche gerade die Aschenbecher leert. Die Herren rauchen, die Herren prosten einander zu. «Wenigstens muss sich jetzt Marokko mit den Sahrauis auseinandersetzen und nicht wir.»

Merche wird Staub wischen müssen, wenn nachher alle weg sind und der Señor, oben hoffentlich, seinen Rausch ausschläft. Sie weiß, worum es geht, um den Grünen Marsch. Bereits vor Francos Tod war im Radio die Rede davon. Die aus Marokko sind einfach losgelaufen, in den spanischen Teil der Wüste, zu Hunderttausenden. Ohne Wasser oder was zu essen.

Ist unser Land, sagt Marokko, sagt Spanien, sagen die, die dort leben. Die von drüben. «Die aus Ifni», so heißen sie auf der Insel. Haben sich früher auf den Fincas um die Kamele gekümmert.

Kamele gibt es auch kaum noch, heute machen sie alles mit Lastwagen. Ihr Großvater hat eins gehabt.


**Um fünf vor neun** schließt Julio die Ladentür von Marrero Electrodomésticos auf. Die Angestellten sind nicht gekommen, er hat keine Lust, anzurufen. Wenigstens wird es heute draußen ruhig bleiben. Nichts ist schädlicher für das Geschäft als demonstrierende Studenten. Oder demonstrierende Busfahrer. Oder demonstrierende Lehrer. Oder wer immer sich noch alles in den letzten Wochen und Monaten mit Schildern am Ende der Trinidad versammelt hat.

Als um zehn noch immer niemand außer einem kleinen Mädchen, das nach der Toilette fragt, in den Laden gekommen ist, beschließt Julio, die Buchhaltung zu machen. Heute ist ein großer Tag. Damals hätte er gedacht, dass er feiern würde. Statt Listen durchzugehen, Posten zu prüfen, Mengen zusammenzuzählen, aber er tippt geduldig eine Addition nach der anderen in den Taschenrechner. Hin und wieder denkt er an Jorge.

1970

# BUENAVISTA

**Vor Francisca liegt der Teide.** Nicht der flachere Aufstieg bei La Orotava, sondern die schroffen Felswände, die über Buenavista del Norte aufragen. Und über die muss sie heute rüber.

Sie hat das Klopfen gehört, die Tür gehört, ein leiser hoher Laut, sie muss die Angeln ölen lassen. Hat das Räuspern gehört, kann fühlen, dass Jose Antonio am Fußende des Bettes steht, ihren Rücken betrachtet, sie liegt auf der Seite. Jose Antonio braucht Geld für den Bus, für den Eintritt ins Balneario vermutlich. Nicht blinzeln, ihr Gesicht ist von einem Stück Tuch bedeckt, trotzdem: nicht blinzeln. Er kann die Hilfe fragen, Merche wird ihm Geld geben.

Francisca versucht, nicht zu atmen, wartet auf den trockenen Laut des Türblatts, das gegen den Rahmen stößt, den Schnapper, der vorschnellt, wenn Jose Antonio draußen ist. Das Halbdunkel der fast noch zugezogenen Vorhänge umgibt sie wie Watte. In die man sie gebettet, mit der man sie sorgfältig bedeckt hat. An die Kettenanhänger in den Pappschachteln muss sie denken, Lorenzo, ihr Vater, hat sie ihr zum Namenstag geschenkt. Weiß und quadratisch sind die Schachteln, ein hellblaues Stück blauer Watte unten, eines oben. Dazwischen Kreuze, Pfeilbündel, unzählige *F*s mit Saphiren, Opalen, Perlen besetzt. An ein Kleeblatt mit vier Rubinen erinnert sie sich, ein Katzengesicht mit zwei winzigen Brillanten als Augen.

Gut verwahrt. Die Anhänger sehen so gut verwahrt aus, so sicher, am richtigen Platz, dass Francisca sie nicht herausnehmen mag, sie nur trägt, wenn Lorenzo nachfragt. Sie lieber im

Schmuckkasten stapelt. Von Zeit zu Zeit eine Schachtel nach der anderen in die Hand nimmt, die Deckel öffnet, nachsieht, ob sie immer noch ruhig und unberührt zwischen den Wattestücken liegen.

Eliseo ist bereits lange unten. Vielleicht ist er zum Frühstücken in den Club. Die Kinder sind fertig, sie kann Felipe draußen vor dem Fenster hören in seinem roten Auto.

Als das erste Mal alles verrutscht, sind sie zum Essen eingeladen, in einem Restaurant an der Küste unterhalb von La Orotava. Alles sehr hübsch, so wie es sein soll, der Blick auf Puerto, auf den Teide, wenn sie den Kopf dreht: kaum Wolken, genau richtig viel Dunst. Sie kennt die Namen aller Ehefrauen, stellt, während sie vor dem Essen auf der Terrasse zusammenstehen, die richtigen Fragen nach Kindern und kranken Eltern und gratuliert mit genau dem richtigen Überschwang zu Beförderungen und Hochzeiten. Später kann sie einfach nur stumm neben Eliseo sitzen, die Herren erzählen abwechselnd Anekdoten, die Gambas sind ausgezeichnet, die Seezunge auch. Ab und an wirft eine der Damen einen Satz ein, und Francisca lacht, genau richtig, nicht zu laut, nicht zu hell.

Sie sind beim Nachtisch, und Francisca hat es fast hinter sich, einer der Herren möchte freundlich sein und beugt sich zu ihr herüber: «Sie sind so still?» Und als Francisca aufs Tischtuch blickt: «Keine Sorge, Sie sind so schön, Sie dürfen schweigen, meine Liebe, das reicht vollkommen. Worte schaden wahrer Anmut eher, als dass sie sie fördern.»

Als alles verrutscht, sind sie bereits auf dem Weg zum Auto. Wie die Steinplättchen, die man bei dem Geschicklichkeitsspiel mit zwei Holzleisten anheben muss, gegeneinanderpressen und gleichzeitig langsam anheben, das ist die Kunst. Während sich die Plättchen zwischen den beiden Holzleisten vom Tisch heben, die Leisten nicht schief halten, sonst kommen die Plättchen ins Rutschen. Den Druck an den Seiten gleichmäßig verteilen. Wenn man an der oberen Kante zu heftig drückt, lösen sich die Leisten unten wenige Millimeter von den Plättchen, und die ersten fallen raus. Einen Augenblick lässt sich der Rest in der Mitte noch halten, doch dann rutschen auch sie.

Es ist, als bräuchte sie ihre gesamte Konzentration, ihre ganze Kraft, um den Rest auf seinem Platz zu halten. Die Hacken zierlich ein ganz klein wenig voreinander zu setzen, den richtigen Punkt zu finden, auf den seltsamerweise immer größer scheinenden Quadraten der Platten, während sie neben Eliseo zum Parkplatz geht. Ihre Finger ganz leicht, locker auf seinem marineblauen Anzugärmel abzulegen, knapp unterhalb des Ellbogens, ohne ihn hinabzudrücken mit dem Gewicht ihrer Hand, denn mit einem Mal hat sie Gewicht, ihre Hand, mit einem Mal muss Francisca Muskeln anspannen, damit sie nicht absinkt, Eliseos Arm beschwert. Als wäre sie mit einem Mal aus einem dichteren Material.

Franciscas Arme beginnen zu schmerzen von der Anstrengung, sie hochzuhalten, sie braucht ihre ganze Kraft, damit die Hand leicht wirkt, ihre Finger sich nicht zusammenziehen und ihre gefeilten, rot lackierten, perfekten, nicht abgesplitterten Nägel sich in seinen Ärmel krallen, sich festhaken, Fäden ziehen. Nein, der Stoff ist zu glatt dafür, der Stoff viel zu glatt, die Nägel würden sich in ihre eigenen Handflächen bohren.

Wenn alles verrutscht, beginnt es am Kinn, das zittert, ruckelt, als sie versucht, es still zu halten. Ihr Kiefer, ihre Zähne schlagen aufeinander, danach behält sie den Mund auf, blickt zur Seite, in Richtung der Rosen. Orangefarben sind sie, und die Mundwinkel fallen, Muskeln, über die Francisca keine Kontrolle mehr hat, ziehen an ihnen. Ihre Lippen nicht mehr fest genug, um sie aufeinanderzupressen, viel Speichel in ihrem Mund, der die ebenmäßig weiße Flutmauer ihrer Zähne zu überspülen droht. Überhaupt ist alles sofort nass, die Tränen kommen so schnell, in so rascher Folge, dass Francisca, im selben Moment, in dem sie ihrer gewahr wird, sie bereits in den Mundwinkeln spürt.

«Was ist?» Eliseo sieht sie an, verlangsamt seine Schritte.

«Meine Hand ist schwer.» Dumm klingt das, Francisca blickt hinab auf seinen Unterarm, auf dem zierlich ihre Finger liegen. Hofft, er wird nicht merken, dass sie weint. Eine Träne tropft auf seinen Ärmel, ein dunkler, runder Fleck im Marineblau. Hofft, er wird wenigstens nicht fragen, warum.

**Felipe fährt im Kreis**, sitzt in seinem Tretauto und fährt vor der Garage im Kreis. Der rote Lack an den Seiten splittert ab, bis zu den vorletzten Heiligen Drei Königen gehörte es Jose Antonio und war schwarz. Die Pedale fiepen nicht unentwegt, nur immer dann, wenn eines ganz oben und das andere ganz unten ist. Jose Antonio hat das Auto mit vier zum Namenstag bekommen. Felipe ist acht, beim Treten kann er die Beine nicht mehr durchstrecken, die Knie sind auf Höhe seiner Ohren.

Felipe wartet, dass Mama herunterkommt und sie zur Plaza España fahren. Francisca hat nicht mit ihnen gefrühstückt. Ich will mit, hat Felipe gestern Vormittag gerufen, als Francisca sagte, sie werde nach Santa Cruz fahren und die Blumen selber kaufen, es am Abend wiederholt. «Es war keine Zeit, ich fahre morgen», hat sie gesagt.

In La Laguna gibt es den Kastanienkarren auf der Plaza del Cristo, neben dessen Schornstein die Frau mit den Locken sitzt. Sonntags stehen dort auch der rot-goldene Santa-Rita-Wagen mit dem Turrón und die Pipas-Verkäuferinnen, die gestreifte Papiertüten in flachen Körben auf den Köpfen tragen und einem nie die Tüte reichen, auf die man gezeigt hat.

Aber am liebsten mag Felipe Mirapaqui, den Pirulí-Verkäufer, und die Frau mit dem Papagei, aber die sind in Santa Cruz. Mirapaqui an der Plaza España, während die Frau mit dem Papagei ihren Wagen meist auf der Rambla am Parque García Sanabria entlangschiebt. Es gibt nur einen Tag im Jahr, an dem alle am selben Ort sind, zur Fiesta del Cristo im September kommen sämtliche

Wägelchen und Süßigkeiten und Luftballonverkäufer der Insel den Berg nach La Laguna hinauf.

Mirapaqui trägt eine weiße Jacke, schwarze Hose, in der linken hält er eine phantastische Konstruktion: vier silberne Scheiben mit einer Stange in der Mitte, die größte unten, die kleinste oben, in denen stecken die Lollistiele. Mit Folie beklebtes Styropor, das sich hier und da löst, kleine Hügel bildet, aber das fällt Felipe erst Jahre später auf. Die Lutscher sind gelb-rot gestreift und geformt wie Eistüten in Cartoons. Durchsichtig, bis auf die Stellen, an denen Luftbläschen eingeschlossen sind. Luftbläschen, deren aufgeleckte Kanten man nicht mit der Zunge spürt. Felipe hat es ausprobiert, immer wieder. Hält den Lolli ins Licht, prüft, wo die hellen Pünktchen am dichtesten sind, und fährt immer wieder mit den Lippen, der Zunge, dem Finger drüber. Man hört den Verkäufer schon von weitem, «Mira pa qui, mira pa ya, pídele perritas a tu mamá», ruft er.

Die Frau mit dem grünen Papagei riecht man, bevor man sie sieht. Der Wagen stinkt. «Schwefel», sagt Mutter. «Pups», Jose Antonio. In der Lampe ist Carbid, Franciscas Handschuhfinger deutet auf den verbeulten Metallzylinder, der unter dem kleinen weißen Dach bläulich leuchtet. «Die Verkäuferin isst nur Garbanzos und pupst», behauptet Jose Antonio. «Geh hin und frag sie», sagt er und stößt Felipe an. «Sie ist spanische Meisterin in lautlosem Furzen.»

Der Karren ist rechteckig und weiß, mit einem Griff, an dem sie ihn vor sich herschiebt wie einen riesigen Kinderwagen. Durch die gläsernen Seitenwände sieht man die gestapelten Schokoladentafeln. Die gelb gestreiften sind Vollmilch, die grünen mit Mandeln. Daneben weiße Kaugummipakete und das Glas mit den roten Bonbons. Der Papagei sitzt manchmal auf ihrer Schulter, meistens auf einer Schaukel, die an dem Dachgestänge des Wagens hängt, und ruft: «Trini, Trini.»

So heißt die Meisterin des lautlosen Furzens. Die Erdnuss gibt sie einem erst, nachdem man etwas gekauft hat. Sobald Felipe ihr die Münzen reicht, beginnt der Papagei zu trippeln. Wenn sie die Hand in die Papiertüte in ihrer Schürzentasche steckt, krächzt er. Nimmt die Nuss nicht mit dem Schnabel, sondern mit der Kralle vorsichtig aus Felipes Fingern.

«Wie heißt das?», sagt die Verkäuferin zu ihm, und der Papagei krächzt: «Gracias.» Immer wieder «Gracias», während er mit dem Schnabel die Schale knackt. Die Schokolade ist mehlig und viel zu süß, meist gibt Felipe die Tafeln zu Hause Eulalia.

Als es an der Pforte klingelt, hört Felipe auf zu treten. Durch die Lücken kann er den Soldaten draußen stehen sehen. Felipe rührt sich nicht, wartet, dass jemand den Summer drückt.


**Eliseo Bernadotte sitzt zurückgelehnt** in seinem Schreibtischstuhl, dessen Chromstange und die sechs strahlenförmig angebrachten Füße Merche bereits gewischt hat.

Eliseo Bernadotte telefoniert. «Täubchen», sagt er mehrfach. Und: «Ay ay ay, was machst du bloß mit mir.» Und, mit einem Mal streng: «Jetzt mach nicht so ein Theater.» Seine Ellbogen liegen auf den Armlehnen, er blickt nach oben, auf den schlichten weißen Stuckfries zwischen Wand und Decke. Nicht zu Merche, die in größtmöglicher Entfernung zum Schreibtisch ein Bild nach dem anderen vom Nagel nimmt und abwischt. Ein Lappen für den Rahmen, ein Lappen fürs Glas, der, den sie gerade nicht benötigt, steckt im Schürzenbund. Sie geht in Gedanken die Liste, die unendlich lange Liste durch. Es ist das erste Mal, dass sie Eulalia mitgenommen hat. Eines der Mädchen, das sonst, wenn Bernadottes einladen, zum Helfen kommt, hat abgesagt. Sie liegen gut in der Zeit. Die Garbanzos hat Merche zum Einweichen über Nacht in Wasser getan. Merluza a la buenavista, Seehecht in Aspik, wird sie als Fischgang servieren. Der Fisch ist bereits gekocht, in einem Stück, mit unversehrter Haut und Kopf und zurechtgeschnittenen Flossen. Zuerst werden ein paar Karottenblumen, glasig gebratene Zwiebelchen, vorgegarte Blumenkohlröschen in die runde Form geschichtet. Auf die kommt der Fisch, verkehrt herum, mit dem Rücken nach unten, ringförmig gelegt, sodass sein Maul beinahe die Schwanzflosse berührt. Das restliche Gemüse wird in die Mitte gefüllt. Ein Fisch auf einer Wiese unter einer Gelatinekuppel, so soll es aussehen. Die Señora hat das Rezept aus einem ihrer Magazine, das Foto hat ihr gefallen.

Merche dreht Eliseo Bernadotte den Rücken zu. Sie war gerade dabei, Eulalia zu zeigen, wie man Karottenscheiben zu Blüten schneidet, als er unvermittelt in der Küche stand, Merche bat, mitzukommen, freundlich, aber kurz angebunden. Er hat auf die Urkunden an der Wand gedeutet, die schwarzweißen Truppenformationen, den Generalísimo in seiner Nordafrika-Zeit vor einem Zelt, Francisca Bernadotte, als weißspitzene Braut und im Krankenhaus mit Jose Antonio im Arm. «Ich dulde keine Schlamperei in diesem Haus», hat Eliseo Bernadotte gesagt und ist mit dem Finger den goldenen Querbalken des Rahmens seiner Ernennungsurkunde entlanggefahren. Er rollt den Staub zwischen Daumen und Zeigefinger zu einer Fluse und lässt sie vor Merche auf den Teppich fallen.

Merche hat genickt und ist Putzmittel holen gegangen.

Sie wischt den Rahmen eines grünstichigen Schwarzweißfotos, eine Frau neben einem Flügel, das Kinn in der Hand gestützt, Ellbogen auf dem schwarzen Holz, als die Türklingel gedämpft schrillt. Merche versucht, sich zu erinnern, ob sie irgendwas erwarten. Das Fleisch ist gestern geliefert worden, der Wein auch, um die Blumen wollte sich die Señora selber kümmern.

Merche lauscht, ob sie zwischen Eliseo Bernadottes wieder sanften Worten Eulalias Schritte im Flur hören kann, ob sie zur Tür geht, öffnet. Versteht, was ihre Aufgabe ist.

Es dauert einen Moment, ehe Eulalias Schuhe beim Eingang auf den Fliesen klacken, langsam und zögerlich statt rasch und zielstrebig, wie es sich gehört. Die Klingel schrillt erneut, aber da macht Eulalia schon auf, und es wird still hinter der Arbeitszimmertür.

Die Servietten müssen gebügelt werden. Und wenn die Señora nicht bald aufsteht und sich um die Tischgestecke kümmert, wird sie auch dafür eine Lösung finden müssen. Merche hängt das Porträt von der Frau mit dem Flügel wieder an seinen Nagel. Es fehlt nur noch die Iglesia de la Concepción aus dicken Farbklecksen in einem Goldrahmen und die Calle del Agua, so gemalt, wie es sich gehört. Die wischt sie zuerst, *Juan Toral* steht in der rechten Ecke. Die Straße sonnenbeschienen unter hellblauem Himmel, grüne, schlanke Palmenreihen vor blütenweißen Wänden, von denen der Putz nicht abplatzt.

So muss es früher dort ausgesehen haben, denkt Merche, als alles noch neu war. Eulalia klopft so leise, dass Eliseo Bernadotte es gar nicht mitkriegt. Er beachtet Merche gar nicht, als sie, ihn fest im Blick, zur Tür geht.

«Da ist ein Soldat», flüstert Eulalia.

«Was will er?»

«Er hat eine Nachricht für Señor Bernadotte. Das Telefon ist die ganze Zeit besetzt. Er sagt, sie versuchen seit Stunden, ihn zu erreichen.»

«Wo ist er?»

«Draußen, vor der Tür.»

«Warum hast du ihn nicht hereingebeten?»

«Ich wusste nicht», antwortet Eulalia.

«Schscht», macht Eliseo Bernadotte hinter seinem Schreibtisch.

«Biete ihm was zu trinken an», flüstert Merche. «Sobald ich hier fertig bin, bringst du ihn ins Arbeitszimmer.»

Das Fleisch hat noch Zeit, aber zum Nachtisch will sie Príncipe Alberto machen, so ist es mit den Señora abgesprochen. Mandeln und Haselnüsse sind bereits gehackt und geröstet, kühlen gerade noch vor dem Fenster aus. Eulalia wird hoffentlich ein Auge drauf haben, dass keine Eidechsen oder, noch schlimmer, ein schwarzer Fluss Ameisen seinen Weg in die Pfanne findet. Wenn sie nicht bald die Creme macht, wird die nicht lange genug im Kühlschrank stehen und auf den Tellern zerfließen. Vor dem Fenster quietscht der Kleine mit seinem Auto.

Merche hängt La Concepción in dicken Farbklecksen an ihren Platz zurück, sieht zu Eliseo Bernadotte hinüber, als sie die Arbeitszimmertür öffnet, aber der beachtet sie weiterhin nicht.

Eulalia hat im Flur gewartet, geht eilig ins Wohnzimmer, den Soldaten holen. Wenigstens die Karottenblüten sind fertig geschnitten und annehmbar, stellt Merche in der Küche fest.

«Der Señor muss in die Capitanía», sagt Eulalia, als sie zurückkommt.

Der Kleine draußen hört kurz auf zu quietschen, als die beiden Männer an ihm vorbeigehen. Dann startet ein Motor, das Garagentor öffnet und schließt sich wieder.

«Weiter», sagt Merche. «Wir sind spät dran.»

Eulalia hält die Spritztüte so, wie sie es ihr gezeigt hat, drückt zerstampfte Kartoffeln mit Eigelb und Butter in Rosettenform auf ein Backblech.

«Die Spitzen müssen steif nach oben stehen», sagt Merche und nimmt die Schüssel mit den getrennten Eiern, beginnt, das Weiße aufzuschlagen für den Nachtisch. Mit der Hand, dem Rührgerät traut sie nicht.

«Ich fahre nach Santa Cruz, die Blumen kaufen.» Die Señora steht hinter ihr in der Küchentür. «Brauchen wir noch irgendetwas für heute Abend?»

«Ihr Mann hat den Wagen genommen.» Merche schlägt weiter das Eiweiß, wer weiß, ob es nicht zusammenfällt, wenn sie aufhört.

«Wohin?» In der Stimme der Señora Klümpchen. Merche zieht den Schneebesen aus der Masse, prüft, ob die Spitzen stehen. Weiterschlagen, beschließt sie, ehe sie antwortet.

«In die Capitanía. Sie haben nach ihm geschickt.» Als die Señora stumm bleibt, wendet Merche sich um.

«Soll ich Ihnen ein Taxi rufen?»

Die Señora steht immer noch reglos in der Tür und schüttelt den Kopf.

**Aber dann hört Francisca** sich die Hilfe bitten, sie möge die Strelitzien hinaustragen. Und die Vase auswaschen und zurückbringen. Francisca geht ins Schlafzimmer, den dünnen Mantel holen, und läuft dann rasch und laut und lebhaft die Treppe hinunter und an der Hilfe vorbei, die aufschreckt und ihre Hände im Spülwasser wieder bewegt, und weiter zur Abseite. Francisca sieht ihre Hände die gelben Gartenhandschuhe aus dem Regal nehmen, den Strohhut, die Schere von dem Nagel, an dem ihre Schlaufe hängt. Fühlt, dass sie sich auf dem Weg ins Wohnzimmer die Handschuhe anzieht, das Leder sich eng um ihre Finger legt. Die Finger öffnen die Terrassentür. Setzen, ehe Francisca hinaustritt, den Strohhut auf ihre Haare, schieben sein Band unter ihr Kinn.

An manchen Tagen kann Francisca das, sich selbst zusehen. An manchen Tagen hat sie die Kraft, genügend Geduld, ihre Finger zu beobachten. Oder ihre Füße, die, elegant beschuht, rechts, links, rechts, links, flink und zielstrebig durch die Stadt laufen. Auf den glänzenden Böden von El Corte Inglés oder Galerías Preciados, eilig und emsig, rechts, links, rechts, links, in ihr Blickfeld gesetzt werden und wieder verschwinden. Francisca sieht die Falten der Nylons an dem Riemchen über ihrem Spann, die Reflexe des Kaufhauslichts auf den frischgeputzten schwarzen, marineblauen, karamellfarbenen Schuhspitzen. Manchmal kann sie die Füße einfach eilen lassen, ohne einzugreifen, innezuhalten. Kann ihre Hände abends die gedeckte Dinnertafel kontrollieren lassen, den Abstand der Messer mit den Fingern abmessen, wie Ada es ihr beigebracht hat. Zusehen, wie sie sich auf die dunkelblauen Stoffe der Schuluniformen über den schmalen Rücken ihrer Jungen legen, wenn sie rechts und links neben ihr hergehen, auf dem Weg zu Echeto, Kuchen aussuchen für die Merienda.

Francisca hebt den Arm, um die Augen zu beschirmen, trotz des Hutes, die Sonne steht tief. Sie versucht, die steife Krempe ein Stück herunterzubiegen. Fühlt die Hitze von den Terrassenplatten aufsteigen, durch die Maschen der Nylonstrümpfe ihre Waden hochkriechen, zu den Kniekehlen, mit jedem Schritt weiter die Schenkel hinauf.

Francisca rettet sich auf den Rasen. Der ist kühler, wartet schlaff auf den Gärtner, der ihn jeden Abend wässert. Schweiß, ein präzise erfühlbarer Tropfen Schweiß, läuft unter dem Dach ihrer zurückgebundenen, mit Spray fixierten Haare den Hinterkopf hinab. Ist nur einen winzigen Augenblick zu sehen, auf Franciscas Nacken, ehe er im Kragen verschwindet, sich im Stoff ihrer Unterwäsche verliert.

Francisca beobachtet zwei gelb behandschuhte Finger, die behutsam einen Rosenstiel nach dem anderen festhalten. Francisca sieht den blanken Schneiden der Gartenschere zu, die einen nach dem anderen durchtrennt. Als hätten sie unterschiedliche Geschwindigkeiten, Francisca und ihre Hände, ihre Füße, ihr ganzer Körper. Als wäre er schneller und sie immer hintendran. Als würde sie noch unentschlossen stehen, während ihr Körper sich bereits in Bewegung gesetzt hat, stehen und sich fragen, warum er das tut.

Eine Lücke, wäre Franciscas Antwort, würde jemand sie fragen, wie es sich anfühlt, eine ruhige Lücke. An manchen Tagen ist sie gar nicht zu spüren, dann ist alles in Deckung, Francisca und ihre Gliedmaßen gleich schnell. Angst macht die Lücke ihr nur, wenn sie zu groß wird, die atemlose Sekunde zu lang, die Gliedmaßen sie mitzerren, Francisca hinter ihrem flinken, beweglichen Körper nur hertaumeln kann.

Sie hat den Korb vergessen, sammelt die Rosen auf dem Rasen, im Schatten der Sonnenuhr. Legt sie eng zusammen, geht die nächsten schneiden, elf, zwölf, dreizehn, vierzehn. Zweimal zwölf braucht sie für die Tischgestecke, überschlägt Francisca. Und Gladiolen für die Vasen.

Seit Eliseo letztes Jahr in die Capitanía versetzt wurde, laden sie regelmäßig ein. Nicht wie vorher alle paar Wochen ein paar Freundinnen zum Canasta, Offiziersfrauen, deren Ehemänner ebenfalls auf dem Festland stationiert sind. Bei mindestens einer sind nach dem dritten Martini Kajal und Mascara verschmiert, manchmal trunkener Schweiß, meistens Tränen, und alle werden nach dem Eis mit Sherry schläfrig und lassen sich nach Hause fahren.

Für die Gäste ist sie heute Abend nicht verantwortlich. Eliseo hat ihr eine Liste gegeben, die Sitzordnung mit ihr durchgesprochen, sieben Mitglieder der *Pontificia, Real y Venerable Esclavitud del Santísimo Cristo de La Laguna*. Fünf mit Ehefrauen, zwei verwitwet.

Ihr fehle die Übersicht, hat Eliseo gesagt. Sie brauche doch nur neue Bekanntschaften am Tag des Kennenlernens notieren. «Natürlich nur diejenigen, mit denen wir verkehren wollen», so hat er es ausgedrückt. Und dann müsse sie einfach nur mischen. Alt und neu. Nach gemeinsamen Interessen. Wenn sie nicht in der Lage sei, sich die zu merken, müsse sie die eben auch notieren. Name, Beruf, den Rang bei Offizieren, Mitgliedschaften, Gesprächsthemen. Verwitwet oder ledig, wenn eins von beiden vorliegt. Geschieden ist keine Option.

«Das war ein Fiasko», hat Eliseo vorletzte Woche, am Morgen nach dem letzten Dinner, festgestellt.

Francisca hat genickt. «Iss deinen Toast» zu Jose Antonio gesagt. Denn seit Eliseo neben dem Esstisch steht – nicht, um sich auf seinen Platz zu setzen, der auch gar nicht eingedeckt ist –, seit Eliseo neben dem Esstisch steht, sieht Jose Antonio sie an, unentwegt an. Francisca blickt auf ihre Armbanduhr, in knapp einer Viertelstunde müssen die Jungen aufbrechen. Felipe schneidet winzige Streifen von seinem Omelett, steckt einen nach dem anderen versonnen in den Mund. Sie wünschte, die beiden wären fertig, sie wäre mit Eliseo alleine.

Hatte gehofft, sie würde drum herumkommen. «Ich frühstücke im Club», hat Eliseo nach dem Aufstehen gesagt, bereits auf dem Weg ins Bad die Hilfe, die den Vorhang aufzieht, um ein Alka Seltzer gebeten. In der Nacht hat sie sich schlafend gestellt, als Eliseo ins Schlafzimmer kam, überzeugt, er werde sie wecken. Stattdessen ist er ins Bad gegangen, hat dabei den stummen Diener angestoßen, seine Hose ist von der Stange gerutscht, Francisca hat sie auf dem Boden liegen sehen im Lichtstreifen, der durch die halboffene Badtür ins Schlafzimmer fällt. Hat sich weiter schlafend gestellt, auf der Seite liegend, die Decke über die Augen gezogen, als Eliseo sich im Rauschen der Toilettenspülung, nach Cognac und Zahnpastaminze riechend, neben sie legt. Und Francisca weder anstößt noch an der Schulter fasst noch ihren Namen ins Dunkle sagt, scharf und in drei Silben geteilt.

«Schau einfach in deinem Kalender, bei wem wir zu Gast waren. Deine Mutter ist berühmt gewesen für ihre Einladungen.»

Jose Antonio betrachtet seinen angebissenen Toast und rührt sich nicht, Felipe zerteilt weiter seine Tortilla in suppennudeldünne Streifen.

«Meine Mutter hat jeden eingeladen, der ihr zufällig in den Sinn kam.» Und wenn alle sich stritten, hat Ada sich gefreut. Berühmt waren ihre Dinner für die Trunkenheit der Gäste und deren Abgänge. Der britische Konsul, der in die Telefonkabine in der Halle statt zur Tür ging, und fünf Minuten darin verweilte, weil er nicht vor aller Augen rauskommen wollte. Beim Morgenspaziergang haben Francisca und Nanny Brown im Pavillon auf einer der Bänke General Sánchez aufgeschreckt. Am Vorabend hatte er versucht, jemanden zum Duell zu fordern. Richtig zu fordern, mit Handschuh ins gegnerische Gesicht schlagen, welches er beim ersten Versuch verfehlte, und Wahl der Waffen und Sekundanten. «Er hat den ganzen Abend versucht, deinen Vater zu überreden», hatte Ada ihr erzählt, später beim Tee.

Klein, rechteckig, in weißes, glattes Leder gebunden, ist der Kalender, den Francisca am späten Nachmittag bei El Aguilar gekauft hat, mit einem silbernen Bleistift an einem Seidenband.

Die Tabletten verkleinern die Lücke, an manchen Tagen ist sie gar nicht zu spüren, dann sind Francisca und ihre Gliedmaßen gleich schnell.

Die Gladiolen öffnen sich gerade erst, weiß und orange. Francisca wird sie den Nachmittag über in die Sonne stellen müssen, damit sie weiter aufgehen bis zum Abend. Eliseos Finger werden nach Schoß und Seife riechen, wenn er nachher nach Hause kommt, sie an ihre Wange legt, um sie zur Begrüßung zu küssen. Und Francisca wird erleichtert sein. Wissen, dass es falsch ist, erleichtert zu sein. Richtig wären lautlos durchweinte Nächte, Blässe, aber kein Wort. Vorwürfe nur in Form zu schnell abgewandter Blicke, gedrückter Stimmung und geräuschvoller Hinwendung zu den Kindern.

**«Nicht so laut»**, sagt Jose Antonio. Andrés und Enrique blicken ihn erstaunt an, beide verstummen. Es ist Samstag, kurz nach zwölf, die Plaza de los Patos leer bis auf zwei Touristen am anderen Ende, ein Mann und eine Frau, die einander abwechselnd auf dem Rand des Springbrunnens fotografieren. Sie sehen nicht mal herüber zur Bank, auf deren Lehne Jose Antonio sitzt, die Taschen mit den Sportsachen auf der Sitzfläche zwischen seinen Füßen. Andrés und Enrique stehen davor, haben bis eben über Brasilien oder Italien gesprochen. Morgen ist das Finale der Fußballweltmeisterschaft. Ohne spanische Beteiligung.

Nicht mal qualifiziert, daran sehe man es, hat Lorenzo, sein Großvater, vor einigen Wochen am Telefon gesagt. Verfault, das Land sei bis ins Mark verdorben.

Jose Antonio fühlt das Haus in seinem Rücken, Ecke Viera y Clavijo, wagt nicht, sich umzudrehen. Andrés ist für Italien, Enrique hat gerade Pelé nachgemacht. «Keine Chance» gerufen. «Die haben doch keine Chance.»

Sie warten noch auf Esteban und Rafa, um zwölf waren sie verabredet, trainieren im Club Náutico. Jose Antonio spielt Basketball, seit einigen Wochen Basketball. Übt zu Hause dribbeln, der Fußball springt nicht richtig. Er hat Felipe gesagt, er solle versuchen, ihn ihm abzunehmen, aber Felipe hat bloß die Arme verschränkt und nach Merche gerufen, als er ihm den Ball an die Stirn wirft.

«Warum sollen wir leise sein?» Enrique stößt den Ellbogen gegen Jose Antonios Knie.

Ich will nicht, dass mein Großvater mich sieht. Das sagt Jose Antonio nicht, stattdessen tritt er mit dem Fuß in Richtung von Enriques Brustkorb. Nicht so, dass er ihn trifft, nur so, dass Enrique einen Schritt zurückweicht. Ein Fehler, denn Enrique greift nach seiner Wade, es droht wieder laut zu werden. «Schon gut», sagt Jose Antonio. «Schon gut. Willst du ein Kaugummi?»

Enrique schüttelt den Kopf.

Sie könnten doch schon mal vorgehen, hat Jose Antonio bereits mehrfach vorgeschlagen, aber die anderen sind nicht darauf eingegangen. Das letzte Mal ist Jose Antonio im Winter hier gewesen, zu den Heiligen Drei Königen. Der Großvater wird immer schmaler.

«Was hast du Rafa denn gesagt, wo wir uns treffen?»

«Plaza de los Patos.»

Jose Antonio verdreht die Augen. «Finden die nie. Rafa ist vom Festland. *Veinticinco de Julio* heißt der Platz richtig.»

«Warum nennen ihn dann alle Plaza de los Patos?»

Kurz mustern sie die Frösche am Beckenrand, die Schildkröte in der Beckenmitte, auf deren Rücken eine Gans reitet. Jose Antonio zuckt mit den Achseln.

Bis letzten Sommer sind Jose Antonio und Felipe jeden Samstag mit den Großeltern in den Club Náutico gegangen. Die Großmutter trägt meist einen großen Hut und schwimmt nicht, wegen ihrer Haare, legt sich nicht in die Liegestühle, sitzt nur oben auf der Terrasse und liest. Ada stellt keine Fragen, möchte nicht wissen, wie es in der Schule war. «Das ist langweilig, mein Liebling», unterbricht sie Felipe, als er ihr von einem Zwischenfall aus dem Biologieunterricht erzählt – dem Lehrer ist es nicht gelungen, einen Torso mit Plastikorganen wieder richtig zusammenzusetzen. Felipe hat ihm leidgetan, er hat gelacht. Felipe erzählt oft weitaus dümmere Geschichten.

«Geh schwimmen», entgegnet die Großmutter, ohne von ihrem Buch aufzublicken, wenn man sagt, einem sei langweilig. Irgendwann geht die Großmutter jemanden begrüßen, so nennt sie es, «nur kurz jemanden begrüßen», und setzt sich an einen anderen Tisch.

Lorenzo, der Großvater, hingegen schwimmt, zwanzig Bahnen, und der Zähler kriegt einen Duro. Aber nicht für Kaugummi. Der Zähler ruft Lorenzo die Zahl zu, wenn seine mit jeder Bahn weißeren Finger den Beckenrand berühren – ranziehen, wenden, abstoßen –, ruft laut, denn mit jeder Bahn hat der Großvater mehr Wasser in den Ohren. Der Zähler läuft, während der Großvater schwimmt, neben ihm her. Er schwimmt sehr lustig, der Großvater, macht mit den Armen einen Halbkreis, mit den Beinen wie ein Frosch, statt zu kraulen wie alle anderen. Sein Kopf hebt sich bei jedem Zug aus dem Wasser, seine Schultern. Wie eine Boje taucht der eng an der Haut anliegende Haarhelm ruckweise und immer ein Stück weiter vorne auf und verschwindet wieder. Der Zähler läuft vom einen Ende des Beckens zum anderen, gibt acht, nicht auszurutschen in einer der Wasserlachen auf den Kacheln. Nicht auf Hände zu treten, die auf dem Rand des Beckens liegen, nicht mit den Anlaufenden in der Springzone zusammenzustoßen, keine der unentschlossen am Beckenrand stehenden Damen zu rammen, keine Kleinkinder, um dann am Ohr von der Mutter zu dem Tisch gezerrt zu werden, wo die Großmutter mit Felipe sitzt.

Der Zähler läuft mit der Uhr in der Hand und am wichtigsten ist, nicht oben die Krone reinzudrücken, während man läuft und fast mit den nassen Körpern kollidiert. Erst wenn Lorenzo die letzte Zahl ruft, in genau dem Moment, wenn seine mittlerweile schneeweißen Fingerkuppen den Beckenrand berühren, drückt der Zähler die Krone. Hält die Uhr einfach nur in der Hand, während er langsam und außer Atem zur Leiter geht, ohne draufzugucken, ohne die Krone erneut reinzudrücken, denn dann springt die Stoppuhr wieder auf null, und alles war umsonst, wie der Großvater sagt.

Der Zähler hält die Uhr Lorenzo hin, kaum dass der seine Hände von dem Leiterbügel löst, kaum dass sein Oberkörper aufgerichtet ist, hält er ihm das Ziffernblatt hin. Tropfen fallen von dem fast unsichtbar gewordenen Haarhelm, von der großväterlichen Nase aufs Glas, aufs T-Shirt des Zählers. Erst dann greift Lorenzo nach dem Handtuch, meist ist er mit der Zeit unzufrieden, er notiert sie später, mit trockengeriebenen Haaren, wenn sie wieder oben am Tisch sitzen, in ein kleines Buch, in eine Tabelle hinten auf den letzten Seiten. Orangensaft mit Papayastückchen bestellt der Großvater für alle, und Felipe und Jose Antonio streiten, wer Lorenzos Zuckertütchen kriegt.

Immer war Jose Antonio der Zähler, bis Lorenzo an einem Sonntag fragt: «Wer nimmt die Uhr?»

«Ich», sagt Felipe, laut und ehe Jose Antonio realisiert hat, dass es schnell zu antworten gilt. Lorenzo reicht Felipe die Uhr, und Jose Antonio muss bei Ada sitzen bleiben, darauf besteht Lorenzo, ihr Gesellschaft leisten.

Von da an ruft Jose Antonio, bevor sie am Eingang des Balneario angekommen sind, bevor sie die Taschen aus dem Kofferraum genommen haben, auf den Parkplatz einbiegen, die Avenida la Salle herunterfahren, bevor sie in der Viera y Clavijo überhaupt losgefahren sind, wenn sie noch mit den Eltern in der Eingangshalle stehen und Francisca und Eliseo sich verabschieden, immer früher ruft Jose Antonio: «Ich nehme die Uhr!»

Und hätte Ada sich nicht auf der Plaza de los Patos von einer Nachbarin verabschiedet und dabei einen Schritt zur Seite gemacht, einen unachtsamen Schritt zur Seite, Jose Antonio hätte schon in La Laguna, ehe sie überhaupt nach Santa Cruz aufbrechen, gerufen.

«Aber wir können doch auch nur mit Großvater gehen», hat Felipe eingewandt, als Francisca ihnen erklärte, dass sie samstags nicht mehr in den Club Náutico fahren werden.

Ada hat, während sie sich an der Plaza de los Patos von einer Nachbarin verabschiedete, einen Schritt vom Bürgersteig runtergemacht. Ein Steinchen liegt auf der Straße, auf dem Adas Absatz aufkommt und seitlich wegknickt. Die Bänder in ihrem Sprunggelenk haben ihr Gewicht nicht halten können. Das wäre nicht schlimm gewesen, wenn nicht im selben Augenblick ein von der Banco de España bestelltes Taxi vorbeigefahren wäre, und weiter möchte Jose Antonio nicht denken.

Die Großmutter ist in der seltsamen Kirche gegenüber dem Haus an der Plaza de los Patos aufgebahrt worden. Flach und aus grauen Steinen, der Pfarrer kein richtiger Pfarrer, sondern verheiratet. «Anglikanisch», flüstert Francisca Jose Antonio zu, als er fragt.

Der Großvater hat bei ihnen angerufen, Jose Antonio und Felipe sind gerade aus der Schule heimgekommen und essen Croquetas. Vater fährt selbst runter nach Santa Cruz, Mutter weint immer noch nicht. Sitzt auf dem Beifahrersitz und blickt nach unten, auf ihre Finger in schwarzen Handschuhen.

«Ich müsste doch weinen können», hat Francisca zu Hause gesagt, als sie neben dem Telefon sitzt, den Hörer, aus dem schon wieder das Freizeichen ertönt, noch auf dem Schoß. Sagt es später noch mal, nachdem sie sich umgezogen hat und mit Jose Antonio und Felipe unten in der Eingangshalle auf Eliseo wartet, der soeben aus der Capitanía heimgekommen ist und darauf besteht, noch kurz zu duschen.

«Am Nachmittag?», hat sie gefragt, ihren Schleier, ein viereckiges Tuch aus schwarzer Spitze, gefaltet und vorsichtig in eine Papiertüte gelegt. Den Hut aufgesetzt, während Eliseo die Treppe hinaufläuft, eine eng anliegende dunkelgraue Filzkappe, im Spiegel neben der Garderobe deren Sitz überprüft, sie festgesteckt, und erneut: «Ich müsste doch weinen können.»

Als sie in die Viera y Clavijo einbiegen, nimmt Francisca das schwarze viereckige Tuch aus der Tüte und legt es, achtgebend, dass die Ecken genau über Nase, Hinterkopf und Ohren fallen, auf ihren Hut. An der Stirn ist der Schleier noch nach hinten geschlagen. Ehe sie aus dem Auto steigt, zieht Francisca die Spitze nach unten. Sie hängt bis zu ihren Schultern herab.

«Damit man meine Tränen nicht sieht», erklärt sie Felipe und Jose Antonio.


Die Großmutter ist auf der Plaza de los Patos gestorben, auf einer der Bänke am anderen Ende des Platzes. Auf die hat man sie nach dem Unfall gelegt.

Jose Antonio hat sich die Stelle, wo es passiert ist, angesehen, hat so lange gebettelt, bis Francisca mit ihm hingegangen ist. Ihm erklärt hat, was Bänder sind, dass sie einen im Inneren zusammenhalten, die Knochen an ihrem Platz. Francisca hat die Kurve, die das Taxi genommen hat, in der Luft beschrieben. Francisca hat ihre Hände auf den blauen Jackenstoff vorne an der linken Schulter und ein wenig weiter unten, auf den Rockbund an der linken Seite ihrer Taille, gelegt, um ihm zu zeigen, wo der Kotflügel die Großmutter getroffen hat. Irgendwann beginnt sie zu weinen.

«Wie deine Mutter», hat der Großvater einmal leise und im

Vorbeigehen zu Ada gesagt, als sie samstags kommen müssen, um Jose Antonio und Felipe abzuholen. Francisca liegt oben, im Schlafzimmer, Vorhänge zugezogen. Das *Deine* lauter und sehr deutlich.

**Die Rosen haben Druckstellen** an den äußeren Blütenblättern, Francisca hätte sie entfernen sollen. Doch niemand achtet auf die Tischgestecke. «Nichts ist offiziell, kein Wort verlässt diesen Raum», hat Eliseo gesagt, kaum dass alle an der Tafel Platz genommen haben, und setzt damit eine Kaskade von Andeutungen und Fragen in Gang. Dennoch versteht Francisca eine Weile nicht, was den Raum verlassen könnte. Halbsätze, ohne die interessante Hälfte, offenbar Doppeldeutiges, denn an seltsamen Stellen steigt Gelächter unter den Herren auf. Irgendwas Unanständiges, glaubt sie anfangs, besser nicht genau hinhören.

Die anderen Damen schweigen. Sie sind bereits mit dem Krabbencocktail fertig – zu viel Mayonnaise, Francisca wird mit der Hilfe sprechen müssen –, als einer der Herren sich so deutlich ausdrückt, dass Francisca versteht, es geht um Westsahara.

«Ich dachte, das Problem sei gelöst?»

«Ist es. Die Entkolonialisierung hat stattgefunden, mehr können die Vereinten Nationen nicht verlangen. Westsahara ist eine ganz normale spanische Provinz, so wie alle anderen auch.»

«Wie Galicien?»

Die Herren nicken, ein wenig zögerlich.

«Was ist denn?», fragt Francisca, und einen Moment ist es ruhig, die Herren blicken zur Stirnseite des Tisches.

«Vor ein paar Tagen, bei dem Festakt in El Aaiún, anlässlich der Erhebung zur Provinz, sind ein paar Krachmacher aufgetaucht», antwortet Eliseo schließlich.

«Sie wollten eine Petition verlesen, sie durften eine Petition verlesen, also bitte», sagt Señor Rivera vom Direktorium der Raffinerie, und einige lachen.

Seine Frau beugt sich zu Francisca. «Im Anschluss ist es zu einigen hässlichen Szenen gekommen», sagt sie halblaut.

«Wurde jemand verletzt?» Francisca versucht, sich an die Nachrichten im Fernsehen gestern Abend zu erinnern.

«Von uns niemand», antwortet Rivera. «La Legión ist la Legión.»

«Bei den anderen elf Tote», sagt seine Frau, wieder halblaut.

«Bei wem?»

«Na, bei denen von drüben.»

«Ich dachte, das sind jetzt auch Spanier», wirft eine andere Dame ein. Glücklicherweise erscheint in dem Augenblick die Hilfe und fragt, ob noch Wein gewünscht werde.

«Sind größere Truppenverlegungen in den nächsten Wochen geplant?», fragt einer der Herren schließlich, seine Stimme seltsam angespannt, als sei es wichtig. Alle Blicke verlagern sich wieder zur Stirnseite des Tischs.

Doch Eliseo gibt der Hilfe ein Zeichen, sie möge abräumen und den Fischgang bringen. Das ist eigentlich Franciscas Aufgabe. Er wird es ihr später vorwerfen, erneut ein Fiasko, gewiss. Sieht als Einzige nicht zu ihm hin, sondern die Tischgestecke an – sie hätte die Blätter mit den Druckstellen entfernen sollen –, während Eliseo die Gäste noch eine Weile fragen und eine Weile raten lässt, ehe er sich zurücklehnt und den Kopf schüttelt. «Die Überlebenden haben wir verhaftet. Ich glaube nicht, dass die noch mal irgendwo auftauchen. Jetzt ist Ruhe.»

Francisca bekommt reichlich Komplimente für den Seehecht beim Abschied.

1963

# IN WELLEN

**Der Geruch von reifen Bananen** – sie liegen auf einem Tablett auf dem Fußboden der Speisekammer, dort ist es am kühlsten – ist gleich da, noch ehe Merche ihre Lider öffnet, die dunklen Flecken anblickt. Sie liegt auf der Seite, mit dem Rücken zur Küche. Feuchtigkeit löst die weiße Tünche in Placken von der Wand. Gestern Abend ist es spät geworden, der Triple Himno war bereits bei *Cara al Sol* angelangt, Sendeschluss, als Merche das Radio ausgeschaltet hat.

Sie beschließt, den Kaffee von gestern kalt zu trinken, Gas zu sparen, rührt zwei Löffel Zucker hinein. Es dauert, bis sie sich auflösen. Am Ende ist immer noch ein hellkörniger Bodensatz in der Tasse, den sie mit dem Löffel auskratzt.

Draußen noch alles feucht vom Tau, der Betonboden des Vorhofs, in den Unebenheiten kleine Pfützen, die Blätter der Pflanzen grün glänzend und sauber, einzelne Tropfen fallen von den Spitzen. Die Wärme lauert bereits, wird es rasend schnell verdunsten lassen.

Merche dreht den Hahn neben dem Waschstein auf. Wäscht Hände, Gesicht, Achseln. Setzt sich in die kleine Schüssel und wäscht den Rest. Denkt an die Blumen, früher, die haben sich zwischendurch auch immer so gewaschen. «Das Wichtigste, wenn du willst, dass sie dich behalten, ist Saubersein. Bloß nicht riechen», hat Consuelo, das andere Hausmädchen, an Merches erstem Tag gesagt. Consuelo ist schon länger bei den Bernadottes angestellt.

Nach dem Anziehen klopft Merche an Mercedes' und Eulalias Tür. Holt die Flasche Vino Sansón aus der Speisekammer, an der

Wand, klein und dunkel, Kot – eine Eidechse, hat wahrscheinlich die Bananen gerochen. Merche hat keine Zeit, sie zu suchen und zu fangen, ehe sie aufbricht. Trennt in der Küche zwei Eier, lässt jeweils ein Dotter in die beiden Wassergläser gleiten. Mercedes hinter ihr würgt bereits.

Merche weckt die Mädchen neuerdings, ehe sie losgeht, traut ihnen nicht. Sie hat Flecken im Ausguss gefunden, dort, wo das Becken angeschlagen ist, färbt sich die Keramik bräunlich. Wenn sie den Vino Sansón trinken und nicht wegschütten, dann ohne Ei, da ist Merche sich sicher. Was sie mit den Eiern machen, weiß sie nicht. Sie hat gesucht, im Mülleimer, denn im Korb in der Speisekammer fehlen, wenn sie abends nach der Arbeit nachsehen geht, immer zwei. «Zur Stärkung», hat der Arzt gesagt, jeden Morgen süßen Wein mit Ei. Davor hat sie es mit Bacalao-Öl versucht, aber das haben beide immer wieder erbrochen.

Mercedes und Eulalia waschen sich alleine, ziehen sich alleine an, frühstücken, während Merche im Bus sitzt und die Glocken von Santa Gracia im Vorbeifahren sieben Uhr schlagen hört und die Hermanas Oblatas in Zweierreihen aus der Kapelle kommen. Die Nonnen marschieren über den Hof, verschwinden im Reformatorio, der Besserungsanstalt für Mädchen, direkt daneben.

Seit zwei Jahren geht Merche jeden Morgen um halb sieben den Hügel hinab, an der Finca von Don Fernando vorbei, bei dem sie auf dem Rückweg Eier kaufen wird, die hüfthohe Lavasteinmauer entlang. Mustert die überhängenden Äste, die erst daumengroßen grünen Feigen. Im Mai, wenn sie gelblich geworden sind, wird sie nach den über Nacht gereiften greifen, sie geschwind im Vorbeigehen, wenn Fernando nicht hinsieht, in die Taschen ihrer Strickjacke stecken. Hinter der Finca kommt der Barranco, ein kleiner Seitenarm des Barranco Santos. Das Unwetter, das sie gestern im Radio angesagt haben, ist im Meer geblieben. Es ist windig, aber an der Kante der Schlucht ist es immer windig.

Merche setzt die Füße quer auf den steilen Pfad. An der anderen Seite, hinter der kleinen Brücke über der Talsohle, die seit Wochen trocken ist, sind in regelmäßigen Abständen Pfähle neben dem Weg in den Boden gerammt, an denen sie sich beim Aufstieg festhält.

Das Haus gehört dem Señor, die Miete zieht er vom Lohn ab. War mal die Scheune der kleinen Finca dahinter, die seit einiger Zeit brachliegt. Zwei Zimmer, mit der Rückwand an den Fels gebaut, Küche und eine Kammer, in der die Mädchen schlafen. Strom und ein eigener Wasseranschluss.

«Ich bin Witwe», hat sie gesagt, als sie sich bei den Bernadottes vorgestellt hat. Bei ihm, nicht bei ihr, zu Merches Erstaunen. Wo sie vorher gearbeitet habe? Hier und dort, immer geputzt. Ganz früher als Kind auf dem Feld. «Seit es dem Herrn gefallen hat, meinen Mann zu sich zu nehmen.» Sie mag die Formulierung, der Totengräber hat sie benutzt, ehe er ein Kreuz schlug und den in Tüchern gewickelten und schon mit einer Ladung Kalk bestreuten Alten in den Nicho schob. Für einen Pfarrer hatte sie nicht zahlen wollen, wozu auch. *Geliebter Ehemann und Vater* steht auf der Platte über seinem Namen, sicher ist sicher.

«Sehen Sie, ich habe zwei Kinder», hat Merche gesagt. «Töchter, die sind mir keine Hilfe, nur Last. Ohne eine Anstellung kriege ich sie nicht durch.»

Don Emilio aus der Calle de Miraflores hatte für sie gefragt, einen Kunden und noch einen Kunden, bis irgendwann ein Freund von einem Freund gefunden war, der eine Haushaltshilfe brauchte.

Sich einen neuen Suffkopf suchen, nachdem der Alte gestorben ist, war ihr zu mühsam.

**Es ist nicht einfach**, das weiß Julio. Und es liegt an ihm, das weiß er auch. «Bleib», sagt Bernarda jeden Sonntag. Mal bittend, mal schmeichelnd, mal fest entschlossen, wütend sogar. Legt ihre Hände auf seine, ihre geröteten, mit Schaumresten vom Abwaschwasser besetzten Hände auf seine. Mal sieht sie ihn von unten an, durch dunkle Wimpern hindurch, und lächelt. Mal verschränkt sie die Arme vor der Schürze, die Haut zwischen den Brauen zu Falten geschoben. Seit einigen Wochen, und das ist am schlimmsten, legt sie die Rechte auf ihren Bauch. Mehr nicht, nur ihre Hand auf dem Schürzenstoff, zwischen Nabel und Scham.

«Ich fahr doch nicht weg», antwortet Julio jeden Sonntag und lacht ihre Hände von seinen. Ihre Augenlider, ihre Wimpern nach unten, ihren Blick zu Boden. Lacht verschränkte Arme wieder auseinander, Finger zurück ins Abwaschwasser. Nur die Hand zwischen Bauch und Nabel bleibt ruhig dort liegen, wo sie ist.

«Ist doch eine Insel, geht doch immer nur im Kreis», sagt Julio und tritt in den Flur, zur Garderobe, nimmt die Handschuhe von der Hutablage, das Fahrrad steht unten im Hausflur. Meist hört er Teller gegen Teller, Glas gegen das Abtropfgitter neben der neuen Spüle, die Alubäuche der Kochtöpfe gegen das Becken stoßen, ehe er die Wohnungstür hinter sich schließt. Seit einigen Wochen jedoch: Stille.

Kein Laut hinter dem Holz, während er die Treppe hinabgeht, summend die Treppe hinabgeht, beginnt, *Dos Gardenias para ti* zu singen. *Con ellas quiero decir, te quiero, te adoro, mi vida.* Wie unpassend, denkt Julio und zieht das Leder der Handschuhe ein wenig auseinander, bevor er seine Finger hineinschiebt. Das erste Stück geht er, wie jeden Sonntag, auf dem Bürgersteig bis zur Ecke, wo die Calle Herradores beginnt und früher die Wasserstelle und Teófilos Bodega waren, ehe er aufsteigt. Teófilos Bodega ist seit Jahren geschlossen, Berta lebt mittlerweile im Asilo an der Plaza del Cristo.

Es gibt mehrere Möglichkeiten, mehrere Strecken, die er fährt. Wenn es ganz schlimm ist, hilft nur über den Monte de las Mercedes nach Taganana und über San Andrés zurück. 27 Kilometer allein der Hinweg, ungefähr 1020 Höhenmeter. Druckstellen trotz der Handschuhe, Schmerzbrüllen in den Oberschenkeln. Wenn er wieder in die Trinidad einbiegt, zittern seine Muskeln schon so lange, dass er es nicht mehr wahrnimmt. Seine Beine zwei an den Knien lose zusammengesetzte Stöcke, die ihn kaum in den dritten Stock hinauf tragen. Später, unter der Dusche, spüren, wie alles wieder weich wird. Zu müde zum Essen und zu müde zum Nachts-Wachliegen und noch immer auf deinen Namen warten.

Es ist nicht einfach, das weiß Julio. Und es liegt an ihm, das weiß er auch.

Wenn er nicht fahren kann, weil es regnet, sitzt er mit dem Radio im Wohnzimmer. Und wenn er nicht schlafen kann, weil neben ihm die Erde aufbrechen könnte, gleichmäßig Krater neben Krater, genau dort, wo er eben noch war, sitzt er mit dem Radio im Wohnzimmer. Und wenn sie ausgehen, zusammen zur Fiesta del Cristo, wippt Bernarda, klatscht im Takt *El Baile del vivo no lo sé bailar, que si lo supiera, ya estuviera ya.* Bernarda singt Vivo, Schlauberger, und Julio hört Vivo, Lebender, und steht daneben. Bernarda begrüßt Bekannte, Freundinnen, küsst Wangen und lacht, lässt Hände über ihren Bauch streichen. «Elf Wochen noch», sagt sie, und Julio steht daneben. Bernarda bekreuzigt sich, als der Cristo vorbeigetragen wird, zündet später eine Totenkerze an, betet auf den Knien für ihren Vater. Wirft noch eine Münze in den Schlitz, zündet noch eine an, «Für deine Mutter», und betet auf den Knien, und Julio steht daneben.

Bernarda lehnt sich gegen ihn, als am Ende das Feuerwerk beginnt, die Raketen rings um die Plaza del Cristo in die Höhe steigen. Funken überall, trommelfellbebendes Knallen, das Julio zusammenstaucht, seinen Kopf nach unten tauchen lässt. Fläche verkleinern, so wenig Ziel wie möglich bieten. Es kostet ihn Mühe, sich aufzurichten, stehen zu bleiben neben ihr. Seinen Mantel zu öffnen, Bernarda unter den Stoff kriechen zu lassen, ihr Haar an seiner Schulter, und einfach nur stehen bleiben, neben ihr. Dabei ist er noch immer erstaunt. Und glücklich, jeden Morgen glücklich. Auch jedes Mal, wenn er sie nach einer Weile wieder ansieht.

Es ist nicht einfach, das weiß Julio. Und es liegt an ihm, das weiß er auch.

Süß ist er, der Geruch, der alles einnimmt, als er an diesem Sonntag nach Hause kommt, der seine Nase füllt, in die Mundhöhle strömt, Julio fühlt ihn auf der Zunge, als wäre die Luft dicker geworden, zähflüssiger. Das Dumpfe fehlt, der Bodensatz, der unter all der Süße mitschwang.

«Nimm sie weg», sagt er und deutet auf die Blumen, würgt, hält die andere Hand vors Gesicht, als könnte das helfen. Luft steigt aus seinem Magen auf, eine große, harte Blase in seiner Speiseröhre, die sich nach oben schiebt, sich nicht aufhalten lässt von seiner Kehle, mit einem Rülpsen entweicht. Julio weicht einen Schritt zurück, als Bernarda die Vase an ihm vorbeiträgt. Weiß, makellos cremeweiß sind die Spitzen der Blütenblätter, sattgelb ihre Ansätze. Bernarda schüttelt den Kopf. Die andere Hälfte des Geruchs begegnet Julio manchmal beim Radfahren, fliegensummenbegleitet im Geröll neben der Straße.

«Ganz weg», sagt Julio, als Bernarda die Blumen auf den Küchentisch stellt. «Schmeiß sie ganz weg.» Und er bleibt in der Tür stehen und wartet, bis sie eine Tüte nimmt, das Wasser abgießt, die Pflanzen in die Tüte legt, die Griffschlaufen miteinander verknotet.

«Kann die Tüte hier bleiben, bis ich nachher den Müll runterbringe?» Bernarda deutet auf den Schrank unter der Spüle, die andere Hand liegt zwischen Bauchnabel und Scham. Julio nickt, wendet sich ab, möchte ins Wohnzimmer, endlich ins Wohnzimmer, auf seine Couch, die Schuhe auszuziehen.

«Sie riechen nach Tod», sagt Julio über seine Schulter. «Für mich riechen sie nach Tod.»

Im Wohnzimmer muss er wieder würgen, öffnet die Fenster,

alle beide, die Vorhänge blähen sich weiß ins Zimmer, die Badezimmertür schlägt zu. Der Zug, entscheidet Julio, nicht Bernarda. Er setzt sich auf seine Couch, endlich auf seine Couch.

«Wachsblumen?», fragt Bernarda hinter ihm.

Julio hat nicht mitbekommen, dass sie ihm gefolgt ist, er beugt sich nach vorne und öffnet die Schnürsenkel erst vom rechten, dann vom linken Schuh.

«Wachsblumen?», fragt Bernarda erneut, und als Julio nicht antwortet, stattdessen die Schuhe abstreift, sagt sie: «Rosmarin riecht nach Tod, der wächst auf dem Friedhof.» Bernarda lacht auf. «Um den Geruch der Leichen zu überdecken, schätzungsweise. Darum pflanzen sie Rosmarin zwischen die Gräber.»

Julio antwortet nicht, streckt seinen Arm aus, hält die Schuhe vor Bernarda hin. Und Bernarda nimmt sie, trägt sie erst in die Küche und stopft sie mit zusammengeknüllter Zeitung aus und stellt sie dann ins Bad.

**Vor dem Schlafengehen** werden sämtliche Räume mit DDT ausgespritzt wegen der Fliegen. Mercedes darf sprühen, Eulalia die Spritze halten, wenn Merche das DDT hineingießt, gerade und still, sonst läuft es daneben.

Beim Waschen, nachdem der Stoff gekocht hat, wenn Merche und Eulalia ihn mit hölzernen Löffeln aus dem Waschstein ziehen auf die geriffelte Schräge, darf Mercedes die Muñeca de añil machen: Das kleine viereckige Tuch über ihre Handfläche breiten, Merche legt die blaue Añiltablette in die Mitte, nimmt die Tuchecken, bindet sie über der Tablette mit einem Faden zusammen. Eulalia gießt kochendes Wasser aus dem Kessel in die Schüssel, mischt es mit kaltem aus dem Hahn. Mercedes lässt die Puppe um den Schüsselrand laufen, singt dabei, *caracol, caracol, saca tus cuernos al sol*, ehe sie sie kopfüber hineinspringen lässt. An den Tuchenden zieht sie die Puppe durch das Wasser, und beide betrachten still die blauen Schlieren, die sie hinter sich herzieht.

Leuchtend blau zunächst, jedes auseinandertreibende Añilwölk-chen gestochen scharf vor dem weißen Emaille. Mit jedem Kreis, den Mercedes mit der Puppe beschreibt, färbt sich das Wasser dunkler. Die Wäsche dampft auf dem Waschstein, wenn Merche und Eulalia sie mit Kochlöffeln vorsichtig in die Schüssel schie-ben, das dunkle Meerblau am Boden mit dem Stoff auseinan-dertreiben.

«Meins», sagt Mercedes. Darf zuerst aussuchen, entscheidet sich danach ein-, zweimal um, je nachdem, wie zufrieden Eula-lia ist, mit dem, was für sie übrig bleibt. Eulalia lernt, betreten zu gucken, am besten zu Boden, tonloses Danke, lernt ohne Enthu-siasmus die Hand auszustrecken nach dem Geschenk. Das grö-ßere ist für Mercedes, ist immer für Mercedes, und wenn es nicht feststeht, wenn nicht automatisch, von ganz alleine, sagt Merce-des: «Meins.» Ist so daran gewöhnt, dass sie staunt, wenn Eulalia wütend wird. Traurig wird, weint, erst mit still verzerrten Lippen, später laut, weil sie nicht zu hören ist, aus unerfindlichen Grün-den einfach nicht zu hören ist.

**Francisca braucht Garn**, Seide, zwei Farben, das Gelbgrün, mit dem sie seit Tagen an dem Froschbauch stickt, und Braun für die Rohrkolben. Ein Beutel für die Holztäfelchen, das Alphabet, von Araña, Spinne, bis Zorrino, Stinktier. Der Karton ist kaputtge-gangen, an der Seite eingerissen, seitdem stapelt Jose Antonio sie nach dem Spielen zu zwei ordentlichen Türmen auf seinem Schreibtisch im Kinderzimmer. Richtet die Täfelchen so aus, dass sie genau aufeinanderliegen, drückt mit seinen kleinen Hand-flächen die Seiten gerade. Weint, wenn sie umfallen, sobald er gegen den Tisch stößt. Zieht den Stuhl wieder heran, setzt sich, Rotz hochziehend, und richtet und drückt von neuem. Und wenn Francisca oder die Mädchen sagen, er solle es gut sein lassen, «ich mache das für dich», schiebt er sie weg, mit dem rechten Arm und legt den linken um die Stapel. «Ihr könnt das nicht.»

Ein kleiner Beutel, hat Francisca gedacht. So viel ist es nicht, einen kleinen Beutel wirst du schaffen. Jeden Nachmittag. Nach der Merienda, sie solle endlich aufhören, es Tee zu nennen, hat Eliseo gesagt. Jeden Nachmittag ein wenig, dann kann Jose Antonio die Tafeln in den Beutel tun, und im Beutel ist es egal, ob sie genau aufeinanderliegen. Ein Frosch ist nicht viel, die Rohrkolben, ein paar Halme und die Pfütze in Blaugrüntönen. Sonne und Wolken kann sie ja weglassen, die Regentropfen ebenso. Ein Frosch ist nicht viel, und die anderen Frauen können es doch auch.

Garn braucht Francisca. Helle Strümpfe. Kölnischwasser aus der Apotheke. Mehr ist es nicht, drei Sachen. Garn, Strümpfe, Kölnischwasser, sagt Francisca lautlos vor sich hin. Geht weiter den Camino Largo hinab, Garn, Strümpfe, Kölnischwasser. Schwül ist es, der Himmel den ganzen Tag unterschiedslos hellgrau, die Luft, als wäre sie nicht gasförmig, sondern eine feuchte Masse, die sich auf die Haut legt, in ihren Mund kriecht, unangenehm warmweich.

Garn, Strümpfe, Kölnischwasser, zu Las Tres Teresitas, zur Apotheke, beides bei der Iglesia de la Concepción, danach ein Stück die Calle Herradores hinab zu La Rosa und nach Hause zurück. Es lohnt sich nicht, sich fahren zu lassen. Garn, Strümpfe, Kölnischwasser. Doch schon bei der Plaza de la Junta Suprema weiß Francisca, dass sie nicht die Calle Herradores hinablaufen wird. Garn, Strümpfe, Kölnischwasser. Sie wird zur Concepción gehen, eine der Hilfen morgen wegen der Strümpfe zu La Rosa schicken. Vorher anrufen, so geht es auch. Der Frosch muss fertig werden, seit zwei Wochen sitzt sie jeden Nachmittag. Und ist sich nie ganz sicher, sobald nicht ein Stich automatisch neben den anderen gehört, wo hineinstechen. Schiebt die Nadel probeweise in den Stoff, ohne das Garn durchzuziehen, betrachtet den Abstand zum letzten Stich, die Vorlage, vergleicht. Zieht die Nadel wieder heraus, versucht es erneut. Lauter kleine Löcher, die Fasern seltsam lose und verschiebbar, ein Frosch ist nicht viel, die anderen Frauen können es doch auch.

Der Regen kommt so plötzlich, dass Francisca stehen bleibt, einfach stehen bleibt, neben dem Bürgersteig. Große Tropfen, nicht kalt, Francisca friert nicht, fingernagelgroß und so dicht, dass ihre Jacke, die Bluse darunter, ihr Rock, die Nylonstrümpfe sofort durchnässt sind. Ein steter Strahl läuft von ihrem Hut, prasselt auf die linke Schulter, das Wasser sammelt sich in der Kuhle, die die Hutnadel in den Filz der Kappe zieht, und läuft wie bei einer Traufe über die drei grünen Federn an der linken Schläfe ab. Ihre Füße rutschen in den Schuhen, deren Hacken den Bach, der sich sofort zwischen Straßenrand und Kantstein bildet, stauen, das Wasser strudeln lassen. Dort steht sie, bis eine Hand ihre Schulter berührt.

«Möchten Sie reinkommen?» Der Mann lächelt, er trägt einen weißen Kittel, sie steht vor einem Friseursalon, in dessen geöffnete Tür er deutet.

«Nein danke.» Francisca will weiter und weiß nicht genau, wie. Die Absätze ihrer Schuhe sind nicht hoch, aber sehr abschüssig fühlen sie sich mit einem Mal an, die Innensohlen glitschig. Ihr ist, als würde sie bei jedem Schritt einen Hügel herabrutschen. Dabei können sie doch nirgendwohin, die Füße. Der enge Riemen über dem Spann hält sie doch.

«Wenigstens ein Handtuch?», sagt der Mann, und Francisca schüttelt den Kopf. Der Strahl von ihrem Hut beschreibt Halbkreise.

Im Musikzimmer Stille. Weder Jose Antonios harte Ledersohlen, tacktacktack im Flur, den er bereits den ganzen Vormittag auf und ab läuft, noch Felipes Greinen, nicht einmal die Küchengeräusche, die von unzähligen, zielstrebigen Handgriffen künden.

Ein gefangenes Zimmer, so hat es der Architekt genannt. Nur Innenwände, gepolstert und hellblau, keine Fenster, zwischen dem Salon und dem Nähzimmer, das Francisca nicht benutzt. Zwei Lehnstühle, im selben Farbton bezogen, ein schwarzes Tischchen. Der Schallplattenspieler steht in einem Schrank, oben Fächer für die Platten und unten zwei Türen. Der Flügel unter einer Stoffhaube, Francisca spielt nicht. Zu französisch, britisch, auf jeden Fall nicht spanisch genug, befand ihr Vater. Eine Zeitlang hat er durchzusetzen versucht, dass sie Gitarre lernt. «Wie ein Bauernmädchen», sagte ihre Mutter.

Das Zimmer war bereits eingerichtet, als sie nach der Hochzeit eingezogen sind, der Flügel, Nussholz mit Perlmuttintarsien, gewachst und gestimmt und noch ohne Haube.

«Dir gefällt Pianomusik?», hat Francisca gefragt.

Eliseo hat mit den Schultern gezuckt. «Nein, eigentlich nicht.» Der Flügel hatte seiner Mutter gehört.

Der neue Apparat muss noch umgestellt werden. Eliseo hat ihn vom Festland geschickt, hat an dem Tag, als er in Santa Cruz am Hafen auf den Lastwagen umgeladen wurde, angerufen, mehrfach, ob er schon da sei.

*Der Apparat sieht sehr hübsch aus im Musikzimmer,* hat Francisca ihm geschrieben in der folgenden Woche, nur um die Seite zu füllen, die allenfalls zu drei Vierteln beschrieben war mit sämtlichen Fortschritten Jose Antonios. Felipe ist noch in keinem Alter, dass sie über ihn irgendetwas berichten könnte, außer er werde größer.

Weicher und immer schwerer, wenn das Mädchen ihn auf Franciscas Schoß setzt. Ein Fünf-Kilo-Sack mit frischgemahlenem Gofio, noch warm vom Rösten. Meistens bringt es Felipe nach dem Frühstück, seltener nachmittags vor dem Tee. Felipe zappelt nicht, weint nicht, quengelt nicht, spielt nicht, brabbelt nicht, sabbert nur ein wenig. Sitzt da und rührt sich nicht, sehr warm an ihren Bauch gelehnt. Wenn Francisca sich vorbeugt, morgens, mit offenen Haaren, und die Spitzen über Felipes schwarz beflaumten Kopf streichen, kann sie fühlen, wie er erschauert.

Das kann sie nicht schreiben. Und so berichtet Francisca Eli-

seo von dem Apparat, den er ihr in mindestens sechs Briefen angekündigt hat, sehr hübsch sehe er aus im Musikzimmer. Mehr
lässt sich über ihn nicht sagen, denn der Apparat ist nutzlos, nicht
zu gebrauchen, sein schwarzes Kabel hängt ordentlich zu mehreren Ringen aufgerollt, darauf hat sie geachtet, an einem Haken an
seiner Rückseite. Es fehlt das Signal. Wellen, Eliseo hat mit seiner
Hand Kurven beschrieben in der Luft, als er versuchte, es ihr zu
erklären. Letzte Ostern, bei der Merienda, nicht Tee.

*Ein solches Gerät gehört in den Salon!* Das Ausrufezeichen gleicht
dem spitzen Blick, den er ihr manchmal, sich bereits abwendend,
zuwirft.

Sie wird ihn in den Salon stellen müssen und den kleinen Se-
kretär aus dem Salon ins Musikzimmer bringen lassen. Im Salon
gibt es keine Steckdosen, nur die, in der die Stehlampen stecken.
Sie wird den Elektriker rufen müssen.

Eliseo kommt nächste Woche, er hat Urlaub genommen, für
die Einweihung. Sie werden gemeinsam hinfahren. Das macht es
einfacher, Lorenzo, ihr Vater, ist auch an dem Projekt beteiligt.
Ein Hotelkomplex im Süden, mehrere Wohnanlagen, dazwischen
blaue Swimmingpools, umgeben von Geröll, Kakteen und Palmen. An der Costa del Silencio, unten am Strand, wo die Finca
war, auf der Eliseo aufgewachsen ist. Die belgischen Señores, die
investiert haben, sind Freunde ihrer Eltern.

# AMOR SECO

**Als ihr Vater sie das erste Mal** auf Eliseo Bernadotte anspricht, kann Francisca sich nicht an ihn erinnern. Sie sitzt im Wintergarten – es ist kurz nach vier –, schreibt Karten, arbeitet die Liste mit den Spendern der Herbstsammlung ab und wartet auf die beiden Freiwilligen. Alles ist vorbereitet, der Tisch freigeräumt, ohne Spitzendecke, die hängt zusammengelegt über einer der Stuhllehnen. Kuchenteller und Gabeln hat sie auf einem Tablett bereitstellen lassen, Zuckerdose, das noch leere Milchkännchen und die Platte mit den Millefeuilles, die sie am Morgen bei Echeto gekauft hat. Wenn alles erledigt ist, werden sie Kaffee trinken. Nicht während der Arbeit, hat Francisca beschlossen, letztes Mal sind sie erst kurz vor dem Dinner fertig geworden. Francisca hatte Sorge gehabt, dass sie die beiden zum Missfallen ihrer Mutter zum Essen einladen muss.

Zehn große, flache Pappschachteln, in jeder ein anderes Plakat der *Ponte en sus zapatos*-Kampagne, liegen auf einem Servierwagen bereit, daneben Umschläge, Adresslisten, der Stapel mit den Begleitbriefen, der mit den Schachteln bereits unterschrieben aus Madrid kam.

Warm ist es im Wintergarten, Francisca nimmt die Spenderliste, fächelt sich Luft zu. Vor zwei Jahren hat sie Adas Aufgaben bei der Sección Femenina übernommen, nachdem Ada eines Morgens neben ihrem Bett stand. «Mir ist aufgefallen, du bist alt genug für den Unsinn», hat Ada gesagt, am selben Tag noch die Journale und Papiere und Briefmarken in das Zimmer bringen lassen, das bis zu Nanny Browns Abreise als Schulzimmer gedient hat. Seitdem geht Francisca anstelle ihrer Mutter an zwei Abenden in der Woche zu den Sitzungen des Komitees für Feste und Veranstaltungen. Die Kampagnen zur Erziehung der spanischen Frau gehören eigentlich nicht zu ihren Aufgaben, sie hat sich freiwillig gemeldet. Die Plakate müssen sortiert werden, jedes Dorf, jedes Stadtteilkomitee soll einen kompletten Satz bekommen. Die Slogans stehen auf den Kartons.

Ihren Vater bemerkt Francisca erst, als er in Socken und Pyjama bereits im Wintergarten steht. Sie legt hastig die Spenderliste hin, die dort, wo ihre Finger sie gehalten haben, vom Fächeln eine Falte bekommen hat. Sieht hinab auf die fast fertige Karte. *Im Namen des Vaterlandes und der Sección Femenina del Movimiento Nacional en Santa Cruz möchte ich mich bei Ihnen für*, steht dort, *die zwölf Kisten Wein bedanken, die Feier des Día del Caudillo wäre ohne Ihren Beitrag nicht das Gleiche gewesen*, hatte sie schreiben wollen.

«Eliseo Bernadotte ist ein Mann von tadelloser Haltung», sagt ihr Vater, auf Socken und in einem hellblauen Pyjama. «Findest du nicht auch?» Und Francisca ist zu überrascht, um zu antworten. Denn erstens hat ihr Vater im letzten Jahr sein Schlafzimmer immer seltener verlassen und, zweitens, sie noch nie nach ihrer Meinung gefragt.

Nachdem sie genickt hat, wendet Lorenzo sich um und geht. Und Francisca versucht noch, sich zu erinnern, wer Eliseo Bernadotte ist, als die beiden Freiwilligen gemeldet werden.

Begonnen hat es vor einem Jahr, im Februar 1957, als Lorenzo abends mit einem länglichen Streifen Papier in der Hand aus dem Auto steigt. Dem Fahrer nicht zunickt, der ihm die Wagentür aufhält, und an der Hilfe vorbei – sie wartet am Eingang, um Hut und Mantel entgegenzunehmen – die Empfangshalle durchquert. Kurz im Rauchzimmer beim Barwagen anhält, um sich drei Finger hoch Carlos Primero einzugießen, den Zettel dabei noch immer in der Hand. Weiter durchs Esszimmer, ohne die eingedeckte – Kerzen brennen, die Wassergläser sind bereits einge-schenkt – Tafel zu beachten, ebenso wenig Ada und Francisca und die beiden belgischen Señores oder Señor und Señora Wiese und Dr. Alvarez, die in der offenen Flügeltür zum Salon sein Ein-treffen erwarten. Lorenzo geht schnurstracks auf die offene Ter-rassentür zu und hinaus ins Dunkel.

«Ich denke, das heißt, wir können anfangen», sagt Ada und lacht und blickt in den Garten. Lorenzo bleibt dort fast den gan-zen Abend, zwei-, dreimal ist das Knirschen des Glasstöpsels, der wieder auf die Karaffe gesteckt wird, im Esszimmer zu hören.

Die nächsten Tage sind nicht weniger seltsam. Lorenzo wü-tet nicht, schreit nicht, brüllt nicht. Seine Stimme überschlägt sich nicht ein Mal, keine hektischen Anrufe, keine unauffälligen Treffen, kein Flüstern, kein Tasten nach stillem Einverständnis. Lorenzo fährt morgens nicht in die Redaktion, Lorenzo sitzt Tag und Nacht mit drei Finger hoch Carlos Primero in einem Rattan-sessel auf der Terrasse und weint. Wenn es regnet, unter einem aufgespannten Sonnenschirm, eine blaue Decke um die Beine ge-schlungen.

«Wenigstens leise», wie Ada bemerkt, als sie und Francisca beim Mittagessen sitzen. Von drinnen hört man ihn hin und wie-der die Nase hochziehen. Alle paar Stunden erhebt er sich, um Brandy nachzuschenken, oder geht nach oben, bittet nicht die Hilfe, sondern holt sich selbst ein frisches Taschentuch aus der Kommodenschublade, auf deren blankgeriebener Fläche sich die benutzten, verklebten sammeln.

«Was hat Papa?», fragt Francisca, als sie beim Dessert ange-langt sind.

«Franco hat ihm das Herz gebrochen», antwortet Ada.


Opus Dei, hochkatholisch und Monarchisten, sind die Techno-kraten, die Franco in sein Kabinett berufen hat. Und auch wenn *La Mañana* es erst mit einem Tag Verspätung auf der Insel verkündet – die entsprechende Fernschreibermeldung ist über Nacht mit dem Herausgeber verschollen –, sämtliche Minister aus den Reihen der Falange sind entlassen worden.

Die nächsten Tage essen Ada und Francisca alleine, Lorenzo rührt das Tablett, das eines der Mädchen ihm auf die Terrasse bringt, nicht an. Gäste einzuladen, wagt Ada nicht.

Tagsüber in der Sonne schirmt er seine Augen mit der Hand ab. Wenn es dämmert, beobachtet er die länglichen Eidechsenkörper, aufgestellte Beindreiecke rechts und links, die auf den warmen Terrassenplatten reglos ihren Tag verlängern.

Der Gärtner traut sich nicht, seine Arbeit zu machen. Er wolle den Señor nicht stören, so drückt er es aus. Alle nicken. Wer möchte schon vor einem weinenden Mann den Rücken beugen und Unkraut aus dem Rasen ziehen.

Und so blüht Amor seco im Garten, trockene Liebe. Bidens pilosa heißt er in *Curtis's Botanical Magazine* im Wintergarten: fünf zarte weiße Blütenblätter, ein wenig ungelenk um die gelbschwarz gekrönte Mitte verteilt. Solange er blüht, ist er harmlos. Doch die dunklen Samen haken sich fest, an Socken, Hosenaufschlägen, Rocksäumen, sie zerkratzen Knöchel, verfilzen Tierfell und machen jeden Versuch, einen annehmbar aussehenden Cockerspaniel zu halten, aussichtslos.

Als die Karaffe mit dem Carlos Primero leer ist, wechselt Lorenzo zum Rum und danach zum Sherry. Die Haut auf seinen Wangen bekommt rote Flecken, die sich schuppen. Ausgetrocknet von den Tränen, die er mit dem Taschentuch abtupft.

Ob sie nicht mit ihm reden wolle, fragt Francisca bei einem ihrer stillen Mittagessen. Ihre Mutter schüttelt den Kopf. Solange Lorenzo im Morgenmantel auf der Terrasse sitzt – nicht in dem aus Frotté, Lorenzo trauert in anthrazitfarbener Seide, mit weißem Einstecktuchdreieck in der Brusttasche –, fährt er nicht zu seinem Flittchen nach el Toscal, hat Ada zufrieden festgestellt.

An einem Abend müssen Francisca und Ada zum Dinner ins

Musikzimmer ausweichen, denn Lorenzo ist ins Esszimmer gewechselt. Hat seinen Stuhl an der Stirnseite des Tischs zur Wand gedreht, sieht nicht hoch, sondern hinab auf seine Hände, denn von der Wand blickt Jose Antonio Primo de Rivera zu ihm herunter. In Öl, ein wenig abwesend und mit schlecht gesetzten Lichtreflexen in den Pupillen, die ihn, den Gründer der Falange, ein wenig schielen lassen.

«Wir haben dich gefehlt, oh Herr, sind deiner unwürdig.» Ada verdreht die Augen, als sie in der Tür steht. Eines der Mädchen hat sie geholt: «Wir können nicht eindecken.» Es wollte nicht sagen, warum. Ob die Señora vielleicht mitkommen könne.

Am nächsten Morgen, als Francisca zum Frühstück die Treppe hinuntergeht, hängt das Porträt in der Eingangshalle an dem Haken, an den eigentlich der große Spiegel gehört, der jetzt auf dem Boden an der Wand lehnt, neben der Leiter. Eine Weile hält sich das Gerücht in Santa Cruz, Lorenzo begrüße das Bild mit ausgestrecktem rechten Arm, jedes Mal, wenn er die Eingangshalle betrete. Einige flüstern sich Namen von möglichen Nachfolgern als Herausgeber von *La Mañana* zu. Doch nichts geschieht.

Das Ende von Lorenzos großer Liebe, wie Ada es nennt, ist ein langwieriger Prozess. Wenn sie ihn wütend haben will, liest sie ihm die Titelseite seiner eigenen Zeitung vor. Beim Frühstück, nicht vor Publikum, vor Francisca allenfalls und meist, wenn Lorenzo die Nacht in el Toscal verbracht hat. Ada ist Expertin geworden für das Geräusch seiner langsam und vorsichtig ins Schloss gezogenen Schlafzimmertür. Registriert es im Halbschlaf, weiß am nächsten Morgen genau, ob und wann sie es gehört hat. Da kann Lorenzo ölen lassen, was er will, das Türblatt millimeterweise ranziehen, Ada hört es.

Anfang März scheint kurzzeitig alles wieder normal zu sein. Lorenzo bricht jeden Morgen auf, ist schon bereit, wenn der Fahrer klingelt. Die Hälfte der Tage fährt er in die Bar Atlántico, die andere in die Redaktion. Sie schaffen zwei Cocktailempfänge und den Gala-Abend für die Familien der im Bürgerkrieg auf der richtigen Seite Gefallenen im Teatro Guimerá ohne besondere Zwischenfälle.

Aber in den folgenden Monaten verlässt Lorenzo sein Schlafzimmer nicht einmal mehr zum Essen. Auf den Tabletts, die die Mädchen ihm hochbringen, um acht, um zwei, um einundzwanzig Uhr, steht nicht nur immer weniger und morgens, mittags, abends, wochenlang das Gleiche, es sind auch immer seltsamere Kombinationen. Honigbestrichene Tortilla mit Papayastücken den ganzen Juli und August, Feigen und hartgekochte Eier im September, Oliven mit Weinbeeren im Oktober. Über den neuen Spanier denke er nach, erklärt Lorenzo, als Ada dann doch fragen geht, ob er jetzt verrückt werde. Verrückt genug womöglich, dass eine Scheidung in greifbare Nähe rückt.

Über die Zukunft denkt Lorenzo nach, und darum werden Bücherpakete geliefert und Listen zwischen seinem Schlafzimmer und El Aguilar hin und her geschickt. Die Bücher behandeln alle das Mittelalter, weil das Neue, Revolutionäre, nie Dagewesene nach seiner Überzeugung nur dort zu finden ist. Mit dem Siglo de Oro beschäftigt er sich, als Gott das spanische Weltreich schuf, um sein Wort auf Erden zu verbreiten. Mit der Kolonialisierung der Inseln und den normannischen Adeligen, die sie erobert haben, den de Lugos, Bethancourts, Bernadottes.

Der neue Spanier isst kein Fleisch, sondern morgens, mittags, abends ein Ei. Mittags und abends gekocht, morgens mit zwei Esslöffeln lauwarmem Wasser und Zucker verschlagen. Er isst Orangen, Zitronen, Mangos, Bananen, Papayas, Avocados, Linsen und Mais. Nichts, was direkt aus dem Boden kommt, keine Zwiebeln, keine Kartoffeln, Karotten, Rote Bete. Kürbisse auch nicht, die liegen auf der Erde, schneckenüberkrochen, das Gleiche gilt für Bubango. Im Zweifel auch keine Tomaten und Paprika, denn man weiß nie, wie gut die Pflanzen hochgebunden waren, behauptet er. Bäume und Hühner, sagt Ada, Lorenzos Nahrungsquellen sind

Bäume und Hühner. Trinkbar sind frischgepresster Saft, Wasser und Carlos Primero.

Fast ein Jahr dauert es, bis Lorenzo wieder beginnt, in die Bar Atlántico zu fahren.

Zum ersten Mal bewusst wahr nimmt Francisca Eliseo an einem Samstag, knapp zwei Wochen nach dem Tag, an dem ihr Vater im hellblauen Pyjama und Socken im Wintergarten gestanden hat. Ada hat eingeladen, Lorenzo einen Smoking angezogen, seit einigen Tagen verlässt er das Haus wieder regelmäßig. Es ist der erste warme Abend des Jahres, der Wind hat aufgehört, die Berghänge herunterzurasen, zieht Büsche und Baumkronen nicht mehr lang in Richtung Meer. Eine Brise tanzt anmutig durch den Garten, als Eliseo Bernadotte ins schwankende Licht der bunten Papierlampions tritt, die Ada rund um die Terrasse hat aufhängen lassen, wo alle beim Aperitif zusammenstehen.

Sie reden nicht miteinander, hätte Lorenzo ihn nicht erwähnt, er wäre Francisca nicht aufgefallen. Es ist wahr, Eliseo Bernadotte hält sich sehr aufrecht, so aufrecht, dass Francisca, nachdem sie ihn eine Weile beobachtet hat, sich fragt, ob mit seiner Wirbelsäule etwas nicht stimmt, er seinen Oberkörper womöglich nicht biegen kann. Sein Rücken eine gerade Linie, wenn er sich zur Begrüßung vor den Damen verbeugt, wenn er sich nach jemandem umwendet – er tut es mit dem ganzen Torso.

«Ein sehr unsicherer junger Mann», sagt Ada am nächsten Morgen beim Frühstück, und Francisca ist mit einem Mal glücklich, auch wenn ihre Mutter es abfällig gemeint hat. Sie kennt das, Steifwerden, Erstarren. Sie hat es nur noch nie bewusst an einem anderen Menschen gesehen.

An die unverwandten Blicke ihrer Mutter hat sie sich gewöhnt, das stumme Staunen ihres Vaters. Francisca ist zweiundzwanzig, und jeder versichert – denn Ada fragt jeden –, dass Francisca eine der schönsten Frauen ist, die er je gesehen hat. Dennoch: keine

Blumen, keine Karten, keine Einladungen, keine Gespräche, kein Verschwinden in schlecht ausgeleuchteten Gartenwinkeln. Niemand muss aufpassen. Francisca kennt das. Überraschtes Wohlgefallen bei den meisten Männern, wenn sie ihnen vorgestellt wird. Großes Lächeln, interessierte Fragen, gespanntes Warten auf ihre Antwort. Pupillen auf der Jagd nach ihren. Einige versuchen, sie unauffällig am Arm, an den Schultern, dem Rücken zu berühren. Doch millimeterweise sinken die Mundwinkel, werden Zähne wieder von Lippen bedeckt. Manche beugen sich zu ihr herab, denn Francisca sieht zu Boden, sagt allenfalls «Ja» oder «Nein» oder «Ich weiß nicht». Will das Richtige sagen, dem Aufleuchten, Lächeln, der Augenjagd gerecht werden, und gleichzeitig will sie, dass es aufhört. Lacht bei Scherzen zu lang, zu flach, zu hell, seltsam ungelenk und meist zu laut in ihren Ohren, schämt sich und sieht zu Boden. Mühe setzt sich in den Gesichtern fest, die meisten nicken zum Abschied, ehe sie sich einem anderen Gast zuwenden, sich unauffällig entfernen.

«Du musst nicht», sagt ihre Mutter, nachdem Eliseo erst Lorenzo, dann Francisca um ihre Hand gebeten hat.

«Ich will ja», antwortet Francisca. «Ich glaube, ich kann mit ihm reden.»

**Samstags fährt Julio** mit dem Rad zur Arbeit, erst den ganzen Berg nach La Laguna hinauf, seit er vor zwei Jahren nach Taco gezogen ist, nur noch den halben. Jeden Samstag steht Marreros Kleine neben dem Werkstattor, denn samstags lässt sich der alte Marrero nicht mehr blicken. Sie wendet sich ab, sobald Julio sich nähert, nickt ihm nur zu, wenn er sie begrüßt, sieht ihn dabei nicht an. Als hätte sie nicht eben noch nach ihm Ausschau gehalten. Schiebt den Schlüssel in das Vorhängeschloss vor dem Tor, braucht meist ein bisschen, bis er passt, und geht, ohne sich noch einmal nach ihm umzudrehen, hinein und schaltet das Licht an.

Bernarda Marrero sitzt den ganzen Vormittag über den Büchern, trägt am Anfang fleißig Zahlen ein, nach einer Weile hört er ihren Stuhl knarren, weil sie ihr Gewicht verlagert. Irgendwann nimmt sie den Stift nur noch in die Hand, wenn Julio zu ihr herübersieht. Vor zehn Jahren, als er beim alten Marrero anfing, war Bernarda vierzehn Jahre alt und brauchte höchstens eineinhalb Stunden für die Buchhaltung. Und auch wenn seit einiger Zeit draußen über dem Tor ein Schild mit dem Schriftzug *Edesa* hängt und rechts neben dem Eingang ein Elektroherd und eine Therme stehen, beides Vorführmodelle – so viele Geräte verkaufen sie nicht, dass Marreros Kleine fünfeinhalb Stunden, von kurz nach acht bis kurz vor eins, bräuchte, um sämtliche Quittungsdurchschläge in ihre Liste zu übertragen.

Das gibt sich irgendwann, hat Julio gedacht. Ist eine Zeitlang recht einsilbig gewesen, in der Hoffnung, es etwas zu beschleunigen, wollte mit dem Alten keine Probleme bekommen.

Jeden Samstag, nachdem er um kurz nach zwei das Werkstatttor abgeschlossen und Bernarda ihm zum Abschied zugenickt hat, hebt Julio sein Rad über den Streifen blaue und den Streifen weiße Hortensien, die zwischen den beiden Fahrspuren der Avenida de La Trinidad wachsen, und fährt. Fährt, bis es dunkel ist, und dann noch nach Hause, nach Taco.

Seit einigen Tagen fürchtet Julio jeden Morgen, wenn er sich dem verschlossenen Werkstatttor nähert, einen Zettel im Spalt zwischen den beiden Flügeln zu finden. Sie werden ihm Bescheid geben, ist er sicher. Spätestens, wenn es darum geht, wer die Beerdigung bezahlt. Dass Teófilos Tochter einen Boten bis nach Taco schickt, kann er sich nicht vorstellen. Aber einen Zettel am Eingangstor der Werkstatt, falls über Nacht etwas passiert sein sollte.

Bitte nicht heute, denkt er, als er das Fahrrad am Samstag über die Hortensien hebt, beim Anblick von Bernarda Marrero, die mit abgewandtem Gesicht und vor der Brust verschränkten Armen auf ihn wartet. Bitte nicht heute den Zettel.

Vor zehn Tagen hat er Olga das letzte Mal besucht. Teófilos

Tochter, Berta heißt sie, hat ihm die Hand auf die Schulter gelegt, als er die Tür zur Kammer öffnet. «Was soll man machen.»

Dunkel, Beige, dem sehr viel Grau beigemischt ist, es gibt dunklere und hellere Partien auf Olgas Körper. An Waden, Armen, Hals kreisrunde Entzündungen, dunkellila Verästeltes unter der Haut, als er näher tritt. Ein Laken liegt über ihrer Körpermitte, bedeckt Brüste und Torso, ihr Bauch darunter ein Hügel. Olgas Lider geschlossen, sie öffnet sie erst, als Berta mit den Fingern ihren bloßen Fuß berührt. «Du hast Besuch.»

Einen Moment tasten ihre Augen im Halbdunkel, ehe sie Julio erkennt.

«Geh», sagt Olga. Ihre Zähne auf einer Untertasse auf dem Nachttisch. «Geh», sagt sie. «Sieh es dir nicht an. Hast genug gesehen.»

Berta legt ihm schon wieder die Hand auf die Schulter.

«Dreh dich um und geh.» Olga hebt die Finger, wenige Zentimeter über dem Laken, deutet auf das gleißende Lichtrechteck hinter ihm.

«Bitte», sagt Olga. «Ist leichter für mich, wenn du gehst.»

«Geh», sagt sie. «Bitte geh.»

Spät ist es, lange nach Mitternacht, als Julio nach Hause kommt. Hat unterwegs befürchtet, er wird auf den Teide hochfahren müssen, so weit die Straße führt, und dort erfrieren, ehe es wieder geht.


Bernarda Marrero nickt ihm im Sichabwenden zu, wie immer, hat keinen Zettel aus dem Torspalt gezogen, keine Botschaft auszurichten. Die ersten Stunden sind ruhig, eine Nachttischlampe und ein Fön, eines der Radios wird abgeholt. Bernardas freundliche Stimme im Wechsel mit denen der Kunden im Hintergrund. Um halb elf will Julio in der Bar an der Ecke einen Cortado trinken. Als er fragt, ob er Bernarda kurz alleine lassen kann, nickt sie stumm, ihr Blick geht seitlich an ihm vorbei, so auf das immer gleich schmutzige Fenster hinter ihm gerichtet, dass er sich unwillkürlich umwendet, um festzustellen, was dort sein könnte.

Am Tresen überlegt er, ob der Zettel vielleicht doch im Torspalt gesteckt hat und Bernarda nicht weiß, wie sie es ihm sagen soll. Er hat dem alten Marrero nichts von Olga erzählt. Julio hat keine Familie. Er könnte kurz zu Teófilo gehen und sich bei Berta erkundigen. Riecht sofort wieder den feucht-schweren Geruch, der aus Olgas Kammer dringt. Trinkt den Kaffee aus, legt ein paar Münzen auf die Bar und kehrt in die Werkstatt zurück.

Bernarda muss auf und ab gegangen sein, denn als er durch das Tor ins Halbdunkel tritt, nimmt er die Reste einer Bewegung hinten an der Wand wahr. Sie setzt sich so hastig auf den Stuhl, dass er zur Seite kippelt, zwei Beine einen kurzen Augenblick in der Luft sind, ehe sie mit lautem Tack wieder auf dem Werkstattboden aufsetzen. Bernarda errötet, die Haut an ihren Schläfen, Wangenknochen wird dunkler, Julio bemerkt es, obwohl sie die Wand über dem Schreibtisch anstarrt, als befinde sich, was immer ihre Aufmerksamkeit vorhin am Fenster hinter Julio beansprucht hatte, jetzt dort. Bernarda sitzt steif da, auf seinen Gruß hin bewegt sich die gerade Kante ihrer dunklen Haare vor dem hellen schmalen Nacken ein paar Millimeter auf und ab.

Als Bernarda schließlich fragt, in Julios Rücken, den er an seiner Werkbank über die Lampe beugt, kann er im ersten Moment nichts anderes tun, als mit weitaus mehr Lötdraht als notwendig den Kontakt zu befestigen.

Ihre ersten Silben ungelenk, der Rest sehr schnell und wie kollernde Felsbrocken hinterher. «Möchtest du mit ins Kino kommen? Im Leal läuft *Un tesoro en el cielo*.»

«Mit wem denn», fragt er, und der Raum wird schwer. Still ist es, und Julio stellt überrascht fest, dass er sich nicht rühren, die Hände nicht bewegen, Bernarda nicht ansehen kann. Nur reglos warten.

«Mit mir», sehr leise. So leise, dass Julio nickt.

«Es fängt um halb acht an», klingt noch immer fragend.

Darum fährt Julio um kurz nach zwei statt aufwärts in die Berge das Gefälle nach Taco herunter und überlegt, wie er noch absagen kann. Bei ihr anzurufen, traut er sich nicht, ist sicher, der alte Marrero wird abheben. Einem Jungen ein paar Münzen geben, damit er ihr eine Nachricht bringt? Die Gefahr ist groß, dass der sich mit dem Geld davonmacht und Bernarda an der Plaza del Adelantado wartet und wartet und am Montag in der Werkstatt, am Montag in der Werkstatt. Anderes Schweigen und anders abgewandtes Gesicht. Und was könnte er ihr auch schreiben? Mir ist leider etwas dazwischengekommen? Ich bin krank geworden? In den viereinhalb Stunden bis sieben? Ein Unfall? Und Montag wieder gesund?

Olga. Er könnte schreiben – und kaum ist der Gedanke da, schämt Julio sich auch schon. Muss achtgeben, dass er auf den losen Felsbröckchen nicht die Kontrolle über das Rad verliert, glaubt den Bruchteil einer Sekunde lang, er werde sich überschlagen. Dann wären seine Probleme auch gelöst. Rätselt, warum er immer wieder so unendlich erleichtert ist, dass es weitergeht.

Zurück nach La Laguna nimmt Julio die Tranvía und denkt, er hätte sich nicht umziehen sollen. Ins Kino als alte Bekannte, in derselben Hose, demselben Hemd wie zuvor in der Werkstatt, wäre angemessener. Und seine Arbeitshose rutscht nicht, für die dunkle ist er, seit er wieder Rad fährt, zu schmal.

Bernarda hat sich ebenfalls umgezogen, und er kann sehen, während er die letzten Meter die Calle Carrera hinaufgeht, dass es sie alle Kraft kostet, nicht wegzusehen, ihm entgegenzublicken, die Lider nicht zu senken, während er die Straße überquert. Sie wischt ihre rechte Hand am Rock ab, streckt sie ihm entgegen. Ihre Finger dennoch nasskalt.

Als er sie zur Begrüßung rechts und links küssen will, dreht sie das Gesicht so weit zur Seite, dass er ihre Wange verfehlt und sein Mund ihr Ohr berührt, ihr schwarzer Ohrring kühl und glatt unter seinen Lippen. Und dann stehen sie einen Moment schweigend da und sehen so lange aneinander vorbei, bis sie lachen müssen.

«Also dann», sagt Bernarda, und sie gehen nebeneinander die Calle Carrera hoch Richtung Teatro Leal. Zuerst hören sie nur die Trommeln, und Julio überlegt noch, was das sein könnte, als sie ihnen entgegenkommen. Ausschreiten, nachziehen, mit dem anderen Bein ausschreiten, nachziehen. Ausschreiten, wenn die Trommel geschlagen wird, nachziehen in der Stille. Ein ruhiger Rhythmus. Graue Anzüge, dunkelviolette Schärpen, die Reihen bewegen sich langsam, ausschreiten, nachziehen, gleichmäßig im Takt der Schläge auf sie zu. Vorne die auf Schultern schwankende Christusstatue, der Leib nackt, dunkel, ein Beige, dem sehr viel Grau beigemischt ist, es gibt dunklere und hellere Partien, ein Tuch liegt über der Körpermitte.

Julio ist früher, sehr viel früher, jedes Jahr mitgelaufen, vor ihm sein Vater mit Schärpe, münzgroßem Abzeichen am Revers, neben ihm Jorge. Später gibt es Streit deswegen, aber Olga besteht darauf, dass Jorge mitläuft. «Ich zähle bis drei», und tippt beim Zählen mit der Schuhspitze auf den Boden.

Bernarda berührt seinen Arm. «Wollen wir mitgehen?»

Julio schüttelt den Kopf. Und dann sagt er es einfach: «Meine Mutter liegt im Sterben.»


**Der Feind sitzt** hinter Eliseos linkem Auge. Länglich und viereckig zuerst, wie ein Holzsplitter, ein sehr großer Holzsplitter, der sich zu einem Keil auswächst. Der Schmerz am stärksten dort, wo die Spitze zu stecken scheint. Er breitet sich aus, bald umschließt er die Schädeldecke wie eine Kappe, eine schwere Kappe aus Eisen, denkt Eliseo, und es kostet ihn Kraft, den Kopf gerade zu halten. Die Muskeln in seinem Nacken sind angespannt, als er die Reihen abschreitet, einen Holzsplitter hinterm Auge, das dritte Squadron davor, geradeaus guckende, blassgesichtige

Zwanzigjährige mit zusammengebissenen Backenzähnen unter olivgrünen Mützen.

Eliseo hat nichts auszusetzen, die Kappe ist zu schwer für Beanstandungen, drückt von oben, als wollte sie seinen Hals in den Torso schieben, bis das Kinn auf dem Brustbein liegt. Nach der Kappe kommt Erbrechen, das kennt Eliseo bereits, als würde der Druck seinen Mageninhalt aus ihm herauspressen, bis dahin muss er sicher zwischen den augenlosen und angenehm hellblau gestrichenen Wänden seines Dienstzimmers sitzen. Oder liegen, auf der Couch in der Ecke, einen feuchten Lappen auf der Stirn, einen kühlen, gut ausgewrungenen Lappen. Er wird Hernández, seinen Adjutanten, beauftragen, feuchte Tücher in den Kühlschrank zu legen, sobald das dritte Squadron nicht mehr jede seiner Bewegungen aus den Augenwinkeln verfolgt.

Im Fernsehen Toros, la Corrida de San Sebastián, Eliseo schließt die Augen, der Lappen ist nicht richtig ausgewrungen, ein Tropfen läuft an seinem Ohr vorbei. Eliseo ist zu erschöpft, um laut genug zu rufen, dass er im Vorzimmer zu hören ist, und anschließend zu schelten. Die Trompeten spielen gedämpft, Einmarsch in die Arena, der Moderator stellt die Matadoren vor.

Nicht, dass es ihn interessieren würde, Eliseo war noch nicht geboren, als Stierkämpfe auf den Inseln verboten wurden. Man muss damit aufwachsen, gibt er manchmal zu. Aber heute Abend, morgen Abend, jeden Abend früher oder später wird es im Offizierskasino darum gehen, welcher Torero wie viele Ohren zugesprochen bekommen hat für seine Leistung.

Und eigentlich ist alles in Ordnung, bis auf den nicht richtig ausgewrungenen Lappen. Er wird bald heiraten. Er baut ein Haus. Er ist noch immer Capitán. Nur: So schnell wird sich Letzteres nicht ändern. In Ifni hat er es keine Woche ausgehalten, fünf Tage, der Feind hinter dem linken Auge. Eliseo kann sich nicht an die Rückreise erinnern. Sie hätten ihn ausgeflogen, sagte der Arzt auf seiner Bettkante im Militärkrankenhaus in Madrid. Als sei er eine Kiste, ein Objekt. Der Arzt sehr freundlich und zugewandt, seine Hand auf Eliseos Schulter drückt sanft zu, er würde sie gerne wegstoßen. Fühlt sich verpflichtet, zu fragen, wann er wieder zurück nach Ifni kann. Der Arzt zuckt die Schultern. «Warten wir es ab, vielleicht ist bald alles vorbei.» Und Eliseo könnte nicht sagen, ob er die Kopfschmerzen oder die Auseinandersetzungen in Westsahara meint.

Einerlei, denn beides erweist sich als zutreffend. Mit Hilfe französischer Truppen ist der Aufstand bis zum Frühjahr niedergeschlagen, auch wenn es neuerdings wieder Meldungen über Scharmützel gibt. Und die Schmerzkappe hat sich, seit er zu den Versorgungseinheiten nach Sevilla versetzt wurde, nicht mehr um seine Schläfen gelegt.

Die Schmerzen sind erst in den letzten Wochen zurückgekehrt, und Eliseo weiß, warum. Er muss sich wegen der Finca entscheiden. Seit dem Tod seiner Mutter lebt dort niemand mehr, nur er selbst, wenn er auf Heimaturlaub ist. Und Eliseo hat erst eine Weile überlegen müssen, ehe er zu dem Schluss gekommen ist, dass Heimat in seinem Fall die Insel bedeutet.

General Hernaro Bernadotte, sein Vater, ist in Kastilien aufgewachsen, auf einem Landsitz bei Toledo. Als jüngster Sohn erbte er die Ländereien auf der Insel, die alle an jenem frostigen Januarmorgen in Madrid zur Testamentsvollstreckung Versammelten nur aus Erzählungen kannten. Zuletzt hatte Eliseos Großvater einen Winter dort verbracht, sechzehnjährig und blass und mit zu viel Husten für einen jungen Mann. Die Ärzte hatten den Aufenthalt dringend empfohlen, zur Stärkung der Lunge.

Dort würden Kaninchen nicht nur mit Hunden, sondern auch mit Mardern gejagt, wird seitdem in der Familie erzählt. Auf den Feldern wüchsen Kakteen statt Weizen, aus denen – und Eliseos Großvater hat nicht ganz verstanden, wie – rote Farbe gewonnen wurde. So viel ist bekannt über die Inseln, außerdem, dass die

Ländereien mit jedem Jahr mehr Verlust bringen, und daher hat niemand gegen den Abschnitt des Testaments, der sie Eliseos Vater zusprach, einen Einwand erhoben.

Auf die Insel kehren die Bernadottes erst Jahre später zurück, als der Putsch von Primo de Rivera Eliseos Vater rücklings erwischt und er es für angezeigt hält, sich aus dem aktiven Dienst zurückzuziehen. Als er wenige Monate später feststellt, dass die Lage in Madrid nicht so kompliziert ist wie befürchtet, fällt ihm zeitgleich auf, dass auch seine privaten Aktivitäten in der Hauptstadt ohne Familie weniger beschwerlich sind, und er beschließt, sie weiter die heilende Luft der Finca genießen zu lassen. Aber daran erinnert Eliseo sich natürlich nicht, er erinnert sich an Kastanien mit Hinojo im November, an Luftgewehrschießen auf die fleischigen Arme des Cardonal hinten beim Schweinestall, an seine Vögel.

Lorenzo González, seinen künftigen Schwiegervater, hat Eliseo bei einem seiner letzten Besuche auf der Terrasse der Bar Atlántico kennengelernt. Ein gemeinsamer Bekannter hat sie einander vorgestellt, nachdem Eliseo ihm von den Verlusten der Finca berichtet hatte. Den bestinformierten Mann der Insel, hat der Bekannte Lorenzo genannt. Was nichts mit Lorenzos Tätigkeit als Herausgeber von *La Mañana* zu tun hat, sondern damit, dass nichts auf der Insel geschieht, ohne dass es auf der Terrasse des Atlántico ausgiebig besprochen würde.

Lorenzo hat Eliseo nicht nur zu sich eingeladen, sondern ihm bei einem ihrer nächsten Treffen auch eine Lösung für das Problem mit der Finca vorgeschlagen. Eine radikale Lösung, sie zu verkaufen nämlich. An Herren aus Belgien, die dort Hotels bauen wollen.

«Da ist doch nichts», hat Eliseo eingewandt. Nur Steine und Sand bis runter zum Meer, und was nicht schon knochenfarben ist, gilt die Sonne an der Costa del Silencio in kürzester Zeit dahin. Er erinnert sich an englische Fräulein, die vor dem Bürgerkrieg im Norden der Insel überwinterten, in weißen Kleidern, mit Lungen- oder Nervenleiden im tiefen Grün des Botanischen Gartens spazieren gingen, am Straßenrand und immer im Weg standen, vor Staffeleien, um den Teide zu malen. Ihre Kleider wechselten sie am Strand in bunten Zelten, aus denen die Köpfe mit nasstropfenden Haaren hervorsahen.

Am Land und auch an den Wasserrechten haben die Belgier Interesse. Der vorgeschlagene Kaufpreis ist exorbitant. Eliseos künftigem Schwiegervater gehört das Leitungsnetz im Süden, seine künftige Schwiegermutter hat es von ihrem Vater geerbt. Hotels benötigen mehr Wasser als Pflanzen oder Tiere, mehr sogar als der Bananenanbau, sagt Lorenzo.

Der Lappen ist mittlerweile warm, die Sofalehne unter seinem Nacken kalt und nass. Immer wenn er versucht, sich Francisca auf der Finca vorzustellen, sitzt sie früher oder später gelangweilt am Flügel und füllt das Haus mit Schumann-Sonaten. La Laguna hat sein Schwiegervater als Kompromiss vorgeschlagen, zwischen Santa Cruz und der Einöde, wie seine künftige Schwiegermutter den Süden nennt.

1950

# LAS FLORES

*La Mañana*, *Der Morgen*, erscheint jeden Tag, der Herausgeber weitaus seltener in den Redaktionsräumen im zweiten Stock des Edificio Olympus an der Plaza de la Candelaria. Sein Tisch auf der Terrasse der Bar Atlántico ist der zweite von links, und wenn er nicht dort sitzt, lehnt am Aschenbecher ein Schild, auf dem *Reserviert* steht. Eigentlich ist das Schild überflüssig, jeder weiß, der Tisch gehört Lorenzo González, «Viva España» genannt.

Am 23. Oktober trinkt Lorenzo Cortado, ohne irgendwas drin, nur warme Milch und anderthalb Tütchen Zucker. Sein rechter Oberarm liegt wie immer auf der Terrassenbrüstung. Von hier aus hat man eine gute Sicht über den Hafen und die wartende Menschenmenge, Fahnen noch gesenkt, Münder noch geschlossen.

Die Artikel der morgigen Ausgabe sind bereits geschrieben, mit Platz für besondere Vorkommnisse, falls El Caudillo wünscht, von einem der Redemanuskripte abzuweichen. Mit Auslassungen für einige Details – Farbe und Schnitt von Carmen Polo de Francos Kleid, beispielsweise. Lorenzo hat die Texte gestern Abend bereits abgezeichnet, der Stab aus Madrid ebenfalls, eigentlich fehlen nur die Fotos. Dennoch sind alle Reporter von *La Mañana* am Hafen, die Bildredaktion und alle freien Fotografen der Insel warten seit dem frühen Morgen auf dem Ausleger. Noch bei Dunkelheit haben Lastwagen und Sonderbusse in den Dörfern die Flechas, die alten Hemden, die katholische Jugend, die Verbände der Sección Femenina, die Geistlichen und Beamten, die Mitglieder der nationalen Gewerkschaft abgeholt und außerdem jeden, der mitzukommen bereit ist und keinen Ärger machen wird.

Obwohl er einer der wenigen überlebenden Gründer der Falange auf der Insel ist, einer der ersten Unterstützer der nationalen Bewegung («Jetzt ist es einfach zu jubeln, damals nichts als Spott und Hohn!» – die anderen Regelmäßigen der Bar Atlántico kennen den Vortrag bereits), wird Lorenzo nicht als Teil des offiziellen Begrüßungskomitees Franco am Hafen empfangen. Ebenso wenig ist ihm eine Rolle bei der anschließenden Zeremonie in La Concepción zugedacht – dort sind die katholischen Würdenträger dran, danach, draußen in Los Llanos, die Raffinerie und ihr Direktorium. Lorenzo wird Franco erst in der Capitanía General an der Plaza Weyler vorgestellt. Seine Tochter darf Blumen überreichen, mehr ist nicht rauszuschlagen gewesen. Zudem werden zwei weitere Mädchen später beim Besuch der Universität ebenfalls Sträuße übergeben.

Dabei ist er Franco bereits zuvor begegnet, wie Lorenzo zuverlässig betont, bei den Feierlichkeiten zum fünften Jahrestag der Republik in Santa Cruz im April 36. Nicht, dass man Franco darauf ansprechen sollte. Sein letzter Aufenthalt als Capitán General der Insel ist ihm in unguter Erinnerung. Die Jagdsituation schwierig, nichts als Kaninchen, dafür war er häufiger als gewohnt mit den örtlichen Anarchisten konfrontiert. Fünf Attentatsversuche sind gesichert, bei anderen Zwischenfällen ist unklar geblieben, wer was genau und warum abgefeuert hat.

In der Bar Atlántico weiß jeder der Regelmäßigen: Wenn Lorenzo möchte, dass sich jemand zu ihm setzt, winkt er ihn heran. Sie stoßen einander daher mit den Ellenbogen in die Seite, als der Ausländer, nachdem er sich auf der Terrasse nach einem freien Platz umgesehen hat, den zweiten Tisch in der ersten Reihe ansteuert.

«Entschuldigung, darf ich?», fragt er und bringt dabei jeden runden Laut des Spanischen ins Eckige.

Sei es, weil er sich nicht sicher ist, wie er den Fremden einschätzen soll, sei es, weil er heute nur Cortado – Milch, Kaffee,

Zucker – und nichts weiter getrunken hat, Lorenzo nickt freundlich. «Bitte», sagt er und, nachdem sich der andere gesetzt hat und die Karte auf der Tischplatte betrachtet, unsicher, ob er seine Hand nach ihr ausstrecken soll: «Woher kommen Sie?»

«Hamburg, mein Name ist Wiese.» Er greift vorsichtig nach dem Menü.

«Deutsch», sagt Lorenzo in einem Englisch, das aus jeder Ecke der Sprache eine Rundung gemacht hat. «Wunderbar. Journalist?» Lorenzo deutet mit dem Kopf in Richtung Hafen.

«Nein.» Heinrich Wiese lacht. «Blumen.»

«Blumen?»

«Ich bin dabei, eine Gärtnerei zu eröffnen. Das Kapital dieser Insel ist ihr Licht», sagt der Deutsche.

Lorenzo nickt unentschlossen.

«Genau die richtige Entfernung zum Äquator. Egal, welche Jahreszeit, Sommer, Frühling, Herbst oder Winter, es ist lang genug hell, um in jeglichem Samen Wachstum auszulösen. Jede Pflanze der Erde keimt hier. Ob sie überlebt, ist eine andere Frage.»

«Blumen sind die Zukunft», setzt er hinterher, als Lorenzo skeptisch schweigt.

«Wieso machen das nicht schon alle?»

«Keiner draufgekommen.» Heinrich Wiese lächelt zufrieden. «Einer unserer Gärtner, Fitze Neumann, war 39 mit einem Dampfer auf der Insel. Ist später gefallen. Der hat immer gesagt, hier müsste man Pflanzen ziehen. Statt in Hamburg im Winter mit den riesigen Öfen, die die ganze Nacht brennen, den Lampenstunden.»

«1939? Mit der *Robert Ley*?» Sie haben mehrere Reportagen über den Besuch und das KdF-Programm gemacht. Zwei seiner Redakteure haben die Gäste über beide Wochen begleitet. Er selbst war bei der Gala in der Plaza de Toros. Viel Musik, erinnert sich Lorenzo, einige Ansprachen. Adas verdrehte Augen, Kniffe und Gezischel. Warte, bis wir zu Hause sind.

Der Deutsche nickt. «Die letzten Jahre waren schwierig. Der Krieg, und dann kein Brennmaterial. Erst gar keine Arbeitskräfte, dann zu viele.»

Im Hafen wird es mit einem Mal laut, Salutschüsse und Jubel.

**Morgens, wenn Julio** zur Arbeit kommt, steht der linke Flügel der großen Blechtür bereits offen, sitzt der alte Marrero auf einem Hocker im hereinfallenden Sonnenviereck und raucht, sein Hemd mittlerweile so hellblau wie die fleißige Gärtnerin, die sich zwischen den Steinen am Eingang zur Werkstatt durchzwängt. Er hebt die Zigarette zum Gruß, hinter der Schwelle geht es erst einmal hinab, fast vierzig Zentimeter liegt der Zementboden tiefer als die Straße. Der alte Marrero schließt die Augen, kaum dass Julio an ihm vorbei ist, raucht weiter mit in den Nacken gelegtem Kopf, bis die Glut beinahe seine Finger berührt. Die Fenster sehr hoch, schmal, und der alte Marrero tut, als wüsste er nicht, dass Julio in seinem Rücken, kaum haben sich seine Pupillen an das Halbdunkel gewöhnt, die Apparate in Augenschein nimmt, die sich über Nacht auf seiner Werkbank angesammelt haben.

Der alte Marrero ist der Herr der Lappen. In drei Farben oder besser: mit drei Sorten Flecken, hellbraun, grau und schwarz. Es gibt nichts, was ein bisschen Öl nicht reparieren könnte, sagt er. Und erst, wenn keiner der Lappen in der Lage ist, den Mechanismus wieder in Gang zu setzen, landen die Apparate auf der Werkbank, fettverschmiert und mit dunklen Fingerabdrücken versehen.

Die Werkstatt besteht aus einem einzigen Raum, an der Wand Regale, in der eingestaubt die Geräte liegen, die nicht abgeholt wurden oder deren Besitzer die Reparatur nicht bezahlen konnten. Oder nicht einsehen wollten, dass die Sulfatpumpe repariert ist, auch wenn ein orangefarbener Pulverring aus dem Ventil des Kolbens staubt, sobald man ihn in die Spritze schiebt.

Der alte Marrero fragt nicht. Der alte Marrero raucht und döst oder beschäftigt sich mit seinen Lotterielosen. Er kauft wöchentlich vier Nummern und pinnt sie mit Reißzwecken an die Wand neben dem Kalender, erklärt jedem, warum es die richtigen sind.

**Die Calle de Miraflores** beginnt unten am Hafen von Santa Cruz hinter der alten Markthalle, in der sich seit einigen Jahren nur noch die Tauben unterm Dach und auf dem Boden die Ratten regen. Die Calle de Miraflores steigt stetig an bis zur Puente Galcerán, und wenn man sie hinabgeht, ragt der Turm der Iglesia de la Concepción – zur Heiligen Empfängnis! – wie ein Ausrufezeichen zwischen den Häuserreihen auf. «Sieh mal, die Blumen», sagen die Leute und lachen und deuten auf die schmalen Balkone, gerade breit genug, dass zwei Hocker auf ihnen Platz finden. Dort sitzen die Mädchen, hier heißen sie alle Mädchen, egal wie alt sie sind, einander gegenüber. Mit sich berührenden Knien, Ellbogen auf der Balustrade, Zigaretten zwischen den Fingern. Die Straße der rauchenden Frauen, sagen die Leute.

*Pa fuera, pa dentro, pa delante, pa detrás,* rein, raus, vorne, hinten, für fünf Pesetas, rufen die Burschen in den Eingängen, als Merche in der Calle de Miraflores anfängt. Für vier Pesetas, für drei Pesetas, hier sinken die Preise, während sie überall sonst steigen. In den Zimmern wird nachverhandelt, bezahlt wird nach Zähnen, je voller ein Lächeln, desto teurer ist es. Einige der Mädchen kennt Merche aus Santa Gracia. Der kürzeste Weg in die Calle de Miraflores führt bei den Nonnen vorbei, sagen die Leute.

Merche putzt in der Bar Niagara, nur wenn es gar nicht reicht, bleibt sie länger. Wohnt auch nicht hier, sondern zwei Kilometer weiter östlich in el Toscal, in der Ciudadela im Callejón Ravina. Hat ein Zimmer für sich alleine, zum ersten Mal ein Zimmer für sich alleine, drei Meter mal zwei Meter, und eigentlich ist alles gut, so wie es ist. Mittags Streit in der Gemeinschaftsküche, morgens beim Wasserhahn im Hof, abends am Waschstein, rund um die Uhr vor der Toilette. Aber alles ist gut, so wie es ist.

Heute früh ist es lauter und voller als sonst, die Kinder sind nicht in der Schule, Männer nicht bei der Arbeit, lehnen an der Hofmauer und glotzen und rauchen, als Merche aufbricht. Die Sonne steht noch nicht hoch genug, um die Dachfirste der Calle de la Rosa zu überwinden. Windig ist es, die meisten Geschäfte geschlossen, auf dem Bürgersteig trotzdem Geschiebe, Gedrängel dicht an dicht, das sich ellbogenbewehrt Richtung Hafen bewegt. Alles rot-gelb-rot, Fahnen in den Schaufenstern, die Säulen vor dem Cine Royal Victoria sind mit Bändern umwickelt, auf der Fahrbahn stehen die Autos und hupen. Die Cafés an der Plaza del Príncipe sind noch nicht geöffnet, aber die Bänke voll besetzt, Frauen halten ihre Tücher und Röcke, Männer ihre Hüte fest. Auf den Stufen des Pavillons eine Gruppe Flechas beim Frühstück.

Eigentlich ist alles in Ordnung, so wie es ist. Nur dass seit ein, zwei Wochen die Haut an ihren Brüsten spannt. Merche ist unsicher, wie lange genau, rechnet wieder und wieder, versucht, jeden Tag einzeln zu erinnern. Doch jeden Abend ist es einer mehr und keine Blutung. Da kann sie morgens ihre Brüste betrachten, so lange sie will, die bläulichen Adern unter der fahlen Haut, und beschließen, dass sie nicht anders aussehen als sonst. Kein Ziehen zwischen den Beckenschaufeln, mit dem es sich sonst ankündigt, in ihrem Unterleib verdächtige Stille. Wegmachen lassen und vielleicht dran sterben oder nicht wegmachen lassen und schlimmstenfalls zu den Nonnen zurück?

Normalerweise macht sie sich erst mittags auf den Weg, geht gegen halb drei die Miraflores herunter und durch die eben erst von Don Emilio aufgesperrte Tür ins Niagara. Aber auch sechs Stunden früher ist alles wie immer. Die Stühle stehen kreuz und quer, volle Aschenbecher, frische Brandflecken, Gläser mit eingetrockneten Rotweinkreisen auf den niedrigen Tischchen dazwischen, von denen immer mindestens einer umgekippt ist. Wenn Schiffe im Hafen liegen: eine bemerkenswerte Zahl leerer Bierflaschen. Vereinzelt Kleidungsstücke auf der Holztreppe, die zur

Galerie im ersten Stock führt: Schals und Strümpfe, seltener eine Bluse.

Merche beginnt mit den Zimmern oben, das Wecken nervt, die meisten Mädchen schlafen noch. «Bitte, bitte noch fünf Minuten.» Und: «Du kannst dir nicht vorstellen, was gestern …» Ihr Maulen und Furzen und Jammern auf der Galerie, auf die Merche sie scheucht, solange sie putzt. Nachttöpfe leert, Waschtische wischt, Wasserreste wegkippt, Schalen mit Essig spült, seltener die Krüge. Herumliegende Kleider wirft sie auf einen Haufen, je nach Zustand zieht sie die Betten ab, spätestens jeden dritten Tag. Um fünf müssen die Zimmer und die Mädchen fertig sein, auf den Balkonen sitzen oder unten in der Bar. Und eigentlich ist alles gut, so wie es ist.

Such dir doch einen Suffkopf, hat eines der älteren Mädchen gestern vorgeschlagen, als Merche ihr von den spannenden Brüsten erzählte. Seitdem geht Merche in Gedanken mögliche Kandidaten durch. Muss immer wieder an den sanften Fisch denken, vor einigen Jahren in ihrem Bauch. Einen vernünftigen Suffkopf zu finden, ist nicht einfach. Mit einem annehmbaren Maß an Verschlagenheit, nicht zu gierig. Einen, der den Mund hält, nicht anfängt zu brabbeln, wenn der Raum vom Alkohol mit einem Mal weich und warm wird. Der nicht auf die Idee kommt, die Situation auszunutzen, in Naturalien bezahlt werden will. Verheiratet ist verheiratet, ist umsonst die Beine breit machen. Und wenn man einen gefunden hat, kommt das Theater mit den Papieren. Ihn nüchtern genug zum Standesamt kriegen, damit er seinen Spruch aufsagen kann. Ihn nüchtern genug zum Registro Civil schleppen, wenn das Kind da ist, damit er unterschreibt. Ab Monatshälfte abends das Gekratze an der Tür, weil das Geld schon wieder ausgegeben ist. Drei Mägen stopfen müssen statt zwei.

Vor vier Jahren hat Merche vor dem hohen Tor in der Kurve bei Santa Gracia gestanden, in der Hand einen der Säcke, in denen die Kartoffeln ins Reformatorio geliefert werden, Zahnbürste, Lappen, ein daumengroßes Stück Seife, das sie, ohne zu fragen, ein-gepackt hat, ihren zweiten Büstenhalter, zweite Unterhose, zwei-ten Kittel darin, eine Bibel und: Aus dir wird nichts. Mehr haben ihr die Nonnen nicht mitgegeben. «Sei bloß zu Hause, bevor es dunkel ist, sonst sammeln sie dich gleich wieder ein», haben sie zum Abschied gesagt, und Merche stand vor dem Tor und war sich nicht sicher, wo zu Hause ist. Die Sonne lässt die Luft über den Tranvíaschienen zittern und wabern, die geht sie entlang. Aufwärts, Richtung La Laguna, bis bei La Milagrosa die Kak-teen rechts und links der Straße, Geröll und Eidechsengeraschel enden. An der Wasserstelle macht sie halt, traut sich nicht, lan-ge zu sitzen, läuft weiter die Calle Herradores hoch bis zur Con-cepción, wo der Geruch gerösteter Kartoffeln ihre Augen feucht macht, Speichel aus ihrem Mund tropfen lässt, und weiter, die Gleise nach Tacoronte entlang.

Eine Weile bleibt sie bei den Großeltern, bis im vorletzten Herbst der Großvater auf dem großen Tisch in der Küche liegt. Eine schwarze Decke unter sich, zwei Kerzen neben den Knö-cheln, zwei neben seinen Handgelenken, zwei auf Höhe seiner Augen. Die Spiegel verhängt, Türen und Fenster nur halb ge-öffnet, er trägt seinen dunklen Anzug, seine neuen Schuhe. Die Sohlen hellbraun und ohne Kratzer, ohne Flecken, weisen zur Tür, sehr hell auf dem Foto. Die Glocken schlagen bereits dop-pelt, der Fotograf ist schon bei der Arbeit, als Merche eintrifft. Sie hält ihm die Lampe, lässt sie fallen, als es knallt. «Magnesium», sagt er.

«Du kannst hier nicht bleiben», sagt die Großmutter, nachdem die Kerzen runtergebrannt sind und vier Burschen den Großvater zur Kirche getragen haben.

In der Calle de Miraflores mäßiger Betrieb, als Merche am Puente Galcerán einbiegt. Die Balkontüren noch geschlossen. Sobald das Theater unten am Hafen beendet ist, noch während sich die

Menge zur Concepción aufmacht, werden sie in Strömen hier einbrechen.

Normalerweise kommt die erste Welle zum Ende der Siesta gegen fünf, nur am Samstag früher, aber dafür reichlich, denn Samstag ist Zahltag. Um halb neun, wenn der Strom sich zwischen Geschäftsschluss und Abendessen in die Calle de Miraflores schiebt, macht Merche sich auf den Heimweg. Dann ist es draußen kühler als drinnen, und alle stellen ihre Stühle auf den Bürgersteig, reden und essen Chochos, kleine Schüsseln für die Schalen auf den Knien. Die Kinder hüpfen Himmel und Hölle, verstummen, wenn Merche vorbeigeht.

Wenn sie länger bleibt, sind die Straßen ohne Frauen. «Sei vorsichtig», sagen die Mädchen zum Abschied. «Sei vorsichtig, sonst musst du es umsonst tun.» Vereinzelt Männer in Grüppchen, denen Merche ausweicht. In den alten Gassen ist das einfach, ihre Stimmen hallen zwischen den Hauswänden.

**Um elf kommen die Blumen.** Am Morgen erst geschnitten, gesäubert, gebunden. Strelitzien, sieben Stück, für jede Insel eine, inmitten weißer Rosen. Ihre Stiele, die akkurat angeschrägten Schnittflächen, sind in feuchte Tücher gewickelt. Sie kommen aus La Orotava und nicht aus dem Garten, jenseits der Fenster noch ohne Morgensonne. Aufs Schneiden hatte Francisca sich gefreut, Lilien nehmen wollen, die bereits blühen, gelb mit dunkelroten Flecken auf den Innenseiten der Blätter.

Vor einigen Wochen ist sie abends heruntergerufen worden, war bereits im Nachthemd, als die Hilfe klopft. Nanny Brown zieht ihr den Hausmantel über, begleitet sie zur Treppe. Im Salon sitzen die Damen nach dem Essen in Grüppchen beisammen und trinken Likör, sie schicken Francisca weiter auf die Terrasse, dort stehen Lorenzo und die Herren, schwenken Gläser und rauchen. «Es gibt eine Aufgabe für dich», hat ihr Vater sie begrüßt.

Das Kleid sucht Ada aus, nicht Nanny Brown, die Schuhe, den

Hut, zwei Nachmittage lang, auf den gepolsterten Bänken vor der Ankleide im Estudio de Moda von Doña Pilar. Beinahe durchsichtige Strümpfe, die nirgends hängenbleiben dürfen, darum sitzt Francisca heute auf einem der Esstischstühle in dem Raum, den ihr Vater Nähzimmer und ihre Mutter *drawing room* nennt. Kein Rattan, sondern glänzend poliertes, glattes Holz. Neben ihr, auf dem Lederpolster der Armlehne, liegen die Handschuhe, endlich Handschuhe, wie eine Dame. Aus fein gehäkeltem Netz, weiß, ohne Muster, nur zierliche Rauten. Aber endlich Handschuhe.

Um elf Uhr die Blumen, zehn Minuten später der Wagen, in dem sie um Viertel nach, so steht es im Protokoll, zur Capitanía General an der Plaza Weyler gefahren wird. Keine fünf Minuten zu Fuß, aber sie wird gefahren, Hitze, Kleid und Staub. Ada hat die Hilfe den Stuhl in das Nähzimmer bringen lassen und ist wieder hochgegangen. Francisca hält die Arme still, sonst knittert es. Nichts essen, nichts trinken, nur sitzen und warten.

Ihre Mutter habe sich hingelegt, sagt die Hilfe, als Francisca nach Ada fragt. Das Kleid ist pastellgelb mit winzigem weißem Stehkragen, weiße Schuhe ohne Absatz, der Hut mit zartgelben Blüten besetzt, die Francisca in keinem der 23 Bände von *Curtis's Botanical Magazine* im Wintergarten gefunden hat. In den letzten Tagen hat sie die Stunden zwischen Tee und Umziehen fürs Abendessen mit Suchen verbracht, bis Nanny Brown äußert, sie könne die Blumen in ein Stickmuster übertragen, wenn sie Francisca so ausnehmend gut gefallen.

Ihr Vater ist bereits am Morgen aufgebrochen, ihre Mutter wird sie begleiten. Kommt die Treppe herab, als der Chauffeur klingelt. In Kornblumenblau, nicht Rock und Bluse, aber Kleid und Bolerojäckchen in derselben Farbe, wie der Halbkreis der Sección Femenina. Am Revers die Brosche mit den Pfeilen, falsche Anzahl, aber wer zählt schon, wenn jeder einzelne mit fünf Rubinen besetzt ist. Jagdbrosche habe ihre Mutter sie genannt, sie quer, nicht längs getragen, hat Ada ihr erzählt.

Die Blumen liegen bereits auf dem Sitz vorne neben dem Fahrer. Ada zieht den Rock von Franciscas Kleid glatt, ehe sie sich setzt. Betrachtet Francisca von oben bis unten und nickt zufrieden.

Die untere Gesichtshälfte des Mannes mit der Sonnenbrille lächelt, als Francisca knickst, lächelt, als sie ihm die Blumen reicht, helle Handschuhe über den Fingern, die er um die zusammengebundenen Stiele legt, lächelt, als sie *Bienvenido* sagt, unsicher, ob er sie verstanden hat. Ihre Stimme klingt so leise, dass sie sich selbst kaum hört. Will erneut ansetzen, aber der Mann mit der Sonnenbrille hat die Blumen bereits lächelnd an einen Adjutanten weitergereicht. Die Dame aus Madrid, die sie bei ihrer Ankunft in der Capitanía in Empfang genommen hat, legt ihre Hände sanft auf Franciscas Schultern, und Francisca bewegt sich mit ihnen, als würden sie tanzen, wechselt die Richtung, verlangsamt und beschleunigt bei jedem sanften Druck.

Die Dame führt sie an den Rand des Halbkreises, den die Geladenen im Saal der Capitanía bilden. Während der Parade steht ihr Vater mit den anderen Herren unten auf dem Treppenabsatz vor dem Gebäude. Die beiden Wachzelte rechts und links des Eingangs sind mit rot-gelben Blumengirlanden geschmückt. Die Dame aus Madrid fragt, ob Francisca zuschauen möchte, führt sie zu einem Fenster in einer der Dienststuben, ehe sie selbst auf dem Balkon verschwindet.

Vom ersten Stock aus sieht man überwiegend Mützen, die, in ordentlichen Achterreihen zu großen Blöcken zusammengefasst, unter dem Fenster entlangziehen. Die bei jedem Schritt nach oben schnellenden Uniformarme der jeweils ersten Reihe sieht sie, exakt im Takt der Musik. Später die sich im Kreis drehenden Blumenkränze in den Haaren der tanzenden Trachtengruppen.

Francisca beugt sich vor, stützt die Ellbogen auf das Fensterbrett, um ihre Füße zu entlasten. Die neuen Schuhe pressen ihre Zehen zusammen.

**Heinrich Wiese bleibt sitzen,** bemerkt den Kellner nicht, der dezent das *Reserviert*-Schild an den Aschenbecher lehnt, in der Hoffnung, er werde endlich aufstehen und gehen. Oder endlich aufstehen und noch etwas bestellen und sich woanders hinsetzen. Hier ist es erträglich, er betrachtet die laute Menge im Hafen, die Reihen geparkter Autos, in den Straßen rundherum einigermaßen annehmbare Häuser.

Gestern, auf dem Rückweg von La Laguna, hat er bereut, auf die Insel gekommen zu sein. Mehr noch, ein kleines Stück von ihr erworben zu haben. Die Straße zweispurig, keine Leitplanke, nur der schmale Sandstreifen und dahinter der Hang. Der Bewuchs gelb, spät, sagen alle, spät dran der Regen dieses Jahr. Bleiche, harte Halme, dazwischen bläulich-grün und gleichzeitig sehr grau: Agaven, die fleischigen Blätter zur Seite gesunken auf das Geröll, wie Haufen großer verendeter Fischleiber sehen sie aus. Und alles nass, tropfnass.

In La Laguna war der Wind so heftig, dass er ihm die Atemzüge raubte, Luft aus dem geöffnetem Mund zieht, aus den Nasenlöchern, er muss das Gesicht zur Seite drehen, als er die Calle Viana hinabgeht. Als würde dichter Nebel knapp über den Dachfirsten hängen, so tief stehen die Wolken. Nieselregen, der sich mit dem Schweiß auf seiner Stirn, auf Oberlippe, Kinn, Nacken und Kehle mischt, denn – und das scheint Heinrich Wiese so gar nicht mit all dem Grau vereinbar – es ist warm. Dreiundzwanzig Grad Celsius waren es morgens um sieben, er hat es beim Frühstück umgerechnet. Das Thermometer neben der Hotelrezeption misst in Fahrenheit.

An der Plaza del Cristo endet die Welt, hinter der Kaserne keine Berge, selbst die Kronen der hohen Palmen verschwinden im Wolkendunst. Das Restaurant, das die Kanzlei für die Vertragsunterzeichnung vorgeschlagen hat, liegt auf der anderen Seite des Platzes. Der Regen wird immer stärker, die Tropfen winzig, nur jetzt so dicht, dass er den Unterarm vor die Augen hebt, um den Weg zwischen den riesigen Pfützen, deren Oberflächen aussehen, als hätten sie Gänsehaut, zu erkennen. Im Restaurant werden sie lachen: Doktor Schwartz, der Wirt und der Mann mit dem weißen Schnauzbart und dem hohen Hemdkragen, verschlissen, aber gestärkt, die Stoffkante presst sich in seinen Hals, als er Heinrich Wiese die Hand reicht, den Kopf zur Begrüßung ein wenig senkt. «So ist das hier», werden sie sagen, «in zehn Minuten scheint die Sonne, und es gibt einen Regenbogen», auf ihre Schirme deuten, die in einem gusseisernen Ständer neben der Tür auslaufen: «Nie ohne, nicht zu dieser Jahreszeit. Das lernen Sie noch.»

«Erde kann ich nicht essen», wird der Mann mit dem weißen Schnauzbart und dem hohen Hemdkragen sagen, auf Spanisch, Doktor Schwartz wird es ihm übersetzen, und Heinrich Wiese wird nicht wissen, was er antworten soll, und nicken.

Während Heinrich Wiese zusieht, wie seine Schuhe bei jedem Schritt im Morast einsinken, zwischen den Pfützen, an dem kleinen Pavillon vorbei und weiter durch den Nieselregen auf das Restaurant zu, schweigen die drei. Als er die Tür öffnet, legt der Wirt dem Mann mit dem Schnauzbart die Hand auf die Schulter, drückt sie kurz, ehe er sich vom Tisch abstößt und dem Gast entgegengeht.

Nach der Vertragsunterzeichnung: der Regenbogen wie versprochen über der Kapelle del Cristo, dahinter drei grüne Berggipfel, die Palmenkronen rauschen gut sichtbar in der Sonne, die sich in den Pfützen spiegelt. Der Wind ist geblieben. Schlägt ihm die nassen Hosensäume um die Knöchel, lässt die Aufschläge seines klammfeuchten Jacketts flattern. Sind gleich wieder trocken, denkt er, macht nicht den gleichen Fehler wie vorhin, sondern geht rechts die Straße hinab, nicht über die Plaza del Cristo.

Er braucht einen Fernsprecher. Sollte wenigstens telegraphieren, ehe er sich auf die Suche nach einem Taxi macht, das ihn wieder nach Santa Cruz bringt. Er hätte nach dem Weg zur Post fragen sollen, doch irgendwie hat er sich nicht getraut. Es dauert, bis er das Telegraphenamt in der Calle Bencomo findet, zwischen den unebenen fensterlosen Klostermauern, die für ihn alle gleich aussehen.

1944

# REFORMATORIO

**Als Julio nach sieben Jahren** wieder seinen Fuß auf die Insel setzt, trägt er eine Holzkiste, deren Kante einen hässlichen roten Streifen in seine Schulter presst. Ihm das Blut abschnürt, ein langgezogenes helles Pfeifen in sein Ohr setzt, das erst allmählich leiser wird, nachdem er die Kiste auf der Mole abgestellt hat. Der Hafen fast leer, die beiden Kräne auf den Auslegern stehen still. Die Ladung muss wieder Kiste für Kiste, Sack für Sack, Mann für Mann mit Ruderbooten gelöscht werden.

Vor der Plaza de la República wird gebaut, wo das Fort stand, als er klein war. Nachdem es abgerissen wurde, eine Sandfläche, die er nicht überqueren konnte, ohne dass Olga ihm danach den Staub aus den Hosen klopfte. Danach der Taxistand, wo sie abends, müde von der Fiesta de las Cruces, einen Wagen nach Hause genommen haben. Irgendwann standen dort Palmen und Bänke, und nun wird gebaut, sieht Julio, als er die Avenida Marítima hinabgeht. Eine Staubwolke hängt in der Luft, über einem gemauerten Quadrat.

Die Fuente Morales ist noch da, vier gleichmäßige Wasserstrahlen, unablässig aus den weitgeöffneten Mündern der Sphinxen schießend. Julio ist gewiss, seit er das letzte Mal hier vorbeigegangen ist, sind sie durchgelaufen, sieben Jahre, ohne Unterlass.

Die Tropfen bereits kalt, mittags sind sie meist lauwarm, von der Sonne aufgeheizt. Julio Baute wäscht sich, dabei ist er gar nicht schmutzig, hat sich morgens gewaschen, Ellbogen an Ellbogen mit einem Kolumbianer, geschmeidig das Schwanken des einlaufenden Schiffes ausgleichend.

Julio Baute wäscht sich, und dann sitzt er auf dem Beckenrand, und seine Hose und sein Hemd werden am Rücken nass vom Spritzwasser. Er streicht die Haare zurück, pult Schwarzes unter seinen Fingernägeln hervor. Er hat nicht angerufen. Aus Cádiz nicht, ehe er an Bord ging, und davor aus Murcia nicht, aus Tarragona nicht, nicht aus Ceuta und nicht aus Tanger. Hatte Angst, dass ein Fremder den Hörer abnimmt, hatte Angst, dass niemand den Hörer abnimmt.

Die Plaza de la República heißt nicht mehr Plaza de la República stellt er fest, auch nicht de la Constitución, wie sie vorher hieß, sondern Plaza de la Candelaria. Nach der Schutzheiligen der Insel, die inmitten der um den Platz herum immer größer werdender Gebäude klein und schmächtig auf einer einzigen, schmalen Säule steht. Die Calle Fermín Galán heißt Calle Castillo, aber die Endstation der Tranvía ist immer noch die Endstation.

Dort lehnen sie an den Hauswänden, sitzen auf Bordsteinkanten und warten. Milchfrauen mit Hügeln leerer Alukrüge in den Körben, eine Mutter mit zwei Töchtern, die Abklatschen spielen, *La Chata Merengüela* singen. Und Julio Baute kann nicht anders, als jedem und jeder einzeln ins Gesicht zu blicken, und erkennt niemanden. Hat er früher auch nicht, an der Endstation Menschen erkannt, aber Julio kann nicht anders, er muss starren.

Zwei parallele, scharf abgegrenzte Falten zwischen den Brauen, zusammengekniffene Augenlider und: «He, was willst du?», ist alles, was zurückkommt.

Julio steigt hinten ein, in den letzten Anhänger, grau lackiert und billiger als die beiden ersten Wagen. El Jardín, der Garten, wird er genannt, weil dort Waren und Tiere mitfahren dürfen. Im Garten regieren die Milchfrauen, die Plätze am Einstieg gehören ihnen, sie hängen ihre leeren Alukannen an die Haken draußen vor den Seitenfenstern, schieben ihre Körbe unter die Bänke, mit genügend Schwung, um den bereits Sitzenden die Knöchel zu zerschrammen.

Selbst der Schaffner, der, kaum dass sie die Endstation an der Calle Castillo verlassen haben, schwankend und sich mit der Hüfte an den Stangen abstützend, zum Kassieren durch die Reihen kommt, weicht ihren energischen Händen aus.

Alles teilt sich in *immer noch* und *nicht mehr*. Noch immer vermischt sich das Scheppern der aneinanderstoßenden Alukannen vor den Fenstern mit dem hinten im Jardín nur gedämpft wahrnehmbaren Läuten des Glöckchens am ersten Wagen, das die Fußgänger warnen soll.

Als sie die Plaza Weyler passieren, dreht Julio den Kopf nach rechts und lässt ihn dort, bis die Muskeln an seinem Hals anfangen zu spannen im kühlen Luftzug zwischen geöffneter Tür und den gekippten oberen Fenstern. Die Capitanía zieht an ihm vorbei, das Haus, in dem früher *Radio Club Tenerife* war. Das Kino an der Plaza de la Paz ist geöffnet, die Bar daneben heißt noch immer Hespérides.

Aber er ist da, der Barranco Santos, neben ihm, die ganze Zeit wenige hundert Meter neben ihm. Wird immer tiefer, je weiter die Tranvía nach La Laguna hinauffährt. Unten in Santa Cruz ist er breit und flach, im Frühjahr blühen dort weiß die Wachsblumen. Im August ist er so trocken, dass rötliche Staubwellen rechts und links der Schuhsohlen aufstieben, wenn man sie aufsetzt.

In der Kurve bei Santa Gracia sind die Hänge kakteenbewachsen, ein Treppenzickzack führt hinab ins Tal. Das Gebäude der Nonnen hat einen neuen Flügel bekommen, ein Tor, die Kapelle fast verdeckt.

Am Tanque de Abajo fehlt noch immer eine Ecke, weiße Schmetterlinge über der Lache davor. Die Station ist noch immer die Station, und der Ruck, mit dem die Bahn zum Stehen kommt, lässt einen nach wie vor auf den glatten Holzsitzen nach vorne rutschen, sodass man sich die Knie an den Lehnen der Vorderreihe stößt. Sofort Gedränge, Menschenpfropfen vor den Türen, die Milchfrauen, noch immer siegreich, stehen ganz vorne.

In dem geduckten Häuschen ist noch Teófilos Bodega, und vor der weinroten Tür lehnt mit hängender Hose ein Betrunkener an der Wand, der wahrscheinlich gerade dort rausgeflogen ist. Neben den Stufen der Kapelle wächst gelber Hinojo, und ein Blick die Calle Carrera hinab verrät Julio, dass die Schlange vor dem Postamt noch immer nachmittags bis auf den Vorplatz reicht.

Julio weiß nicht, ob er losrennen soll, denn gleich ist er zu Hause, oder stehen bleiben, denn gleich ist er zu Hause, als unvermittelt alle anhalten. Selbst die Milchfrauen nehmen ihre Körbe vom Kopf. Nur Männer, gedämpft miteinander redende, unterdrückt auflachende Männer mit Anzügen in allen denkbaren Grauschattierungen, weiße Hemddreiecke zwischen den Jackenaufschlägen, mittig geteilt von schwarzen Krawatten: eine Beerdigung.

Julio erkennt niemanden, sieht sich jeden Einzelnen genau an, wartet, bis sie vorbeigezogen sind. Der Mann neben ihm hält einen Blumenstrauß in der Hand, denkt Julio. Erst als der Strauß größer wird, sich aufplustert, begreift er, dass es Hühner sind. Zwei, jeweils an einem Lauf mit einer Kordel aneinandergebunden, die in einer Schlaufe um das Handgelenk des Mannes hängen. Immer wieder schlägt eines mit den Flügeln, streift Julios Oberschenkel.

Noch immer suchen die Alten am späten Nachmittag Schutz vor der Hitze im kühlen Zementbauch der Kathedrale. Geschlossen, denkt Julio, als er die Calle Herradores hinaufgeht, nur glatte, gelblich getünchte Wand und Gitterstäbe im Türquadrat, die Apotheke geschlossen, um kurz nach fünf?

Jeden Werktag um vier Uhr, wenn die Wanduhr im Wohnzimmer schlägt, erhebt Augusto Baute sich in der Calle Capitán Brotons aus seinem dunkelblauen Sessel. Nimmt die Brille aus der Brusttasche der Weste – Julio hat ihm unzählige Male zugesehen, wenn er um etwas bitten wollte, Geld oder eine Erlaubnis, und still auf der Schwelle gewartet hat, dass sein Vater aufwacht – und setzt sie auf. Gießt sich ein Glas Wasser aus dem Krug auf dem

Beistelltisch ein, und wenn man ihn um etwas bitten will, sollte man schneller am Henkel sein als er und ihm vorsichtig, nicht tropfen, einschenken. Eine Viertelstunde danach verlässt Augusto Baute das Haus und schließt spätestens um vier Uhr fünfundzwanzig das Gitter vor dem Eingang der Apotheke auf.

Staub liegt auf den Querstreben, eine dünne Schicht auf den Schaufensterscheiben, die Kinder haben Streifen, Sterne, Herzen, Penisse hineingezogen. Julio wendet sich ab. Höchstens dreihundert Schritte sind es von der Calle Herradores zu Calle Capitán Brotons Nummer 14. Als er mit sieben Jahren anfing zu zählen, hat er fast vierhundert gebraucht.

Die Tür hat die falsche Farbe, Julio wird langsamer, als er um die Ecke biegt. Das dunkle Holz, das seine Mutter einmal im Monat mit Olivenöl und Zitrone abreibt – er hat ihr manchmal helfen müssen –, ist hellbraun lackiert worden. Die Klinke wie immer. Er traut sich nicht, sie hinabzudrücken. Der Rücken der Fatimahand, des Türklopfers, nicht mehr glänzend geriebenes Messing, sondern matter, schwarzer Lack.

Julio klopft, zweimal und vielleicht nicht laut genug, denkt er, als sich drinnen nichts rührt, klopft rasch noch mal, fester.

«Kannst du zur Tür gehen?» Eine Frauenstimme. «Die Kleine ist wach geworden.»

Stille.

Julio klopft erneut und versucht zu sortieren. Du, die Kleine und eine Frauenstimme. Eine helle, gereizte Stimme, um Jahre jünger als die von Olga. Als sie vor ihm steht in dem unvermittelt aufgerissenen Türspalt, sortiert er noch immer. Brauner Haarknoten, vor der Brust falsch zugeknöpftes Kleid, greinender Säugling im Arm, lange Nase, dichte Augenbrauen. Nein, er hat sie noch nie gesehen. Eine Haushaltshilfe, beschließt er, die erstaunlicherweise ihr Kind mitbringen darf.

«Julio Baute.» Er hat erwartet, dass sie zur Seite tritt, den Weg freigibt. Doch sie rührt sich nicht. «Der Sohn von Augusto Baute.»

«Von wem?»

«Dem Eigentümer dieses Hauses.»

«Kenne ich nicht. Unser Vermieter heißt Fernández.»

**Es gibt den Krieg**, an den Francisca sich nicht erinnern kann, und der ist vorbei. Taucht manchmal, fest verbunden mit: *wegen dem* in den Gesprächen der Erwachsenen auf.

Es gibt den Krieg, der weit entfernt ist, auf Zeitungsseiten und im Radio gekämpft wird, überwiegend aus sich überschlagenden Stimmen besteht. *Bibizi internacional* und ihr Vater, Lorenzo, der beim Abendessen Kommentarspalten vorliest. Seit einigen Wochen nicht einmal mehr das, seit einigen Wochen nur immer leiser geflüsterte Bemerkungen. Niemand hebt mehr den Arm, dabei war es das einzig Lustige. Wenn nach dem Rumstehen, dem Nichtzappeln während der Reden, alle auf einmal den Arm hochreißen. Und laut schreien, laut schreien durfte man auch. Jetzt wird nur noch gesungen, *Cara al Sol,* Gesicht zur Sonne, danach endlich Eis oder Kuchen.

Und dann gibt es noch den Krieg, der ganz nah ist und über den niemand spricht. Das Haus ist zweigeteilt. Das Erdgeschoss, Rauch- und Arbeitszimmer gehören ihrem Vater. Sitzzimmer und Wintergarten ihrer Mutter. Esszimmer und Salon sind neutrale Gebiete, die nur betreten werden, um Gäste zu empfangen. Im ersten Stock wohnen Francisca und Nanny Brown zwischen den elterlichen Schlafzimmern, Bädern und Ankleidezimmern, wie ein Puffer.

Lorenzo tobt, weil Ada sie mit zur Muelle Ribera nehmen will, um Onkel Sidney zu verabschieden. Ada tobt, wenn er sie mit in die Calle Anchieta zum Sportplatz der Flechas nimmt.

Gerade wogt die Schlacht unten im Eingangsbereich.

«Ich serviere keine Knoblauchsuppe.» Ihre Mutter.

«Wir werden nicht Wasser predigen und Wein saufen.» Ihr Vater.

«Ich hab nichts gepredigt. Und niemanden eingeladen. Du kannst nicht Wasser predigen und neun Personen zum Dinner einladen.»

«Hier.» Das Geräusch von Zeitungsbahnen, die mit einem Ruck wieder glatt gerissen werden, ist laut genug, um die Treppe hinauf ins Schulzimmer zu dringen. «Seit Wochen bringen wir nichts anderes als *Dein Beitrag fürs Vaterland* und die *plato único*-Kampagne. Wir haben jeden Tag ein anderes Rezept auf der Titelseite. Ich kann nicht zu Hause Braten servieren lassen.»

Das Geräusch der Zeitungsbahnen, die Lorenzo aus den Fingern gezogen werden, so schnell, dass er nicht nachfassen kann, schafft es gerade mal in die gespannt innehaltende Küche.

*«Tortilla ohne Kartoffeln und ohne Eier. 200 Gramm Weißes aus den Orangenschalen einlegen, als wären es Kartoffeln.* Keine Ahnung, wie man Kartoffeln einlegt. *Vier Löffel Mehl mit zehn Löffeln Wasser und einem Löffel Bicarbonat mischen, etwas Olivenöl, eine Prise Salz, Pfeffer und eine Messerspitze gelben Farbstoff hinzufügen, die Tortilla wie immer zubereiten.»*

Ein Moment Stille, den Nanny Brown im Schulzimmer nutzt, um eine Seite weiter zu blättern und stumm auf die oberste Aufgabe zu deuten, während die Köchin den Tellerstapel mit den Gofioresten zum Einweichen ins Abwaschwasser gleiten lässt.

«Wo soll das Fleisch denn herkommen, Ada?»

«Wir unterdrücken doch irgendwelche Bauern. Sollten die nicht ein Rind haben? Zur Not ein Schwein? Eier? Was immer man braucht zum Kochen, frag die Köchin.»

«Was für Bauern?» Lorenzo klingt erstaunt, seine Stimme leiser.

«Du hast mir das früher immer vorgeworfen.»

«So funktioniert das nicht.»

«Dann da, wo alle es herholen. Vom Schwarzmarkt.»

Und Francisca hört ihre Mutter die Treppe heraufkommen, bei Streit betritt sie manchmal das Schulzimmer, setzt sich auf den Stuhl am Fenster, wartet, bis Lorenzo sich in sein Territorium, meistens ins Rauchzimmer, zurückgezogen hat. Schüttelt von Zeit zu Zeit stumm den Kopf. Wenn sie Franciscas Blick bemerkt, lächelt sie.

«Keine Sorge, dein Vater ist mittlerweile viel zu katholisch, um sich scheiden zu lassen.»

**Die Insel isst Gofio.** Wer Wein anbaut, Wein mit Gofio, wer Ziegen hält, Ziegenmilch mit Gofio, Eier mit Gofio, Zwiebeln mit Gofio, Bananen mit Gofio. Brot nur an Festtagen. *Pepe Álvaro* heißt Julio auf der Baustelle. Julio hat Glück gehabt.

Er saß abends, den Rücken an die noch warmen Steine der Catedral gelehnt, aß die letzte Kaktusfeige und dachte darüber nach, dass er gleich den Saft von seinen Fingern mit den dunkel gestreiften Knöcheln und schwarzen Nägelhalbmonden lutschen wird. An Bakterien und an die silberglänzenden Metallschalen, in denen sein Vater in der Apotheke Spritzen, Messbecher, schlicht alles sterilisierte. Bemerkt die beiden Männer, einer älter, der andere jünger und mit Krücken, erst als sie fast vor ihm stehen. Um ihn herum Murmeln und Wegducken, gesenkte Hutkrempen und Blicke zum Boden.

«Du», sagt der Ältere und deutet auf Julio. «Komm mit.»

«Wohin?», fragt Julio und sieht sich bereits nach etwas um, an dem er sich im Notfall festhalten kann – falls sie versuchen, ihn mitzuzerren. Entscheidet sich für das schmiedeeiserne Gitter vor dem Eingang der Kathedrale, keine drei Schritte entfernt. Versucht abzuwägen, welcher der eben noch neben ihm schlafenden Klumpen ihm helfen würde.

«Willst du arbeiten?»

Es dauert, bis Julio nickt, langsam.

«Hast du Papiere?»

Nicht bewegen, Kinn gerade, nicht nicken, nicht das Gesicht wegdrehen, geradeaus gucken und sonst nichts.

«Und, hast du?»

«Was geht dich das an?»

«Nichts. Stell dich neben meinen Sohn.» Der Mann deutet auf den Jüngeren. Vorgestern hat Julio das letzte Mal gearbeitet, auf einer Finca zwischen La Laguna und Santa Gracia Kaktusfeigen geerntet, die gelborangen Früchte mit zwei langen Holzleisten, die an einem Ende mit einem Lederriemen zusammengebunden sind, von den Rändern der fleischigen Chumberas gesammelt. Den Haufen anschließend mit einem Strohbesen von Stacheln befreit. Immer wieder über sie hinweggebürstet. Sie stecken noch in seinen Waden, seinen Handballen.

Und so stellt Julio sich neben ihn.

«Gut genug», sagt der Mann. «Gut genug.»

Bis dahin ist Julio jeden Morgen in die Ebene hinter La Laguna gegangen, wo rechts und links der Straße eine dichtgepflanzte Reihe Piteras wächst, grüngelbe scharfkantige Dreiecke, mit einem zentimeterlangen schwarzen Dorn gekrönt, um alles aufzuhalten, was auf den Feldern nach Nahrung suchen könnte, vierbeinig oder zweibeinig.

An einem der ersten Tage kommt ihm auf dem Weg an der Plaza del Cristo eine Gruppe Jungen entgegen, mit weißen Kitteln über der grauen Uniform der Pius-Schule, Zeichenbretter unterm Arm, der Maestro vorneweg, die Schüler in Zweierreihen dahinter. Auf dem Weg zum Pasillo de la Universidad vermutlich, Bäume zeichnen. Und im ersten Moment sieht Julio zu Boden, beschleunigt die Schritte, will schnell an ihnen vorbei, weil er fürchtet, sie könnten ihn erkennen. Dass Anselmo auf seine Hosenbeine deutet, die er bis zu den Knien aufgekrempelt hat, denn die Säume hängen in Streifen, auf die staubigen Knöchel mit den roten Kratzern, seinen Hunger, Bauchdecke und Wangen, die es immer weiter nach innen zieht. Dass sie lachen werden, ihn *Mago* nennen. Vollkommener Unsinn. Anselmo, Coco, der kleine Pedro und der schwarze Pedro, Riquelme, Alfonso sind alle

Mitte zwanzig, so wie er, alle verstreut. Und doch, irgendwie ist es, als würden sie noch immer in Zweierreihen mit Zeichenbrettern durch die Straßen gehen und versuchen, einander heimlich in die Hacken zu treten. Noch immer den im Dämmerlicht kreiselnden Staub beobachten, während sie dem Geometrieunterricht von Maestro Augustin nicht folgen können. Sich wundern, wo Julio bleibt. Am ersten Tag im Guano – so hieß die Halle, weil die englische Firma, der sie vorher gehörte, dort Dünger gelagert hatte –, in den ersten Tagen auf dem Boden des Guano, zwei Knie in seinem Rücken, Ellbogen auf beiden Seiten, in den ersten Tagen im Guano hat er Sekunden und Minuten gezählt, versucht, die Übersicht nicht zu verlieren, jetzt haben wir Chemie, spanische Literatur, Religion. Hat überlegt, ob Olga oder sein Vater daran gedacht haben, seine bereits gemachten Hausaufgaben im Instituto abzugeben.

*Pepe Álvaro* heißt Julio auf der Baustelle, beim Blöckeschleppen, unten in Santa Cruz. Eine neue Markthalle errichten sie, die ersten Tage muss er achtgeben zu reagieren, wenn sie «Álvaro!» rufen, «Pepito» zu ihm sagen.

Ein Zimmer, Bett, Tisch, ein Stuhl. Julio braucht keinen zweiten, Julio hat keinen Besuch. Ein Butan-Gaskocher, ein gusseisernes Gestell, auf das er seinen Topf oder die Pfanne stellt, morgens die Cafetera und das Brot vom Vorabend zum Rösten. Fünf Minuten braucht der Kaffee, bis er, Blasen werfend, in die obere Kammer steigt, fünf Minuten, in denen sich Julio unter dem Schlauch im Innenhof wäscht. «Wir sehen deinen Arsch», rufen die Kinder, und Julio lacht und spritzt mit dem Wasserschlauch in ihre Richtung.

Zum ersten Mal ist Julio wieder alleine. Nicht zwischen-Gestrüpp-kriechen-und-leise-sein-alleine oder nachts-an-Deck-mit-den-Seekranken-alleine oder mit-dem-Rücken-an-einen-mit-Männern-vollgestapelten-Schweinestall-gelehnt-alleine, sondern in einem eigenen Zimmer, einem verhältnismäßig abschließbaren, sicheren Zimmer, elf Quadratmeter zuverlässig menschenleerer Raum. Keine Lastflächen- und Viehwaggon-Enge, und wenn er die Tasse morgens auf dem Tisch stehen lässt, steht sie auf dem gleichen Fleck, wenn er heimkommt.

Es gibt die, die fragen, und die, die es nicht tun. Abends, wenn die Luft in den Häusern wärmer ist als draußen und alle ihre Stühle vor die Tür stellen, auf Kühle warten, die aus dem Meer aufsteigt, langsam den Hang hinaufkriecht – im Barrio el Toscal kommt sie erst kurz vor Mitternacht an –, setzt Julio sich manchmal schweigend dazu.

**Merche liegt still und wartet** auf das Zittern des Bettes, Bremsenkreischen draußen, wenn die Wagen in die Kurve fahren, hinter den Streben der Fenstergitter mit den gusseisernen Kreuzen in der Mitte. Wartet auf die letzten beiden Tranvías, um 21 Uhr 23 die aus Santa Cruz, wenige Minuten später die von oben aus La Laguna. Die Glocke von Santa María de Gracia hat gerade die Viertelstunde geschlagen, der Schlafsaal sehr hell. Merche kann den Mond nicht sehen vom Bett aus, aber die Wand des Seitenflügels leuchtet weiß hinter den Scheiben.

Bis vor einigen Wochen ist die 21-Uhr-23 die vorletzte Bahn, die letzte fährt kurz nach zehn. Ein Unfall, haben sie spekuliert, flüsternd, in der ersten Nacht, als sie ausbleibt. Gestrichen, zu viele Wagen kaputt und keine Ersatzteile, bringt eines der Mädchen Tage später von draußen mit. Seitdem, nach 21 Uhr 23, nichts als alle Viertelstunde die Glocken und das Quietschen der Stahlrohrbeine, der rostigen Federn unter den Matratzen, wenn eine ihr Gewicht verlagert. Die beiden Neuen weinen leise.

Hellgrau leuchten die Wolldecken im von der Mauer zurückgeworfenen Mondlicht, sonst haben sie die gleiche stumpfe Farbe wie Kittel, Schürzen und Nachthemden. Die neue Farbenlehre. Soldaten sind khaki, verwaschen blau die Falange, die Polizisten grau, Guardia Civil graugrün, die Armen staubfarben, die Pfarrer schwarz, Seminaristen chorhemdweiß, violett ist der Bischof. Rot ist niemand mehr.

Die Nonnen, Oblatas del Santísimo Redentor, sind schwarzweiß. Santa María de Gracia gelb, braun gefleckt, wo die Tünche abplatzt, die Steine hervorsehen. Santa María de Gracia, rund geworden mit den Jahrhunderten, mit sich nach außen wölbenden Mauern und undichtem Dach. Durch das es tropft, auf singende Mädchenköpfe, die nicht hochblicken, und Schultern, die sich nicht rühren dürfen.

In Santa Gracia ist alles in Reihen. In akkuraten, schnurgeraden Reihen. Die Betten, die Stühle daneben für die Kittel und Schürzen, die sie morgen wieder anziehen, die Tische im Speisesaal, die Mädchen. Beim Durchzählen, bei den Kontrollen, beim Nähen, beim Gehen, zu zweit nebeneinander, zur Andacht, zur Arbeit, die Kurve entlang und dann rechts auf die Felder. Beim Tomatenhochbinden, beim Tomatenpflücken, beim Tomatensortieren. Beim Umgraben, Aufhäufen, Jäten, Kartoffelnausgraben. Beim: *Mich zu schützen, mich zu retten aus dem moralischem und materiellen Ruin, in den der republikanische Laizismus und seine Liederlichkeit, in den die marxistische Zerstörung mich geführt haben*, wiederholen.

Die Nonnen alle gleich schwarz, der Schleier weiß, doch jede hat ihre eigene Weise. Sor Maria Teresa hat ein Lineal, Sor Carmen einen Gürtel, einen schmalen Ledergürtel mit Messingschnalle, die sie in ihre Handfläche legt, den Riemen wickelt sie einmal, zweimal um ihre Finger. Hände ausstrecken, sagen beide, Flächen nach oben.

Sor Mari Luz nimmt einen bei den Haaren, sodass man das Gesicht nicht wegdrehen kann. Blickt einen an, sieht nicht weg oder im Zorn nur in sich hinein, wie die meisten anderen. Sor Mari Luz fixiert die Stelle, den Flecken Haut, auf den ihre Handfläche, bereits erhoben, gleich treffen wird. Zuckt ein-, zweimal in der Luft, täuscht eine Bewegung an, ihre Finger greifen fester in die Strähnen. Seitlich schlägt sie zu, auf die Wange, sodass sie Lippen und Nasenflügel zwar trifft, aber nicht voll. Nicht so, dass es dunkelrot aus der Nase hervorschießt und die Schürze einsaut und den Boden. Wie Sor Mari Luz schreit, wenn es dennoch passiert.

Die Tranvía aus Santa Cruz verspätet sich, vermutet Merche. Hat keine Uhr, um es zu überprüfen. Aber tatsächlich, wenige Minuten darauf: Erst gedämpftes Rumpeln, dann schrill die Bremsen vor der Kurve, die Bahn aus La Laguna kommt den Berg herunter. Die Betten vibrieren, die Federn schwingen, alle im selben zittrigen Rhythmus. Merche zählt die Sekunden, bei vierhundertzweiundsechzig rumpelt es wieder, leiser, weniger Bremsenquietschen, denn bei Santa Gracia gabeln sich die Schienen, und die Tranvía, die den Berg hinauffährt, rattert in einer langen Geraden auf der anderen Seite des Reformatorios vorbei.

Die Großmutter hat es damals als Erste bemerkt, «nicht noch so eine» geschrien. Hat mit einem Griff Merches Handgelenke eingefangen, sie umfasst, wie um sich schlagende Zickleinbeine beim Zusammenbinden. Presst sie aneinander, hält sie mit der Rechten, so schmal sind Merches Handgelenke, und dann geht es Richtung Tür. Ihre Finger harte Klammern. Als Merche sich mit dem ganzen Gewicht nach hinten wirft, bittenichtbittenichtbittenicht, fährt das Knie durch die Luft, hart und knochig, schnell und zielstrebig, mit viel Kraft, gewohnt, Kühen in die Seiten zu treten, die nicht stillhalten.

Merche weicht nach hinten aus mit ihren Hüften, dem weichen Bauch dazwischen, verliert das Gleichgewicht und fällt in den Lorbeer, der, zu Sträußen gebunden, auf einem Stück Leinen trocknet. Die Großmutter zieht Merches Arme lang, ihren Hintern über den Boden, zieht den Lorbeer mit.

Draußen, die Küchentür ist bereits abgesperrt, mit Riegel und Vorhängeschloss, es bleibt nur die Schwelle. Mit angezogenen Knien, die Mauern des Türrahmens dick, ein halber Meter Windschutz. Merche drängt sich ans Holz, fühlt die lauere Luft, die unter dem Türschlitz von innen entweicht, sammelt Lorbeerblätter von ihrem Rock und träumt irgendwann von der Katze.

Als sie aufwacht, sind die Kakteen kaum vom Geröll, den schlafenden Hundeklumpen in der Auffahrt zu unterscheiden, die Feigenbäume nicht von den Dreschflegeln, die jemand gestern draußen vergessen hat. Kurz darauf steigt die Großmutter einfach über sie hinweg. Nimmt den Besen, verschwinde, als sie mit warmer Milch zurückkommt und über Merche stolpert, sich an der Hauswand abstützen muss, die schwappende Milch fest im Blick. Stellt den Topf ab, nimmt den Besen, «verschwinde!»

Merche steht auf, Haare feucht vom Tau, Kleid klamm, Beine eingeschlafen, pinkeln muss sie auch, und der Besen trifft ihre Oberschenkel, aber Merche schert das nicht.

Der Großvater öffnet am nächsten Abend so unvermittelt, dass Merche nach innen kippt. Und die Großmutter sagt nichts und schlägt Teller aneinander, die sie gerade in den Geschirrschrank räumt.

Als sie den Pfad heraufkommen, zwei Monate später, außen zweimal Graugrün, in der Mitte Schwarz, hat Merche die drei schon lange bemerkt und sich nichts dabei gedacht. Der Pfarrer und zwei Guardias Civiles. Sie kniet vor der Küche, vor ihr Feigen, zwei Hügel auf Leinenbahnen. Sie hat sie morgens gepflückt, die Zweige entfernt, Läuse abgekratzt, Stiele weggeschnitten, sie im Eimer gewaschen, Handvoll für Handvoll, sie anschließend den Vormittag über in der Sonne getrocknet. Hat die Fliegen verscheucht, alle paar Minuten mit einem Geschirrtuch, dem Besen, was immer zur Hand war. Um die Hügel herum liegen Reihen grüner Feigenblätter – ebenfalls gewaschen, nach zwei Stunden gewendet –, mit denen sie den Boden der Kisten auslegt. Dann kommt eine Lage Feigen, Frucht neben Frucht. Wenn der Boden bedeckt ist, nimmt Merche das Brett. Es passt genau in die Kiste, sie stützt sich mit beiden Händen darauf, gibt acht, ihr Gewicht gleichmäßig zu verteilen. Drückt so lange, bis an den Kanten rötlich der Feigensaft hervorquillt. Die nächste Lage Blätter. Früchte, Brett, Gewicht gleichmäßig verteilen, Schweiß läuft ihre Oberarme hinab, zu den Ellbogen, tropft aufs Holz. Die nächste Lage.

Ob man es richtig gemacht hat, sieht man erst nach einer Weile, wenn das Brett schief aufliegt, eine Seite höher als die andere ist. Dann hilft meist auch Drücken nicht mehr.


Merche schläft beinahe, als das Mädchen aus La Esperanza im Seitenflügel wieder zu schreien beginnt. Es gibt die Erleichterten, die Stummen und die Schreienden: «Ich hab gesehen, dass es gelebt hat. Ich habe es weinen hören.»

Merche hat nicht geschrien. Auch nicht das Knie gebeugt, den Mund nicht geöffnet, die Lüge nicht in sich aufgenommen, Oblate der Erlösung. Sie weiß, es hat gelebt, und sie weiß, sie wird es nie wiedersehen. Aufs Festland heißt es, sie bringen die Kinder aufs Festland, dort kommen sie zu Familien, deren Söhne im Bürgerkrieg gefallen sind, auf der richtigen Seite gefallen sind. Merche ist nicht sicher, ob das stimmt.

Nimmt das Kopfkissen, legt die Wange auf die Matratze, das Schwingen der Federn laut in ihrem Ohr. Presst das Kissen auf das andere, riecht den Schimmel. Meist beruhigt sich das Mädchen aus La Esperanza nach einer Weile wieder, seit einer Woche ist es im Seitenflügel. Bei den meisten Mädchen wird es besser, wenn sie nach draußen können. Das Schreien zumindest.

Mit Bauch darf man nicht raus, erst wenn er weg ist. Die Torflügel öffnen sich nach innen, jeden Morgen um sechs Uhr dreißig. Seit zwei Jahren geht Merche zwischen ihnen durch, abends um acht wieder zurück. Mit niemandem reden, niemandem winken, eine Nonne vorne, eine hinten, dazwischen zwanzig Mädchen in Zweierreihen mit grauen Kitteln und sandfarbenen Strohhüten.

In den ersten Monaten ist Santa Gracia nichts als heißes Spül-wasser gewesen, blaue Knie vom Bodenschrubben. Und Nicht-nachdenken über den Bauch, was schwer ist, weil ein sanfter Fisch in ihm schwimmt, der immer größer wird, dessen Bewegungen sie immer deutlicher spürt.

Nachdem er weg ist, ist Santa Gracia nichts als dünn gescheu-erte und wieder verschwielte Haut. Rückenwirbel, die beim Auf-richten klingen wie eine alte Kette, deren krummgerostete Glieder glatt gezogen werden. Blutige Fingerspitzen vom Bast, mit dem die Stecklinge hochgebunden werden. Aufgeplatzte Blasen, vom glat-ten Holz des Spatenstiels in die Haut gerieben.

Seit Merche wieder rauskann, ist es besser. Und schlimmer. Von den Feldern aus blickt man auf die Nachbarinsel. Dort lebt ihre Schwester Amalia bei der Großtante, die auch das Brüder-chen genommen hat. Die Großtante hat keine Kinder, die Groß-tante hatte einen Schlag. Seitdem bewegt sie die rechte Hand nicht mehr richtig, braucht Hilfe beim Putzen und Nähen. Der Großvater hat Amalia zum Hafen gebracht. Sie solle aufhören zu weinen, hat die Großmutter zum Abschied gesagt. «Viele Mäd-chen gehen in deinem Alter alleine zum Arbeiten nach Kuba.»

Merche ist da bereits mit anderem beschäftigt. Denn Merche hat entdeckt, dass sie auf einmal sichtbar ist. Nicht dauerhaft, sondern nur für kurze Zeit, doch in der ist sie es. Don Alonso, der Wirt der Tosca, beginnt als Erster, sie zu grüßen. Als er mit seinem Eselskarren neben ihr anhält, ist sie auf dem Weg, dem Großvater das Essen aufs Feld zu bringen. Trägt den Topf an den Henkeln vor sich her statt auf dem um Stirn und Hinterkopf zu einem Ring geschlungenen Tuch. Trägt ihn in den Händen we-gen der großen Eidechsen, die aus den Spalten kommen, dem Ge-ruch gekochter Kartoffeln folgen. Mehr ist es heute nicht, nur Kartoffeln, Mojo und Gofio. Sie richten sich auf den Vorderläu-fen auf, gespaltene Zungenspitzen bewegen sich auf und ab, sie wittern. Merche fürchtet, wenn eine auf sie zuschießt, wird sie zur Seite springen, sodass der Topf herunterfällt. Erneut herunterfällt. Die Großmutter hat sie getreten und gekniffen beim letzten Mal. Merches Oberarme schmerzen, und als Don Alonso fragt, ob er sie mitnehmen kann, steigt sie auf. Und als er fragt, ob sie Wein möchte, nickt sie. Und als er fragt, ob sie sich nicht bei ihm bedanken möchte, auch. Es ist immer der gleiche Ablauf. Ein paar Blicke, ein paarmal grüßen, ein paar Nettigkeiten, eine leere Scheune.

An manchen Tagen ist die Luft so klar, dass Merche den gelblichen Saum der Strände auf der Nachbarinsel erkennen kann. Morgens, wenn alles kurz orange ist, bewegen sich Lichtpunkte an den Bergflanken, Windschutzscheiben von Lastwagen, die das Licht der aufgehenden Sonne reflektieren. Im Sommer hängt oft ein helles Wolkenband zwischen beiden Inseln über dem Meer, und im Winter verschwindet sie manchmal hinter drei Streifen Blau. Unten dunkel das Meer, darüber, weißlicher, der Dunst, und oben hellgrau-blau die Wolken. Wenn es regnet, sodass Wasser die Erde zwischen den Wurzeln auf dem Feld auswäscht und mit sich nimmt, ist die Nachbarinsel weg. Nicht einmal die Küste der eigenen ist noch zu sehen.

Bei einem der ersten Male, dass Merche wieder rausdarf und auf dem Feld steht, hat sie gewunken, ein wenig nur. Hat gewusst, wie lächerlich das ist.

**Ganz am Rand**, denkt Sidney Fellows, ich sitze ganz am Rand. Ein Felsbrocken, der einst ein fest verbundener, nicht abgrenzbarer Teil des Gesteins war und durch Kälte oder Hitze oder Wasser oder welche Kraft auch immer herausgebrochen wurde, fortgetragen, bis er am äußersten Rand angekommen ist. Im Begriff abzurutschen, mitgerissen zu werden von der Schwerkraft.

Eigentlich sitzt Sidney auf der Terrasse des Hotel Orotava, in seinem Rücken Santa Cruz und dort, wo er hinblickt, ohne es wahrzunehmen, das Meer. Er zuckt zusammen, als der Kellner neben ihm stehen bleibt und fragt, ob alles recht sei. Sidney nickt, nimmt eine Scheibe Weißbrot aus dem Korb, bricht ein Stück ab. Der eingebackene Kümmel lässt ihn immer an schwarze Mehlkäfer denken. «Wünschen Sie eine Zeitung?»

«Nein», antwortet Sidney.

Es ist vorbei. Und irgendwie ist er auch erleichtert, wenn er an die grüne, kurzgemähte Viereck-Leere denkt, die vor ihm liegt, sanft sonnenbeschienen, wenn überhaupt. An geteerte Straßen und eingehaltene Fahrpläne. An zuverlässig weiß-schwarze *Terrace House*-Fassaden. Er hat in müheloser Präzision zigfach das Gleiche zu produzieren als Kulturleistung schätzen gelernt in den letzten zweiundfünfzig Jahren, drei Wochen und fünf Tagen. Von Ferne schätzen gelernt.

Und natürlich: Dort ist Krieg.

Die kupferschimmernde Echse – eine Lisa dorada, er hat sie in seinem Buch skizziert – wird morgen und übermorgen und immer wieder, sobald es warm genug ist, die Terrassenbrüstung entlanglaufen und in einem der Palmenkübel verschwinden. Der dunkle Wolkenstreifen vor der Küste, von den Fallwinden zwischen dieser und der Nachbarinsel am Platz gehalten, wird nächste Woche wieder dort hängen. Die Meeresoberfläche darunter silbrig von den fallenden Tropfen. Und im nächsten Sommer und im Sommer darauf und im Sommer darauf und immer so weiter. Die Yuccas werden weiß blühen, der Hinojo gelb, die schöne Gärtnerin hellblau. Auf der Mole werden irgendwann die Kräne wieder kreischen, Titan I und Titan II sich drehen, Ladungen löschen, Kohle an Bord hieven, Kisten mit Bananen, Tomaten und irgendwann *la fruta milagrosa*, die Wunderfrucht.

In Schüben, Tranvíatakt-Schüben, werden morgen und übermorgen und immer so weiter Frauen mit Milchkannen, Wasserkrügen, Körben auf den Köpfen an der Terrasse des Hotel Orotava vorbeigehen. Frauen mit Hüten, Handschuhen und Schweißtropfen auf den Oberlippen und dunkelfeucht an der Stirn klebenden

Strähnen. Männer mit zurückgekämmtem Haar und saubersten Hosen auf dem Weg zum Registro Civil. Nonnen, wie die beiden in der Ordenstracht der Monjas de la Caridad, die gerade die Avenida Marítima überqueren. Straßenhändler, deren Waren, Stoffe, Nadelsets, Uhren, Tinkturen für bessere Haut und weißere Zähne, noch in Taschen verstaut sind, auf dem Weg in die Calle del Castillo. Angestellte in dunklen Anzügen eilen über die Plaza de la Constitución, die gar nicht mehr Plaza de la Constitución heißt, sondern Plaza de la Candelaria, und verschwinden in den umliegenden Büros. Jeden Tag weniger, die Banken, Versicherungen, Reedereien, Handelsgesellschaften, Schiffsmaklerbüros, Anwaltskanzleien, Vermögensverwaltungen, alle entlassen. Was sollen sie sonst tun.

Allenfalls eine Drittelmeile von dem Tisch auf der Terrasse des Hotel Orotava entfernt, von dem frischgepressten Orangensaft, den Sidney nur zur Hälfte getrunken hat und dessen Fruchtfleisch sich allmählich auf dem Glasboden absetzt, von dem Rührei mit zu dunkel gebratenem Speck, grüßt Miguel, der Portier, die verbliebenen Mitarbeiter von Elder, Dempster & Company.

Und eine Meile weiter, den Berg ein Stückchen hinauf, beginnt die Sonne, ihren hellen Streifen auf die Fliesen rund um den Gartenpavillon zu schieben, die Säulenkapitelle der Pergola werfen erste Schatten. Bald wird sie durch das Fenster des Arbeitszimmers fallen, auf den kleinen Beistelltisch mit den Perlmuttintarsien, Kamelienblüten, der wahrscheinlich gar nicht mehr dort steht, sondern in einer Kiste unten am Hafen. Der Fahrer wartet nicht neben der bereits geöffneten Haustür und hebt die Hand zum Gruß. Keines der Mädchen trägt, während Sidney die Halle durchquert, das Tablett mit dem klirrend aneinanderstoßenden Frühstücksgeschirr in seinem Rücken in die Küche. Auf den verbliebenen Möbeln liegen Laken. Der Wind treibt erste trockene Blätter in einer Ecke des leergepumpten Pools zusammen, und das Wedgwood-Porzellan liegt mit all seinen Sprüngen und abgeplatzten Rändern sicher zwischen Zeitung und Stroh und dürfte bereits verladen sein.

Keine Calima mehr. Keine Nacht und noch eine und noch eine und noch eine und immer so weiter wach liegen und nicht schlafen können, weil es zu heiß ist. Und Licht machen und lesen und dichtes Gekrabbel und Gewusel vor dem Fenster, das versucht, sich durch die Drahtmaschen des Fliegengitters zu zwängen. Toast ohne Kümmel zum Frühstück und Schinken, der nach Nadelholzrauch schmeckt und nicht muffig. Tee, der genau richtig lange gezogen hat. Clotted cream und Schwalben, die schwarz glänzend über grünen Rasen schießen und nicht in irgendwelchen Löchern und Höhlen an rötlichen Felswänden hausen, staubig und beständig schreiend. Lange und ausdauernde Sonnenuntergänge, mit Farbstufungen von zart gelborange bis dunkelrosé, und nicht, kaum ist die Sonne verschwunden: fünf Minuten ein wenig Rot, und schon ist es dunkel, als wäre die Erde plötzlich über ihre Achse gekippt.

Shortbread. Theaterstücke. Symphoniekonzerte statt der unverdrossenen Marschfröhlichkeit des Orfeón de la Paz. Nie wieder eine katholische Messe, keine blumengeflochtenen Herzen, Blütenteppiche, Kreuze mehr, keine Fiesta del Cristo, keine Romerías, Umzüge, Heiligenfiguren auf schwankenden Schultern auf ihrem Weg durch die Stadt. Stattdessen: Gartenfest im Pfarramt. Sir. Und Mister. Kricket! Endlich wieder Kricket. Pferderennen.

Und natürlich: Dort ist Krieg.

Alle Hände sind geschüttelt, alle guten Wünsche eingesammelt. Sidney ist letzte Woche aus dem Haus ausgezogen, ins Hotel Orotava unten am Wasser. Beim Packen nicht im Weg stehen, hat er gesagt. Und Sentimentalitäten sind mir fremd, hat er auch immer gesagt. Die Sonne beginnt zu blenden, der Hafen ein Zementband, ohne Leben. Sein Hafen, zumindest ein Stück davon ist in seinem Kopf entstanden, nach seinen Vorstellungen mit dem Geld von Elder Dempster erbaut. Ein einzelner Frachter löscht seine Ladung, Jacob Ahlers & Compagnon, die Deutschen sind noch immer im Geschäft.

Eine riesige internationale Kreuzung, an der mehrere Seestraßen zusammenlaufen, so hat er es seiner Schwester beschrieben, in einem seiner ersten Briefe. Wie eine Postkutschenstation, nur für Schiffe, solle sie sich die Insel vorstellen. Er mag die Formulierung, hat sie jahrelang verwendet, wenn er mit zu Besuch weilenden Landsleuten diniert hat. Kohle statt frische Pferde, der Rest ist gleich. Wir versorgen die Schiffe mit Proviant und Wasser für den Weg nach Nordamerika, Südamerika, Westafrika. Die Waren dieser Welt werden mit Kohle aus Durham befördert. Unser Kerngeschäft ist die West African Steamship Company, aber sie ist nur eines der Betätigungsfelder von Elder Dempster. Und dann hat er begonnen aufzuzählen, sämtliche Finger an beiden Händen gebraucht für alle Geschäftsbereiche, in einigen Jahren sogar doppelt. Geschäftsbereiche, von denen er heute nur mit Sicherheit sagen kann, dass keiner zurzeit Gewinn erwirtschaftet.

Die Windstöße bringen Staub mit, das Wummern von Lastwagenmotoren. Die Bauarbeiter haben auf dem Grundstück, wo früher die Befestigungsanlage stand, ihre Arbeit aufgenommen. Er wird nicht mehr hier sein, wenn das Denkmal fertig ist. Nicht, dass es ihn sonderlich ansprechen würde, Monumento de los Caídos, zum Gedenken an die für Vaterland und Kirche Gefallenen. Capitán General García Escámez hat ihm Zeichnungen gezeigt, Baupläne, Sidney hat seine Unterstützung zugesichert. «Wenn ihr irgendwas braucht», hat er gesagt, bei einem Musikabend im Círculo de Amistad XII de Enero. Eine Lagerhalle und Stacheldraht. Ob es Bedenken gebe, hat er nach Manchester gekabelt. Man vertraue seinem Urteilsvermögen, lautete die Antwort.

Dem Handel und der Passagierschifffahrt hat der Seekrieg im Atlantik ein Ende bereitet. Niemand lädt mehr Proviant oder Kohle aus Durham. Seit der Mando Económico eingesetzt wurde, die

Zwangsverwaltung sämtlicher wirtschaftlicher Belange der Insel durch das Militär, funktioniert nichts mehr. Mittlerweile sind so viele Kommissionen, Räte, Zentralstellen entstanden, zuständig für die Kontrolle von Produktion und Versorgung, dass Sidney den Überblick verloren hat. Aber den braucht er auch nicht mehr, denn auf der Insel produzierte landwirtschaftliche Erzeugnisse dürfen nur noch über staatlich lizenzierte Lagerhallen in Umlauf gebracht werden. Aussichtslos, als Nichtspanier eine Lizenz zu beantragen, nicht einmal über Strohmänner. Sidney hat alles Erdenkliche versucht. Der einzige Markt, der wächst, ist der *estraperlo*, der Schwarzmarkt. Die einzige wirtschaftliche Aktivität sind die staatlichen Bauprojekte – das Monumento de los Caídos, die neue Markthalle in Santa Cruz, die Universität in La Laguna, das Hotel Mencey –, mit denen das Movimiento Nacional die Bürgerkriegsveteranen in Lohn und Brot hält.

Gottes auserwählte Nation benötige nichts und niemanden, schreibt Lorenzo in seiner Kolumne. Außer Gummireifen. Jeder Bürger, der welche besitzt, ist bei Strafe verpflichtet, sie in der örtlichen Sammelstelle abzugeben, stand auf der nächsten Zeitungsseite in der Rubrik *Einsatz fürs Vaterland*. In der Woche davor waren es Nylonstrümpfe und in der davor Blechkanister und Glühbirnen.

Zweimal hat Sidney die Ferien in England verbracht, das erste Mal im Häuschen seiner Schwester in Surrey, das zweite Mal in London, in einem annehmbaren Hotel am Aldgate. An Benton erinnert er sich natürlich, die Enge des Cottages, wo sie aufgewachsen sind. Dicke Mauern, schmale, vom Gewicht der Steine verzogene Fenster. Nicht unähnlich den alten Häusern hier, aber vielleicht vermischt er auch die Stiegen, Ecken, Treppchen. An die die Feuerstelle erinnert er sich, samstagabends Baden im lauwarmen Zuber. Von Manchester nur wenig, knapp elf Monate war er dort. Die ersten Nächte in dem Zimmer, seine Wirtin, die Holzrationen im Winter, eine Messingschütte voll. Abends vorm Schlafengehen stellte er die leere Schütte vor die Tür, morgens, wenn er aufstand, war sie gefüllt. An Nicht-mehr-ausatmen-Können erinnert er sich, die Lunge so gefüllt, dass sie gegen die Rippen drückt, die Luft sich heiß anfühlt, kein Platz für neue, weil sie einfach nicht entweicht. An Immer-verzweifelter-Versuchen, frische Luft einzuziehen. Asthma, hat der Arzt diagnostiziert, ihm wärmeres Klima empfohlen.

Ada hat ihr Mädchen mitgebracht, Francisca, es wartet einige Meter entfernt mit Nanny Brown, hebt die Hand, als Sidney ihr zuwinkt. Ada hält den Hals einer Flasche Moët & Chandon in den dunkelgrünen Handschuhfingern, Nanny Brown holt auf ihr Geheiß hin zwei in Tücher gewickelte Champagnerschalen aus der Handtasche. Ada trägt einen kleinen Hut mit weißer Krempe, wirft Konfetti, setzt ihre Sonnenbrille nicht ab, pustet Luftschlangen, fast gelingt es.

Ein, zwei Mal bleibt sein Blick an dem zwischen getöntem Brillenglas und Bügel sichtbaren Ausschnitt von Adas rechtem Lid, Tränensack, Wangenknochen hängen. Seine Augen sind eigentlich auf dem Weg zu einem anderen Ziel, er will sich über ihre Schulter hinweg vergewissern, dass noch niemand in das Boot steigt, welches die Passagiere zu der etwas weiter draußen ankernden *Victoria* bringt, doch jedes Mal stockt sein Blick bei dem schmalen Ausschnitt sich bereits violett verfärbender Haut.

Ada bemerkt es, presst rot geschminkte Lippen aufeinander, nippt mit abgewandtem Gesicht an der Champagnerschale. Sidney ist sich nicht sicher, ob sie ihm zürnt, weil er stumm bleibt oder weil er das blaue Auge nicht gekonnter übersieht.

Das erste Mal bewusst wahrgenommen hat er Ada, als sie vier Jahre alt war. Ist Nanny Brown ausgebüxt, «Sidney, Sidney» rufend die Treppe aus dem ersten Stock hinab, durch die Eingangshalle, Esszimmer und Salon hinaus auf die Terrasse gerannt, wo er mit Theobaldo Moore gesessen hat, um über Tomaten, Bananen und Wasser zu sprechen. Ada stellt sich vor seinen Rattansessel, ganz dicht neben seine Wade, stützt ihre Ellbogen auf das obere seiner übereinandergeschlagenen Knie, legt das Kinn in ihre Handflächen und schaut zu ihm auf. Strahlt.

Ein Missverständnis, wie sich bald herausstellt. Eine Verwechslung. Nanny Brown, die junge Frau, die Moore aus Manchester kommen ließ und die Ada an dem Nachmittag mit aufgelösten Haaren am Oberarm von der Terrasse zieht, hatte ihr Dickens vorgelesen. *A Tale of Two Cities.* «Nachts, ich dachte, sie schläft schon», verteidigt Nanny Brown die nicht altersgerechte Lektüre. «Ich habe nur weiter vorgelesen, damit sie nicht wieder aufwacht.»

Sidney Carlton, Ada ist überzeugt gewesen, er sei Sidney Carlton aus dem Roman. Schreit, sie wolle doch nur wissen, warum er nicht tot sei, wie er die Guillotine überlebt habe, während Nanny Brown sie durch den Salon zerrt. Eine Weile lässt Ada sich nicht davon abbringen, dass Sidney Mr. Carlton ist.

Die drei stehen noch auf der Mole, als Sidney schon im Boot sitzt. Ada in Flaschengrün, die Kleine hellblau, Nanny Brown in einem ihrer grauen Tweedkostüme mit feinem Karomuster, die in Mode waren, als sie auf die Insel kam.

Seltsam, wie einen das Leben die Bedeutung von Zeit lehrt.

Ruderzug für Ruderzug werden sie kleiner, Sidney lässt sie nicht aus den Augen. Fürchtet, sein Blick könnte sonst zu dem grünen Berg, den im Sonnenlicht sehr weißen Häusern an dessen Fuß abirren, und dann könnte er für nichts mehr garantieren. Seine Kehle wird eng, Sidney atmet tief ein. Fühlt, wie die Luft seinen Brustkorb hebt und senkt. In seinem Rücken wartet die *Victoria*, eigentlich ein Fruchtdampfer. Es ist vorbei.

**Als Julio Olga findet**, muss er lachen. Unzählige Male ist er an ihr vorbeigelaufen, durch wenige Meter und zwei dicke Mauern mit abblätternder Farbe getrennt an ihr vorbei. Geduckt, flach und buckelig: Teófilos Bodega, ein einzelner Raum mit Tresen und schmutzigen Glasscheiben, Fliegen und Schälchen mit Chochos auf den Tischen, am Ende der Avenida de la Trinidad. Eine Zeitlang ist Augusto Baute hierhin verschwunden. «Jorge, wach auf», leise durch Julios Zimmerwand, «du musst deinen Vater holen.»

Sein Bruder hat ihm das Haus gezeigt, flach und rund wie ein Gürteltier, geduckt und buckelig, auf dem Heimweg vom Fußball, ein Sonntag muss es gewesen sein.

Der Hof L-förmig, ist mal größer und rechteckig gewesen, bis jemand ein Zimmer hineingebaut hat. Die Wände mit gelblicher Tünche gestrichen, der Boden aus hellen Fliesen, auf denen der Sand von Julios Sohlen knirscht. In einer viereckigen Aussparung, linker Hand neben der Tür, eine Palme. Ihr Stamm wächst in einem eleganten Bogen von der Hauswand weg und so gerade hoch, dass Julio den Nacken in den Kopf legen muss. Ihren Wipfel kennt er, der ist von der Avenida de la Trinidad aus zu sehen, über den weißen Graten der braun geschindelten Dächer. Um die Aussparung herum haben ihre Wurzeln die Fliesen hochgedrückt, auseinandergeschoben. Dort und neben dem Waschstein in der Ecke steht Grün zwischen den Fugen, Amor seco, nur an der kurzen Seite, wo die Wäscherin an der geriffelten Schräge den Stoff reibt, nicht. Die durch den Hof gespannten Leinen leer.

Rechts führt eine Treppe in den ersten Stock, zu einer kleinen Galerie, das Gestell mit dem Wasserfilter hängt dort, dunkelgrüne Algenwolken auf den Steinen.

«Nicht oben», sagt Teófilo hinter ihm, «dort.» Er deutet auf die Tür des kleinen Anbaus. Julio nickt, hat Teófilo richtig verstanden, versucht nur, Zeit zu gewinnen. Hinter der Tür, grau lackiert, frisch grau, kein Laut. Olga kann sie hören, da ist Julio sicher, aber sie stößt die Tür nicht auf, kommt ihm nicht entgegen. Und stünde Teófilo nicht hinter ihm an der Schwelle zur Bar, würde

Julio noch eine Weile die Tür betrachten oder einfach gehen. So macht er einen Schritt vorwärts und noch einen, der Lack glatt unter seinen Fingerknöcheln und noch warm von der Sonne, die mittags in den Hof scheint. Julio pocht nur, klopft nicht entschieden, nicht so, dass es weh tut im Knöchel. Und drinnen kein Laut.

«Olguita», ruft Teófilo hinter ihm. «Olguita, schau mal. Du hast Besuch.»

Julio betrachtet die Klinke, in der Mitte dunkel gerieben, die einen Viertelkreis nach unten beschreibt, langsam, widerwillig wie sein Pochen. Die Tür öffnet sich nach innen, dunkel ist es dort, der Raum fensterlos, die Lampe hinter ihrem Drahtgitter an der Wand nicht eingeschaltet. Aber das sieht Julio nicht, Julio sieht lediglich, dass der Winkel des gefliesten Dreiecks, welches die Tür freigibt, immer größer wird, eine Woge kühlere Luft drängt an ihm vorbei nach draußen, der Streifen im Türrahmen wird breiter, bis das Licht an Julio vorbei, sein Schatten auf den halben Meter Boden vor dem Bett fällt. Eine altweiße Decke, glatt gezogen über Laken und Kopfkissen, das Kreuz an der Wand, ein Nachtschrank und Jorge. Immer noch im Talar, mit Diplom in der Hand, nicht mehr in Silber mit freigeputzten Messingflecken und Blumensträußchen in den Ecken, sondern von weiß lackiertem Holz gerahmt.

Olga sieht er nicht, sie steht hinter dem geöffneten Türblatt, die Sitzfläche des Stuhls, der zwischen Bett und Wand steht, drückt in ihre Kniekehlen. Erst als Julio – ein, zwei langsame Schritte, Blick über die Schulter, Teófilo steht noch immer im Hof – in das Zimmer tritt, bei der Mitte der Bettkante angekommen ist, schließt sie die Tür. Julio sieht die Bewegung, die Glasscheibe vor Jorge mit seinem Diplom reflektiert, und dreht sich nicht um.

«Was willst du hier?», fragt Olga hinter ihm. Ihre Stimme glatt, mit einem Bodensatz Ungeduld.

Julio dreht sich nicht um, sondern blickt Jorge an, und Jorge blickt links an der Kamera vorbei, sieht aus, als würde er sich extra steif hinstellen und die Backen aufblasen, sich über das Fotografiertwerden lustig machen.

«Zu spät, ist doch viel zu spät.» Klingt sanfter. «Ich kann nicht», sagt Olga, «ich kann dir nicht helfen. Gott möge mir verzeihen.» Und kurz ist es still. «Die reichen nicht mal für mich.»

Als Julio sich umdreht, hält Olga Papierbögen in der Hand, einen dünnen Stapel. Lebensmittelmarken, begreift er nach einer Weile.

«Ihr seid nie gekommen. Ihr habt nicht mal geschrieben.»

«Wir dachten, dann wird es schlimmer.»

«Einige haben Essen gebracht bekommen. Die Frauen haben die Körbe am Tor abgegeben. Das ist meiner, haben sie gesagt und aufgezählt, was drin gewesen ist, wenn die Wachen angefangen haben zu wühlen. Als wäre man wirklich satt, fühlt es sich an, haben sie gesagt.»

«Wir haben für dich bezahlt. Fünfhundert Peseten wegen deinem Apparat. Noch mal tausend, als du abgehauen bist. Dein Vater hat die Apotheke als Sicherheit gegeben, beim zweiten Mal das Haus. Aber das hat nicht gereicht. Mich haben sie zum Putzen bestellt. Haben um uns rumgestanden, während wir die Wache geschrubbt haben. Mit den jüngeren Frauen haben sie noch ganz andere Sachen gemacht.»

Und dann ist es wieder eine Weile still, denn an den nächsten Silben muss Julio lange arbeiten.

«Vater?», fragt er schließlich, beide Wortteile gleich fest, seine Stimme eben. Olga sieht an ihm vorbei, jetzt ist es ihre Stille.

«Lag morgens neben mir, schon kalt, auf dem Rücken. Dabei hat er immer auf der Seite geschlafen, mit einem Zipfel Decke zwischen den Knien und eine Hand flach unterm Kissen.»

«Und jetzt wohnst du hier?» Julio blickt zur Tür, ist sicher, Teófilo steht draußen bei der Palme.

«Sie waren mir was schuldig.»

«Teófilo?»

«Seine Tochter.» Und einen Moment ist es still.

«Ich mache die Wäsche, ich bekomme Marken», setzt Olga hinzu. «Meine Papiere sind in Ordnung. Aber ich kann dir nicht helfen.»

# DIE BLAUE PERIODE

**Am 18. Juli 1936** hebt sich die Sonne um 5 Uhr 19 kurz und bündig aus dem Meer vor Santa Cruz, den zarten Dunst über der Plaza de la República, über Straßen, Parks und Gärten wischt ein mäßiger Wind weg, der Himmel ist wolkenlos und auch sonst nichts in Sicht, was sich ihr entgegenstellen könnte.

Vielleicht schlägt ihn einer tot, denkt Ada, vielleicht habe ich Glück und jemand schlägt Lorenzo tot. Sie legt die Hand auf den verdammten Rucksack unter ihrer Brust, der jeden Tag voller wird und seit Stunden auf ihre Blase drückt. Zweimal hat sie sich bereits den Nachttopf bringen lassen, das Mädchen hat ihr den Rücken zugedreht währenddessen. Beim ersten Mal «Hier, im Salon?» gefragt. Nicht mal Anstalten gemacht, Ada die Hand zu reichen, als sie von der Chaiselongue aufsteht, beim Hinhocken beinahe das Gleichgewicht verliert. Und dann presst sie nichts als ein paar Tropfen aus sich heraus, sehr gelb auf der weißen Emaille, die das Mädchen kopfschüttelnd wegträgt.

Ada wartet auf die Haustür, auf den Knall, mit dem Lorenzo sie, mit beiden Händen und seinem ganzem Gewicht am gusseisernen Ring, hinter sich zuzieht. Ohne Knall wird er nicht gehen, da ist Ada gewiss. Noch ist er im Schlafzimmer, sie hört seine Schritte oben auf den Dielen, zielstrebige, hart aufgesetzte Schritte. Die Pistole holen – sie liegt in seinem Nachttisch – und noch mal zum Spiegel, den Sitz seiner Haare überprüfen, die er, seit das Porträt von Jose Antonio Primo de Rivera über dem Esstisch hängt, aus der Stirn nach hinten kämmt. Ohne wird er nicht gehen, auch dessen ist Ada sich gewiss.

Gestern war er in La Laguna, dort treffen sie sich meistens, ist, wie immer nach den Versammlungen, übergroß und aufgeblasen heimgekommen, und egal wo Ada hineinsticht, er fällt nicht in sich zusammen.

«Ich bin der Einzige dort, der Ramiro Ledesma gelesen hat», betont Lorenzo gerne. In letzter Zeit erweitert um: «gelesen und verstanden hat.»

Heute ist er unerträglich. Ada hat am Morgen im Bett auf den Porridge gewartet. «Mit Papayastücken», hatte sie der Hilfe aufgetragen. Und dann kam das Frühstück nicht, was gewöhnlich bedeutet, dass keine Papaya im Haus ist und niemand es ihr sagen will.

Als ihre Zimmertür aufgeht, tut sie es mit so viel Schwung, dass die Klinke gegen die Wand schlägt und Ada sofort weiß, es ist nicht das Tablett. Kann die Decke nicht mehr übers Gesicht ziehen, presst die Wange ins Kopfkissen, die Augen zu.

«Der Tag ist gekommen.» Als Ada die Lider wieder öffnet, steht Lorenzo vor der Bank am Fußende des Bettes und trägt sein Hemd.

«Der Tag kommt jeden Tag», hat Ada geantwortet. «Du hast mich geweckt.»

«Seit heute früh um fünf ist das Gobierno Civil besetzt.»

«Und?»

«Hast du sie gehört?»

Ada schüttelt den Kopf.

«Ich auch nicht. Sie müssen hier vorbeigekommen sein, leise wie Katzen in der Nacht.»

«Oder wie Ratten», entgegnet Ada.

«Sei mit mir glücklich.» Lorenzo geht um das Fußende herum, streckt seine Hände – «Nein, nein, nein, weg», sagt Ada – nach dem Rucksack aus. «Mein Sohn wird in ein neues Spanien geboren.»

Ada kann nicht ausweichen, drückt die Fersen in die Matratze, schiebt sich nach oben, bis sie beinahe sitzt, doch rechts und links legen sich die Hände auf ihren Bauch.

«Es wird bestimmt ein Mädchen», hat sie geantwortet. Mehr ist ihr nicht eingefallen.

Lorenzo kommt die Treppe herunter, Ada hört seine Schritte, in der Eingangshalle bleibt er stehen. Geh zur Tür, denkt Ada. Doch er kommt näher. Ada richtet sich auf, will zum Klingelstrang an der Wand, das Mädchen rufen, so heftig daran zerren, dass denen in der Küche die Trommelfelle platzen. Sie dreht den Rucksack so rasch wie möglich, schiebt die Beine über die Kante der Chaiselongue, setzt ihre Füße, die sie im Stehen nicht mehr sehen kann, auf den Teppich. Stößt die Pantoffeln, in die sie nicht mehr hineinpassen, zur Seite. Adas Schenkel zittern, als sie sich hochstemmt.

«Bleib sitzen, meine Liebe.» Lorenzo steht bereits im Türrahmen. Die Pistole ist nicht zu sehen. Er hat sie in den Hosenbund geschoben, vorne, wie ein dämlicher Gangster in einem Western, stellt Ada fest, als er seine Arme um ihre Schultern legt, sie an sich zieht, seinen Körper gegen den Rucksack presst. Im ersten Augenblick glaubt sie, er sei erregt, aber ganz so schlimm ist es doch nicht. Es dauert, bis es ihr gelingt, ihre Hände zwischen sich und seine Brust zu schieben, ihn wegzudrücken.

«Warte heute Abend nicht auf mich.»

Lorenzo will tatsächlich Held-zieht-in-den-Krieg mit ihr aufführen, in Schwarzweiß mit Filmprojektorflimmern und dramatischem Streicherquartett im Hintergrund, mit Knien und Geloben und Tränen und Schwören.

«Tue ich nie.» Ada lässt sich auf die Chaiselongue fallen, sodass deren Beine ein Stück über den Steinboden schrammen und sie den Stoß in ihrer Wirbelsäule, im Rucksack, fühlt. Nicht gut, denkt sie.

«Falls ich nicht zurückkehre, sag meinem Sohn, ich bin für Spanien und für ihn gestorben.»

«In der Reihenfolge?» Mehr kann sie nicht sagen, denn der Rucksack wird mit einem Mal hart, zieht über ihrem Schambein. Doch es genügt, Lorenzo dreht sich um und geht, zieht die Haustür hinter sich zu, mit beiden Händen und seinem ganzen Gewicht. Da ist der Rucksack schon wieder weich. Bald wird er aufgehen. Davor fürchtet sie sich noch viel mehr.

Musik, so britisch wie möglich, sie könnte Musik anmachen, sämtliche Fenster, die Terrassentüren aufreißen, Lorenzo die Töne hinterherschicken, sie so laut aufdrehen, bis sie die ganze Viera y Clavijo hinunter zu hören sind, die Gärten fluten, zwischen den Palmen hängen, bis zum Ayuntamiento. Ihr fällt zuerst nur Händel ein, aber der ist Deutscher, das wäre missverständlich. Purcell würde Lorenzo niemals erkennen. Sie könnte sich im Morgenmantel und mit Acht-Monats-Rucksack auf die Terrasse stellen und *God Save the King* singen, wenn Lorenzo am Zaun vorbeikommt. Und ihren Vater betrüben, zumindest die Hälfte von ihm, die noch übrig ist.

Sie müsste aufstehen. Für Musik muss sie grundsätzlich aufstehen, fällt Ada auf. Sie würde die unversehrt schwarz glänzende Oberfläche der Schellackplatte niemals einer von der Hand des kopfschüttelnden Mädchens geführten Nadel ausliefern.

Lorenzo spinnt, mit jedem Tag mehr, hat Ada bereits vor drei Jahren gedacht, vor zwei Jahren. Im letzten Sommer, als Lorenzo «Viva España» rufend – und erst nachdem er es aufgegeben hat, Adas vor der Brust verschränkte Arme voneinander zu lösen, um sie am Handgelenk hinter sich herzuziehen – den Kreis der Schönen Künste verlässt.

In der Woche darauf ist sie beim Anwalt gewesen, einem Bekannten von Sidney, der den Schnurrbart genauso trägt wie er, auf der Oberlippe geteilt, mit zwei feinen nach oben gebogenen Spitzen, die er gelegentlich mit den Fingerspitzen berührt, während er den Kopf schüttelt und «schwierig» sagt.

Lorenzo schlägt nicht, betrügt nicht, trinkt nicht, würde seine ehelichen Pflichten nicht vernachlässigen, wenn Ada ihn ließe. Impotenz ist leider nicht das Problem. Das reicht selbst nach dem neuen Scheidungsrecht nicht aus.

«Kein Nachwuchs?», hat der Anwalt gefragt, und Ada hat genickt. «Das ist das Einzige, was für eine Bewilligung spräche, mit Kindern wäre es vollkommen aussichtslos.»

Ob ihr Mann über eigenes Vermögen verfüge, vielleicht liege dort die Lösung, hat der Anwalt zum Abschied gesagt. Ada hat den Kopf geschüttelt.

«Er kriegt einen Scheck von meinem Vater, jeden Montag nach dem Frühstück. Wenn er pünktlich bei Tisch war.»

Und dann hat sie nichts unternommen, außer aus dem Schlafzimmer in eines der Gästezimmer zu ziehen. Mehrfach beim Abendessen ihren Vater anzublicken und den Mund zu öffnen. Hast du später Zeit, ich muss mit dir reden, will sie fragen und schließt jedes Mal den Mund wieder. Hat das Gespräch so lange aufgeschoben, bis im Herbst ein Pfropfen geronnenes Blut ihren Vater in zwei Hälften teilt. Eine bewegliche und eine unbewegliche, die herabhängt.

«Den?», hatte ihr Vater vor vier Jahren entgegnet, als sie ihm mitteilte, sie wolle heiraten. Der Ton seiner Stimme mit jedem Buchstaben höher. «Warum das denn?»

Und Ada hat damals weder «Weil ich ihn liebe» noch «Weil er mich liebt» erwidert. Beides nicht einmal gedacht, sondern «Weil ich ihn will» gesagt. «Lachhaft», hatte ihr Vater geantwortet.

Letzten Winter, Silvester, ist sie mit Lorenzo vom Círculo de Amistad XII de Enero heimgekommen. Schon vorher, beim Tanzen, hatte ihr mit einem Mal wieder ziemlich gut gefallen, wie sich Lorenzos Bauch und Brust an ihrem Bauch und ihrer Brust anfühlten. Nach Mitternacht, als er die Smokingjacke abgelegt hat, kann sie jeden einzelnen Knopf seines Hemdes durch ihr Chiffonkleid zwischen Nabel und Brustbein spüren, seine glatte Haut und die sich bewegenden Muskelstränge darunter. Er macht nach wie vor Übungen, sie hört im Gästezimmer allmorgendlich das Knarzen der Dielen vor seinem Bett. Zu Hause hat sie Warum nicht? gedacht.

Die Antwort bekommt sie im Februar, als sie sich für Sidneys jährlichen Empfang am Vortag des Karnevals fertig macht. Wenn sie ihr Kinn nach unten nimmt, bis es beinahe den smaragdgrünen Kragen berührt, und an sich hinunterblickt, sieht sie die Seide über zwei Wölbungen glänzen. Die erste, größere, sind ihre Brüste, eng zusammengehalten von dem Büstenhalter. Die zweite befindet sich weiter unten, drückt von innen gegen das Kleid, das mit einem Mal zu eng ist. Ihr Bauchnabel zeichnet sich rund und dunkel darunter ab und zeigt Ada unmissverständlich, dass sich nichts mehr ändern lässt. Sie muss sich rasch umziehen und verheiratet bleiben.

Angefangen haben Adas Probleme mit dem Hemd. Genau genommen damit, dass Lorenzo verlangte, Ada solle ihm eines nähen. Eigenhändig ein Hemd nähen. Er hat den Stoff auf den Tisch gelegt, Ada und ihre Freundinnen saßen beim Tee, Semesterferien, die meisten sind für ein paar Wochen vom Festland zurück. Hat ihn zwischen Zuckerdose, Glasschüsselchen mit unberührtem Sahnehaufen und dem Rosengesteck in einer Papiertüte kommentarlos auf den Tisch gelegt.

Keine hat sich gerührt. Tassen in den Händen – heiße Schokolade, kein Tee –, die Handgelenke in elegantem Bogen abgeknickt. Dolores hält ihre vor der Brust, der Boden von Maribels schwebt über der Untertasse auf ihrem Schoß, Clemencias in beiden Händen auf Höhe des Kinns, der Porzellanrand nur wenige Zentimeter von ihren Lippen entfernt. Otilia hat von einem Keks abgebissen, als Lorenzo den Salon betrat, lässt ihn sinken, traut sich nicht zu kauen. Keine bewegt sich, ihre Rücken gegen die Lehnen gedrückt, Mundwinkel festgesteckt, das Kichern noch gut hinter geschlossenen Zahnreihen verstaut.

Ein Geschenk, denkt Ada zuerst, streckt die Hand danach aus. «Sei artig», sagt sie und deutet mit dem Kinn in Richtung Sofa. Lorenzo macht eine Vierteldrehung, nickt den vieren zu, die synchron ihre Augenlider, Köpfe senken. «Guten Tag.» Sie lächeln, so gut es das Kichern hinter den Zähnen zulässt.

Der Stoff ist in Seidenpapier eingeschlagen. Keine Pappschachtel, Ada wundert sich kurz, als sie ihn aus der Tüte holt, Handschuhe, vermutet sie. Wendet die zusammengefaltete Bahn in den Händen, betrachtet die an der Schnittstelle herabhängenden Fasern, kornblumenblau. Versteht nicht.

Die Tassen sinken herab, mit leisem Klacken setzt der Porzellanboden auf der Untertasse in Maribels Schoß auf. Hälse werden länger, sie beugen sich vor.

«Ich brauche ein Hemd», sagt Lorenzo.

«Wo hast du das her?» Ada faltet die Stoffbahn auseinander. Auf dem Sofa tauschen sie Blicke.

«Gekauft», entgegnet Lorenzo ungeduldig. «Tres Teresitas in der Calle Herradores. Du musst mir eines nähen.»

«Bist du verrückt?» Ada sieht zum Sofa und lacht auf, doch dort senken sie die Blicke, hinab auf bereits trocknende Schokoladenreste zwischen den Streublumen des *Royal Worcester*-Porzellans.

«Geh zum Schneider.»

Lorenzo schüttelt den Kopf.

«Nicht so eins. Ein einfaches Hemd. Ein echtes, von einer Ehefrau abends am Küchentisch genäht.»

«Haben wir einen Küchentisch? Ich war ewig nicht mehr dort.» Ada legt den Stoff wieder in die Tüte – das Seidenpapier bleibt auf ihrem Schoß –, hält sie Lorenzo hin.

Auf dem Sofa diffuse Unruhe, Gewichtsverlagerungsknarzen, Lorenzo schiebt die Hände rechts und links in die Hosentaschen, rührt sich nicht.

«Dieses Hemd ist die Uniform unserer großen und glorreichen Zukunft.»

«Ich kann nicht nähen», sagt Ada und nimmt den Arm mit der Tüte nicht runter. «Geh ein bisschen Auto fahren.»

«Ich hab dich nähen sehen. Die Weide», sagt er.

Richtig. *Willow tree.* Als sie Lorenzo zu Hause vorgestellt hat. «Setz dich zu uns mit deiner Handarbeit», hatte ihr Vater zu Sidneys Belustigung nach dem Essen gesagt. Nanny Brown ist gerannt, hat im Schulzimmer nach einem Rahmen gesucht aus der Zeit, als sie Ada noch zwingen konnte, sich nach dem Tee in einem für eine Dame wünschenswerten Maße künstlerisch zu betätigen. Kam mit einem Ententeich zurück, dazu ein Körbchen mit Deckel und reichlich Seidenfäden, das sie neben Adas Sessel auf den Boden stellte.

Den Teich hat Nanny Brown begonnen, wenn Ada sich richtig erinnert. Ihr Vater hatte den zierlichen Stich bewundert, Sidney pflichtete ihm bei, und Lorenzo fragte, was das für ein Baum sei.

«Das war Nanny Brown, nicht ich. Vielleicht stickt sie dir eine Weide aufs Hemd. Frag sie.»

Die Tüte bleibt in Adas Hand in der Luft. Lorenzo dreht sich um, geht in Richtung Tür. Bleibt vor dem Sofa kurz stehen, nickt. Gesenkte Lider, sie nicken zurück.

Nanny Brown hat sich schließlich bereit erklärt und nachts in dem Sessel am Fenster von Teobaldo Moores Schlafzimmer ein Hemd genäht. Stich für Stich, während sie seinen Atemzügen zuhört, wie jede Nacht seit dem Schlaganfall.

Jetzt ist endlich Ruhe, hat Ada gedacht, ein paar Wochen später, nach der Niederlage, nein, dem Fiasko bei der Wahl im Frühjahr 33. Keine hundert Stimmen hat die Falange bekommen, trotz des Geldes, das sie Lorenzo gegeben hat für die Kampagne. Dann ist er wenigstens beschäftigt, hat sie gedacht.

«Was willst du?», hatte sie ihn gefragt, als er von einer der ersten Versammlungen heimgekommen war.

«Die Welt klein schlagen und neu zusammenbauen», hat Lorenzo geantwortet.

Sidney wird heute nicht kommen, fällt Ada auf. Wird sich mit dem Unsinn draußen entschuldigen, Strategiesitzungen, Manchester informieren. Nutzt seit Wochen jedes bisschen Aufregung, um seine Besuche, ihre nachmittäglichen Tees zu verschieben. Schickt Blumen, gewiss, die Nachricht immer mit Blumen. Sie stehen in der Empfangshalle, im Schatten, ihr fruchtig schwerer Geruch ist Ada unerträglich geworden im Salon. Strelitzien, Rosen natürlich, in unverfänglichen Farben, weiß, gelb, zartrosa, weiße Callas, gelbe Lilien, die Sträuße größer, Kärtchen zierlicher, je öfter er absagt.

*Wg. Erschießung Castillo bedauerlicherweise zum Tee verhindert, verzeih!* war es vorgestern. *Verdammt! Untröstlich! Ermordung Calvo Sotelo, unmöglich, office zu verlassen,* gestern.

Das ist natürlich Unsinn. Sidney sagt ab, weil er ihren Anblick unanständig findet. Auf der Chaiselongue hingestreckt, Arme ab-, Beine angewinkelt. Er gehöre einer anderen Generation an, sagt er von Zeit zu Zeit mit einem verstohlenen Seitenblick auf die aufragenden Wölbungen ihres Torsos, ihren nach außen gestülpten Bauchnabel unter dem dünnen weißen Stoff des Nachthemds. Ob er nicht draußen warten solle, bis sie sich angekleidet habe, hat er beim ersten Mal gefragt, als sie ihn so empfangen hat. Ada hat den Kopf geschüttelt, auf die Shortbread Fingers gedeutet, die auf einem Tischchen bereitstanden.

Es ist heiß, 31 Grad zeigt das Thermometer neben der Wintergartentür, letzte Woche war es schlimmer. Sie wäre bereit, sich ein Tuch umzulegen, wird sie Sidney schreiben, wenn der Strauß kommt. Vielleicht bringt ihn das zum Lachen.

**Julio ist müde** am 18. Juli. Briefmarken interessieren ihn nicht. Er hätte nach Hause gehen, die anderen alleine in die Tranvía steigen und zum Schwimmen fahren lassen sollen. Die besten Marken hat Anselmo, sein Vater arbeitet bei einem Reeder. «Cana-da», sagt er und deutet auf eine mit Bären. Julio hat lediglich

Alfonso XIII. in verschiedenen Farbstufen, vorsichtig über Wasserdampf von den Briefen abgelöst, die Jorge während des Studiums vom Festland geschickt hat. Coco hat Venezuela und Kuba, die Brüder seiner Mutter leben dort.

Sie sitzen in der ersten Reihe, mit dem Rücken zum Fahrer. Julio wendet sich ab, stützt den Ellbogen auf die Lehne, die Wange auf den Unterarm. Er hat letzte Nacht vergeblich versucht, seinen Apparat, einen Kristalldetektorenempfänger, zum Laufen zu bringen, die Drähte von vorgestern vorsichtig mit dem Schraubenzieher wieder abgelöst und neu verlötet. Sie unzählige Male mit dem Schaltplan verglichen, den er in der Schulbibliothek abgemalt hat. Und dennoch nichts. Kein Laut.

Die Bahn hat die Altstadt bereits hinter sich gelassen, beschleunigt am Berghang. In der Türöffnung gleiten Sand und Geröll vorbei. Das Trittbrett ist leer, zwei von unzähligen Schuhen hellgeriebene Zungen im schwarzen Lack des Holzes. Dort hat Augusto Bernal gestanden, der unglückliche Student Augusto Bernal. Niemand nennt seinen Namen ohne diesen Zusatz. Er ist Julio so vertraut, als wäre er einer seiner Klassenkameraden oder eine Klasse darüber, einer von den Großen. Dort kann man stehen und einfach so tot sein, denkt Julio. Einfach weg. Die Bremsen beginnen zu singen, ihr scharfschrilles Lied, ehe die Tranvía mit einem Ruck in die Kurve von Santa Gracia einbiegt.

Sein Vater hatte die Kurve im Sommer nach dem Überfall beinahe jeden Abend beim Essen aufgezeichnet. Erst mit dem spitz zulaufenden Ende des Messergriffs ins Weiß des Tischtuchs, dann, weil die Linien immer wieder durch den Zug im Stoff verschwinden, sobald jemand eine Schüssel abstellt, einen Arm aufstützt – «Hol mir ein Blatt, Julio» –, mit Bleistift auf Papier.

Zwei parallele Striche im Halbkreis: die Kurve. An ihrem Scheitelpunkt ein großes Rechteck mit einem Kruzifix, Santa María de Gracia, die Kirche. Drei, vier weitere, kleinere Rechtecke, locker verteilt mit Fenstern: die Häuser. Und dann kommen die

Pfeile und Xe. Die Pfeile sind die Laufwege, die Xe die Toten. Vier Angreifer sind es gewesen, sie haben die Schienen blockiert, den Fahrer mit gezogenen Pistolen bedroht. Im *Diario de Avisos* ist ein Bild abgedruckt gewesen, nicht von der Mordwaffe, die haben sie nie gefunden, aber vom gleichen Modell. Der Fahrer hatte den Beutel mit dem Fahrgeld herausgegeben. Erst als eine weitere Bahn in die Kurve bei Santa Gracia einbiegt und bremst, haben sie geschossen, betont Jorge jeden Abend. Den Fahrer der zweiten Bahn getötet und den unglücklichen Studenten Augusto Bernal, der neben ihm auf dem Trittbrett stand. *Auf der Stelle tot*, lautete die Unterschrift unter dem Foto, das seinen mit einem Mantel bedeckten Körper zeigte.

«Sie nutzen es aus», sagt Jorge jeden Abend, wenn sie über die Verhafteten sprechen. *Verdächtig* steht unter ihren Bildern im *Diario de Avisos*.

«Sie haben Angst vor uns. Sonst wäre ihnen nicht jeder Vorwand recht», sagt Jorge. «Alles gute Männer», sagt er und deutet auf diejenigen, die er von den Gewerkschaftstreffen kennt. Und Vater schüttelt den Kopf und sagt nur immer wieder: «Sei vorsichtig.»

Julio durfte mit zur Beerdigung. Im dichten Zug über die Puente Zurita, unten in Santa Cruz. In den Seitenstraßen hielten die Autos, ihre Fahrer standen an den geöffneten Türen mit gesenkten Köpfen, die Hüte in den Händen. Zuerst der Wagen mit dem Sarg des Fahrers und dahinter der unglückliche Student Augusto Bernal.

Julio betrachtet das Trittbrett, die hellgeriebenen, schuhförmigen Zungen. Dort kann man stehen und einfach so weg sein.

Die Bahn biegt langsam aus der Kurve, ruckelt ein wenig, wird gleich wieder beschleunigen, ehe vor der Curva de los Pájaros das Bremsenkreischen erneut beginnt. Geröll und Staub ziehen so gleichmäßig vorbei, dass Julio zusammenzuckt, den Kopf hochreißt, als ein Mann auf das Trittbrett springt.

Der Mann ist außer Atem, muss sich nach vorne beugen, während der Fahrer das Wechselgeld abzählt, ein wenig Speichel tropft aus seinem geöffneten Mund auf den staubigen Tranvíaboden.

Als er sich aufrichtet, ist seine Stimme laut genug, um die Bremsen zu übertönen. «Heute ist ein großer Tag», sagt der Mann.

Olga steht, als Julio am Abend die Calle Herradores hinaufgeht, neben dem kleinen Fenster bei der Tür, ein dunkler Halbkreis im unteren Drittel der schmalen Scheibe. So spät ist es gar nicht, denkt Julio und sieht auf die Uhr. Olga öffnet ihm nicht die Tür, sagt nicht wie sonst zur Begrüßung: Papas con Carne oder Filo oder heute gibt es nur Potaje, ich hatte viel zu tun. Olga hält ihm stumm die Wange hin, greift nicht nach seiner Tasche, um den ins Handtuch gewickelten feuchten Badeanzug herauszuholen und aufzuhängen, zum Trocknen auf die Leine. Sie blickt gleich wieder die Calle Herradores hinab, die Stirn ans Glas gepresst, Lippen fest verschlossen.

«Ist irgendwas?», fragt Julio. Seine Mutter blickt hinaus, nur hinaus, nickt nicht, schüttelt nicht den Kopf, hebt nicht einmal die Hand, und Julio hört seine eigenen Schritte sehr laut auf den Steinplatten bis zur Treppe und dann sehr laut auf dem Holz.

Die Hilfe ruft eine halbe Stunde später unten im Flur, das Essen sei fertig. Das tut sie sonst nicht. Sie hat für vier gedeckt, Brot und den Rest der Kichererbsen, die es gestern als ersten Gang gab.

«Mama, kommst du?», fragt Julio in den Flur. Olga blickt weiter hinaus. Julio setzt sich, hat ein Buch mitgebracht, *Die Schatzinsel*, das Blockhaus wird gerade angegriffen, er liest, bis die Kichererbsen in der großen Schüssel aufhören zu dampfen, sich auf der Soße eine trübe Haut bildet. Die Apotheke ist lange geschlossen, die Uhr im Wohnzimmer schlägt neun. Die Hilfe schaut einmal zur Tür herein. «Iss», sagt sie und geht.

Als die Uhr Viertel nach schlägt, steht Julio schließlich auf.

Seine Mutter steht noch immer neben der Tür, dreht sich nicht um, als sie seine Schritte hört, sehr laut auf den Steinplatten.

«Wo ist Vater?»

Olgas Körper, sie trägt eine cremefarbene Bluse, einen schmalen grauen Rock, schwarze Schuhe, ihre Haare im Knoten am Hinterkopf, wie immer, rührt sich nicht.

«In Santa Cruz», antwortet sie leise, wischt mit dem Blusenärmel den von den Worten trübgehauchten Fleck von der Scheibe.

«Und Jorge?»

Ihre Schultern heben sich kurz unter dem cremefarbenen Stoff, um ruckartig wieder abzusinken.

Als Augusto Baute heimkommt – die Uhr hat gerade halb geschlagen und Julio die Soßenreste auf seinem Teller mit Brot aufgestippt –, geht er direkt ins Wohnzimmer. An der offenen Esszimmertür vorbei, Olga dicht hinter ihm, seinen rechten Ärmel zwischen den Fingern, hängt daran mit ihrem ganzen Gewicht: «Was haben sie gesagt? Erzähl schon, was haben sie gesagt, was haben sie gesagt?» Den ganzen Flur hinunter bis ins Wohnzimmer.

«Geh», sagt Olga. «Du musst noch mal hingehen.»

«Und wenn sie mich auch dabehalten?»

Und Vater verschränkt die Arme, macht sich rund in seinem Sessel, Schultern nach vorne, Kinn auf der Brust, Arme rechts und links an den Körper gepresst, als müsste er fürchten, Olga könnte ihn hochheben, aus seinem Sessel ziehen. Als müsste er sich schwer machen, als könnte sie ihn sonst davontragen.


**Mutter spielt Schumann**, unten am Flügel im Salon, und Eliseos Zimmer im ersten Stock füllt sich mit Tönen, mal in dichten Wogen, mal vereinzelt, mal klimmen sie, mal trudeln sie. Die Luft verwandelt in lauter winzige, übersüße Stückchen, die Eliseo in die Ohren kriechen, ob er will oder nicht.

An die Reihen pastellfarbene Petit Fours in der Auslage bei

Echeto muss er denken. Es kommt ihm vor, als würden sie in seinen weit geöffneten Mund geschüttet, einen weit geöffneten Mund, den er nicht schließen kann. Denn auch wenn er leise hinunterschleicht, die Flügeltüren des Salons schließt, die schmale zwischen Korridor und Eingangshalle, die schwere zum Treppenaufgang und oben seine Zimmertür, ob er Watte in seine Ohren stopft und beim ersten Mal nicht aufpasst, sie nicht mehr herausbekommt, eine runde faserige Fläche in der Ohrmuschel, die Mutter mit der Pinzette herausholen muss, oder die Bettdecke über seinen Kopf zieht: Bei Schumann gibt es kein Entrinnen.

Im Stall geht es. Inmitten des Kratzens der Krallen, der papiernen Flügelschläge, wenn eines der Tiere gegen das Gitter fliegt, geht es. Das Meer ist nicht zu hören, niemand ist zu hören. Mutter nicht hysterisch, die Schwestern nicht hysterisch.

Eliseo zieht ein Blech nach dem anderen an der Holzkante aus den Käfigen, lässt Sand, leergepickte Körnerhülsen, losen Kot in den Eimer rieseln, den er mit den Füßen von Käfig zu Käfig schiebt. Löst im Waschbecken den angetrockneten Dreck von den Blechen, kratzt die Reste unter fließendem Wasser herunter und lehnt sie aufrecht, mit der Holzkante nach oben, zum Trocknen an die Wand.

Vater wird anrufen, hat dessen Adjutant angekündigt, gestern, am Telefon, wird morgen früh anrufen, hat noch mal nachgefragt, ob Eliseo auch da sein werde. «Natürlich», hat Eliseo versichert, den Morgen über in dem kleinen Zimmer mit dem Schreibtisch gesessen, an dem Mutter manchmal die Rechnungen macht, wie sie es nennt. Der Apparat steht auf einer kleinen Kommode gut erreichbar daneben. Als Mutter im Wohnzimmer, während die Vorbereitungen fürs Mittagessen bereits durch den Flur zu ihnen dringen, das Radio anstellt und die Worte des Sprechers allmählich einen Sinn ergeben, begreift Eliseo: Er braucht nicht weiter zu warten. Seitdem sind alle aufgeregt, seine Schwestern empört, wie er nur habe essen können, Suppe und Filo.

Eliseo schiebt die Bleche wieder in die Käfige zurück, gibt acht, dass keiner der Vögel auf dem Boden sitzt. Einmal, vorletztes Jahr, hat er nicht aufgepasst, es zu eilig gehabt. Hatte eigentlich auf dem Teppich im Musikzimmer vor dem Radio gelegen, auf seine Sendung gewartet, als Mutter unvermittelt so dicht neben ihm stand, dass das schwarze Leder ihrer Schuhspitzen seinen Ellbogen berührte.

Die Käfige – damals hingen sie noch in seinem Zimmer – würden stinken, bis in den Korridor stinken. Seine Mutter hatte den Apparat ausgeschaltet, darauf bestanden, dass er die Käfige vorher sauber macht.

Es war einer von den grünen, wilden Kanarienvögeln, Eliseo hat ihm links die Krallen abgetrennt mit einem sauberen Schnitt. Hernández, der Verwalter, hat ihm schließlich den Hals umgedreht, Eliseo den kleinen Körper zurückgegeben, ihn nicht mitgenommen, sondern «hier» gesagt und seine Hand ausgestreckt.

Eliseo hat den toten Vogel genommen, noch warm, mit hängendem Kopf, den er rasch mit den Fingern der anderen Hand stützt, damit er aufhört, bei jeder Bewegung, jedem tiefen Atemzug, denn Eliseo weint, so grausig hin und her zu pendeln.

**In der Küche kocht der Caldo.** Es ist heiß im August 1936, seit Stunden schon köchelt die Hühnerbrühe, und Julio öffnet das Fenster, oben am Treppenabsatz. Es riecht nach verbranntem Papier, eine dichte schwarze Rauchsäule, jedes Mal, wenn Olga die Herdklappe öffnet, um nachzulegen. Sie hat ihn vollgestopft, viel zu voll gestopft. Julio bleibt an der Fensteröffnung stehen, reckt den Kopf hinaus in den warmen Wind. Die Palme im Innenhof rauscht.

Die broschierten – dünne Umschläge mit schlecht gesetzten Druckbuchstaben – brennen wie nichts. Blättern sich ein letztes Mal auf, erglühen orange, schwellen an und zerfallen zu schwärzlich wirbelnden Fetzen. Die mit den harten Pappeinbänden brauchen länger, bei einigen verglühen erst die Seiten, und die leeren Deckel bleiben noch eine Weile zurück. Die Lederbände schiebt Olga zuletzt hinein.

«Plato und Ortega y Gasset sind, glaub ich, in Ordnung», wendet Augusto ein. Doch Olga schüttelt den Kopf.

Julio blickt in Jorges Zimmer. Die Tür steht offen, Jorges Kleiderschrank ist ordentlich geschlossen, das Stückchen Schreibtisch, das Julio vom Treppenabsatz aus sehen kann, leer. Im Schrankspiegel er selbst in kurzer Hose, aus deren Bund das Hemd hängt. Seine Mutter zu beschäftigt, um sich zu scheren. Jorges Bett, noch immer gemacht, wird vom Türblatt verdeckt, ebenso die Bücherregale. Julio müsste ins Zimmer gehen, um festzustellen, wie sie jetzt aussehen.

In den ersten Nächten, nachdem Jorge nicht heimkam, hat Julio mit vorm Bauch gekreuzten Händen auf dem Bett gelegen. An den Apparat gedacht, der, stumm und dennoch exakt nach Schaltplan, davon ist Julio nach wie vor überzeugt, in der Holzkiste im Regal liegt. Hat darüber nachgedacht, aufzustehen, sämtliche Verbindungen zu kontrollieren, die Kabel wieder zu lösen, die am ehesten, nein. Julio kann nicht aufstehen.

Jorge hat in der Calle San Agustín, keine fünfhundert Meter von Julios Bett entfernt, in der Bibliothek der Diözese in seinem Stuhl am Fenster gesessen, als er verhaftet wurde.

Das kann nicht stimmen, sagt Olga, als Augusto die Nachricht heimbringt, die bischöfliche Bibliothek, was soll er dort?

Lesen, aber das sagt Julio nicht. Den einsamsten und stillsten Fleck der Insel hat Jorge sie genannt, untergebracht im Seitenflügel des Bischofssitzes. Der Sessel im ersten Stock ist seit Jahren Jorges Versteck. Wenn Olga will, dass Jorge die Abflüsse reinigt, nach der Tante sieht oder denen einen Besuch abstattet, die auf Augusto Bautes Liste stehen und in der Apotheke haben anschreiben lassen. An ihre Türen klopft und nach dem Geld fragt, denn

der Vater schickt allenfalls Briefe, und trifft er einen auf der Straße, zieht er seinen Hut und grüßt freundlich.

Die Bücher hat Jorge unter seiner Jacke an dem Seminaristen
am Eingangspult vorbeigeschmuggelt, und unter seiner Jacke
auch wieder raus. Erst als Augusto die Bibliothek erwähnt, ist Julio sicher, dass Jorge wirklich weg ist. Seitdem kann er nicht mehr
in seinem Bett liegen, seitdem will er rennen, immer schneller,
kollernde Steine unter seinen Füßen, einen Abhang hinab, im
Meer verschwinden, das in ihn hineinschwappt, ihn füllt, weiß-
wassergekrönt. Schreien und rennen oder aufstehen und neu beginnen. Den Apparat aus dem Regal nehmen, den Kristall von den
Drähten lösen.

Der Deckel der Zigarrenkiste zerbricht, als er den Schraubenzieher unter die Lötenden schiebt und versucht, sie mit einem
Ruck abzureißen. Er hat noch eine, in der die Buntstifte liegen.

Mutter betet. Jeden Abend im Flur, zwischen dem Elternschlafzimmer und Jorges Tür, mit gefalteten Händen, gesenktem Kopf,
geschlossenen Augen unter dem kleinen Bord. Santa Candelaria,
ein Kruzifix, die Muttergottes mit Jesus im Arm stehen dort, jeder
auf einem eigenen Spitzendeckchen.

*Vater unser im Himmel, geheiligt werde dein Name. Dein Reich
komme. Dein Wille geschehe, wie im Himmel, so auch auf Erden.*

Früher hat Julio gewartet, ehe er wagte, weiter an seinem Apparat zu arbeiten, gewartet, bis sie fertig ist.

*Mach, dass mein Sohn Julio ein besserer, ein ehrlicherer Junge wird.
Mach meinen Bruder wieder gesund, dass er aufhört zu husten und das
Sanatorium wieder verlassen kann. Vater braucht ihn.*

*Mach, dass mein Mann wieder weiß, wo er seine Finger reinstecken
soll. Oder sie wenigstens wäscht danach, damit sie nicht den ganzen Tag
nach Coño riechen.*

*Mach, dass sie aufhören zu streiten, mein Mann und mein älterer
Sohn. Dass die Streiks aufhören und die beiden sich nicht jeden Abend
anschreien. Mach, bitte, mach …*

Heute Abend nichts von alledem. Julio sitzt still vor der Zigarrenkiste, fasst den Apparat nicht an. Weiß sehr genau: Das Zimmer neben seinem ist leer, niemand wartet dort, dass Mutter endlich aufhört.

*Mach, dass er lebt. Mach, dass er lebt. Mach, dass er lebt. Mach, dass er lebt. Mach, dass er lebt. Mach, dass er lebt. Mach, dass er lebt. Mach, dass er lebt. Mach, dass er lebt. Mach, dass er lebt. Mach, dass er lebt.*

Mutter weint. Morgens beim Aufstehen, nachmittags, wenn er aus der Schule kommt, beim Abendessen, beim Einschlafen hört er sie, liegt in seinem Bett und steckt die Finger in die Ohren. Hohe, langgezogene Töne, die das nachtdunkle Haus füllen. Aus dem Elternschlafzimmer über den Flur und unter den Türen hindurch. Manchmal werden sie so leise, dass Julio glaubt, es sei vorbei, und die Finger ein wenig aus den Ohren zieht. Sie gleich wieder hineinsteckt, wenn die nächste Welle sich durch sämtliche Ritzen und Spalten in sämtliche Zimmer ergießt.

**Vor sechs Wochen ist Ada** morgens davon aufgewacht, dass ihr Bauch hart wird. Hat sich mit den Fersen im Bett hochgeschoben, bis ihr Hinterkopf gegen das Kopfteil stößt, das hilft nicht, gar nichts hilft gegen den Schmerz, sodass sie schreit, bis Nanny Brown in ihrem Zimmer steht.

Ins englische Krankenhaus, so ist es geplant und lange verabredet. Nanny Brown hat bereits dort angerufen, gibt es schnell auf, Ada mehr anzuziehen als das hellblaue Hauskleid.

Lorenzo wartet unten in der Eingangshalle.

«Ich darf alleine fahren?» Ada blickt an ihm vorbei auf die Straße.

«Nein, ich komme mit.» Lorenzo zieht hinter ihnen die Tür ins Schloss.

«Warum dann ein Taxi?»

Nanny Brown reicht Ada ihren Arm. «Atmen», murmelt sie, «atmen.»

«Ich habe das Auto verkauft.» Lorenzo ist schon bei der Pforte. «Los», sagt er, als Ada auf den Stufen stehen bleibt.

«Warum?»

«Ich wollte etwas anderes kaufen.» Lorenzo öffnet die hintere Tür auf der Beifahrerseite. «Und dein Vater wollte mir kein Geld geben. Steig ein.»

«Darfst du das überhaupt?»

«Das Auto war ein Geschenk. Steig ein.»

«Du hättest mich fragen können. Was wolltest du kaufen?»

«Eine Druckerpresse und ein paar andere Maschinen. Jetzt steig ein.»

«Hör auf, ständig *Steig ein* zu sagen.»

Lorenzo wendet sich an den Fahrer, der stumm neben der geöffneten Beifahrertür steht. «Hospital militar beim Puente Galcerán.»

«Unsinn, zum englischen Krankenhaus.»

«Hospital militar», wiederholt Lorenzo.

«Verschwinde», schreit Ada und stößt mit dem Ellbogen nach Nanny Brown, damit sie aufhört, «Atmen!» zu wiederholen.

«Ich komme mit, Hospital militar.»

«Ich will zu meinem Vater. Und wenn es aus mir rausfällt auf der Treppe und wenn ich platze – ich muss ins englische Krankenhaus. Ich sage ihm, dass du», und dann kann Ada nicht mehr reden.

«Wenn wir ihn nach Jose Antonio Primo de Rivera nennen», fordert Lorenzo, und dabei bleibt es.


Nach der Geburt wird es nicht besser.

«Ich nenne meine Tochter nicht Josefa. Antonia, von mir aus, wenn es sein muss. Klingt, als wenn sie dick werden wird. Aber auf keinen Fall Josefa Antonia, das ist verhärmt.»

Nanny Brown bringt die Kleine jeden Morgen, ob sie trinkt oder nicht, und sie trinkt nicht. Legt die Kleine auf ihrem Oberkörper ab, auch wenn Ada neben sich auf die Matratze deutet, jeden Morgen. Und da liegt sie dann und steckt manchmal ihr Fäustchen in den Mund und saugt.

Die Amme sitzt in der Küche, wartet, ob sie gebraucht wird, und sie wird gebraucht. Denn die Schleife vorne an Adas Nachthemd zu lösen, zwischen die Stoffdreiecke zu greifen, die Adas wieder flacher werdende Brüste bedecken, an den weißen, hellblauen, rosafarbenen Bändern zu ziehen, traut Nanny Brown sich nicht. Versucht hat sie es, kurz nach der Geburt, Ada hat ihre Hand weggeschlagen mit einer kleinen, harten Bewegung.

«Versuchen muss man es doch», sagt Nanny Brown und bringt die Kleine jeden Morgen um acht. Die Amme hat Lorenzo besorgt, sie kommt aus dem Dorf, in dem er aufgewachsen ist. Nimmt jeden Morgen in Tacoronte die Tranvía, sitzt danach in der Küche, löffelt Gofio in warmer Milch mit Zucker und ist der Köchin im Weg. Sobald Nanny Browns flache Hacken auf der Holztreppe zu hören sind, begleitet von leisem Quengeln, anfangs alle zwei Stunden, später fünfmal am Tag, beginnen ihre Brüste zu tropfen, wachsen dunkle Kreise auf dem verwaschenen Blusenstoff.

Ob sie die Amme nicht kennenlernen wolle, hat Nanny Brown gefragt.

Nein, Ada hat den Kopf geschüttelt.

*Elizabeth* nennt Nanny Brown die Kleine, Ada sagt *Isabel*. *Antonia*, wenn Lorenzo anwesend ist. Den Namen hat er auf das kleine Stoffbändchen sticken lassen, das die Schwester dem Säugling ums Handgelenk bindet.


Die Rettung, so nennt es Lorenzo, kommt Ende September vom Festland, aus Salamanca. Dort einigen sich die aufständischen Generäle auf einen Oberbefehlshaber und gleichzeitiges Staatsoberhaupt.

«Unser Franco?», muss Ada fragen, und es dauert eine Weile, bis sie sich an sein Gesicht erinnert. «Dieses Männchen?»

Im April erst ist er zum Capitán General der Inseln ernannt worden. Ada ist ihm nur einmal begegnet, beim Festakt des Jahrestages der Republik am 30. April, dem einzigen Bankett, an dem er nach ihrem Wissen auf der Insel teilgenommen hat. Das *strafversetzt* gut sichtbar in seinen Zügen. In jeder Geste, jedem Lächeln, jedem Nach-vorne-Beugen, Ohren-ein-wenig-in-Richtung-des-Gesprächspartners-Bewegen, das Interesse ausdrücken soll. Im Speisesaal des Casinos an der Plaza de la República an der Stirnseite der Tafel zu sitzen, 1750 Kilometer von Madrid entfernt, ist eine Strafe.

Er habe sich beklagt, dass es auf der Insel nur Kaninchen zu jagen gebe, erzählen seine Sitznachbarn später. Vollkommen uninteressant, hat Ada beschlossen. Und seine Frau lädt nicht ein, lässt sich nirgendwo blicken, außer in der Kirche.

«Morgen steht es in der Zeitung», sagt Lorenzo. Zeitung nennt er die vier bis sechs rotstichigen Blätter, die er erst wöchentlich, dann täglich produziert.

Ada ist dennoch einverstanden, als Lorenzo *Francisca* vorschlägt. Und so steht es dann in der Geburtsurkunde, die er einen Monat später vom Registro Civil mitbringt: *Francisca Maria Antonia Josefa González Moore.*


**Julio zuckt zusammen**, als es klopft. Steht nicht auf, bleibt mit dem Rücken zur Tür an seinem Schreibtisch sitzen. Er weiß schon, was jetzt kommt. «Was baust du da eigentlich?», hat Olga ihn beim Abendbrot gefragt.

«Den Apparat», sagt Augusto Baute hinter ihm. «Gib mir bitte den Apparat», wiederholt er, und als Julio sich umwendet, hält sein Vater einen Hammer, das fleckige Holz des Stiels sehr grob, in seiner hellen Hand.

Vor Julio auf dem Tisch, genauer: in der alten Schublade, in der er Ersatzteile und Reste aufbewahrt, zwischen Spulen und Drähten, liegt sein erster Versuch. Ebenfalls in einer Zigarrenkiste Marke *La Lucha*. Keinen Ton hat es von sich gegeben, Julio hat es dennoch nicht wegschmeißen können. Er schiebt den richtigen Apparat unter den Bauplan, nimmt die *La Lucha*-Schachtel und hält sie Augusto hin.

Als der sie nimmt, sieht Julio seine Finger zittern, die Kiste fällt zu Boden. Schlägt mit einer Ecke auf den Fliesen auf und zerspringt. Die Seitenwände lösen sich, fallen auseinander, nur von den Drähten zusammengehalten. Verdrehten, verbogenen Drähten, Lötzinn klebt an den stakenden Enden.

Augusto Baute bückt sich, hebt die dünnen Holzplatten auf, reißt mit einem Ruck die restlichen Kabel ab. «Es tut mir leid, Julio», sagt er, ehe er hinausgeht, und sieht ihn, als würde er sich schämen, dabei nicht an. Julio dreht sich zum Schreibtisch, der Bauplan leicht gewölbt von der Zigarrenkiste darunter. Beinahe hätte er geantwortet: Alles gut.

**Als sie das erste Mal** kontrollieren kommen, ist niemand überrascht. Seit einer Stunde tasten sie sich bereits vorwärts, Tür für Tür, die Straße entlang, Haus für Haus, bis zur Kirche. Wenn jemand öffnet, vereinzelt erhobene Stimmen im Wind. In den Ritzen zwischen den Fensterrahmen und den gut verschlossenen Läden auf der Straßenseite des Hauses leuchten seit einer Stunde schmale Lichtlinien. Lastwagenscheinwerferhelle Lichtlinien. An beiden Enden der Dorfstraße stehen sie mitten auf der Fahrbahn.

Die polierte Platte des Esstischs im großen Zimmer glänzt im Halbdunkel, in der kleineren Schlafkammer erstrahlt das Weiß der Leintücher. Alle liegen wach und rühren sich nicht: der Großvater und die Großmutter in der größeren Kammer, Merche und Amalia in der anderen. Selbst das Brüderchen in der Kiste hinter dem Fußteil ihres Bettes ist stumm. Erst nachdem Steinchen unter Stiefelsohlen den Pfad hinaufknirschen, eine Faust erst gegen die Küchentür und dann, sich besinnend, gegen die Eingangstür im großen Zimmer schlägt, steht der Großvater auf. Allein zunächst, Merche kann ihn nach der Jacke tasten hören, er stößt gegen irgendwas metallisch Schepperndes.

Der Nachttopf, denkt Merche und: Hoffentlich war er nicht allzu voll. Sie wird es aufwischen müssen.

Die Großmutter erhebt sich erst, als der Großvater bereits das große Zimmer durchquert, die Faust erneut gegen das Holz schlägt. «Ich komme ja», ruft der Großvater, «ich komme ja.» Die Großmutter ist leiser, die Matratze knarzt, als sie sich aufsetzt, einen Moment Geraschel und dann schon ihre leisen Schritte, dicht hinter dem Großvater im großen Zimmer. Das Brüderchen noch immer stumm. Merche gleitet aus dem Bett, wagt nicht, die Tür der Kammer aufzumachen, nicht einmal einen Spaltbreit, kniet sich hin, presst ihr Ohr an die Ritze zwischen Tür und Rahmen.

«Sind Sie der Vorstand dieses Haushalts?»

«Ja.»

«Wie viele Personen befinden sich unter Ihrem Dach?»

Und einen Moment ist es still, als müsste der Großvater es mit den Fingern abzählen.

«Fünf. Aber eigentlich sind es sechs.»

«Unsinn», unterbricht ihn die Großmutter. «Fünf.»

Sehr ruhig ist es daraufhin, und Merche befürchtet, dass es gleich sehr laut werden könnte, und zieht sich zusammen, die Knie an die Brust, das Kinn ebenfalls.

«Eigentlich leben hier sechs Personen», wiederholt der Großvater. «Aber meine Tochter ist seit einer Weile nicht heimgekommen.»

«Seit wann?»

«Zwei Monate vielleicht.»

«Hatte Ihre Tochter Kontakt zu politisch aktiven Personen?»

«Die? Nein.» Die Großmutter lacht auf.

«Und der Vater der Kinder?»

«Kennen wir nicht. Von keinem. Ich glaube kaum, dass es zweimal der Gleiche war.»

Merche sieht zu Amalia, das Licht der Scheinwerfer in den Ritzen holt alles Weiße aus dem Dunkel, Amalias Gesicht ist dennoch nicht zu erkennen, vielleicht hat sie es weggedreht.

Was der Großvater gesagt hat, stimmt. Die Katze ist weg. Wäre nicht das erste Mal, dass sie für zwei, drei Tage verschwindet ohne ein Wort. Vor einigen Wochen ist sie beim Abendessen nicht aufgetaucht, zum Frühstück am nächsten Morgen nicht, mittags nicht, zum Abend nicht, und während sie noch alle am Tisch sitzen, der Großvater, die Großmutter, Amalia, Merche – das Brüderchen schreit in seiner Kiste –, kommt ein Bote von Don Fernando Vasquez, dem Aufseher der Tomatenpackstation. Er richtet aus, die Katze solle sich zum Teufel scheren. Wer zwei Tage nicht zur Schicht erscheine, brauche nie wieder kommen.

Ohne dass Feiertag wäre, Januar und die Heiligen Drei Könige, oder September und die Prozession des Cristo von La Laguna. In La Orotava werden keine Blütenteppiche gelegt, und kein Pilgerzug nähert sich auf Knien der heiligen Candelaria. Es ist nur Oktober, kein Fest weit und breit. Die Katze ist in keinem der großen Häuser, in keiner Küche, inmitten von Dampf und winzigen Fettspritzern, die ihr Haar stumpf werden lassen, und Fliegen, die sich nicht um die mit Nelken gespickten Zitronenhälften scheren. Nein, die Katze ist weg.

Die Großmutter schreit und legt dabei dem Brüderchen die Hand auf den Bauch, ganz sanft tut sie das, damit es sich beruhigt, als hätte ihre Hand nichts mit ihrem Gesicht zu tun, das dieselbe lilarote Farbe hat wie frischgekochter Pulpo und überwiegend aus Zähnen besteht, mit einer Zunge dazwischen, die wild auf und ab tanzt, der Rest Zusammengeschobenes: Wangen, Stirn, keine Augen mehr, die Großmutter hat keine Augen mehr. «Schluss», schreit die Großmutter. «Dieses Mal soll sie sehen, wo sie bleibt.»

Der Großvater sagt gar nichts, und das ist noch schlimmer, er sitzt nach wie vor an der Stirnseite des Tischs, beide Ellbogen auf die Platte gestützt, beide Handflächen an der Stirn, sie halten seinen Kopf, als sei der Hals nicht mehr kräftig genug.

Merche und Amalia nehmen sich an den Händen, stehen ganz nah beieinander, an der Tür zur Speisekammer. Sie sind fertig mit dem Aufräumen, das Brot hängt sicher in seinem Beutel am Nagel, die restliche Wurst am Haken, der Käse ist in ein feuchtes Tuch gewickelt, Teller abgetrocknet, Weinkrug verkorkt, Krümel zusammengefegt. Alles erledigt. Es fehlt nur: Waschen, Nachthemd, Beten und ins Bett. Die zweite Nacht in Folge alleine schlafen. Bis morgen, so Gott es will.

**Nachmittags geht Ada** mit Sidney im Parque García Sanabria spazieren, denn das machen sie jetzt. Nicht Champagner trinken, andere Gäste beobachten, über sie lachen, keine Cocktails mehr auf Terrassen, Weißwein und Dinner, nicht einmal mehr Tee und Sandwiches und ein heimlicher Sherry, sondern spazieren gehen. Es ist so windig, dass man die Sonne kaum spürt, der Himmel wolkenlos, aber keine Wärme, nur alles sehr hell. Nanny Brown kehrt mit dem Kinderwagen nach wenigen Metern um, sie fürchtet, er könnte von einer Böe erfasst werden und umkippen. Die dünnen Akazienstämme biegen sich, ihre Kronen horizontal, die Blätter klatschen aneinander. Sidney hält seinen Hut fest, blickt zurück zu dem über den Kinderwagen gebeugten Tweedrücken, als sie in den Parkweg biegen.

«Hätte man auf die Nachfrage nach blauem Leinen spekuliert, man hätte ein Vermögen gemacht», sagt er, als ihnen zwei in kornblumenblauen Hemden entgegenkommen. Die Verkäuferinnen in der Calle del Castillo in Santa Cruz, der Calle Herradores in La Laguna, in La Orotava, Garachico und Güímar sagen bereits: «Ist aus», ungefragt nach der Begrüßung. Diejenigen, die schon ein neues Hemd haben, tragen es unentwegt.

Die Samen in den braunen Schoten an den Ästen der Flamboyants rechts und links des Weges klappern im Wind. Ada ist nicht sicher, ob sie deswegen schweigend nebeneinanderher gehen. Sidneys Gesicht wirkt konzentriert, als sie ihn kurz von der Seite anblickt. Das bestätigt ihre Befürchtung, dass er nur die geschickteste Taktik sucht, abwägt, welche Eröffnung sie nicht genervt stehen bleiben ließe, über welche Themen und Gesprächsketten er sich am besten vortastet. Dabei will er nur wissen, was Lorenzo gesagt hat. Genau gesagt hat, wortwörtlich, am besten.

Bei dem Rondell bleibt Ada stehen, stumm betrachten sie den flachen Blätterschirm der Himalaya-Feige. Seit einigen Wochen fragt Sidney, sobald die Hilfe ihm die Tür öffnet, ob Lorenzo zu Hause sei. Lässt ihm Grüße ausrichten, halblaute, beinahe geflüsterte Grüße, damit Ada es im Salon nicht hört. Wenn Lorenzo da ist und nicht oben in seinem Schlafzimmer, geht er ihn begrüßen. Tut, wenn er anschließend den Salon betritt, als käme er von draußen, macht Bemerkungen über Nieselregen, Wind, Calima, als sei er ihnen vor Sekunden erst entgangen. Versucht, Adas verschränkte Arme, zusammengezogene Brauen, verengte Nasenflügel mit Blumen, Konfekt, Handschuhen, in Seidenpapier verpacktem *Eau de Cologne* wieder auseinanderzubekommen.

Wenn Ada über Lorenzo lacht, blickt Sidney rasch in Richtung Flur, kontrolliert verstohlen, ob dort jemand steht und zuhört. Ada soll es nicht bemerken, aber das tut sie natürlich. Gockel, hat er Lorenzo früher genannt, Señorito, Mago mit Pomade, Insel-Mussolini. Und wenn sie Sidney jetzt Vorwürfe macht, nichts außer: «Für uns ist die Lage schwierig.»

Erst als sie am anderen Ende des Parks angekommen sind, bei der großen Araukarie, ist es so weit. «Achtung», sagt Sidney und deutet auf die heruntergefallenen Zapfen auf dem Weg, und statt den Mund wieder zu schließen, fragt er zu Adas Überraschung geradeheraus: «Hat Lorenzo irgendwas über die politische Situation gesagt?»

«Welcher Teil interessiert dich denn?» Ada lacht. «Die katholischen Könige und das Goldene Zeitalter? Gottes Auftrag, vielleicht nicht *sein* Reich zu errichten, doch zumindest ein Reich? Der neue Kreuzzug? El Cid und die Mauren? Auch wenn jetzt die Gegner Spanier sind und sie mit den Mauren gemeinsam kämpfen?»

«Sei vorsichtig. Sobald dein Vater stirbt, hat Lorenzo die Verfügungsgewalt über dein Vermögen. Du wirst nichts dagegen tun können, vergiss das neue Eherecht. Die Republik ist tot, vielleicht nicht auf dem Festland, aber hier ganz gewiss.»

«Wie bin ich denn vorsichtig? Scheiden lassen geht nicht. Ihn umbringen? Ich hatte gehofft, sie berufen ihn ein, damit er für sein neues Spanien sterben kann. Aber er muss irgendwo einen Freund haben.»

«Er ist wichtig für die Propaganda», sagt Sidney. «Freundlicher zu ihm sein», setzt er schließlich leise hinterher.

Ada lacht, fragt, um das Thema zu wechseln: «Warst du in letzter Zeit im Círculo de Bellas Artes?»

Sidney schüttelt den Kopf, stumm und ein wenig betreten, und erst da merkt Ada, dass sie das Thema gar nicht gewechselt hat.

«Geht dort überhaupt noch jemand hin?»

Sidney zieht die Schultern hoch, und dann schweigen sie wieder unter den Reihen im Wind rasselnder Flamboyants.

«Clemencia hat Probleme», sagt Sidney schließlich, als sie den Ausgang beinahe erreicht haben. Ada nickt, es ist nicht so, dass Clemencia ihr besonders nahestünde. Genau genommen ist sie die Nummer drei auf Adas Liste der furchtbarsten Frauen. «Sie halten ihren Freund, den Italiener, du kennst ihn», sagt Sidney, «der Ingenieur, der Projekte für die Hafenverwaltung gemacht hat, für einen Sozialisten.»

**«Bleib liegen», sagt Olga,** als sie oben an der Treppe aufeinandertreffen. «Bleib liegen.»

Vater sitzt auf dem Bett, die Tür zum Schlafzimmer steht offen, er klappt die Bügel seiner Brille auseinander, langsam und sorgfältig. Unten erneut der Türklopfer. Hallt im leeren Flur, mischt sich mit dem Geräusch von Olgas Pantoffeln auf der Treppe, schnell und zielstrebig schießt sie die Stufen hinab.

Zornig. Olga ist zornig, Schultern-zurück-Kinn-hochgereckt-zornig. Das dreieckige Wolltuch hält sie mit der Linken vor der Brust zusammen, der Schlüssel in ihrer Rechten zittert nicht, findet das Schloss sofort. Olga hat keine Angst, ist nicht mehr atemlos, verzweifelt. Kein: *Sagt mir doch bitte, was mit ihm ist, ich muss es doch wissen.* Sie schließt nachts ab, jeden Abend vor dem Beten schließt Olga neuerdings ab. Und jetzt ist sie zornig.

«Was ist?» Sie brüllt, als sie die Tür aufreißt. «Was wollt ihr?»

«Sind Sie der Haushaltsvorstand? Wie viele Personen befinden sich …»

«Drei», unterbricht Olga ihn.

«Haben Sie irgendwelche verbotenen Schriften in Ihrem Haushalt? Oder verbotene Gegenstände? Hierzu gehören Handfeuerwaffen jeglicher Art, alle unangemeldeten …»

«Nein.» Wie ein Schuss, Olgas Nein fährt kurz und hart wie ein Schuss zwischen die Worte. «Nichts dergleichen», setzt sie etwas ruhiger hintendran.

«Davon werden wir uns überzeugen müssen», sagt der Guardia Civil und macht einen Schritt vorwärts. Olga bleibt im Flur stehen, einer nach dem anderen muss an ihrem hochgereckten Kinn vorbei.

«Keine Sorge», sagt sie und lächelt. «Alles ist gut, die Herren gehen gleich wieder.» Und lauter, den Uniformschultern hinterher: «Denn bei uns ist nichts zu finden.»

An den Apparat, den zweiten Apparat, sein Detektor-Radio oben in der Holzkiste im Regal, denkt Julio nicht einmal, während er auf dem Treppenabsatz steht.

**Im November hat Lorenzo** ein neues Auto. Einen Fiat 1500, gebraucht gekauft. Mehr Geld hat er nicht bekommen.

«Steig aus», sagt er.

Ada blickt nach vorn, betrachtet die Lichtreflexe der windschwankenden Laternen rechts und links neben dem Eingang, die sich im blankgeriebenen Holz des Armaturenbretts spiegeln. Ihre Hände liegen übereinander, ruhig auf der Handtasche in ihrem Schoß. Sind nicht hinter die Ellbogen geschoben, keine verschränkten Arme.

«Steig aus», wiederholt Lorenzo. Sie stehen in der Calle San Francisco am Randstein. Als Ada sich nicht rührt, stellt er den Motor ab. Der stottert, ehe er zur Ruhe kommt, und Adas Körper rüttelt mit seinen letzten Stößen, und Ada weiß, allmählich wird es gefährlich.

«Glaub nicht … Ich werde dich reinschleifen.»

Ada weiß, er blickt sie an, und mit einem Mal fällt es ihr schwer, nur die Lichtreflexe anzusehen auf dem Armaturenbrett.

«Glaub ja nicht», setzt Lorenzo hinterher. Das ist zu viel, er weiß es selbst. Ab *Glaub* wird jeder Buchstabe leiser als der vorhergehende.

Ada sieht die Hand bereits im Augenwinkel, bevor der weiß belederte Mittelfingerknöchel gegen die Scheibe klopft. Sie zuckt zurück. Otilia hält ihren Hut mit der einen, die andere legt sie aufs Autodach. Seit einigen Wochen ist sie vom Festland zurück, wie die meisten anderen auch. Die Universitäten geschlossen, das Studium beendet. Vorläufig, wie sie alle betonen, trotz der abendlich aus dem Radio kommenden Nachrichten.

Ada öffnet die Beifahrertür nicht, Ada klappt die kleine Seitenscheibe auf, erleichtert, dass sie gleich aussteigen kann, ohne Lorenzo nachzugeben. Ohne Gegenhaltenmüssen, komme, was wolle.

Es dauert, bis Otilia sich herabbeugt, erst hineinblickt, Lorenzo zuwinkt, ehe sie ihr Gesicht dem Spalt nähert.

«Kommst du», sagt Otilias Mund so dicht neben Ada, dass diese eine helle Puderwehe zwischen dichten dunklen Härchen hängen sieht. Die Grenze zwischen Weiß und Rot liegt nicht auf der Linie Lippen–Haut, sondern ist um Millimeter verschoben.

«Ada kommt.» Lorenzo dreht den Zündschlüssel, und Ada ist gleich wieder wütend. Steigt dennoch aus und schlägt die Tür hinter sich zu. Dreht sich nicht nach dem in ihrem Rücken hupend losfahrenden Lorenzo um, küsst Otilia zur Begrüßung links und rechts und so, dass ein wenig von ihrem Lippenrot auf der Wange zurückbleibt.

Die meisten Frauen kennt Ada. Sie lächelt, sie nickt, legt ihre Handflächen anmutig auf die von Doña Mari, als diese sie ihr zur Begrüßung entgegenstreckt. Der Salon voll erleuchtet, das Gaslicht angezündet, auf jedem Tischchen und in der Mitte der Tafel Kerzen, deren Licht sich in den noch unberührten, akkuraten Kristallgläserreihen auf den silbernen Tabletts bricht.

In den Karaffen ist Limonade, stellt Ada fest, als sie an einem der Krüge riecht. Die Stühle entlang der Wände noch unbesetzt, die Gäste stehen in Grüppchen, gedämpft im Gespräch, die Eintretenden musternd. Nachmittagstee, Dinnerempfang und Buchclub in einem: der Abend zur Feier der Neuen Frau.

Mit einigen der Anwesenden hat Ada vor einem Dreivierteljahr im Circulo de Bellas Artes gesessen, um das Radio auf dem Tresen versammelt, atemlos, Ellbogen an Ellbogen. Später jubeln beim Sieg der Volksfront, einander umarmen, Wangen küssen, Lippenstift wieder abwischen. Am schönsten war Lorenzos enttäuschtes, hartgepresstes Gesicht im Hintergrund. Zwei von den Frauen malen, eine schreibt, und was die vierte macht, hat Ada nie verstanden. Heute stehen sie nicht beisammen, sondern einzeln im Raum verteilt, suchen Anschluss im Trudeln der Unterhaltungen, die lebhaft, mit schwer zu durchbrechender Selbstverständlichkeit um sie herum geführt werden. Sehen einander nicht an, grüßen nicht, als sie Adas Blick bemerken, nicht einmal ein Nicken. Sich blau waschen nennen sie das, Vergangenes vergessen machen.

«Schau an, eine rote Lilie», sagt Otilia. Ada versteht erst nicht, «Claridad Femenista», sagt Otilia schließlich. Ada nickt. Vor zwei, drei Jahren war viel Aufhebens um sie gemacht worden, ein paar Mädchen, die sich treffen, um Bücher zu lesen.

Auf Adas Liste der furchtbarsten Frauen belegt Isabel González González, die rote Lilie genannt, den zweiten Platz. Knapp hinter Jacqueline Lamba in Shorts. Isabel González González' Vater ist Arzt. Keiner, den Ada je aufsuchen würde, mit einer kleinen Praxis in Tegueste. Auch sie ist aus Madrid zurück, war eine der Ersten, die vor einigen Jahren unbedingt dorthin mussten zum Studieren.

Als die Salontüren geschlossen werden, Doña Mari sich neben die Limonadekrüge stellt – «Meine Lieben», sagt sie –, suchen sich alle rasch einen Platz. Die schmale Frau neben ihr, die anschließend über die herausragende Rolle spricht, die ihnen allen bei der Rettung Spaniens zukommen wird, hat Ada vorher nie gesehen.

Von da an bringt Lorenzo sie einmal die Woche zu den Treffen, ob Ada will oder nicht.


**Jorge Baute, Jorge Baute, Jorge Baute** wandert leise und gedämpft durch die Reihen, Jorge Baute, Jorge Baute, immer weiter von Julio weg, eine sich konzentrisch ausbreitende Welle durch den Guano. Fyffes heißt das Lager, wie die irische Firma, der die Hallen vorher gehörten.

Am Abend kommt einer zu ihm. Bittet den Häftling, der vor ihm sitzt, ein wenig Platz zu machen. Geht in die Knie.

«Baute?», fragt er, und Julio nickt. «Ich kannte deinen Bruder», sagt er. Und: «Es tut mir leid.»

«Wo ist er?»

«Las Cañadas, Barranco Santos, im Meer, ich weiß es nicht. Es tut mir leid.»

«War er hier?»

«Nein. Auch nicht woanders.» Und legt Julio die Hand aufs Knie, ehe er wieder aufsteht.

Für einige im Guano gibt es Urteile, für einige Kurse, für andere nur die Stimme. Es ist nicht jede Nacht die gleiche, eine stammt aus Cataluña, eine aus Andalucía, meistens aber ist sie von hier. Die Stimme liest langsam und gleichmäßig, als wolle sie jedem Namen gerecht werden, leise und ist doch bis in den hintersten Winkel zu verstehen. Diejenigen, die beten, tun es still, nur die weichen Laute hastig aufeinandertreffender Lippen.

Julio schreibt.

«Deine Hände», hat der Mann gesagt. Er kommt von einer der Nachbarinseln, mehr weiß Julio nicht über ihn. «Zeig sie mir.» Und Julio blickt hinab auf seine staubfarbenen Manschetten, ocker, erst über den Unterarmen wird das Hemd wieder weißer. Auf seine Hände, sonnenbraun, mit dunkleren Linien auf beiden Seiten der Fingerknöchel, um das Immer-noch-Rosa seiner Nägel. Unsicher, was er mit ihnen tun soll, dreht er die Handflächen nach oben. «Nein, so», sagt der Mann und hält seine waagerecht vor Julio hin, und Julio sieht sie zittern.

«Gut.» Der Mann nickt, als Julios Hand reglos vor ihm in der Luft steht. «Schreib.»

Das Papier kriegen diejenigen mit Urteil am Tag davor.

*Kameraden*, schreibt Julio, *ich werde so sterben, wie Männer sterben, die lebten, um ihre Ideale, um Gerechtigkeit, Freiheit und Gleichheit zu verteidigen und um für eine neue Gesellschaft zu kämpfen. Ich werde im Stehen sterben, ohne Augenbinde, um den Feinden der Gerechtigkeit und des Friedens der Völker ins Gesicht zu sehen. Ich werde in der Überzeugung sterben, dass das Licht einer neuen Zeit leuchten wird für alle, die heute leiden in dunkler Nacht. Kameraden, wir werden siegen! Die Zukunft gehört uns! Lang lebe die Republik!*

Dann kommt der schwere Brief.

*Carmen*, schreibt Julio, *nimm meine Sachen und verbrenne sie. Be-*

*halte nichts, ist besser so. Sag den Kindern nichts, du wirst gut für sie sorgen, bist mir immer alles gewesen, was ein Mann sich wünschen kann. Such dir einen neuen Gefährten, der sich gut um dich kümmert. Du weißt ja, wie es heißt: Tränen, die man dem alten Esel hinterherweint, tragen seine Last auch nicht.*

*Innere Blutungen,* schreibt der Arzt sehr ordentlich am nächsten Tag, streicht vorher die überschüssige Tinte von der Feder ab, um keine Flecken auf dem Formular zu hinterlassen, ordentlich und sauber. *Todesursache: innere Blutungen.*

# DIE KONFERENZ
# DER SURREALISTEN

**Es ist bereits warm**, aber die Straßen noch nicht so trocken, dass sie stauben oder hart sind und Sidney jede vom Winterregen in den Boden gegrabene Senke als Stoß im Rücken fühlt. Die Spitzen der Bananenblätter über den Mauern rechts und links hellgrün, die Wasserreservoirs, braune Rechtecke am Hang, noch gut gefüllt.

Wenn er Richtung Meer blickt: nichts als die zierlichen, gleichmäßigen Reihen der Pflanzungen, in eleganten Bögen zeichnen sie Einbuchtungen und Vorsprünge im Berghang nach. Es ist nicht weit bis runter an den Hafen von Santa Cruz, ein paar Kilometer, der Turm der Concepción bereits zu sehen.

Sidney fährt langsam, dennoch, die Straße ist so abschüssig, dass die Bremsbeläge des Morgans knirschen, als sie sich an die Wände der Trommel legen. Funktionierende Bremsen sind das Wichtigste auf der Insel, Sidney lässt sie regelmäßig kontrollieren, alle drei Monate, er hat seine Erfahrungen gemacht. Sobald er daran denkt, breitet sich eine starre Kälte in seinem Brustkorb aus. Der Wagen, der außer Kontrolle gerät, zu rasen beginnt. Holpernd und vorwärtsstürzend und ohne dass irgendwas die Räder halten könnte, den Hang hinab.

Es ist ein Lernprozess gewesen, mit den Autos. Das erste, ein Panhard Levassor zwei – es hat nie ein schöneres Auto gegeben, findet Sidney –, ist in den Bergen bei Las Cañadas in Flammen aufgegangen. Sidney hatte austreten müssen, auf einer dichten Matte getrockneter *Pino canario*-Nadeln haben sie gehalten. Während Sidney einen geschützten Platz suchte, hat Ramos, sein gerade zum Chauffeur beförderter Kutscher, versucht, bei laufendem Motor Benzin nachzufüllen. Aus der Ferne sieht man noch immer den verkohlten Streifen zwischen all dem nachgewachsenen Grün, der sich keilförmig von der Straße den Hang hinabzieht.

Der helle Rand Häuser an der Küste ist bereits gut zu erkennen, rechts und links der Straße wachsen Tomaten, tiefgrüne Linien, dunkler und dichter als die Bananen. Seit der Konferenz von Ottawa ist die Exportsituation schwierig, nein, unmöglich. *Empire first*, trotz aller Proteste. Waren aus den britischen Kolonien werden bevorzugt, können als einzige zollfrei nach England eingeführt werden. Der spanische König hat die Insel einmal «eine britische Kolonie ohne Flagge» genannt, aber das reicht nicht. *Empire first* bedeutet, dass sich die Bananen und Tomaten, die Elder Dempster in Kooperation mit Fyffes von der Insel ins Vereinigte Königreich exportiert, von einem Tag auf den anderen exorbitant verteuert haben. Gleichgültig, wie viele Anzeigen das Büro in Manchester zur überlegenen Qualität der Inselbananen schaltet, die Früchte sind nicht konkurrenzfähig. Am Londoner Canary Wharf, der für die Schiffe von den Inseln gebaut wurde, werden mittlerweile Ladungen aus aller Welt gelöscht. Aber der Bananen- und Tomatenexport ist nie ihr Kerngeschäft gewesen. Das ist und bleibt die Versorgung der Handelslinien. Und vielleicht lässt sich das Absatzproblem mit Zwischenhändlern lösen. Im Moment versuchen sie es auf dem deutschen Markt.

Die schwarzen Kreise unten an der Küste, kurz vor dem Horizont bei Los Llanos, sind viel bedrohlicher. Die Raffinerie, vor fünf Jahren gebaut von einem amerikanischem Konsortium, Bethlehem Steel. Eigentlich ist sie winzig, ein halbes Dutzend dunkler Zylinder auf Terrassen an den Hang gebaut, ein weißer hochbeiniger Wasserturm, ein paar Werkzeugschuppen und Verwaltungsgebäude, die Palme daneben so groß, dass Sidney sie mühelos von hier aus erkennen kann. Es gibt Erweiterungspläne, aber egal, ob sie noch wächst oder nicht, die Raffinerie bedeutet vor allen Dingen eines: Die Spanier sind mit einem Mal auf der Insel präsent und werden es auch bleiben, unabhängig vom Ausgang ihrer Kolonialisierungsversuche in Westsahara. Die guten Zeiten sind vorbei.

**Der Kaffee in der** silbernen Kanne ist lau, das Teelicht unter der Warmhalteplatte ausgegangen. Sidney verspätet sich, und auf der Milch schwimmt Haut, stellt Ada fest, als sie das Kännchen schräg hält, um zu prüfen, ob ihre Wärme ausreicht, den Kaffee trinkbar zu machen. Hat keine Lust zu rufen, wird der Hilfe Bescheid geben, wenn sie Sidney hereinführt.

Ada hebt die silberne Haube von den beiden Platten in der Mitte des Tisches, Rührei unter der ersten, Speck und Würstchen unter der anderen. Stülpt sie gleich wieder drüber, sehr flüssiger Speichel mit einem Mal in ihrem Mund. Das Knirschen des Rattangeflechts, als sie sich im Sessel zurücklehnt, lässt sie die Zähne aufeinanderpressen. Ada ist verkatert. Selbst der Garten eine einzige Tortur, jeden Morgen öffnen sich mehr Blüten in leuchtender Selbstverständlichkeit. Noch unversehrt von Sonne, Insektenfraß, Adas Fingern, die ungeduldig nach dem hellorangen Hibiskus schnappen. Ihr ist, als blühte alles nur, um den Franzosen weitere Objekte für ihr nie versiegendes Interesse zu bieten.

Der Orangensaft, angenehm wässrig von den schmelzenden Eiswürfeln, spült den Pelz von ihrem Gaumen, der aber gleich wieder nachwächst. Geschmeichelt hat sie sich gefühlt, als der Chefredakteur der *Gaceta del Arte* sie fragte, ob sie an den Exkursionen teilnehmen könne, ihre Sprachkenntnisse seien hilfreich. Ada spricht theoretisch Französisch. Zumindest kann man Nanny Brown nicht vorwerfen, sie hätte nicht versucht, es ihr beizubringen.

Einer der Surrealisten werde von seiner Frau begleitet, hatte der Chefredakteur hinzugesetzt, und Ada habe so eine charmante, sprühende Art.

Vor drei Jahren, als Lorenzo noch von Bloomsbury spricht und nicht vom Neuen Spanien, als sie noch nicht einmal verlobt ist und für Lorenzos Anregungen empfänglich, hat Ada sich im Círculo de Bellas Artes zu einem Zeichenkurs angemeldet. Hat genau drei Mal dienstagnachmittags zwei Stunden zwischen einem Dutzend Schulkindern, die einander hinter dem Rücken des Professors an den Haaren ziehen oder Graphit ins Gesicht schmieren, an einer Staffelei gestanden, eine weiße hässliche Schürze über dem Kleid. Außer Teófila, die Ada zum Mitkommen verpflichtet hat, nehmen nur noch zwei auf der Insel überwinternde englische Fräulein am Unterricht teil. Ada hat versucht, die Gipsbüste einer Frau, eine Porzellanbonbonniere und ein Wasserglas mit bereits welkendem rotem Hibiskus darin zu zeichnen. Und alle sind erleichtert, als sie aufhört, zum Kursus zu kommen, und stattdessen dem Professor sitzt.

Nachdem das Porträt fertig ist, *Die Wäscherin* heißt es – Ada kniend neben einem Korb auf den Steinen der alten Waschstelle in La Orotava –, hätte es eigentlich keinen Grund gegeben, weiter in den Círculo de Bellas Artes zu gehen. Doch Ada hat entdeckt, dass die Bar bis nach Mitternacht geöffnet ist und Blood & Sand serviert, Orangensaft, Kirschlikör, Scotch Whisky und Wermut.

Außerdem sitzt Lorenzo regelmäßig auf einem der Stühle am Tresen und versucht, die Redaktionsmitglieder der *Gaceta del Arte* in Gespräche über *Arts and Crafts* zu verwickeln, ihnen Textstellen aus den von ihm verfassten Aufsätzen vorzulesen, die seine These stützen, dass auf der Insel eine Gegenbewegung zur fortschreitenden Modernisierung der Welt unausweichlich sei, auch ohne Industrialisierung.

Als Sidney auf die Terrasse geführt wird, hält Ada das leere Saftglas an ihre Schläfe. Sidney deutet auf ihren Morgenmantel und lacht. «Kunst wird immer von Kopfschmerz begleitet», sagt er und hebt die Stoffserviette auf, die Ada nach ihm geworfen hat. «Wie sind die Surrealisten?»

Sidney nimmt beide Hauben von den Platten, wählt langsam und umständlich – Ada ist überzeugt, dass er sie nur mit dem Geruch belästigen möchte – zwei Würstchen und Speck.

«Furchtbar.»

«Wie erwartet.» Sidney nickt.

Leider wohnen die Franzosen im Hotel Atlantic, keine hundert Meter entfernt, Calle Méndez Núñez 16, Ecke Viera y Clavijo. Ada meint, als der laue Wind ein wenig dreht, ihr Lachen zu hören. Lange bevor die Surrealisten an Bord der *San Carlos* in den Hafen von Santa Cruz eingelaufen sind, war Ada schon von ihnen genervt. Seit beinahe einem Jahr: Vorbereitungen, Briefe und Kabel, die vorgelesen werden müssen, mit Datum, Ort und Anrede bis hinunter zum Gruß, jedes Mal von neuem, bis hinunter zum Gruß, sobald ein Bekannter ins Café im ersten Stock des Círculo de Bellas Artes hinaufkommt und sich zu ihnen setzt.

So ein Theater, denkt Ada, so ein Theater. Gaslampen aufgedreht, die bodentiefen Fenster weit geöffnet, Lachen und Rufe zwischen den Hauswänden über der nachtleeren Straße, alles ist genau so, wie es sein soll, wenn nur die Briefe nicht wären. Auf dem Heimweg ist sie jedes Mal erleichtert, dass es jetzt wieder für einige Wochen ausgestanden ist – sofern in den nächsten Tagen kein Kabel kommt. Seit beinahe einem Jahr, jedes Mal, wenn sich ein Redaktionsmitglied der *Gaceta del Arte* zu ihr setzt, umständliches Räuspern, umständliche Einleitung, Vorträge über die Bedeutung der Avantgarde im Allgemeinen und die von André Breton im ganz Besonderen. Zentimeter für Zentimeter zur Seite weichende Blicke, ihre Augen meidend, immer tiefer sinkend in Richtung Tischplatte, immer verlegener, je näher sie dem eigentlichen Thema kommen: Ob sie sich vorstellen könne, sie ein wenig zu unterstützen.

Meist hat Ada bereits in ihrer Handtasche gefunden, was sie braucht, den Scheck schon halb ausgefüllt.

«Wie viel?», fragt sie ungeduldig, hätte gerne auf das ganze Rundherum verzichtet.

Und dann sind die Surrealisten endlich da und benehmen sich furchtbar lächerlich. Er sieht nicht besonders aus, André Breton, auf den alle gewartet haben. Feingliedriger und mit Schnurrbart hat Ada ihn sich vorgestellt, seine nach hinten gekämmten Haare zu lang und zu lockig. Der andere, Benjamin Péret, untersetzt, mit Doppelkinn. Aber am schlimmsten ist Jacqueline Lamba, eigentlich Jacqueline Breton, sie haben kurz vor der Überfahrt geheiratet. «Schwanger», flüstert jemand, während sie noch an der Mole warten, dass die Gäste von Bord gehen. Ein Kerl aus Tacoronte begleitet sie, Oscar Dominguez, ebenfalls Maler in Paris.

Als Ada am nächsten Morgen um kurz nach zehn im Hotel Atlantic eintrifft, ist bereits ein furchtbares Einander-Übertrumpfen und Rechthaben im Gange, das *La Prensa* am nächsten Tag *einen geistigen Austausch auf höchstem Niveau* nennt.

Am furchtbarsten findet Ada ihre Fragen. Am ersten Tag, auf der Fahrt vom Hafen zum Hotel, hält sie sie noch für höfliches Interesse. Die Flamboyants vor der Concepción und entlang der Rambla machen ihrem Namen alle Ehre, der rote Blütenteppich obenauf so dicht, dass die feinfedrigen grünen Blätter fast verdeckt sind, die Yuccas blühen weiß. Aber auch in den nächsten Tagen nichts als Fragen. Nach dem Namen jeder Blüte, jedes Baums, Strauchs, der Kakteen, Gräser und Flechten auf den Felsen, jedes Vogels in ihrem Blickfeld, jedes Käfers, der dumm genug ist, nicht schnell Deckung zu suchen.

«Schwarzes Viech», antwortet Ada. Oder: «Braunes Viech.» Oder: «Grünes Viech mit durchsichtigen Flügeln», auch wenn sie weiß, dass es eine Florfliege ist. Bis sie aufhören, sich an Ada zu wenden, sich bei jemand anderem erkundigen, und das verärgert Ada noch mehr. Eidechsen treiben sie mit ihren Rufen in die Spalten zurück, aus denen sie eben gekrochen sind. Können es nicht lassen, jeden größeren Stein umzudrehen, Felsbrocken umzukippen, nachzusehen, was sich darunter befindet. Dabei weiß man doch, dass unter Steinen nie etwas Angenehmes sitzt.

Die Franzosen sammeln alles ein, Schneckenhäuser, tote Grashüpfer, stecken sie in die Taschen ihrer Jacketts, eingetrocknete Geckos. In den Wolken oben im Monte de Las Mercedes glaubt der eine, sich aufzulösen, und zitiert Baudelaire. Atemlos die steile Straße hinaufsteigend, und den ganzen Nachmittag über, bis in den Abend, immer wieder.

Zweieinhalb Tage taugt die Gottesanbeterin, die einer von ihnen auf den schwarzen Steinen von Las Teresitas findet, als Gesprächsstoff. Immer wieder taucht sie auf, als Ada bereits glaubt, sie hätten es hinter sich.

Am darauffolgenden Tag, in Puerto, nachdem sie Dutzende Farnarten besprochen haben, am Strand das nächste Ärgernis. «Schwarz, nicht weiß. Der Sand ist schwarz», ruft Jacqueline Lamba beim Anblick der Playa Martiánez, zwei Hände voll mit ausgestrecktem Arm vor sich haltend, ehe sie die Finger spreizt und zusieht, wie die Körner hindurchrieseln, bis der Wind sie ihr in die Augen treibt. Legt sich dennoch auf den Rücken. «Schwarz», ruft sie erneut, «hier ist alles photo-negativ.» Und schaufelt mit beiden Händen Sand auf ihre Brust.

Surrealistische Insel, wiederholt der französische Idiot, und die hiesigen Idioten schweigen lieber, als zu erläutern, dass der frenetische Empfang in jedem Dorf – und frenetisch heißt: Alle schmeißen hin, was sie zu arbeiten haben, die Kinder verwandeln sich in kreischende Planeten mit fester Umlaufbahn, umkreisen die Fremden, während die Frauen ihre Oberkörper aus den Fenstern hängen, Hunde anschlagen, die Katzen in dunkle Winkel flüchten –, dass der frenetische Empfang in jedem Dorf weniger mit dem intuitiven Erfassen des surrealistischen Gedankens durch die unverfälschte Seele zu tun hat, sondern mit braunen, glatten Schenkeln und weißen, kurzen Shorts.

Frauen in Hosen, davon hat man schon gehört. Aber von Frauen in kurzen Hosen, wie die, die Jacqueline Lamba trägt, noch nicht.

Alles Idioten, in dem Punkt ist Ada sich mit Sidney einig. Bis auf Jacqueline Lamba, die ist phänomenal. In dem Punkt nicht.

**Die Katze liegt auf der Mauer** bei der Küchentür und raucht. Das Radio flüstert ihr die Novela ins Ohr. Das Radio ist Kriegen und abdankenden Königen vorbehalten. «Die Batterien», schimpft der Großvater, meist versteckt er es.

Die Katze schließt die Augen, als Merche an ihr vorbeiläuft und ins Halbdunkel der Küche hinein. Merche zieht ihr Kleid aus, den Kittel an, in der Kiste am Fuß des Bettes schläft ihr Brüderchen. Die Fäuste so rot, als gehörten sie ins Innere des Körpers und nicht auf die hellblaue Decke. Das Brüderchen wird nicht bleiben, eine Großtante von einer der Nachbarinseln nimmt ihn. Sie hat keine eigenen Kinder. Vor dem Herbst wird ihr Mann mit dem Boot kommen und das Brüderchen abholen, hat die Großmutter gesagt.

Die Katze ist letzte Nacht heimgekehrt, Merche hat sie gerochen, Anis und Kümmel, ehe sie ihre Schritte hört. Zimt und Zitrone, als die Katze Bluse und Rock über die Stuhllehne hängt. Die Matratze ist eingesunken, einst warmes Fett und Süßes hat sich mit ihren Haaren auf dem Kissen ausgebreitet. An ihren Fingern hängt hartnäckig der Geruch von Bleiche.

Die Katze kommt aus einem der großen Häuser, wo sie Platten mit rautenförmigen Teigtaschen belegt hat. Sie hat Mandeln gehackt und mit einem Messer ins Mehl gezogen, Eiweiß steif geschlagen, Zucker erhitzt. Vor dem Einschlafen hat sie nicht gebetet.

Merche zieht den Kittel über den Kopf, und die Großmutter hält ihr den mit Tüchern umwickelten Topf hin, den Merche jeden Mittag zu den Feldern trägt. «Zicklein», sagt die Großmutter.

Der Großvater arbeitet auf den Feldern, damit Merche genug

zu essen und ein Bett hat, sie jeden Morgen zu dem Fräulein in den Unterricht gehen kann. Damit die Heiligen Drei Könige ihr neue Kleider bringen, Holz im Ofen brennt und Kastanien röstet. Im Winter würden ihre Finger sonst im Regen abfaulen, sagt die Großmutter.

Kaninchen schlägt der Großvater mit der Handkante in den Nacken. Zicklein packt er an den Hinterbeinen, schleudert sie gegen die Wand, bis der Schädel springt und Merche die Knochenplatten mit der Fingerspitze verschieben kann. Neugeborene Kätzchen, die keiner will, sodass sich die Katze mit gefülltem Bauch ins Haus schleicht und versucht, das Zucken in ihren Flanken zu verstecken – nein.

Abends bei Tisch beten alle. Merche wartet, bis die anderen sich aufgetan haben. Die Katze lehnt an der Wand, setzt sich nicht, greift mit langem Arm nach einer Kartoffel. Die Großmutter schlägt mit der Gabel nach ihr, doch die Katze ist schnell und schon bei der Küchentür.

Wo sie denn hinwill, fragt der Großvater.

«Morgen geht ein Schiff», antwortet die Katze.

Wenn in den großen Häusern nicht gefeiert wird, arbeitet die Katze in der Halle unten an der Mole, wo die Tomaten verpackt werden, jede einzelne in knisterndes Papier, durch das man das Rosa der Finger sehen kann, und dann in eine Kiste, auf der Moore & Cia. steht. In der Halle hängt eine lange Reihe Lampen, darunter stehen Packtische, auf denen die Körbe ausgeleert werden. Nachdem ihr Brüderchen geboren wurde, ist Merche mitgegangen. «So wirst du dich benehmen müssen», hat die Großmutter zur Katze gesagt. Ob die Katze mit jemandem gesprochen hat, will sie von Merche wissen, wenn sie morgens heimkommen.

Die Katze ist als Kind bei keinem Fräulein im Unterricht gewesen, die Katze misst. Braucht das Brettchen nicht, hält es von Zeit zu Zeit, wenn der Aufseher hinsieht, in der Hand, lässt um des

Friedens willen eine Tomate durch die rundgeriebene Sägekante einer der sechs kreisförmigen Öffnungen gleiten. Immer durch das richtige Loch, nie ist eine Frucht zu groß oder zu klein. Ein Blick genügt, und die Katze kennt die Kategorie.

Die Katze ist eine graue Witwe.

«Mein Vater ist in Kuba», sagt Merche.

«Meiner auch», ruft Amalia und reckt sich.

«Natürlich», sagt die englische Dame, die sie auf dem Rückweg von den Feldern treffen, und lacht. «Deiner auch, ihr seid ja Schwestern.»

«Mein Vater hat mir ein Armband geschickt.» Amalia stellt sich auf die Zehenspitzen und hält der Dame ihr Handgelenk hin. «Und ihrer hat ihr keins geschickt.»

Eigentlich ist es keine große Sache. Sie sehen alle gleich aus: faustgroße Knie, dünne Beine, wenn sie in Rudeln über die Dorfstraße ziehen, lachen, laut kreischend auseinanderstieben, *la pelota salta y bota* singen, einen Kreis bilden, auf irgendwas in ihrer Mitte deuten. Tragen alle die gleichen kurzen Kittel, spätestens am Nachmittag alle im selben Staubbraun. Die Hornhaut ihrer Fußsohlen ist dick genug, um Zigaretten auszutreten, wenn keiner von ihnen dran ziehen will.

Sehen alle gleich aus, wenn sie unten am Meer über die Felsen rennen, die kleinen schwarzen Käfer vor ihren trommelnden Füßen in die vom Wasser aufgeleckten Luftbläschen in der Lava fliehen. Scharfkantig sind die Ränder, wenn man mit der Fingerkuppe drüberfährt, unter den Sohlen glatt.

Sehen alle gleich aus, wenn sie Lapas sammeln, sie mit Messerchen von den Felsen lösen und in Eimer fallen lassen. Sich in die kleineren, flachen Charcos hocken und zusehen, wie der Staub sich in langsam im lauwarmen Wasser ausbreitenden Wölkchen aus den Fasern ihrer Kittel löst.

In die größeren Charcos, in die das Meer hineintost, trauen sich nur die Älteren. Und noch weniger tauchen unter die Oberfläche und öffnen die Augen. Sehen die rötlich braunen Algen träge hin und her wogen wie langes Haar.

Sehen alle gleich aus bei der Messe, mit an den Waschsteinen pastellfarben geriebenen Sonntagskleidern und frisch gekämmten Haarhelmen auf den gesenkten Köpfen.

Schwarze Witwe, weiße Witwe, keine Witwe, einerlei, die Kinder sind Kinder, die Kinder sind hungrig, wenn sie mittags und abends in die Küchen träufeln, zu spät und mit ungewaschenen Fingern. Wünschen sich alle im Sommer Regen und im Winter Sonne. Ob Papa in Kuba ist oder «in Kuba ist», macht kaum einen Unterschied. Anfangs senden sie noch Geld, wenige Peseten. Auch hier Hunger, schreiben sie dazu. Vielleicht ein Jahr lang, dann nichts mehr, Malaria, Diphtherie, Gelbfieber, Schwarzwasserfieber oder Bigamie.

Warum die Katze die Katze ist, von allen *la gata* genannt wird, weiß Merche nicht. Sitzt den ganzen Tag herum und putzt sich, sagt die Großmutter. Verschwindet leise und flink, sobald es Arbeit gibt, der Großvater. Weil sie ein so schönes glänzendes Fell hat, die Burschen lachen und stoßen einander an.

*Cinco lobitos*, singt die Katze. *Cinco lobitos tenía la loba, cinco lobitos en el campo sola. Cinco tenía y cinco crió, y a todos cinco lechita les dio.*

Es schickt sich nicht, zu fragen, sagt die Großmutter. Die Großmutter weiß alles. Die Großmutter kann alles. Die Großmutter kann die Sonne aus einem herausholen, den bösen Blick abwehren. Taucht einen alten Korken in Asche und malt ein dunkles Kreuz auf den Steiß der Neugeborenen. Bespricht krampfende Bäuche und reibt sie mit der Handfläche und betet. Zündet Kerzen für den jeweiligen Heiligen an, sie kennt sie alle. Die Großmutter schreibt – nach Kuba, Venezuela, Argentinien –, und neben ihrem Schreibtisch sitzen die Frauen, manche weinen und flüstern Worte, die die Großmutter in Striche und Bögen fasst.

Wenn die Großmutter bei jemandem die Sonne wieder herausholt – meist kommen sie abends; wenn sie morgens kommen, schimpft die Großmutter, weil sie die Nacht abgewartet haben –, bringt Merche ein Wasserglas und ein Tuch, ein weißes Taschentuch, zwei liegen immer bereit in der Schublade der Anrichte in der Küche. Merche füllt das Glas und trägt den Stuhl auf den Patio. Der oder die mit der Sonne im Kopf muss sich auf den Stuhl setzen und bekommt das doppelt gefaltete Taschentuch so auf die Haare gelegt, dass eine der Ecken mittig auf der Stirn in Richtung Nase zeigt. Die Großmutter stellt vorsichtig das Wasserglas auf das Tuch und betet dreimal:

*Sol, sol, vete al sol, deja a Maria su resplandor. Hombre santo nómine, quita el sol y aire si hay. Así como el mar no está sin agua, ni el monte sin leña, ni el cielo sin ti, rosa de Cristo, coge tus rayos y vete de aquí.*

Alle starren das Wasserglas an, warten, ob Blasen darin aufsteigen, dann hat es geklappt.

Das Beste ist die Fiesta del Cristo, findet Merche, in La Laguna im September. Die Katze hat sie mitgenommen, als sie an der Plaza del Cristo in einem der großen Häuser kocht, damit sie auf Amalia aufpasst, die noch aus der Brust trinkt. Das Zweitbeste ist auf dem Dreschschlitten sitzen und im Kreis fahren, den ganzen Tag im Kreis fahren. Der Großvater steht am Rande der Era, raucht seine Cachimba und schimpft über die Wasserpreise, die Rümpfe der Kühe fest im Blick. Und hebt eine den Schwanz, ruft er: «Schnell, Mädchen, den Eimer!» Denn darum sitzen Merche und Amalia auf dem Schlitten: um den Eimer drunterzuhalten, damit der Dung das Korn nicht verdirbt.

Auf das richtige Gewicht kommt es an, dass der Schlitten das Korn nicht zerdrückt, sondern aus den Ähren presst, das Leichte vom Schweren trennt. Später sehen sie zu, wie die Halme mit Rechen in die Luft geworfen, die Hülsen als feiner gelber Schleier vom Wind weggetragen werden.

Am Ende, wenn die Era gefegt und die Reste gesiebt sind, sagt der Großvater: «Seht her, ich hab hier ein Vögelchen.» Hält ihnen die Hände so hin, dass eine die andere abschirmt. Und zwischen ihnen ist nie ein Vögelchen, stattdessen immer zwei Feigen, reife, gelbe Feigen, die er für sie gepflückt hat.

**In den Straßen unten** am Hafen wird gebaut, die Stadt wächst noch immer. Sidney parkt den Wagen auf der hellen Sandfläche, wo vor ein paar Jahren noch die Festung stand. Das Ateneo von Santa Cruz ist vor einigen Monaten an der Plaza de la República Nummer 9 eingezogen. In das Haus neben der Casa de Carta, dem Sitz des Gobierno Civil, in die Räume, in denen vorher der Club Inglés, der Britische Club, untergebracht war.

Als Sidney den Platz überquert, lehnt der Franzose aus dem Fenster im ersten Stock, die Unterarme auf die Brüstung des französischen Balkons gestützt, und raucht. Beobachtet die Tauben, die immer zu mehreren aufgeregt um die Bänke herumpicken. Sidney kennt den Ausblick, den man von dort hat. Knapp über allem, aber nicht so weit, dass man nicht noch das Gefühl hätte, Teil des Ganzen zu sein. Gesichter gut erkennen kann, ihre überraschte Freude sieht. Eine schöne, überraschte Freude, wie man feststellt, licht und harmlos, während man am Geländer lehnt und wartet und wartet, ob sie noch kippt. Zu rasen beginnt, holpernd und vorwärtsstürzend und ohne dass irgendwas sie halten könnte, den abschüssigen Hang hinab.

Dort am Fenster hat Sidney vor vier Jahren gestanden, Unterarme auf die Brüstung gestützt, am 14. April 1931. Ist zum Billardspielen im Club gewesen, trotz der Wahlen. Manchester wird vor ihm wissen, wie sie ausgegangen sind, lange bevor Sidneys Kabel aus dem Telex tickert. Kein Grund, im Office sitzen zu bleiben und am Radio auf das Ergebnis zu warten.

Die Menschengrüppchen auf dem Platz damals sehr hell, Strohhüte mit dunklen Bändern, vereinzelt Frauen in weißen Kleidern. Die Hitze war früh dran in dem Jahr. Matrosen in weißen Uniformen stehen zu dritt, zu viert zusammen und legen einander die Arme um die Schultern.

Als die angrenzenden Geschäfte schließen, eines nach dem anderen, füllt sich die Plaza de la Constitución, wie der Platz bis zu dem Abend heißt. Den neuen Namen wird später jemand auf ein Stück Holz schreiben, mit Draht über das alte Schild binden: *Plaza de la República*.

Als Sidney die Leiter sieht, versteht er zunächst nicht, wofür sie gebraucht wird. Bis das Werkzeug durch die Menge nach vorne gereicht wird, Schraubenzieher, Meißel, Hammer, ein Kuhfuß. Über den Fenstern des Gobierno Civil hängt das Wappen der Bourbonen. Ziemlich verwittert, wenn man den Platz überquert, sieht es nicht anders aus als die dunkelgrauen Steine, aus denen die Casa de Carta gebaut ist. Zwei Männer klettern hinauf, halten sich an den Fenstergittern fest, es dauert, bis sie die Befestigungen lösen. Die Monarchie geriert sich zäh.

Hinter Sidney an der Bar wird, leise und mehr zur Sicherheit, *God Save the King* angestimmt. Dass es ihm um Alfonso XIII. leid-täte, kann Sidney nicht sagen. Andere Könige haben meist etwas Lächerliches.

Der Autokorso kommt die Calle Alfonso XIII herunter, die ersten Wagen mit offenem Verdeck und den Fahnen der CNT und der republikanischen Parteien. Das Orquesta municipal sammelt sich auf dem Platz. Eine Weile wird diskutiert, welches Stück sie spielen sollen. In Ermangelung einer Hymne der republikani-schen Parteien stimmen sie schließlich die *Marseillaise* an. Immer wieder, den ganzen Abend über, nachts noch, auf dem Heimweg, als Fetzen im Wind, Teile der *Marseillaise*.

Seitdem hat sich der Füllstand der Straßen zu einem verläss-lichen Barometer für die Zerbrechlichkeit oder Stabilität der Ver-hältnisse auf der Insel entwickelt. Gefährlich wird es, wenn man niemanden sieht, weiß Sidney mittlerweile. Bei der Huelga general vor drei Jahren war Santa Cruz leer, kein Mensch unterwegs, nicht einmal Wasserträger oder Milchfrauen.

Ada und Lorenzo stehen beieinander, als Sidney den großen Saal im ersten Stock betritt. Schweigend, aber einträchtig beieinander, ohne verschränkte Arme und abgewandte Gesichter. Er hatte sie zerstritten in den am weitesten voneinander entfernt liegenden Ecken des Raumes vermutet.

Eine ihrer Capricen, hat Sidney anfangs gedacht. Belustigt zugehört, wenn Ada jede noch so kleine Entdeckung, Lorenzos Gewohnheiten, Vorlieben, Vergangenheit, vor ihm ausbreitet. Hat über ihre naive, übersprudelnde, vollkommene Blindheit gelacht. Es «eine kleine Obsession» genannt, als es nicht verging und Ada ein Jahr später noch immer ständig über ihn redet. Sagt nein, als Ada ihn bittet, auf ihren Vater einzuwirken, nein, als der alte Moore ihn bittet, auf Ada einzuwirken. Lästig, aber es werde sich schon von alleine sortieren, war Sidneys Haltung. Er hätte nicht erwartet, dass Theobaldo Moore schließlich nachgeben würde.

Dreieinhalb Wochen hatte Ada im Bett gelegen, Vorhänge zugezogen, ohne Buch, Handarbeit, irgendeine ersichtliche Beschäftigung, außer auf der Seite zu liegen, mit der Decke über den Ohren. Fast jegliche Nahrung zurückweisend – egal, wie hübsch auf dem Tablett arrangiert, gleichgültig von welcher Blume begleitet in der zierlichen Vase, die Nanny Brown immer zwischen Milchkaffee und Toasthalter stellt, ob mit Papayastückchen oder ohne. Hat keine ihrer Freundinnen empfangen, nur stumm unter der Decke den Kopf geschüttelt, mit dem Rücken zu ihnen dagelegen, als Nanny Brown sie trotzdem ins Zimmer führte.

Dreieinhalb unendlich lange, langweilige Wochen, wie Ada sie später nennt, wenn sie davon erzählt. Die einzige Abwechslung sind Nanny Browns Vorträge, sie solle endlich aufhören mit dem Theater. Stabilere Nerven als Adas gebe es gar nicht. Ihren Vater so zu ängstigen, nach all den Jahren Kummer wegen ihrer Mutter.

Solange Adas Freundinnen sich mit ihr bei Tee und Kuchen über den *Sears Catalogue* beugen, um die Aussteuer auszusuchen, ist alles in Ordnung. Solange sie die Liste mit den Hochzeitsgeschenken zusammenstellen, über Nachttischlampen und Vorhangstangen diskutieren. Lorenzo sei der schönste Mann, den sie je gesehen hätten, bestätigen sämtliche Freundinnen auf den hellblauen Stuhlpostern der nachgemachten Louis-Quinze-Stühle vor der Ankleide, wo sie warten, während drinnen Säume auf der richtigen Länge festgesteckt werden. Sie wiederholen es, an die Vitrinen des Juweliers Augustin y Cia gelehnt, und während ihre Finger durch Stoffmusterhefte bei den Tres Teresitas blättern.

Viel benötigt Ada eigentlich nicht, sie und Lorenzo werden in der Viera y Clavijo bei ihrem Vater wohnen bleiben. Das war Theobaldo Moores Bedingung, als er schließlich eingewilligt hat. Es wird trotzdem ein eigener Hausstand, der in Schachteln und Tüten, mit Lastwägen und Laufburschen in die Viera y Clavijo geliefert wird.

Triumph in jeder Bewegung, in jedem Schritt, Oberkörper hoch aufgerichtet, Schultern nach hinten, Kinn erhoben, als Ada den Mittelgang zwischen den Bänken der anglikanischen Kirche an der Plaza de los Patos hinabschreitet. Als würde sie als Erste die Ziellinie überqueren, ein Rennen gewinnen. Nach Sieg sieht es aus, als sie vor dem Priester stehen bleibt, und nach nichts anderem.

Die ersten Monate danach ist es angezeigt, sich deutlich bemerkbar zu machen, ehe man einen Raum betritt, in dem sich Ada und Lorenzo bis eben alleine befanden. Sie ohne ihn anzutreffen ist ausnehmend schwierig geworden, da Lorenzo keinerlei Beschäftigung nachgeht, außer Ada überallhin zu begleiten. Das war, bevor er seinen politischen Spleen entwickelt hat, aber mit dem politischen Spleen haben ihre Schwierigkeiten nichts zu tun.

Ein halbes Jahr hält die gute Phase an. Bis die Briefe vom Festland kommen, einer nach dem anderen, die aus Madrid in alphabetischer Reihenfolge der Nachnamen, wie sie nach einigen Wochen feststellen. *La Complutense* lautet der Absender, *Universidad de Barcelona*, *de Salamanca*. Und wieder sitzen sie im Estudio de Moda von Doña Pilar und trinken Limonade und warten, während hinter dem Vorhang Säume auf der richtigen Länge festgesteckt werden, halbe Wade, diese Saison in Madrid, versichert das Fräulein. Und von nichts anderem ist mehr die Rede als Kleider für das Festland zu kaufen, Schiffspassagen buchen, Erkundigungen einziehen über möblierte Zimmer, Mieten und wie streng die Wirtin wohl ist. Telegramme werden vorgelesen, Briefe formuliert, Anrufe erwartet. Und Ada sitzt nur daneben.

Clemencia und Otilia sind die Ersten, die mit Konfetti und Luftschlangen an der Mole verabschiedet werden. «Wir sehen uns in ein paar Wochen», rufen die anderen. Jedes Mal sind sie weniger, am Hafen von Santa Cruz. Irgendwann sind alle weg, nur Ada nicht, Ada ist verheiratet.

Ada hat Zeit, wann immer Sidney anfragt. Lorenzo bringt sie hin, und Ada steigt aus dem Auto, ohne sich noch mal umzudrehen. Wenn sie ausgehen – und die beiden gehen viel aus –, trifft man sie gemeinhin in unterschiedlichen Räumen an. Sollte dies nicht möglich sein, auf unterschiedlichen Seiten des Zimmers. Und das ist auch gut so, stellt Sidney rasch fest. Die Muskeln in Adas Unterkiefer spannen, schieben ihr Kinn nach vorne, sobald Lorenzo das Wort ergreift. Es genügt, dass er mit erhobenen Armen auf Sidney zukommt, ihn überschwänglicher begrüßt als sonst. Der Abend endet genau so, wie Sidney erwartet hat.

**Der Abend, den Julio** still für sich ungefähr ein Jahr lang den schlimmsten seines Lebens nennen wird, beginnt unauffällig. Julio liegt auf seinem Bett, die Füße so über den Rand gehängt, dass zwischen Decke und Sohlen ein Zentimeter Luft bleibt. Seine Mutter hat die Angewohnheit, plötzlich mitten im Zimmer zu stehen. Er liest *Sandokan*, würde gerne etwas anderes lesen, traut sich nicht, denn Mutter hat die Angewohnheit usw.

Als Olga unten am Fuß der Treppe «Essen!» ruft, klingt sie

nicht anders als sonst. Julio riecht Potaje und Kaninchen, Vater und Jorge sitzen bereits am Tisch, Julios rechte Hand liegt auf der Stuhllehne, im Begriff, sie zu sich heranzuziehen, um sich zu setzen, als alles stockt. Sein Körper erstarrt mitten in der Bewegung, sein Atem sucht Deckung hinter den Rippen. Julio kann den Blick nicht abwenden von dem Abgrund, der sich auf der Tischdecke neben seinem Teller auftut. Unter seinem Löffel, dort, wo sich, sauber und zweimal gefaltet, seine Serviette befinden sollte, liegt ein Heft. Nein. Liegt das Heft.

Der Löffelbauch verdeckt das rote U von *Educación* und darunter das X von *sexual*, sein Stiel teilt die beiden ineinandergelegten Hände auf dem Titelblatt.

«Ich dachte, vielleicht willst du uns heute beim Essen etwas vorlesen», sagt Olga, und Julio stockt noch immer.

«Gute Idee.» Jorge verschränkt die Arme vor der Brust.

Vater streckt die Hand aus, erwartet anscheinend, dass Julio seine Finger um den Abgrund legt und ihm selbigen reicht, doch Julio steht immer noch hinter seinem Stuhl, eine Hand auf der Lehne. Als Olgas Arm vorschnellt, um das Heft zu nehmen, zuckt Julio zurück, als hätte sie nach ihm geschlagen.

«Noch nicht», sagt Olga und blickt ihn an, während Augusto blättert, bis zu den Zeichnungen mit den Unterschieden blättert, und mit jeder Seite wird Julio wärmer.

«Und?», entgegnet Jorge, als sein Vater aufhört, eine Seite nach der anderen zu überfliegen, und ihm das Heft reicht.

«Ich vermute, das gehört eigentlich dir», sagt Augusto Baute.

In dem Augenblick kann Julio sich wieder bewegen, er nutzt ihn, um sich geräuschlos zu setzen. Weniger Fläche bieten, irgendwie hinter dem Tisch verschwinden, so hat er sich das vorgestellt, stößt jedoch mit der Hüfte gegen den Stuhl. Der schrammt über den Steinboden, Olga tritt kopfschüttelnd einen Schritt auf ihn zu.

«Du kannst mir nicht erzählen, das», sagt Jorge, und das Heft landet wieder in der Tischmitte, «sei nicht sinnvoll. Du hast immer von den zig Kindern in den Dörfern geredet. Die Körper der Frauen wie ausgewalktes Leder, hast du gesagt. Und dann sterben alle weg. Grippe oder Steinschlag oder kein Regen. Oder zu viel Regen. Oder die Heuschrecken kommen.»

«Dort ist Aufklärung wichtig, keine Frage. Aber du kannst die Hefte nicht deinem kleinen Bruder geben.»

«Schau ihn dir an. Wenn Frauen nicht plötzlich Schaltkreise und Drähte kriegen, wird er nie rausfinden, wie es funktioniert.»

Und beide lachen, und Jorge nimmt das Heft und hält es Julio hin. Julio ist nicht lebensmüde, lässt es schön vor sich in der Luft, ohne sich zu rühren. Olga steht nach wie vor neben seinem Stuhl, seine Ohrläppchen, an denen sie zieht, wenn sie sehr wütend ist – und das ist sie –, in Reichweite. Julio hält den Kopf gesenkt, denn gerade konzentriert sich ihr Zorn auf Jorge.

«Ihr seid zu schnell», sagt Augusto Baute. «Ihr seid viel zu schnell. Ihr habt ja mit vielem recht. Nicht mit allem, aber gut. Nur seid ihr viel zu schnell.»

Die Hefte und Broschüren bringt Jorge regelmäßig mit nach Hause, platziert sie, um Olga zu ärgern, auf den alten *Blanco y Negro*-Ausgaben, die auf dem Tischchen neben dem Sofa aufgefächert sind. *Die Nichtexistenz Gottes: Eine wissenschaftliche Betrachtung* liegt zuoberst, als Olgas Freundinnen samstags zum Canastaspielen kommen. Pfarrer Norberto sitzt bei seinem Hausbesuch neben einer *Estudios*-Ausgabe über die Landreform. Im September, als zur Fiesta del Cristo Olgas Familie aus dem Norden anreist und in frischgestärkten Kleidern auf den Sesseln knirscht: *Einführung in die persönliche Hygiene* aus der Reihe *Generación Consciente*. Olga hat sich angewöhnt, ehe sie Besuchern öffnet, kurz das Tischchen zu kontrollieren.

Julio hat das Heft, die einführenden Seiten über Ana und Roberto, über Kennenlernen, Küssen und Respekt, so oft gelesen, dass er sie auswendig kann. Ziemlich weit hinten kommen Zeichnungen, welche die anatomischen Unterschiede korrekt wiedergeben. Wie Jorge ihm auf Nachfrage bestätigt. So sieht es aus, in Rosa natürlich, nicht in Schwarzweiß. Mit dunklen Haaren rundherum.

Julio liegt wieder auf dem Bett, die von Olga in seinen Oberarm gekniffenen blauen Flecken hören bereits auf, weh zu tun, als das Fiepen beginnt. Er richtet sich auf, blickt zum Schreibtisch, ob er irgendwas hat liegen lassen, ein Relais, denn genauso klingt es: wie ein Relais bei ungeglätteter Spannung.

Er schüttelt den Kopf, presst die Handflächen auf seine Ohrmuscheln, steckt die Finger hinein, rüttelt ein wenig mit den Kuppen. Der Ton wird weder lauter noch leiser, nicht heller, nicht dunkler.

Julio kennt das Fiepen. Vor zwei Jahren hat er es schon einmal gehört, nicht ständig, aber immer wieder. Und jedes Mal, wenn er daran denkt, sieht er die Stühle wieder liegen.

Warmes Öl hat Doktor Cabrera damals empfohlen. Das Problem beim Öl war Stillhalten, während Olga es hineinträufelt, es kitzelnd in den Gehörgang fließt. Als das Fiepen nicht aufhörte, hat Julio eine Woche auf Verschreibung von Doktor Delgado mit zwei Stoffbeuteln voll Zwiebelscheiben auf den Ohren geschlafen. «Bringt nichts, und die Bettwäsche stinkt», stellt Olga schließlich fest.

Von dem Ohrenspezialisten aus Venezuela, der zwei Wochen lang im Hotel Pino de Oro in Santa Cruz Patienten empfängt, liest sie in der Zeitung. Schreibt trotz Julios Protest an das Hotel. Er befürchtet, irgendwas tagsüber während der Schulzeit um den Kopf gebunden zu bekommen.

«Ich würde morgen nicht runterfahren», sagt Jorge am Vorabend.

«Das Hotel wird geöffnet sein, ebenso der Arzt. Sind beides keine Mieter», hat Olga erwidert.

Um die Mieter geht es schon länger, sie haben eine Gewerkschaft gegründet. «Slums», sagt Jorge, Julio kennt das Wort nicht. «Die Ciudadelas, mit den Zimmern rund um den Hof in Santa Cruz, wo es immer stinkt. Die Eigentümer reparieren nichts, und die Mieten sind horrend.»

«Es gibt einen legalen Weg», wirft Augusto jedes Mal ein.

«Die Gerichte verzögern oder weisen die Klagen mit unglaublichen Begründungen ab.» An der Stelle wird Jorge immer wütend.

«Nicht bezahlen ist keine Lösung», wiederholt Augusto so lange, bis Jorge Ruhe gibt.


Die Tranvía ist nicht voller als sonst. Als sie aussteigen, viel Guardia Civil auf den Straßen. Den Streik haben die Mieter vor drei Wochen beschlossen, die am ersten April fälligen Mieten nicht gezahlt, Räumungen stehen bevor.

Der Doktor hat keine Haare, aber Bart und Brille. Er leuchtet in Julios Ohren. «Das ist nur Schmutz», sagt er, und Olga kneift Julio in die Schulter.

«Ich sage jeden Abend, er soll die Ohren waschen.»

«Manchmal reicht das nicht, Señora.»

Der Arzt beugt sich über den mit einem weißen, bodenlangen Tuch bedeckten Couchtisch, über die bereitliegenden Instrumente. Entscheidet sich zu Julios Erleichterung für einen Trichter mit schmaler Tülle. Als er nach etwas Langem, Spitzem, Metallenem greift, presst Julio die Handflächen auf die Ohren.

Gute Entscheidung, stellt er fest, denn Olga versucht, an seinen Ohrläppchen zu ziehen. Erst als der Arzt das Instrument vor Julio hinhält und er sich mehrfach vergewissert hat, dass es weder Skalpell noch Spritze, sondern eine Pinzette ist, gibt er seine Ohren frei. Der Trichter ist kühl und hart, nicht unangenehm. Halb so schlimm, hat Julio bereits beschlossen, als die Welt zu dröhnen beginnt. Die goldfarbenen Vorhänge, das an die Wand geschobene Hotelbett, das wohl als Behandlungsliege dient, der bis auf ein paar Blätter leere Tisch, hinter dem der Arzt gesessen hat, als sie reinkamen, die beiden Stehlampen mit den beigefarbenen Schirmen rechts und links, die Töne, die Olgas Mund entweichen, der sich öffnet und schließt – das Schleifen und Scheppern in seinem Kopf schluckt alles.

«Die Pinzette stößt lediglich gegen den Trichter, nichts passiert», sagt der Arzt. Olga hält Julios Kopf fest, während der Arzt ein Bröckchen nach dem anderen herausholt und in eine Nierenschale legt.

Julios Ohren fiepen nicht mehr, als sie wieder vor dem Hotel auf der Straße stehen. Nur seltsam taub fühlen sie sich an. Rauch, das Erste, was ihm auffällt, ist Rauch in der Luft beim Einatmen. Die Straße vor ihnen abgesperrt, als sie zur Tranvía-Station gehen. Olga schiebt ihn in eine der Seitenstraßen, und dort liegen sie. Seltsam lächerlich sehen die Stühle aus, wie schlafende Esel, die vorderen Beine nach hinten abgeknickt, die Lehnen intakt, ragen schräg nach oben, als wären es Hälse. Bücher sind auf dem Bürgersteig verteilt in gelben Lachen, auf einzelnen Seiten Fußabdrücke. Zwei Sessel, verkehrt herum, vier kleine runde Holzfüße oben, sodass man die verrosteten Sprungfedern sehen kann. Regale, Bretter kreuz und quer daneben, ein leerer Geschirrschrank, scharfkantige Porzellanscherben vor den offenstehenden Türen. Zwei Jungen nehmen die letzten Teller aus den Fächern und zerschmeißen sie auf dem Pflaster.

Am Morgen haben die Räumungen begonnen. Sobald der Gerichtsvollzieher und die Polizei weg sind, brechen die Leute die versiegelten Türen auf und tragen die Möbel wieder rein. Ziehen zu den Häusern der Eigentümer und holen raus, was sie tragen können. Einige gehen in Flammen auf, ebenso die Pökelfabrik Naveira und das Strohlagerhaus von Romero. Das Amtsgericht wird gestürmt, und zwei Tage später sieht sich der Gobernador Civil gezwungen, sämtliche Guardia Civil von den Nachbarinseln nach Santa Cruz zu beordern, um die Ordnung wiederherzustellen.

Seit dem Sieg der Rechten bei den Wahlen vor zwei Jahren, über den sich nur seine Mutter freut, ist es ruhiger geworden. Vater und Jorge sind sich wieder einiger, nicht jedes Könnte-ich-bitte-das-Brot-Haben beim Abendessen genügt, um Diskussionen über die Landreform auszulösen, mit Mitten-beim-Essen-Aufspringen und Rauslaufen, und Olga geht hinterher und ist am Ende ebenso wütend wie Vater und Jorge. Kaum noch Streiks. Die Stille der Verzweiflung, sagt Jorge.

# NEUNZEHNHUNDERT-
# NEUNUNDZWANZIG

**Sein Gesicht schmal**, Augen sehr waagerecht und braun, die Brauen zwei gerade, sich akkurat und dunkel von der erstaunlich hellen, glatten Haut abzeichnende Striche. Seine Haare reichen an den Seiten bis zu den Schläfen, sind exakt auf Höhe des rechten Augenwinkels gescheitelt. Er kontrolliert es jeden Morgen mittels eines Lineals, ehe er sie mit Pomade glatt und gleichmäßig nach hinten kämmt. Aber das weiß Ada noch nicht.

Seine Nase lang, nicht breit, aber lang, der Nasenrücken ein wenig konkav, eine Winzigkeit läuft die Linie nach innen, ehe sie in der Spitze mündet. Auf jedem Foto ist er mühelos zu entdecken, er trägt einen Vollbart, als Einziger einen Vollbart, die Koteletten ein wenig gestutzt, am Kinn voll und sorgfältig ausgebürstet, mit einer Schere auf Höhe seines Adamsapfels gehalten.

Groß ist er. Ada kennt seinen Namen nicht, hat ihn gerade erst entdeckt, er hält sich sehr aufrecht, Schultern nach hinten gezogen, die Hände vor dem Schoß übereinandergelegt. Er steht ein wenig breitbeinig, hat sich kaum bewegt, seit Ada ihn beobachtet. Steht, als würde er einer Rede lauschen, einen Eid ablegen wollen. Sein Mund bewegt sich, mehrfach, aber seine Stimme geht im Gelächterteppich, Satzfetzendurcheinander auf dem Weg in ihr Versteck verloren. Denn Ada sitzt in der Ecke des Salons, zwischen Wand und geöffneter Terrassentür tief in den Sessel gedrückt, Knie hochgezogen. Im dämmrigen Lichtkegel der Papageienlampe das ausgetrunkene Limonadenglas auf dem Tisch neben ihr. Verborgen von den vom Kronleuchter gut ausgeleuchteten, strahlend reflektierenden Kettenkaskaden, Spitzensäumen, vom Zigarettenrauch und Manschettenknopfgeblitze der in Grüppchen zusammenstehenden Gäste.

Ada wartet, dass er sich bewegt. Einmal schwankt er ein wenig, verlagert das Gewicht von einem Bein aufs andere und wieder zurück, ohne den Griff seiner Hände zu lösen. Ada muss mehrmals die Sitzposition ändern, um zwischen den paillettenbesetzten Rücken und Armen und Hüften freie Sicht auf ihn zu behalten. Schließlich lösen sich seine Hände voneinander, er legt sie auf Oberarm und Schulter seines Gegenübers, lacht mit sehr weißen Zähnen, und Ada meint zu erkennen, dass seine Lippen sehr voll und rot und noch etwas sind, das sie nicht benennen kann. Es hat etwas mit ganz tief unten in ihrem Bauch, wenn da überhaupt noch der Bauch ist, und mit Wärme zu tun. Er schlendert und lächelt und nickt zu und hält kurz an und berührt Rücken, küsst Wangen zur Begrüßung.

Ada lehnt sich nach rechts, nach links, duckt sich und reckt den Kopf, um ihn nicht aus den Augen zu verlieren. Sein Anzug dunkel, nicht weiß wie die meisten oder elfenbeinfarben oder beige, sondern grau, glücklicherweise. Er ist leicht im Gedränge auszumachen, nimmt im Vorbeigehen ein Glas vom Tablett, führt es an den Mund, nippt und dreht sich langsam um die eigene Achse, während er es wieder sinken lässt. Er sucht, ordnet den Raum mit seinen Blicken, und Ada lehnt sich rasch zurück, verschwindet wieder hinter taftgerahmten Rücken, hofft sie zumindest. Oder nicht, vielleicht soll er sie auch entdecken.

Gerade als sie sich vorbeugen will, nachsehen, ob er noch immer in ihre Richtung schaut, schießt ein Arm auf sie zu, weiß beärmelt, mit sorgfältig gestärkten und geknöpften Manschetten. Nanny Brown will nach ihr greifen, hat nicht erwartet, dass sie sich bewegen würde. Ihre Fingerspitzen treffen auf Wangenknochen, auf die zarte Haut direkt unter Adas rechtem Auge. Normalerweise hätte Ada aufgeschrien, mein Auge, mein Auge geklagt, bis Nanny Brown sich unter den strafenden Blicken der Umstehenden bei ihr hätte entschuldigen müssen. Stattdessen tastet sie still ihre Wange ab, stößt zwar mit dem Ellbogen nach der Gouvernante, als die erneut versucht, ihren Arm zu greifen, jedoch nicht mit Kraft und mehr aus Prinzip.

«Ich komme ja», sagt sie leise. Er dreht ihr den Rücken zu, seinen breiten und sehr geraden Rücken. Wenn er etwas fallen lassen würde, so könnte sie es aufheben und ihm reichen.

Später, gewaschen, im Nachthemd, das Licht ist schon gelöscht, sitzt sie am offenen Fenster, Ellbogen auf den Rahmen gestützt, spürt die hauchzarten Berührungen der fliegenden Ameisen, die an ihr vorbei ins Zimmer streben, wischt sie ungeduldig mit der Hand beiseite, wenn sie sich setzen, auf Stirn und Wangen umherirren. Nanny Brown wird sie am nächsten Morgen finden, hellgrau geflügelt und sehr leicht, in einem Halbkreis auf dem Boden vor dem Fenster.

Ada versucht zu entscheiden, welches seine ist in dem Gewirr der Stimmen, das durch die geöffneten Flügeltüren des Salons in den dunklen Garten entweicht.

Beugt von Zeit zu Zeit den Oberkörper vor, lehnt sich nach draußen, sodass sie um die Hausecke herum einen Teil der Terrasse überblicken kann, den Pfad in den Garten. Sie muss ihn sehen, noch einmal sehen, und weiß nicht, warum.

**Bereits auf der Straße** zum Taoro, an der Abzweigung von der Carretera General, stehen zwei Policías Locales, rauchen, treten erst nach einem langen Blick durch die Windschutzscheibe beiseite – schweigend und so gemächlich, dass Sidney im Schritttempo abbiegen muss –, halten ihn aber nicht an.

Sidney atmet tief ein, als er die kurze Steigung hinauffährt, riecht Eukalyptus, die Kiefern neben der Straße, aber weder Rauch noch den enervierenden Geruch von Verkohltem in der Luft. Die Kinder, die sonst auf dem Mäuerchen bei der Kehre sitzen, aufspringen und ihre Hände den Vorbeifahrenden so entgegenstrecken, dass man fürchten muss, sie mit dem Scheinwerfer zu streifen, sind nicht da. Ebenso wenig die Spitzenverkäuferinnen neben dem Tor, die beim Anblick des Autos gewöhnlich den Staub von Deckchen und weiß gehäkelten Friesen klopfen.

Zwischen den halbgeöffneten Flügeln wieder zwei Policías Locales, wieder am Rauchen, wieder ein langer Blick durch die Windschutzscheibe, gemächliches Beiseitetreten. Aber keiner erhebt Einwände, als Sidney auf den Kiesweg fährt.

Die Fassade des Taoro sieht aus wie immer, weiß, die Fensterreihen ordentlich geschlossen. Dafür stehen zwei dunkle Autos auf dem Rasen, eines mit einem Hinterrad im Blumenrondell, zerdrückte Petunienblüten kleben am Reifen. Sie gehören der Guardia Civil, stellt Sidney unmittelbar nach dem Aussteigen fest. Die Polizeibeamten fragen nach seinem Namen, höflich, versuchen, einen Zusammenhang herzustellen. Ob er jemanden besuchen wolle, die Hotelgäste seien alle ins Martiánez gebracht worden. Wenn er ein geschäftliches Anliegen habe, erreiche er die Hoteldirektion über deren Anwalt, man könne ihm die Adresse geben.

Sidney winkt ab. Neugierde, nichts anderes, hat ihn nach seinem Lunch mit Alfonso Cologan veranlasst, nicht auf direktem Weg nach Santa Cruz zurückzufahren.

Vorgestern Nacht hat das Telefon unten in der Halle geklingelt, um kurz nach Mitternacht. Sidney saß bereits im Pyjama im Bett, hat erneut festgestellt, dass er Yeats unerträglich findet, Nobelpreis hin oder her. Im Erdgeschoss rührt sich niemand, dabei ist er sicher, die Haushälterin hat das Schrillen ebenso gehört.

Barfuß, Hausmantel in der Hand, ist er die Treppe hinuntergelaufen, um die Zeit kann es nur Manchester sein, und wenn die Geschäftsleitung ihn zu Hause anruft, ist irgendwas passiert. Er traut den Börsen in Übersee nicht, die Kurskorrekturen der letzten Wochen, kurzes, aber kontrolliertes Absacken ohne größere Konsequenzen, eigentlich nicht weiter bedenklich, sie sind immer noch knapp 25 Prozent im Plus im Vergleich zum letzten Herbst, dennoch. Aber statt Manchester meldet die Zentrale Theobaldo Moore. Er habe gerade mit seinem Verwalter im Norden gesprochen, das Taoro brennt.

Ein Kurzschluss wahrscheinlich, keine Anzeichen für Brandstiftung oder irgendwas Politisches, hat Alfonso Cologan ihm eben beim Lunch versichert. Der Termin mit dem Bürgermeister von La Orotava war lange vereinbart, sie hatten über die im kommenden Jahr auszugebenden Anteile an den Wassergesellschaften reden wollen. Aber Sidney kann es nicht lassen, nach dem Brand zu fragen. »Wir haben vorsorglich die Üblichen verhaftet«, sagt Cologan gleich mehrfach, «aber wir sind sicher, nur ein Kurzschluss.»

«Darf ich?», fragt Sidney die beiden Guardias Civiles und deutet auf den Sandweg, der um die Hausecke herumführt. Der Rasen rechts und links zertreten und aufgewühlt, Radstreifen laufen kreuz und quer.

Sie nicken.

Sidney tippt sich zum Abschied mit zwei Fingern an die Stirn, weiß, dass sie ihm hinterhersehen. Seine ersten Tage auf der Insel hat er hier im Taoro verbracht, in einem fensterschmalen Zimmer am Ende eines der langen Flure des Westflügels.

Im Herbst hat er zuletzt längere Zeit hier gewohnt, während des Staatsbesuchs von Primo de Rivera im Oktober. Und auch wenn das Hotel mittlerweile unter deutscher Leitung steht, ob British Grand Hotel oder Humboldt-Kurhaus, im Lesesaal herrscht Stille. Er hat damals in einem der Sessel an der Fensterfront zur Terrasse gesessen, die zusammengesunkenen Seiten der neu eingetroffenen *London Times* von vorletzter Woche im Schoß. Neben ihm auf dem Tisch eine Tasse zu lange gezogener Tee, die Spitzen der Farne neben der Tür bewegten sich sacht im Luftzug, eine Gruppe leerer Notenständer stand in der Ecke. Die vier von Armlehnen separierten Sitzflächen der runden gepolsterten Bank in der Mitte des Raums zeigten wie immer in alle vier Himmelsrichtungen. Auf den Tischen beim Kamin und bei den Bücherschränken am anderen Ende des Zimmers lagen dieselben rosenbestickten Decken wie vor zwanzig Jahren bei seinem ersten Besuch. In den Regalen die gleiche Mischung aus Baedekern, Liebesromanen, *Punch*-Bänden, Henry James und Somerset Maugham. Die Thonet-Schaukelstuhlherde im Vestibül stumm. Die letzten Familien mit Kindern waren bereits abgereist, die Salons, Zeichenzimmer, Rauchräume und Speisesäle leer. Doch Sidney war sich sicher, hinter dem seegrün-beigen Bluebell-Muster der Tapeten, hinter den Türreihen der Flure im ersten und zweiten Stock, in der Küche, den Heckenlabyrinthen und Blumenrondellen der Gärten hatte der Kampf bereits begonnen.

Sidney beglückwünscht sich noch heute zu seiner Entscheidung, damals nicht am Empfang in Santa Cruz teilgenommen zu haben und stattdessen im Taoro zu warten. Am Hafen – und eigentlich ist es Sidneys Hafen, auch wenn er sich der Albernheit solcher Empfindungen bewusst ist, aber es gibt kaum einen Abschnitt, ein Gebäude oder eine Maschine, an deren Planung, Bau oder Betrieb er nicht beteiligt gewesen wäre –, am Hafen haben sie vergeblich gewartet. Kein Ausländer hat zu den wenigen Erwählten gehört, die dem Diktator nach der Landung vorgestellt werden sollten. Später beim Bankett hat es – und zwar genau so weit am Rand, dass sich später niemand rechtfertigen musste – ein, zwei Tische mit den unvermeidlichen *Británicos* gegeben. Den Hamiltons, die bereits ein Jahr, nachdem Nelson sich vor Santa Cruz lächerlich gemacht hat, auf die Insel gekommen sind. Aus Schottland. Aber hier sind alle Briten, sogar die Iren. Die Moores, Blandys und Murphys.

Den Diktator hat er am nächsten Abend im Speisesaal des Taoros getroffen, ein müder und überforderter Mann, der nichts als seine Ruhe wollte. Vollkommen desinteressiert an allen Vorschlägen, die Sidney elegant ins Gespräch einzuflechten versuchte.

Ein schlechtes Zeichen, nichts anderes ist der Besuch von Primo de Rivera gewesen.

Es gibt Gerüchte, die Spanier wollten eine Raffinerie bauen auf der Insel. Sidney hatte gehofft, dass sie sich zurückziehen würden. Nach den Schwierigkeiten mit Abd al-Karim und dem langwierigen Rifkrieg genug haben von ihrem Abenteuer in Westsahara. Aber es hätte schlimmer kommen können. Auch Niederlagen müssen transportiert werden. Erst das ganze Material hinein und danach, was übrig ist, wieder raus. Mit Kohle aus Durham.

Ein Freistaat, so hat Sidney sich die Zukunft der Insel immer vorgestellt, wenn schon keine britische Kolonie, dann ein Freistaat. Keine Zölle, keine Steuern. Um die Straßen von den Packstationen zu den Verladekais, um die Erweiterung des Hafens würden sich die Firmen kümmern, in ihrem eigenen Interesse. Die tägliche Portion Gofio wäre den Einheimischen sicher.

Der Wind kommt von hinten, sodass Sidney ihn im nassgeschwitzten Nacken zwischen Hut und Hemdkragen spürt. Der stechende Geruch von Versengtem wird dennoch mit jedem Schritt strenger.

Die Fassade zur Straßenseite hat so unversehrt ausgesehen, dass Sidney fast glauben wollte, es habe sich bei den infernalischen Beschreibungen auf der Titelseite der *Gaceta* am Morgen um eine inseltypische Übertreibung gehandelt. Vielleicht stoppt ihn daher der Anblick des Innenhofs mitten in der Bewegung. Der Arm, der leicht nach vorne schwang beim Gehen, bleibt in der Luft stehen, die andere Hand hört auf, seine Jacketttasche nach einem Taschentuch abzutasten für seinen Nacken.

Auf dem Rasen – immer noch sehr grün und intakt, an manchen Stellen sind noch die akkuraten Streifen der Mährichtung im Gras zu erkennen –, auf dem Rasen: Nachtschränke, Beistelltischchen, alles, was sich leicht tragen lässt, die schmalen Konsolen aus den Fluren, an einigen lehnen die dazugehörigen Spiegel. Die runde Sitzbank steht auf der Terrasse, weiße Löschwasserspuren auf dem bordeauxfarbenen Brokat. Hoch aufragend schlendern Policías Locales zwischen den Möbeln, vermutlich befürchten sie Plünderungen. Über den Fensteröffnungen im Erdgeschoss geschwärzte Dreiecke, einige der Scheiben zerbrochen, die, die es nicht sind, stehen offen. In manchen wölben sich noch Gardinen.

Als Sidney wieder im Auto sitzt und auf den Uniformrücken blickt, der vorne am Autokühler die Anlasserkurbel dreht, muss er das Lenkrad fest mit beiden Händen packen, damit sie aufhören zu zittern. Der Motor startet ruckelnd, die Erschütterung setzt sich in seinen Fingern fort, er muss achtgeben beim Wenden, mit aller Kraft achtgeben, keinen der dunklen Wagen der Guardia Civil zu rammen.

Es ist ein seltsames Jahr. Eigentlich funktioniert alles. Mit der Capitanía und der Zivilregierung arbeiten sie eng zusammen, mit den Bürgermeistern und Gemeinderäten. Ihre Wahl erfolgt mühelos, zuverlässig, selten hat Sidney eine Überraschung erlebt und Elder Dempsters Kandidaten nicht durchbekommen. Und wenn, haben sie sich immer arrangiert, ist Sidney auf offene Ohren getroffen. Seit Jahren hat es keinen wichtigen Beschluss auf der Insel gegeben, ist kein Gesetz erlassen worden, das er nicht abgesegnet hätte. Der britische Bananenmarkt hat sich erholt, der Einbruch während des Kriegs ist aus den Geschäftszahlen verschwunden. Die zivile Seefahrt ebenso, im letzten Jahr haben sie wieder mehr Schiffe versorgt als 1913, und Sidney ist gewiss, dass der Dieselantrieb die Kohle nie und nimmer aus der Schifffahrt verdrängen wird. Alles läuft. Fast zu gut.

Rechts der Straße, zartgrün und dicht wie in Devon, wächst Farn am Hang, der Teide erst seit ein paar Tagen frei von Schnee. Doch Sidney muss bloß an die Gäste denken, die in wenigen Stunden vor dem Portal der Casa Salamanca vorfahren werden, und würde am liebsten den Wagen an den Straßenrand lenken und dort stehen bleiben. Vielleicht aussteigen und sich in den Farn legen.

Noch lieber würde er alle wieder ausladen. Sich entschuldigen lassen: eine plötzliche, heftige Unpässlichkeit. Die Krüge mit Zitrone, Melone und Minze werden wieder viel zu früh auf der Terrasse stehen, inmitten von Schwitzwasserpfützen, bereits lauwarm, wenn die Gäste kommen. Tee, offiziell hat er zum Tee eingeladen. Den niemand außer ihm trinken wird, Eistee allenfalls, mit Limette, Rum und Rohrzucker. Es gibt Sandwiches, mit Gürkchen. Wenn im English Bazar keine zu bekommen sind, serviert Sidney keine Sandwiches. Scones, flach und handtellergroß. Die Köchin sticht sie mit dem Wasserglas aus, er hat es kontrolliert, dennoch, äußerlich erinnern sie allenfalls an deutsche Semmeln. Zwei äußerst akzeptable Chutneys – Mango und Zwiebel, frisch eingekocht –, die er als Einziger essen wird, alle anderen die pastellfarben glasierten Petit Fours und Millefeuilles von Echeto. So ist es immer, kein Grund, sich mit einem Mal darüber aufzuregen.

Die Wolken schieben sich die Hänge hoch, füllen bereits das Tal, Puerto ist nicht zu sehen, die aus dem Weiß ragenden Bergpässe sehen aus wie das Ufer eines Sees. Seine Finger haben aufgehört zu zittern, stellt Sidney erleichtert fest.

1919

# LA MAR PEQUEÑA

**Die Enten an der Plaza de los Patos** verlassen mittlerweile das wappenförmige Becken, sobald man in die Calle O'Donnell einbiegt. Schlüpfen unter dem Zaun hindurch, eilen schnurstracks mit nach vorne gereckten Hälsen und nach hinten ausgestreckten Flügeln auf einen zu, und man beginnt, in ihre aufgesperrten Schnäbel zu starren, um immer wieder sicherzugehen, dass sie keine Zähne haben, so zielstrebig nähern sie sich den Hosenbeinen.

Als Sidney von der Rambla abbiegt, sind sie damit beschäftigt, drei Señoritas in hellen Röcken die Calle General O'Donnell hinunterzujagen, ihre vorschnellenden Köpfe dicht hinter den schwingenden Säumen. Eines der Mädchen versucht, die Tiere mit dem Sonnenschirm abzuwehren, doch sie weichen behände aus und attackieren von der anderen Seite. Sidney beschleunigt, er wird eingreifen müssen, umfasst den Griff seines Spazierstocks fester, hält mit der anderen den Hut. Doch ehe er bei den jungen Damen anlangt, sind sie durch eine eilig zugeschlagene Pforte verschwunden. Die Enten quaken vor dem Zaun, recken ihre Hälse durch die Gitterstäbe, versuchen hindurchzuschlüpfen.

Sidney dreht leise wieder um, will schnell zurück, solange sie abgelenkt sind. Tastet die Tasche seines Blazers ab, die Schachtel mit den Toffees ist noch da, ist nicht herausgefallen in der Eile. Dabei ist er sich gar nicht sicher, ob er heute Gelegenheit haben wird, sie ihr zu geben.

Ihm gefällt die Gegend, die Straßen sind zwar nicht gepflastert, werden jedoch täglich gesprengt, stauben nicht, angenehm feuchte Kühle steigt von ihnen auf. Vor fünfzehn Jahren, als er überlegt hat, wo er sich niederlassen soll, nachdem ihm klargeworden war, dass er die Insel so rasch nicht wieder verlassen wird, gab es hier nichts als Geröll, nicht einmal Felder.

Vor einer der Villen der Brüder Dehesa hält eine Kutsche. Sie waren die Ersten, die hier gebaut haben. Sidney hat bis heute Schwierigkeiten, sie auseinanderzuhalten: beides Bankiers, beide Gebäude von außen Barock, innen im maurischen Stil. Die amerikanische Botschaft ist beflaggt, sie haben ihn eingeladen für heute Abend, normalerweise wäre er dort hingegangen.

Die Enten haben von dem Zaun abgelassen, sind auf dem Rückweg zum Platz, er kann sie hinter sich hören, beschleunigt – unauffällig, hofft er – seine Schritte. Die Enten sind ein Geschenk an die Stadt gewesen, von einem ihrer Räte, als vor einigen Jahren das Becken gebaut wurde. Auf den Bänken rundherum hat seit Monaten niemand mehr zu sitzen gewagt, so dicht sind sie mit Kotflecken gesprenkelt.

Theobaldo Moores Villa an der Ecke Viera y Clavijo gleicht von vorne dem Torhaus eines südenglischen Schlosses aus dem 17. Jahrhundert, das Erkerfenster ist viktorianisch, die Gartenseite georgianisch, der Rest Tudor-Revival. Einige behaupten, Theobaldo Moore habe dem Architekten das von einem englischen Zementsack abgerissene Bild eines Herrenhauses in die Hand gedrückt, und der habe versucht, alle Elemente unterzubringen. Sechs Jahre ist es her, dass Moore seinen Haushalt nach Santa Cruz verlegt hat. Niemand hätte gedacht, dass die Moores La Orotava, das alte Zentrum der Insel, je verlassen würden.

Man könne nicht von ihr erwarten, dass sie Wolken atme, hat die junge Mrs. Moore gesagt. Ein Fehler, eine Frau aus England zu holen, statt in eine britische Familie von hier einzuheiraten, davon ist Sidney überzeugt. Es sei nicht genug Platz zwischen Himmel und Erde, hat sie behauptet, La Orotava ein «weißes Gefängnis» genannt, weil man meistens keinen Meter weit sieht.

Sie leide unter Atemnot, ringe den ganzen Tag nach Luft und erwarte ein Kind, damit hatte Theobaldo Moore seine Entscheidung gerechtfertigt. Was solle man machen.

Lange hat die junge Mrs. Moore den Umzug nicht überlebt, ist vor zwei Jahren während der Grippeepidemie an der Plaza de los Patos gestorben.

Der kürzeste Weg zum Haus führt einmal quer über den Platz, am Becken vorbei. Stattdessen wechselt Sidney bei der anglikanischen Kirche die Straßenseite. Er solle häufiger hingehen, schreibt seine Schwester in jedem Brief. Hat Angst, er könnte Papist werden. Sidney muss grinsen.

Die Enten hinter ihm sind am Ende der Calle General O'Donnell angekommen. Er hofft, sie werden einfach wieder ins Wasser gehen, blickt sich vorsichtig über die Schulter um. Der neue Reiher, der statt des Engels in der Mitte des Beckens seine Fontäne speit, ist der einzige Vogel, der zu sehen ist. Der Engel sei auf Wunsch der anglikanischen Kirche, der er seine prallen Hinterbacken zukehrte, entfernt worden, wird geflüstert.

Plaza O'Donnell sollte der Platz ursprünglich heißen, nach dem spanischen General schottischer Herkunft. Der Grundstein für das Monument, den Alfonso XIII. bei seinem Besuch 1906 feierlich enthüllt hatte, ist vor zwei Jahren zugunsten des Entenbeckens entfernt worden. Zu Sidneys Bedauern. «Ein Sinnbild spanischer Kolonialpolitik», hat er ihn vor Besuchern gerne genannt. Die Baupläne für das Denkmal waren in irgendeiner Schublade verschwunden, binnen kürzester Zeit steckte der Mast einer Straßenlaterne in dem Quader, halbherzig und glücklos, wie das spanische Abenteuer in Westsahara. Er versteht das spanische Dilemma durchaus. Was sollen sie anfangen mit dem riesigen Kolonialheer, das seit der Niederlage im Spanisch-Amerikanischen Krieg, statt als Herren der Welt in Übersee zu sitzen, sich bei magerem Sold in überfüllten Kasernen in der spanischen Provinz langweilt, wo alle Pöstchen und Zusatzverdienste schon vergeben sind. Nach dem Verlust von Kuba und den Philippinen, der Monroe-Doktrin, die ihnen die Rückeroberung ehemaliger Kolonien in Süd- und Mittelamerika verbietet, bleibt kaum eine andere Möglichkeit, als es in Nord- und Westafrika zu versuchen. «Eine britische Kolonie ohne Fahne» hat König Alfonso XIII. die Insel früher genannt, seinen Besuch so oft verschoben, bis er 1906 unvermeidlich war: Zu günstig ist die Insel gelegen. An klaren Tagen kann man die Westsahara beinahe mit bloßem Auge sehen, die Insel ist der ideale Brückenkopf. Er kann nur hoffen, dass sich die Lage so weit stabilisiert, dass es keine Brücke mehr braucht. Oder so weit destabilisiert, dass Spanien sich von dort zurückzieht und die Inseln ignoriert, wie bisher.

*Santa Cruz de la Mar Pequeña* hieß die erste spanische Siedlung in der Westsahara, im 15. Jahrhundert gegründet, nach wenigen Jahrzehnten wieder verschwunden. Sidney gefällt der Ausdruck, *das kleine Meer*. Er hat ihn übernommen, wenn er von ihren Geschäftsaktivitäten berichtet. «Wir haben das Meer klein gemacht», sagt er. «Alles viel näher zusammengerückt.» Die Ausweitung des freien Marktes entlang der Kohlerouten geschieht beinahe von selbst.

Die Enten sind nicht wieder zurück ins Becken gewatschelt, er hört sie quaken, weit sind sie nicht. Sidney versucht, während er die Pforte hinter sich zuzieht, die Abstände zwischen den Stäben des gusseisernen Zauns abzuschätzen. Aus Deutschland importiert, nicht gerade, sondern geschwungen, sie gehen bei den unteren Seitenstreben auseinander und oben wieder zusammen. Die Lücken sind groß genug für eine Ente, entscheidet Sidney, nimmt, so rasch seine Würde es zulässt, die vier Stufen zur Haustür hinauf. Wagt nicht, sich umzudrehen und nachzusehen, wo sie stecken, während er den Klopfer betätigt. Wie befürchtet, hört er Moores Tochter bereits hinter der Tür, kaum dass die Schläge verhallt sind.

Die Kleine ist ein Quälgeist, hat einen Narren an ihm gefressen, lässt ihn nicht in Ruhe. Sie hält ihn für eine Romanfigur, von Dickens, ausgerechnet. Ein Irrtum, nichts weiter, wegen des Vornamens. Sidney Carlton aus A *Tale of Two Cities*. Wird schon vorbeigehen, hat er anfangs gedacht. Doch Adela stürmt die Treppe herunter, sobald sie seine Stimme in der Eingangshalle hört. Lauert ihm in dem schmalen Durchgangszimmer vor dem Arbeitszimmer ihres Vaters auf, bevor er geht.

Eigentlich sollte die Anhänglichkeit der Kleinen seinen Interessen entgegenkommen. Doch bei seinen letzten beiden Versuchen, die Toffees zu überreichen, hat Moores Kleine, kaum hatte er die Schachtel aus der Tasche gezogen, schon auf sie gezeigt. Hält das Konfekt zwischen ihren dicklichen Fingern, ehe Sidney in der Lage ist, irgendetwas einzuwenden.

«Was sagt man?», fragt Miss Brown, die Sidney seit einigen Monaten in Gedanken Esther nennt.

«Danke schön, Onkel Sidney», sagt die Kleine langgezogen, biegt dabei den Oberkörper zur Seite und grient. Hält das wohl für kokett.

Die Tür ist noch nicht ganz geöffnet, schon schiebt sie ihren Kopf in den Spalt, «Onkel Sidney, Onkel Sidney», und streckt ihm die Arme entgegen. Umschließt sein rechtes Hosenbein, als Sidney sich nicht zu ihr hinabbeugt, einen Moment fürchtet er, das Gleichgewicht zu verlieren. Ist sich nicht sicher, ob er genug Kraft hat, sein Bein mit der Kleinen auf die letzte Treppenstufe zu hieven. Das Hausmädchen neben der Tür rührt sich nicht, starrt blöde an ihm vorbei auf die Straße, während die Kleine versucht, mit ihren hellen Schnürschuhen auf dem glatten schwarzen Leder seines rechten Schuhs Halt zu finden. Ihr Gewicht schmerzt auf seinen Zehen, ihre abrutschenden Sohlen hinterlassen braune Streifen auf den hellen Knöpfgamaschen, für die er sich zu Hause nach langem Hin und Her entschieden hat. Er wird sie in einem unbeobachteten Moment ausziehen und in der Tasche verschwinden lassen müssen.

Glücklicherweise wird die Kleine abgelenkt, deutet auf die Enten, die in einer langen Reihe auf dem Bürgersteig stehen und schnattern. Sidney schiebt seine Hände vorsichtig unter ihre Achseln, hebt Adela von seinem Schuh, stellt sie neben sich auf die Treppe.

«Ich geh Brot holen», ruft sie. «Dann können wir sie füttern.» Dreht sich um und rennt. In Richtung Küche, stellt Sidney erleichtert fest, als er die Eingangshalle betritt. Das Hausmädchen nimmt ihm Hut und Stock ab, Esther Brown ist nirgendwo zu sehen.

Wo denn die Nanny sei, fragt Sidney schließlich, blickt in die Richtung, in der die Kleine verschwunden ist, als sei er um ihre Beaufsichtigung besorgt.

«Bei den Amerikanern, drüben in der Botschaft. Ist dort eingeladen.» Das Hausmädchen ist bereits auf dem Weg in den Wintergarten. «Ich sage dem Señor Bescheid, dass Sie hier sind.»

Sidney rührt sich nicht, geht nicht hinter dem Mädchen her. «Den ganzen Abend?» Seine Stimme klingt viel zu hoch.

Das Mädchen wendet sich um, erstaunt, zweifelsohne. «Entschuldigung?»

Sidney räuspert sich, Zeit gewinnen, doch ihm fällt nichts anderes ein, als seine Frage zu wiederholen. «Ist das Kindermädchen den ganzen Abend in der Botschaft?»

Versucht, sich ein Szenario vorzustellen, in dem er, ohne Theobaldo Moore zu verärgern, die soeben angetretene Einladung noch ausschlägt und auf der anderen Seite des Platzes mit der Erklärung, seine Absage letzte Woche sei nur ein Versehen gewesen, Aufnahme findet. Vergeblich.

«Um acht muss sie zurück sein, falls die Kleine ins Bett will.» Das Mädchen deutet auf die Rattansessel im Wintergarten. «Wenn Sie hier warten möchten.»

Sidney hat sich für den Platz entschieden, der halb von einer Palme verdeckt wird, als er in der Eingangshalle das Tack, Tack,

Tack kleiner, harter Ledersohlen hört. «Ich hab Brot, Onkel Sidney, ich hab Brot.»

Zwei Stunden bis acht. Sidney beugt sich vor, will die Gamaschen loswerden, löst die Schleifen in den Schnürsenkeln. Theobaldo Moore wird einige Minuten brauchen, ehe er bereit ist, ihn zu empfangen.

Sidney schiebt gerade seinen zweiten Schuh von der Ferse, als ein «Was machst du da?» ihn sich wieder aufrichten lässt.

Neben einem der Rattansessel steht Moores Kleine, Ellbogen auf die Armlehne gestützt, Kinn in der Handfläche, und sieht ihm zu. In der anderen Hand hält sie einen trockenen Kanten Brot.

«Ich hab einen Stein im Schuh», entgegnet Sidney. «Geh schon vor. Die Enten haben Hunger und warten. Ich komme sofort nach.»

Überraschenderweise funktioniert es, Adela Moore dreht sich auf der Stelle um. Während er die Gamaschen von den Knöcheln rollt, hört er die Haustür ins Schloss fallen. Als Theobaldo Moore den Wintergarten betritt, sind die Gamaschen in der Tasche, die Senkel fast fertig verschnürt.

Anders als die meisten irischen Familien hier, die erst auf Madeira ansässig waren, bis Mehltau und Reblaus den Weinexport zum Erliegen brachten, haben die Moores Dublin während der Großen Hungersnot gleich in Richtung der Insel verlassen. Haben wenige Jahre später das Handelshaus in La Orotava gegründet: anfangs Zuckerrohr und Tabak, später Schildlaus und Tabak. Bis zur großen Krise in den 1880ern, als der künstliche rote Farbstoff erfunden und die Schildlaus unverkäuflich wird. Hungeraufstände, Seuchen – im Club erzählen sie wilde Geschichten. Das war vor Sidneys Zeit. Seit er hier ist, exportieren die Moores das Gleiche wie Elder Dempster: Tomaten und Bananen. Eigentlich sind sie Konkurrenten, aber Konkurrenten mit denselben Interessen.

Es gibt zwei Sorten Wasser auf der Insel, gutes und schlechtes. Von dem schlechten, das Fischer schluckt, Molen wegreißt, Häuser und die zu Langsamen, wenn es an Land stürmt, rasend und schaumgekrönt, gibt es viel mehr als Insel. Nur die Salinas von Los Silos können ihm etwas abgewinnen.

Das gute Wasser muss man suchen, es aus den Bergen herausholen, in Felsbrocken für Felsbrocken hineingetriebenen Schächten. Theobaldo Moore hat als Erster verstanden, der Schlüssel ist Wasser, wer das Wasser kontrolliert, kontrolliert die Insel. In den Dekaden der Schildlaus ist es nicht so offensichtlich gewesen. Die Chumberas, auf denen die Läuse leben, müssen nicht gegossen werden.

**Augusto Baute könnte** die gesamte Apotheke, den Inhalt jeder einzelnen Flasche, jedes einzelnen Röhrchens, jedes Papiertütchens und sämtlicher Vorratsgläser einnehmen, und es würde ihn nicht heilen. Umbringen vielleicht, aber nicht heilen. Augusto Baute ist süchtig nach Berta. Müsste längst auf dem Heimweg sein, nicht nur, weil heute Silvester ist, sondern weil Olga in den Wehen liegt. Seit dem Vormittag bereits, in den ersten Stunden hat die Hebamme ihm noch regelmäßig irgendeinen Burschen geschickt, der ihm den Fortschritt mitteilt und eine Münze dafür will.

Augusto Baute steht mit dem Gesicht so dicht an der Schaufensterscheibe der Apotheke, dass er mehrfach seinen Atem mit dem Ärmel vom Glas wischen muss. Hofft, Berta wird noch einmal, nur ein einziges Mal, vorbeieilen, hastig, mit fest geradeaus gerichtetem Blick, der nichts tut, als die entgegenkommenden Hindernisse abzuschätzen. Berta hat ein grünes und ein blaues Auge, und wenn er beim Reden zu oft zwischen ihnen hin und her wechselt, weil er das Gefühl hat, sich für eines entscheiden zu müssen, und nicht weiß, für welches, sagt Berta: «Nimm einfach das linke, du Idiot.» Augusto Baute ist süchtig nach Berta. Und Olga hat Wehen.

Angefangen hat es mit einem Arm, fast zehn Jahre ist das her. Berta saß am Fenster, einem alten Sprossenfenster, vier Reihen à vier Scheiben, sechzehn insgesamt, durch die er ihren Rock erahnen kann. Manchmal trägt sie noch die Schürze, wenn sie beim Abdecken geholfen hat. Ihren Arm sieht er immer als Erstes, wenn er die Calle del Agua hinabgeht, sehr lang und beweglich deutet und gestikuliert er, verschwindet und taucht unvermittelt wieder auf. Sie richtet die Handfläche nach vorn, um die Vorbeigehenden zu grüßen, winkt, greift mit langen Fingern nach den Haaren kreischender Kinder. An windigen Tagen sind sie gespreizt, die Finger, in den Luftzug gereckt, und Berta lächelt, aber das weiß Augusto noch nicht. Ihr Ärmel ist weiß, meistens, manchmal steckt er in blauen Schonern, wenn Augusto spät dran ist, die Essenszeit naht, die Traube vor der Bäckereitür wächst und Berta beim Abdecken geholfen hat. Dann zupft Augusto, ein wenig nur, an den Enden der Schleifen, mit denen die Schoner an ihrem Oberarm festgebunden sind. Tut, als wolle er richtig ziehen, die Knoten lösen. Berta lacht und schlägt nach seinem Hut, versucht, ihn von seinem Kopf zu schubsen, und Augusto springt rückwärts und muss achtgeben, nicht in die Schlange hineinzugeraten, die mit Brotbeuteln und einer Münze in den Händen ungeduldig von einem Fuß auf den anderen tritt.

Manchmal legt sie den Unterarm auf die Fensterkante und ihr Kinn darauf ab. Manchmal sinkt ihr Kopf dabei zur Seite, und ihre Wange drückt den gehäkelten Spitzenrand der Manschette flach. Meist, wenn alle bereits ihr Brot haben und sie alleine sind. Manchmal hält sie eine Nähnadel zwischen Daumen und Zeigefinger, dessen Kuppe von einem metallenen Hütchen bedeckt ist. Denn eigentlich näht Berta, sitzt auf der Fensterbank und näht, bessert Weißwäsche aus, Hemden. Doch früher oder später ist ihr Arm draußen, presst sich die Kante des Fensters in ihre Achseln, schwingen ihre Hände durch die Luft.

Er kann sie hören, wenn er noch ungefähr eine Straßenecke

entfernt ist, abhängig davon, wie viele Leute bereits vor der Bäckerei warten und wie laut sie ruft, um das Gemurmel zu übertönen. Der Arm ist zum ersten Mal da gewesen, nachdem der Regen aufgehört hatte im Februar. Augusto war auf dem Heimweg.

«Und du?», hat sie ihm zugerufen, als wäre er einer der barfüßigen Jungen, die immer wieder zu fünft oder sechst aus der geöffneten Tür des kleinen Hauses gegenüber schießen.

«Ich?», hat Augusto erwidert. Nicht sonderlich schlau, wie er befindet, nachdem er eine halbe Stunde später seinen Weg fortsetzt, zwei Kümmelbrote in einer Papiertüte in der Hand. «Was ist mit mir?»

«Woher kommst du? Er da», sie deutet auf einen Burschen in der Schlange, «kommt von der Post. Und die beiden», sie deutet auf einen Jungen und ein Mädchen, die sich an den Händen halten, «wohnen um die Ecke. Die Mutter hat sie geschickt, weil der Bacalao heute länger braucht, um sich mit Wasser vollzusaugen. Und sie», Bertas Kinn bewegt sich in Richtung einer weißhaarigen Alten, die abwinkt und ihr Gesicht abwendet, «ist jeden Tag hier und sagt, ich soll nicht so frech sein. Und du?»

Augusto deutet hinter sich, in die falsche Richtung, wie ihm auffällt, eine halbe Stunde später, Kümmelbrot in der Hand. Er hat nach der letzten Unterrichtsstunde noch eine Weile mit zwei Klassenkameraden gesessen, geraucht, den Mädchen Sachen hinterhergerufen.

«Vom Instituto.»

«Ah, ein Student. Ein später Student, die anderen sind hier schon lange durchgekommen.»

Berta hat den Arm eingezogen, hinter den doppelten Scheiben nach dem Nähzeug gegriffen. Augusto kann die Bewegung mehr erahnen als erkennen. Ihre Nase ist zu breit, beschließt er, nicht zu lang oder groß, doch ein wenig zu breit an der Spitze. Ihre Haare nicht schwarz, sondern irgendwas zwischen braun und blond, in der Sonne rötlich schimmernd. Doch das stellt er erst später fest. An jenem Nachmittag im Februar, als er den Arm zum ersten Mal sieht, ist der Himmel bedeckt, die Feuchtigkeit sitzt noch tief in den Mauern.

«Und selbst?» Seine Stimme streng, als wolle er sie tadeln.

«Zu Besuch.»

Der Rest ist ein Geduldspiel gewesen. Zusammengerissen hat er sich. «Augusto Baute», seinen Hut abgenommen, den Kopf ein wenig gesenkt. «Und mit wem habe ich die Ehre?»

«Berta Figueroa.»

«Señorita Figueroa.» Augusto hat erneut den Kopf gebeugt.

Berta lacht und steckt den Fingerhut auf ihren Zeigefinger, lacht und nimmt die Nadel.

«Und wen beehrt Ihr mit Eurem Besuch?»

Berta lacht noch mehr und bekommt Schluckauf. Der Fingerhut fällt laut auf die hölzerne Fensterbank. «Meine Großtante», antwortet Berta. «Bist du immer so?»

So geht es weiter, bis die Tante aus dem Dunkel der Küche auftaucht. Mit einem Mal neben der Bank steht und fragt, ob er Brot kaufen will. Ansonsten empfehle sie ihm weiterzugehen.

Und so kauft Augusto die beiden Brote und nickt unerklärlicherweise, als die Tante «Mit Kümmel?» fragt. Nimmt die Papiertüte zu Hause mit in sein Zimmer, versteckt sie in der Schreibtischschublade. Dort liegt es und wird hart, schimmelt aber nicht, wie Augusto mehrfach kontrolliert, bis seine Mutter ihn einige Wochen später beim Abendessen auf den Kümmelgeruch anspricht. Schnaps, vermutet sie.

Der Haushalt des Bäckers ist der erste, der isst in einer Stadt, lernt Augusto. Morgens, wenn es noch dunkel ist, ehe die pflichtbewussteren Hausfrauen, die frisches Brot zum Frühstück holen und nicht das vom Vortag aufbacken, sich mit übergeworfenen Tüchern und geschwollenen Tränensäcken im Verkaufsraum drängen. Am späten Vormittag Mittagessen, danach sitzt Berta am Fenster. Und Augusto im Instituto. Nicht weit von ihr, höchstens fünfhundert Meter Luftlinie, zwischen siebenhundertneun und siebenhundertvierunddreißig Schritten, Augusto hat sie mehrmals gezählt. Und dennoch ist er im Unterricht sämtliche binomischen Formeln, alle Elemente des Periodensystems und a, ab und de, cum, sine, pro und prae weit entfernt von Berta und ihrem lebhaften Arm. Und wer weiß, mit wem sie gerade redet. Und wen sie schon wieder angehalten hat. He, du? Ich?

Vor dem Abendessen der Bäckersleute, das um halb sechs serviert wird, nein, eigentlich schon früher, wenn die Tante beginnt, sich über die Töpfe mit dampfendem Kartoffelwasser und springenden Deckeln zu beugen, räumt Berta die Bank. Und Augusto muss bis zum nächsten Tag warten, bis er wieder vor ihr stehen und sich nicht für ihr rechtes oder linkes Auge entscheiden kann.

Als sie das erste Mal vor ihm steht und nicht auf der Bank sitzt, ist er erstaunt, wie klein sie ist. Berta geht ihm knapp bis an die Brust. Sechs Wochen verbringt Berta bei ihrer Tante und im Winter wieder sechs Wochen, und als er in Madrid studiert, schreibt Augusto ihr jeden Sonntag, und Berta antwortet nie.

In den ersten Semesterferien ist mit einem Mal ihr Arm wieder da, tanzt anmutig auf und ab, als er auf dem Weg ins Café die Calle Viana hinabgeht. Augusto erzählt ihr jeden Tag von Madrid, bis sie mitsprechen kann.

In den nächsten Ferien ist Bertas Tante nach Candelaria gezogen, Bertas Onkel tot, die Bäckerei geschlossen. Früh am Morgen hat Augusto sich auf den Weg nach Puerto gemacht, die Adresse gesucht, die sie ihm aufgeschrieben hatte, Calle del Caracho 7. Am Abend sieht er schließlich ein, dass es keine Calle del Caracho in Puerto gibt.

In den nächsten Semesterferien das erwartungsvolle Lächeln seiner Eltern, als sie ihm Olga vorstellen. Ihr Vater Arzt wie seiner, spezialisiert auf Zähne. Olga lacht über jeden seiner Scherze und lässt sich im Dunkeln küssen. Lässt ihn im Dunkeln einen Blusenknopf öffnen und seine Hand unter den Stoff schieben. Wehrt sich nicht, als er sie irgendwann fest mit dem Rücken an die Wand drückt und ihre Röcke hochzieht.

Das Telegramm, das ihn vier Monate später in Madrid erreicht, besteht aus drei Worten: *Sofort nach Hause.*

Sechs Wochen später ist Augusto verheiratet, vier Monate später Vater, das Examen macht er im Sommer darauf. Und alles wäre vielleicht gutgegangen, hätte Teófilo, Bertas Vater, nicht unten, am Anfang der Calle Herradores, die Bodega aufgemacht. Mindestens zweimal am Tag kommt Berta seitdem an seinem Fenster vorbei, und jedes Mal löst sich ein Stückchen von Augusto Baute und geht mit ihr mit. Jeden Tag ein Stückchen mehr. Und Olga liegt in den Wehen.

**Er darf nur** noch auf die Uhr gucken, wenn ganz sicher eine Viertelstunde vergangen ist, beschließt Sidney. Der deutsche Konsul hat sich bereits erkundigt, ob er noch eine weitere Verabredung habe heute Abend.

Das letzte Mal, dass sie ein paar Minuten reden konnten, hat er Miss Brown, Esther, von dem Buch erzählt, das er verfassen will. Eigentlich waren es bis dahin nur diffuse Überlegungen, die sich durch Miss Browns interessierte Fragen schneller verfestigt haben als geplant. Über die Flora und Fauna der Insel, Naturbeschreibungen, gemischt mit einigen der besser bekömmlichen Sagen und Legenden. Vor einigen Jahren hat er ganz passable Aquarelle von den hiesigen Eidechsen gefertigt. Für die restlichen Illustrationen soll ihm Professor Bonin einen seiner talentierteren Schüler empfehlen. Sidney ist nächste Woche mit ihm verabredet, wovon er ihr gerne heute Abend berichten würde. Am besten wäre es natürlich, den Professor selbst für die Aufgabe zu gewinnen. Die Druckkosten und Honorare könnten die Hotels übernehmen, für die wäre es Reklame auf dem Kontinent.

Aber auch, als die Standuhr im Salon halb neun geschlagen

und Sidney sich vergewissert hat, dass sie richtig geht, kann er Miss Brown nicht entdecken. Er entschuldigt sich bei Doktor Hardisson, bewegt sich gemächlich in Richtung Eingang. Schlendert Meter für Meter, grüßt Bekannte, wechselt im Vorbeigehen ein paar Worte, bis er in der Halle steht, wo Theobaldo Moore gerade neu eingetroffene Gäste in Empfang nimmt.

Ob alles in Ordnung sei?

Sidney nickt, hebt sein Whiskyglas und prostet ihm zu. Würde Theobaldo gerne nach dem Verbleib der Nanny fragen. Fürchtet nur, ihren Arbeitgeber auf Unpünktlichkeit hinzuweisen, wird sie ihm nicht gewogener machen.

Erst als er wieder im Salon steht, wird ihm klar, dass sie wahrscheinlich den Hintereingang benutzt. Bei der Küche vermutet er ihn. Doch wie er seine Anwesenheit dort rechtfertigen sollte, fällt ihm nicht ein.

Nicht, dass die Kleine keine Beaufsichtigung bräuchte. Schreiend und rotwangig, rennt sie zwischen den Gästen durch, abwechselnd Tuberosen und gelbe Lilien aus den Tischgestecken im Haar, die sie beim Laufen wieder verliert. Die Blüten werden auf Teppich und Parkett von den Absätzen zertreten, hinterlassen hässliche Flecken, stellt Sidney fest. Seit einer Weile trägt Adela eine lange Bernsteinkette um den Hals, die sie mittels Tränen und Fußstampfen und zerknautschtem Gesicht einer der Damen abgenötigt hat.

Von Zeit zu Zeit macht die Kleine am Buffet halt, isst Ensaladilla mit bloßen Händen, und wenn sie mal stillsteht, bohrt sie in der Nase oder leckt Mayonnaise von ihren Fingern. Winkt ihm durch den Raum hindurch zu. Blickt Sidney sie zu lange an, und er kann nicht anders, er muss die ganze Zeit hinsehen, kommt sie zu ihm herüber. Legt ihre Hände übereinander auf Sidneys Knie und ihr Kinn auf ihnen ab. Glücklicherweise wird ihr schnell langweilig. Einige Male schickt er sie Servietten holen.

Noch schlimmer ist es, wenn sie ihn stehend antrifft, dann

umklammert sie sein Bein, steigt auf seinen Schuh, ihr Kopf auf Höhe seines Schoßes. Vergeblich versucht er, sie wegzuschieben, will nicht zu viel Druck auf ihre Schultern ausüben, fürchtet, sie könnte zu weinen beginnen und die Umstehenden ihm Blicke zuwerfen, denn alle finden die arme Adela, ganz ohne Mutter, reizend. Jedes Mal dauert es länger, bis einer der Dienstboten Sidney von ihr befreit.

Schließlich, um zwanzig vor zehn, beschließt er, dass es seine Pflicht ist, Theobaldo Moore auf die Situation hinzuweisen. Er findet ihn weder beim Eingang noch im Salon, nicht am Buffet und auch nicht im Wintergarten. Sidney wagt nicht, an die geschlossene Arbeitszimmertür zu klopfen, ein vertrauliches Gespräch zu unterbrechen mit einer Petitesse. Auch wenn die Petitesse sich mittlerweile auf der Tanzfläche im Salon mit nach oben gereckten Armen um die eigene Achse dreht, bis sie das Gleichgewicht verliert, zwischen die Gäste taumelt, die sie lachend auffangen.

Sidney beschließt, sich zu erkundigen, ob und mit wem sich Señor Moore ins Arbeitszimmer zurückgezogen hat, geht in die Richtung, in der er die Küche vermutet. Trifft früher auf ihn als erwartet, denn Theobaldo steht bei der Hintertreppe in den ersten Stock und vor ihm, auf der ersten Stufe: Nanny Brown, ohne Mantel. Bedauerlicherweise dreht sie sich um und läuft, ohne einen Blick zurück, die Treppe hinauf, während Theobaldo Moore Sidney mit ausgestreckten Armen entgegenkommt. Ob er auch einen Whisky wolle.

Sidney nickt.


«Unendlich liegt sie vor uns, wie das Meer», sagt Theobaldo Moore kurz vor Mitternacht, und die im Salon der Calle Viera y Clavijo versammelten Gäste heben ihr Glas. Ada so überschwänglich, dass die Limonade überschwappt. Sidney blickt zu Nanny Brown, die vor ihr kniet und mit einem Taschentuch die auf den Boden gefallenen Tropfen aufwischt.

Ein paar Kilometer weiter den Berg hinauf stillt Olga den namenlosen Säugling, der eine Woche später in der Iglesia de la Concepción auf den Namen Julio getauft werden wird.

Augusto Baute küsst ihre Stirn, Jorge an seiner Hand hüpft, weil er rausmöchte, die Raketen angucken, und alle sagen sie das Gleiche:

«Auf die Zukunft!»

\* \* \*

# GLOSSAR

Im vorliegenden Glossar werden hauptsächlich spanische Wörter und Redewendungen erklärt, die im Roman Verwendung finden. Es ist für Leser gedacht, die mit der Sprache nur wenig oder gar nicht vertraut sind.

*Añil:* Wäscheweißer; wörtlich *Indigo,* wegen seiner blauen Farbe.

*A mi burro*: spanisches Kinderlied (*Meinem Esel, meinem Esel, tut der Hals weh, der Arzt hat ihm deswegen eine weiße Krawatte verschrieben*).

*Ateneo de La Laguna:* Zentrum zur Förderung der Künste und der Kultur; Café und Bar; bis heute Treffpunkt von Künstlern und Intellektuellen. 1904 gegründet, prorepublikanisch, verstand es sich immer als Verteidiger der freiheitlichen Demokratie. Seit Beginn der 1930er gab es einen Ableger in Santa Cruz, in dessen Räumen die Ausstellung der Surrealisten 1935 stattfand. Von 1936 bis 1950 kamen die Aktivitäten des Ateneo zum Erliegen. Erst 1959 ließ die politische Situation eine Wiedereröffnung zu.

*Ayuntamiento:* Rathaus, Gemeindeamt.

*Azotea:* Flachdach mit Brüstung, auf dem meist die Wäsche getrocknet wird.

*Bacalao:* Stockfisch.

*Bachiller:* Abitur.

*Barranco Santos:* wörtlich *Schlucht des Heiligen;* Schlucht im Norden Teneriffas.

*Bicicleta:* Fahrrad.

*Bocadillo:* belegtes Brot.

*Bubango:* kanarische Sonderform der Zucchini, gelbgrün und runder als die in Deutschland gehandelten Sorten.

*Cachimba:* lateinamerikanisches Wort für Pfeife.

*Cadena SER:* größter und ältester Radiosender Spaniens.

*Caldo:* Brühe.

*Calima:* Sahara-Staub, der vom Ostwind auf die Kanaren getragen wird und als riesige Staubglocke über die Inseln hängen bleibt. Auch *niebla seca,* trockener Nebel, genannt.

*Cara al sol:* Parteihymne der faschistischen Falange.

*Caracol, caracol, saca tus cuernos al sol:* Abzählreim (*Schnecke, Schnecke, strecke deine Hörner in die Sonne*).

*Cardon:* auch *euphorbia canariensis*; kakteenartige Pflanze.

*Charco:* Tümpel.

*Chocho:* eingelegte Lupiniensamen (*lupinus albus*), gelb und linsenförmig, die man mit den Fingern aus der Schale drückt und als Snack isst. Früher wurden die Samen in Säcken über Nacht zum Einweichen ins Meer gelegt. Die Frauen, die sie herstellten und verkauften, wurden *Chocheras* genannt.

*Chubascos:* Nieselregen.

*Chumbera:* auch *opuntia ficus indica*; Kakteengewächs mexikanischen Ursprungs, Wirtspflanze der Cochenille-Schildlaus; im 19. Jahrhundert auf den Kanaren eingeführt und heute dort weitverbreitet und wildwachsend.

*Cilantro:* Koriander.

*Cinco Lobitos:* Schlaflied (*Fünf kleine Wölfchen hat die Wölfin geboren, fünf kleine Wölfchen, allein auf dem Feld. Fünf hat sie geboren, alle fünf großgezogen und jedem Milch gegeben, Milch gegeben,* so singt es Amalia. Richtig heißt es: *Fünf kleine Wölfchen hat die Wölfin, schwarze und weiße, hinter dem Besen*).

*Círculo de Amistad XII de Enero:* wörtlich *Freundschaftskreis des 12. Januar.* Kulturverein und Veranstaltungsort an der Plaza del Prinçípe in Santa Cruz.

*Círculo de Bellas Artes:* Kreis der schönen Künste, Kulturorganisation.

*CNT:* Confederatión Nacional del Trabajo.

*Coño:* Muschi, Scheiße.

*Cuidadela:* Nach der Wirtschaftskrise der 1880er Jahre errichtete Armenunterkünfte. Sie bestanden aus Zimmern, die um einen Patio herum gelegen waren, mit Gemeinschaftküchen und -toiletten.

*Diario de Avisos:* älteste Zeitung der Kanarischen Inseln, gegründet 1890.

*Dos Gardenias para ti:* dt. *Zwei Gardenien für dich*; kubanischer Bolero, geschrieben von Isolina Carrillo.

*Duro:* 5-Pesetas-Stück.

*El baile del vivo no lo sé bailar, que si lo supiera ya estaría allá:*
aus El Hierro stammendes Volkslied.

*El Caudillo:* ursprünglich *Heerführer.* Diktator Francisco Franco gab
sich den Titel in Anlehnung an das ital. «duce» und dt. «Führer».

*Electrodomésticos:* Haushaltsgeräte.

*Ensaladilla rusa:* Kartoffelsalat, unter anderem mit Thunfisch, Oliven,
gekochtem Ei und Mayonnaise.

*En ti confío mi alma:* Gebet (*Dir vertraue ich meine Seele an*).

*Era:* runder Dreschplatz.

*Estanco:* Zeitungsstand oder Laden.

*FAI:* Federación Anarquista Iberica.

*Falange:* faschistische Partei, gegründet am 29.10.1933.

*Filo:* Schmorfleisch.

*Flechas:* wörtlich *Pfeile.* Name der faschistischen Jugend der Falange.

*Franco:* Francisco Franco y Bahamonde; von 1939 bis zu seinem Tod
1975 Diktator von Spanien.

*Frente Polisario: Frente Po*pular para la *Li*beración de *Sa*guía el Hamra y
*Río* de Oro, dt. *Volksfront zur Befreiung von Saguia el Hamra und Rio de
Oro.* 1973 gegründet, zunächst im Unabhängigkeitskampf gegen die
spanische Kolonialmacht, später gegen Mauretanien und vor allem
Marroko, nachdem diese die vormals spanischen Gebiete besetzten.

*Fyffes:* offiziell *Prisión militar Costa Sur,* umgangssprachlich auch *Los
Salones de Faifes;* faschistisches Konzentrationslager in Santa Cruz,
bestehend aus drei Hallen, die vorher dem irischen Bananenexpor-
teur Fyffes Ltd. gehörten. Nachts fanden sogenannte *Sacas* statt (von
*sacar:* herausholen): Namenslisten wurden verlesen und die Häftlin-
ge daraufhin in Las Cañadas, im Barranco Santos und an anderen
Orten ermordet. Die meisten wurden erschossen oder mit Schiffen
aufs offene Meer hinausgefahren und über Bord geworfen. Die genaue Anzahl der Opfer steht bis heute nicht fest.

*Gaceta del Arte:* avantgardistische Zeitschrift, zunächst als Organ des
*Círculo de Bellas Artes* gegründet, von 1932 bis 1936 in Santa Cruz
herausgegeben und international vertrieben. Chefredakteur war der
Kunstkritiker Eduardo Westerdahl. Die *GdA* zeichnete hauptverant-
wortlich für die Organisation der Surrealistischen Ausstellung von
1935. Mehrere Mitglieder der Redaktion wurden später im Konzentrationslager Fyffes interniert und ermordet.

*Garbanzo:* Kichererbse.

*Generación Consciente:* anarchosyndikalistische Schriftenreihe, die zwischen 1923 und 1928 erschien.

*Gobierno civil:* Zivilregierung.

*Gofio:* von den Guanchen stammendes und bis heute auf den Kanaren weitverbreitetes Nahrungsmittel aus geröstetem und gemahlenem Getreide, das mit Milch, mit Wasser oder Brühe vermischt, kalt oder warm, salzig oder süß gegessen wird; heute meist Beilage, früher Hauptnahrungsmittel der Armen.

*Guardia Civil:* paramilitärische Polizeieinheit.

*Hermanas Oblatas del Santísimo Redentor:* Nonnenorden.

*Hinojo:* wilder Fenchel.

*Juan Toral:* kanarischer Landschaftsmaler (sehr kitschig).

*La Complutense:* Universität von Madrid.

*La guerra de los niños:* dt. *Der Krieg der Kinder*; spanischer Kinofilm aus dem Jahr 1980.

*La Legion:* militärische Eliteeinheit.

*Lapas:* Seepocken, Napfschnecke.

*La pelota salta y bota:* Ballspiel, bei dem gesungen wird.

*Las flores:* die Blumen, hier auch: die Prostituierten.

*Lejía:* Bleiche.

*Los Rodeos:* Flughafen Teneriffa Nord.

*Mago:* alte Bezeichnung für die kanarischen Landarbeiter.

*Marcha a Oriamendi:* Hymne der Carlisten.

*Marcha real:* wörtlich *königlicher Marsch*, spanische Nationalhymne.

*Melado Tinerfeño:* Zuchtkanarienvogel (Posturvogel).

*Merienda:* Zwischenmahlzeit am Nachmittag.

*Mi más sentido pésame:* Mein herzliches Beileid.

*Mojo:* pikante Soße von den Kanaren, die kalt serviert wird; in Grün (Koriander) und Rot (Pfefferschoten).

*Música radical vasca / rock radical vasco:* früher 80er-Jahre-Punk aus dem Baskenland.

*Once:* von der spanischen Blindenorganisation durchgeführte größte Lotterie Spaniens.

*Papas con carne:* wörtlich *Kartoffeln mit Fleisch*, eine Art Eintopf.

*Pipa:* gesalzene und geröstete Sonnenblumenkerne.

*Pirulí:* Lolli.

*Pitera:* Agavenart.

*Policía local:* Lokalpolizei.

*Potaje:* Gemüseeintopf.

*Jose Antonio Primo de Rivera:* faschistischer Politiker, von 1933 bis zu seinem Tod 1936 Parteivorsitzender der Falange.

*Miguel Primo de Rivera:* von 1923 bis 1930 Militärdiktator Spaniens.

*Mira pa qui:* Schau hierher.

*Registro Civil:* Meldeamt.

*Romería:* Volksfest, häufig an religiösen Feiertagen mit Umzug.

*Rosario:* Rosenkranzgebet.

*Sahara occidental libre:* Freiheit für Westsahara.

*Sahrauis:* Ethnie in Westsahara.

*San Borondón:* Sankt-Brendan-Insel. Im Jahr 520 angeblich von dem Mönch Brendan of Clonfert entdeckte achte Insel der Kanaren. Es handelt sich um eine Phantominsel, die im Mittelalter auf vielen Karten verzeichnet war.

*Semicurado:* wörtlich *halbgehärtet*, mittelalt; bezeichnet den Reifegrad von Käse.

*Sección Femenina:* Faschistische Frauenorganisation.

*SOL:* Sonne; hier Abkürzung von *Sahara Occidental Libre*.

*Sol, sol, vete al sol:* «Beschwörungsformel» bei Sonnenstich (*Sonne, Sonne, geh zur Sonne, lass ihm seinen Schein, so wie das Meer nicht ist ohne Wasser, der Wald nicht ohne Holz, der Himmel nicht ohne Dich, Christus, Rose, nimm Deine Strahlen und geh weg von hier*).

*Sor:* Schwester; Anrede einer Nonne.

*Pico del Teide:* dritthöchster Inselvulkan der Erde.

*Templete:* Pavillon, Tempelchen.

*Tranvía:* Straßenbahn.

*Triple Himno:* Während der Franco-Diktatur zum Sendeschluss im Radio und Fernsehen ausgestrahltes Medley aus der National-hymne, *Marcha de Oramendi* und *Cara al sol*.

*Turrón:* traditionelle Weihnachtssüßigkeit aus Mandeln, Zucker, Honig und Eiweiß.

*ULL:* Universidad de La Laguna.

*Vino Sansón:* süßer Starkwein aus weißen Trauben, dem unter anderem Chinin zugesetzt war; früher als Stärkungsmittel für Kinder weit verbreitet.

*Vuelta (La Vuelta de Espana):* Radrennen durch Spanien.

*Wachsblume:* auch *plumeria obtusa* oder Frangipani.

# INHALT

Die Arbeit an diesem Buch wurde gefördert
durch die Stadt Magdeburg.

Veröffentlicht im Rowohlt Taschenbuch Verlag, Hamburg, April 2020
Copyright © 2018 by Rowohlt Verlag GmbH,
Reinbek bei Hamburg
Covergestaltung Hafen Werbeagentur, Hamburg
Coverabbildung leskas/iStock; Liszt Collection/ullstein bild
Typografie Farnschläder & Mahlstedt, Hamburg
Satz aus der Guardi LT Std
Druck und Bindung GGP Media GmbH, Pößneck, Germany
ISBN 978 3 499 29156 2